식민주의, 전쟁, 군 '위안부'

식민주의, 전쟁, 군 '위안부'

초판 1쇄 발행   2017년 5월 20일

지은이 │ 송연옥 · 김귀옥 외
펴낸이 │ 윤관백
펴낸곳 │ 도서출판 선인

등 록 │ 제5-77호(1998.11.4)
주 소 │ 서울시 마포구 마포대로 4다길 4(마포동 324-1) 곳마루 B/D 1층
전 화 │ 02) 718-6252 / 6257
팩 스 │ 02) 718-6253
E-mail │ sunin72@chol.com

정가 25,000원
ISBN 979-11-6068-090-4 93300

· 잘못된 책은 바꿔 드립니다.
· www.suninbook.com

식민주의, 전쟁, 군 '위안부'

송연옥 · 김귀옥 외 지음

도서출판 선인

이번 단행본은 2014년 12월 한국과 일본의 군위안부 문제 연구자들이 발표했던 원고를 기초로 하여 만들어졌다. 그 행사는 2014년 12월, 중앙대학교에서 개최되었던 2014년 후기 사회학대회(당시 학회장 윤정로 KAIST 교수)의 특별 세션인 "21세기 계속되는 일본군 '위안부' 문제 현황과 해법"(한국사회학회와 한성대학교 전쟁과평화연구소 공동 주최)이었다. 물론 이번 책에는 당시 발표된 원고 외에 한국과 일본에서 진행되고 있는 군위안부 관련 쟁점인 소송 사건들 및 박유하 사건과 관련된 글이 실렸다. 이는 사회적 문제와 계속 소통하고, 진실을 찾아가려는 우리들의 의지의 표현이라 할 수 있다.

이번 책에는 저자 한 사람 한 사람의 고민과 연구의 깊이가 녹아들어 있다. 하지만 우리가 마주하고 있는 현실을 돌아보면 그렇게 자부하는 것이 부끄럽다. 일본군 '위안부'나 오키나와 미군 위안부, 한국군 위안부, 한국의 미군 위안부는 말할 것도 없고, 식민주의와 전쟁에 의해 희생당한 수많은 여성을 포함한 민중들의 명예가 아직도 회복되지 않았고, 실체적 진실도 규명되지 않았기 때문이다. 그런 목표가 달성되기 까지는 아직도 많은 시간이 걸릴 것 같다. 우리 책이 그러한 과정에 하나의 디딤돌로 쓰이기를 희망해 본다.

우선 이번 책에 함께한 모든 필자들의 고생에 감사를 드린다. 아울러 연구의 동력이자 원천이 되어 준 한국과 중국, 일본 본도와 오키나와, 대만, 인도네시아, 필리핀, 네덜란드 등지의 군위안부 여성들의 용기와 의지에 경의를 표한다. 그들과 함께 진실 규명과 명예 회복, 정당한 역사적 배상을 위해 투쟁해온 한국의 〈한국정신대문제 대책협의회〉와 일본의 〈위안부 문제 해결 올(all) 연대네트워크〉를 비롯하여 수많은 여성을 포함한 시민들의 네트워크, 사회활동가들, 문화활동가들의 인생을 건 헌신적인 노력 앞에도 절로 고개를 숙이지 않을 수 없다.

나아가 어려운 출판 환경에도 불구하고 이 책을 출판하기로 결정한 도서출판 선인의 윤관백 대표와 한국과 일본의 차이 있는 문투와 서술 방식 등 까다로운 글을 꼼꼼하게 다듬고 수정해준 선인 출판사 편집진에게도 감사의 인사를 전한다. 한성대 유학생으로서 일문 원고를 초벌 번역하느라 수고한 무로하라 쿠미(室原久美) 님에게도 감사의 인사를 글로 대신한다.

돌아보면 일제강점기과 분단, 전쟁의 고된 역사를 겪어온 한반도에는 아직까지도 평화의 봄이 먼 것 같다. 동아시아 역시 미국과 중국 등의 슈퍼파워들에 의해 좌지우지 되면서 유럽과 같은 평화의 공동체를 실현하는 일이 요원한 것 같다. 이처럼 비록 눈앞의 현실이 암울할지라도 우리는 이 땅에 전쟁과 제국주의와 식민주의, 군국주의가 다시 활개 치는 일만은 막아야 한다. 그러기 위해서는 여성을 포함한 모든 민중들이 힘을 합쳐야 한다. 이 책을 평화를 염원하는 모든 사람들에게 바치고자 한다.

2017년 4월
필자를 대표하여 송연옥 · 김귀옥 짓다

차례

▰▰ 2부 계속되는 식민주의, 재탄생되는 군위안부

■■ 3부 군위안부 문제의 새로운 양상

▄▄ 4부 『제국의 위안부』의 비판적 독해와 역사적 진실을 찾아서

책 간행의 경위와 우리가 향하는 지평

송연옥

  2015년 12월 28일 한일 정부는 위안부 문제에 대해 합의를 이루었다고 발표했다. 그러나 갑작스레 발표된 양국 정부 간의 이 합의는 그간 문제의 근본적인 해결에 심혈을 기울이며 꾸준히 노력해왔던 많은 사람들이 바라던 바와 너무나 거리가 먼 것이었다. 피해 당사자들이 납득하지 못하는 합의의 내용은 큰 실망을 안겨주었다.

  박근혜 전 대통령은 피해자들이 수용할 수 있고 국민들이 납득할 수 있는 해결 방안을 일본에 요구한다고 공약했지만, 결국은 이에 대해 수용할 수 있고 납득할 수 있는 주체는 바로 일본이라는 비판도 나왔다.[1] 또 이런 졸속 합의의 이면에는 미국의 압력이 있었다고 의심되었다. 미국은 껄끄럽고 어색한 한일 관계를 개선하는 데 있어 풀기 어려운 영토 문제에 앞서 위안부 문제를 이용했다는 해석이다.[2]

  이러한 상황에서 위안부 문제에 관한 연구서를 내는 것은, 정치적인 타산이나 담론에 휩쓸린 문제를 근본적인 역사인식 문제와 인권 문제라는 제

---

[1] 조시현 「2015년 한·일 외교장관 합의의 법적 함의」(『민주법학』 제60호, 2016.3)
[2] 「손희정의 영화비평 〈귀향〉」(『씨네 21』 2016.3.6)

자리로 되돌려서 좀 더 넓은 시야로 보고 싶었기 때문이다. 이 작업을 제대로 진행하기 위해서는 깊은 학문적 토대가 뒷받침되어야만 했다. 따라서 이와 관련하여 우선 2014년 겨울에 개최된 사회학대회에서 위안부 문제에 관한 패널들의 토론 이래 축적된 학문적 성과물들을 모아가면서 새로운 지평을 모색해 왔다고 할 수 있다.

그리고 이 문제 해결에 미국이 깊이 관여한 것을 보면, 이 문제가 결코 지나간 과거의 역사가 아니라 현재를 사는 우리와 관련되는 문제라는 것도 확인된다. 이와 같이 위안부 문제를 시간과 공간 축의 큰 틀에서 보기 위해서는 식민주의와 전쟁, 군위안부라는 세 가지 코드를 중심으로 두어야 할 것이다. 구체적으로는 과거와 현재의 담론 속에 가려져 있는 위안소의 존재 형태를 시대별, 지역별로 밝혀가면서 피해자의 인권을 회복할 수 있는 해결 방안을 찾아야 한다. 그런 학문적인 규명과 정의 정립을 위한 시민사회의 구축이 있어야만 궁극적인 해결과 화해가 이루어질 것이다.

지금까지의 연구 결과 일본군 위안부 문제의 피해 상황은 시기와 지역에 따라서 다른 양상을 보인다는 것을 알게 되었다. 예컨대 이 문제의 책임을 부정하고 회피하려는 사람들, 즉 역사수정주의자들은 그 많은 양상 중에 자기주장에 맞는 부분만을 끄집어내고 강조하곤 한다. 그러나 일제가 지배 혹은 점령한 시기와 지역에 따라 그 피해 상황은 매우 다양하고 또 복잡하다.

예를 들어 중국만 하더라도 山西省孟県 출신의 万愛花[3]와 湖北省鄂城의 위안소로 속아서 간 袁竹林의 경우도 매우 다르다. 또 항일운동의 거점이었던 산서성에 관한 연구는 오랜 전부터 꾸준히 축적되어 왔으나 袁竹林 같은 케이스에 대한 연구는 그다지 많지 않다. 한국의 경우, 문옥주나 오키나와에서 외롭게 세상을 뜬 배봉기의 케이스는 위안부의 강제연행을 부정

---

3) 이 글에 등장인물의 경칭은 다 생략하기로 한다.

하는 증거로 일본 우파 사학자, 예컨대 하타 이쿠히코(秦郁彦) 같은 학자가 다용해왔다.

한편으로 애니메이션 〈소녀 이야기〉(김준기 감독, 2011년)에 나오는 전형적인 피해자는 한국의 민족감정에 들어맞고 이 문제의 비극성을 호소하기에 용이하다. 물론 '평화의 소녀상'이 위안부 문제의 본질을 나타낸다고 생각되지만 '소녀상'이라는 출발점에서부터 그 후 걸어간 길은 각양각색이다. 일본 역사수정주의자들이 환영할 케이스까지 포함해 그 다양한 모습을 포괄적으로 수용하면서도 식민주의와 전쟁, 그리고 군대의 폭력성과 비인간성을 비판하고 규탄하는 논리와 역사철학을 구축할 필요가 있다.

3부 8장 김현선의 글에 있듯 90년대 초에 공개된 일본군 위안부 피해자의 커밍아웃은 미군 위안부(기지촌 여성들)에게 큰 충격과 용기를 안겨주었다. 역사가 단절되면서도 연속되어 있는 측면을 당사자 자신이 실감한 순간이 도래했던 것이다. 2부 5장에서 김귀옥이 증명했듯이 일본군 위안부와 미군 위안부의 연속성을 공유하기 위해서도 새로운 틀이 요구된다.

명칭에서 보는 식민주의의 정치역학

이 책의 1부에서는 일본군 위안부 문제를 주제로 지금까지의 연구 현황을 살펴보았다. 1부 3장에서 북한에서의 군위안부 연구 현황을 소개한 것도 북한을 제외해서는 이 문제의 전체 모습을 알아볼 수 없다고 생각하기 때문이다. 2부에서는 해방 후의 한국군과 미군 위안부 문제를 거론함으로써 1945년을 전후한 시대의 차이점과 동시에 연속성도 확인하려고 했다. 5부에서는 화해를 위한 해법은 어떤 것인가를 고민했다. 일본에서 각광을 받고 화제가 되어 있는 박유하의 『제국의 위안부』가 과연 피해자의 트라우마를 아물게 하고 화해의 정의로운 길을 열어주는가 하는 의문까지 포함해서 고찰해 가려고 했다.

일본군 위안부 문제는 너무나 오랫동안 한일 양국 간의 걸림돌이 되어 온 까닭에 현실적인 해결책을 찾는 사람들은 타협해서라도 실익을 얻어내자고 주장한다. 하지만 진실이 선행되지 않은 타협과 거짓 화해는 문제의 해결책이 아니다. 일례로 일본의 국민기금 문제가 일본 정치가 변화되지 않을 거라는 비관과 초조의 산물로 나온 것이라 할 수 있으나 이 문제는 역사적인 연구보다 담론이 선행된 면이 있기 때문에 논리적으로 모순된 부분에 대해서도 지적하지 않을 수 없다.

이 책의 6장에서 박정미는 푸코의 이론을 원용하여 현대 사회의 특징으로 인간의 생물학적 요소가 권력의 대상이 된다는 점을 거론하였는데, 일제가 조선과 대만에 대해 효율적인 식민지 지배를 위해 심어놓은 공창제가 바로 그런 것이다. 일제는 일본 내지에 있던 공창제와 식민지의 공창제가 같은 것이라는 인식을 심어주기 위해 같은 용어를 써왔으나, 두 가지 공창제는 '본질'적으로 같지 않다. 창기의 연령, 창기의 의사에 따라 일을 언제든지 그만둘 수 있는 권리, 전차금의 금액 등등 사소한 내용에 있어서 조선과 일본 사이에 차별을 둔 것은 말할 나위도 없다.

더 중요한 문제는 공창제 자체가 일본 근대 군대의 병사에게 성적 위안을 주면서도 성병을 방지하려던, 즉 비용도 들지 않고 쉽게 실시할 수 있는 국가 성관리 시스템이었다는 점이다. 또한 일본 공창제 자체에는 에도막부(江戸幕府) 시대에 존재하던 유흥 문화와 동일시하게 만들 착각의 정치역학이 작동되어 있다. 왜냐하면 후진 제국인 일본이라는 국가가 바로 성판매 시스템의 업주라는 것을 카모플라즈(camouflage, 위장, 기만)할 필요가 있었기 때문이다.

하물며 조선이나 대만에 도입된 공창제가 갖는 식민주의적인 의의는 컸다. 일제 본국에서보다 조선에서는 군사적인 성격이 농후했다. 조선 총독도 일본 육해군 대장만이 취임했고 정치와 군사를 다 통합했다. 군 사령부가 있던 서울, 평양, 라남은 바로 공창제가 가장 번창한 군사도시이기도 했다. 특히 서울 용산에 일본군 사령부가 들어서자마자 서울에서의 성병 검사를 가장 철저하게 한 것도 병사의 성병 감염을 두려워했기 때문이다.

예나 지금이나 업자는 '군대와 관계가 없는 민간인'이었다는 것을 강조하지만 공창제의 업자들은 엄청난 공권력의 간섭을 받으면서 유곽을 경영했고 매일 유객(遊客) 장부를 점검하러 오는 경찰 권력의 감시를 받고 자의적인 횡포에 시달렸다.

물론 군대와 경찰은 권력의 무게가 다르고 군 위안소는 일본 군대가 직접 운영하거나 관여한 것이므로 위안부 피해자에 대한 책임은 군대 및 국가에 있었다. 식민지 조선의 유곽도 국가권력이 절대적인 권한을 갖고 영업자에 대한 생사여탈권을 마음대로 행사했다. 창기는 유곽 안에 갇혀 있었다. 이들이 외출할 자유는 일본에서는 1933년까지 조선에서는 1934년까지 허용되지 않았다. 군대 안에 있던 위안소는 이런 유곽의 운영 방식을 본뜬 것이었다.

위안부 문제 해결을 위해 활동해온 시민운동 단체는 항상 일본 우파들의 공격과 맞싸워야 했다. 그 일본 우파들은, 위안부는 당시 국가적으로 인정된 공창제의 창기이므로 이에 대해 국가가 전쟁범죄로 규탄 받거나 책임질 문제가 아니라고 우긴다.

반면 위안부 문제를 중대한 전쟁범죄라고 주장하는 연구자나 시민운동가들은 위안부는 공창의 창기와는 본질적으로 다르다고 본다. 즉 전쟁터에 있던 위안소에 대해서는 전시법이 적용된 반면 공창에 대해서는 평시의 시민법이 적용되었고, 또 공창제는 창기가 된 여성들에 대해 법적으로 일을 그만둘 권리가 명문화되어 보장되어 있었으나 위안부에게는 그 권리가 허용되지 않았다고 한다.

그런데, 식민지 조선의 입장에서 본다면 시민법을 운운하거나 폐창(廢娼)의 자유를 얘기하는 것도 사실과 전혀 다른 터무니없는 궤변이다. 전술한 바와 같이 조선은 육해군 대장이 지배하는 군사 점령하에 있었기 때문에 시민법이 적용되지 않았으며, 폐창의 자유도 법적으로 창기의 권리가 아니라 업자의 재량에 맡겨져 있었다. 또 법령문 같은 어려운 일본어를 독해할 수 있던 조선인 창기는 한 사람도 없었던 게 현실이었다. 그리고 위안부 중에는 전차금을 변제해서 고향에 돌아온 사람도 있었다. 문옥주의 경우도 그랬던 것이고 제1부 1장 송연옥 글의 신재순이란 여성도 그랬다.

일본 사학계의 경우 식민주의에 대한 인식은 희박했지만 아시아 전역에 대한 침략전쟁에 대한 관심은 컸다. 때문에 1931년부터 1945년까지 15년 전쟁이라는 규정 혹은 시대구분이 있으며 특히 1937년 이후의 전쟁과 총동원 체제에 관심을 집중해왔다. 그런 차원에서 위안부 문제를 특수한 시기에 불가피하게 벌어진 일로 그 의미를 축소하거나 합리화하려는 견해도 있다.

하지만 위안소가 군대의 지휘 아래 전쟁터나 후방 지대에 널리 전개된 것은 1937년 이후의 일이지만 이미 1932년에 상해에서 일본 해군이 위안소를 설치했고 그 훨씬 이전인 러일전쟁 때 일본군 사령부가 위안소의 전신을 설치했다는 기록도 있다. 조선에 대한 일제의 지배는 1905년에는 이미 시작되었는데 유독 여성의 몸을 성적으로 침해한 것만이 1937년에 시작했을 리는 없을 것이다. 식민지 통치 기간에 조선은 성매매에 오염된 사회가 되었고 성에 관한 규범도 윤리관도 바뀌었다. 그러한 변화를 가져온 장본인인 일제가 1937년 이후가 되어서야 비로소 입헌주의에서 제국주의로 표변했다고 할 수 있을까.

식민지 조선에서는 일제의 식민지 지배에 따라 농촌 경제가 피폐하여 많은 사람들이 실향민이 되어 만주나 일본으로 내몰렸고, 일본어도 모르고 정보나 지식에서 소외된 여성들은 쉽게 속아서 인신매매의 희생이 되는 경우도 흔했다.

1916년부터 1942년까지의 통계를 보면 소위 유흥업에 종사하는 여성의 지수가 100에서 465까지 증가하고 있는데 이것이야말로 식민지 지배의 총결산이라고 할 수 있다. 그리고 1916년 기준으로 유흥업 종사자는 일본 여성의 숫자가 조선 여성보다 많았으나 1929년에는 조선 여성의 숫자가 많아 그 추세가 역전된다. 아울러 1929년에 시작된 세계적 공황이 조선 전역에도 영향을 미친 이후 1939년에 이르면 창기의 숫자에 있어서도 조선 여성이 일본 여성을 앞지르는 역전 현상이 나타난다. 이는 한반도에 대한 병참기지화가 진행되면서 조선 내의 유곽이 군사화와 동시에 환락화하는 데서 나타나는 변화라고 볼 수 있다.[4]

1937년에 중일전쟁이 본격화되자 중국으로 넘어가는 조선인들이 급증했다. 러일전쟁부터 시작해서 30년 가까이 식민지 지배를 받은 조선은 제국주의의 악폐에 오염되지 않을 수 없었다. 일본 군대의 행선지 각지에 위안소가 생김으로써 그 주변에 위안소와 비슷한 업자도 몰려왔다. 그러한 곳에는 인신매매를 당해 끌려온 조선 여성 피해자도 많이 있었다.

일본은 외국의 비난을 회피하기 위해 해외에서는 유곽을 요리점, 창기를 예기 혹은 작부라고 사칭해 왔는데, 예기나 작부는 창기보다 허가 연령이 낮다는 점을 악용해서 국제법상 허용되지 않는 소녀들의 성매매를 은폐하려 했다. 어린 조선 여성이 인신매매의 피해자가 된 배경도 이러한 데서도 찾을 수 있다. 식민주의의 피해라는 것은 이러한 교묘한 계략 속에서 일상적으로 행해졌던 것이다.

위안소의 경우 군부대가 운영한 위안소가 고정적으로 일정한 장소에 오래 존속하는 것은 아니었다. 처음에는 군대가 운영했다가 부대가 이동하거나 다른 이유로 민간 업자에 넘기는 케이스도 있었다.[5]

그리고 이러한 비정상적인 사회구조는 해방을 맞은 1945년에 종결된 것

---

[4] 宋連玉, 「日本の植民地支配と国家的管理買春」, 『朝鮮史研究会論文集』 32号, 1994年.
[5] 니시노 루미코(西野瑠美子), 「上海の慰安所・現地調査報告」 『季刊戦争責任研究』 第27号, 2000年 春季号. 요시미 요시아키는 위안소에는 ① 군직영 위안소, ② 군전용 위안소, ③ 민간의 매매업자를 군대가 지정해서 일시 사용하는 위안소의 3종류가 있었다고 한다(http://fightforjustice.info/?page_id=2350).

이 아니라 새로운 냉전 질서가 시작된 이후에도 연속성을 갖고 우리 사회에 자리 잡았다. 이에 대해서는 3부의 연구에서 살펴볼 수 있다.

위안부 문제의 해결과 과거 청산을 하지 못한 해방 후의 역대 한국 정부는 여성의 몸을 자원으로 유린하는 정책을 묵인하고 있었기 때문에 이 문제에 대한 사회적 기억을 억누르도록 함구령을 내렸다. 위안부 문제가 사회적 이슈로 떠오른 초기에 피해자의 처녀성과 순결성에 초점을 맞추어 피해자의 불가항력을 강조하던 것도, 한국 사회가 내면화되어 있던 식민주의를 객관적으로 대면할 준비와 자세가 되어 있지 않아 기억의 왜곡을 유도했다는 지적도 하지 않을 수 없다. 그 결과 일본 역사수정주의들의 정치적인 담론에 대항하는 과정이 진행되면서도 군위안부 피해자의 모습은 전형적인 좁은 영역에 갇혀 의도적으로 축소되었다고 볼 수 있다.

우리의 근현대사 연구에 있어 항일이냐 친일이냐의 이분법적인 구분의 단계는 이제 지났다고 말해진다. 하지만 식민주의와 결부된 '성의 정치학' 문제는 아직도 우리 사회에 많은 과제를 남기고 있는 것이 현실이다. 다시 말해 위안부 피해자의 본질은 '평화의 소녀상'에 표현되어 있으나 실제 피해자들 각각이 걸어온 인생이나 생각은 다양하다. 전형적인 '소녀상'의 범주에 국한시키지 않고, 이들을 식민주의와 전쟁의 피해자로 끌어안을 수 있는 논리와 여성주의를 길러야만 아픈 역사가 민족주의를 넘어서 세계화될 전망이 열릴 것이다.

앞에서 소개했듯이 요시미 요시아키(吉見義明)는 연구 결과 3종류의 위안소가 있었다고 하지만 ① 군직영 위안소 유형에서 ③ 민간의 매매업소 유형으로 혹은 ③유형에서 ①유형으로 변동한 가능성도 있다. 더 나아가서는 위안소였다가 군부대가 다른 데로 이동한 후에 일반 업소가 되었을 가능성도 부정할 수 없다. 전쟁터의 양상은 아주 유동적이라는 것을 고려하면 이런 동태 파악에서 명백한 선을 긋기가 불가능한 경우도 있을 것이다.

요컨대 군(軍) 직영의 위안소에서 강제연행된 여성만이 피해자가 아니라 전쟁터로 끌려가서 본의 아닌 인생을 억울하게 산 모든 여성이 피해자로 보상받을 수 있는 연구와 사상이 필요하다는 것이다.

물론 역사수정주의자는 애매한 형태, 애매한 여성의 존재를 위안부 문제의 국가적인 책임을 회피하는 데 악용하려 하지만 그러한 존재에 대해서도 식민주의와 침략전쟁의 희생자로 굳건히 자리매김할 연구와 시각이 있어야 1945년 이후의 문제도 고찰할 수 있을 것이다.

박유하는 국가보다 업자의 책임을 먼저 물어야 한다고 하지만 취약한 업자에게 군대의 의향이나 허락 없이 움직일 수 있는 힘은 없었다. 업자를 과대평가한다는 것 자체가 국가를 깔보고 역사를 모르는 언사라고 하겠다.

위안부 문제 해결의 인류사적인 의의

박유하는 군인과 위안부 사이에 연애 감정도 생겼고 동지적인 관계를 맺은 케이스도 있었다고 주장한다. 하지만 그것은 아주 드문 예라할 수 있다. 가정폭력(domestic violence) 피해자의 증언에도 자주 등장하듯이 폭력을 받은 피해자의 심리는 복잡하고 때로는 가해자에게 피해자가 용서를 구하려고 하는가 하면 애정을 구걸할 때도 있다. 냉정한 판단을 못할 정도의 공포로 인한 정신적인 상처가 깊다는 것인데 위안부 피해자의 증언도 정신병리학을 도입해서 신중한 분석을 할 필요가 있다.

당사자가 연애란 말을 써도 신중히 들어야 하는데 하물며 제3자가 쉽게 연애라고 판단하는 것은 또 다른 폭력이 아닐까. 왜냐하면 연애란 말이 갖는 환상이 전쟁 피해를 무화해 버리고 전시의 성폭력도 당사자의 책임으로 돌릴 우려가 있기 때문이다. 일제가 추진하던 내선결혼이 과연 얼마나 대등한 남녀관계를 성립시켰을까 생각하면 일본 병사와 위안부 사이에 생긴 연애 감정을 과대평가해서는 안 될 것이다.

한편 위안부 문제를 해결하려는 과정에서 얻은 귀중한 교훈은 가정폭력 피해자는 말할 것도 없고 현재 분쟁 속에서 앓고 있는 여성들의 인권 회복과 치유에도 도움을 줄 것이다. 위안부 문제를 해결하려는 노력은 국제법에서 신해석도 가능케 할 것이며, 새로운 인권 사상을 확립하기 위해서도 위안부 문제는 세계사적인 의의를 갖는다고 하겠다.

일본군 위안부 피해자의 용기 있는 고발의 저변에는 한국의 정치적인 민주화, 그리고 이를 측면적으로 지원한 세계적인 민주화와 냉전체제의 붕괴가 있었다. 이러한 점을 감안할 때, 향후 이 문제에 대한 바람직한 해결책 모색은 전 세계적 여성 인권 보호와 향상에 적지 않은 의의와 영향을 갖는다는 사실을 간과하지 말아야 한다.

한국의 드라마에서 자주 보게 되는 입양아 문제가 주로 전쟁고아의 문제로 표상되곤 하지만 이를 분단과 전쟁, 그리고 그로 인한 가난이 가져온 성매매 여성들의 아픔이라는 사회적 문제로 받아들인다면, 같은 맥락에서 위안부 문제는 결코 과거의 문제가 아니라 우리가 현재 안고 있는 과제라는 것을 알 수 있을 것이다.

1부

군위안부 제도의
역사적 규명 노력

일본에서의 위안부 문제 연구 현황과 과제

송연옥

1. 들어가며[1]

위안부 문제가 '일본을 괴롭히는 역사인식 문제(歷史認識問題)'의 큰 쟁점이 되었다고 말한 것은 국제 법학자인 오오누마 야스아키(大沼保昭)다.[2] 오오누마는 알다시피 오랫동안 일본의 전쟁 책임과 전후 배상 문제에 헌신해왔고 '여성을 위한 아시아평화 국민기금(女性のためのアジア平和国民基金)'(이하, 국민기금) 이사를 지낸 바도 있는데 좀처럼 해결되지 않는 위안부 문제에 대한 답답한 심정을 거리낌 없이 표현하게 된 것은 나름대로 열심히 노력해온 국민기금 사업이 실패했기 때문이었다. 오오누마는 그 실패 원인이 한일 정부의 바람직하지 못한 대응, 일본 우파의 계속되는 망언과 동시에 한국의 '반일'적인 민족주의에 있다고 주장한다.

위안부 문제가 여성 인권 문제, 혹은 식민주의와 침략전쟁 피해 문제의

---

[1] 본고에서 다루는 인물의 경칭은 모두 생략했다.

[2] 동경대학 수강생 대상으로 편집한 강의록 『위안부 문제란 물음(慰安婦問題という問い)』(2007年) 표지 허리띠에 쓰여 있는 문장이다.

측면을 뒷전으로 하고 한일 정부 간 외교 문제의 걸림돌로 바꾸어 인식되었을 무렵, 오오누마와 같은 제국 민주주의 우등생들의 구겨진 자존심을 쓰다듬어 주는 '약손'이 나타났다. 그것은 바로 박유하인데 그의 저작 『제국의 위안부』는 옛 '종주국'에서 소위 '리버럴' 지식인들로부터 우파에까지 널리 환영을 받고 있다. 왜냐하면 박유하의 주장은 아베 정권이 바라는 방향과 결코 모순되지 않기 때문이다.

이런 분위기 속에서 2015년 12월 28일에 한일 양국 정부가 위안부 문제의 최종적인 해결을 위해서 합의를 보게 된 것이다. 아베 정권은 형식적인 "책임"과 "사죄" 표명, 그리고 한국 정부가 설립할 재단에 돈을 내는 것으로 "최종적이며 불가역(不可逆)적인 해결이 된 것"이라고 강조한다. 거기에다 일본 대사관 앞에 있는 '평화의 소녀상'을 철거하도록 요청했다. 위안부 피해 당사자를 무시한 일방적인 합의로 일본 정부는 문제 해결의 관건을 한국 정부에 떠맡기는 구도를 만듦으로서 그 책임을 회피하려고 했다.

합의에 대해서 일본 여론은 환영하는 분위기지만 이 문제 해결을 위하여 노력해온 사람들은 백지 철회를 요구하는 의견과 일단은 합의를 평가하고 더 나은 해결 방안을 찾자는 의견[3]으로 대립되고 분열되어 있는 실정이다.

현 시점에서 볼 때, 그 합의가 위안부 문제 해결을 위해 상황을 더 꼬이게 했고 오히려 부정적으로 작용하게 만든 것 같다. 즉 합의를 실현한 아베 정권은 일관되게 ① 위안부 동원에 있어서 공권력에 의한 강제연행은 없었다. ② 위안부는 성노예가 아니라고 하는 종래의 주장을 한 치도 바꾸지 않으려고 하기 때문이다. 동시에 아베 정권은 일본에서 다음과 같은 여론 정착을 노리고 왔다.

---

3) 관부(関釜) 재판을 지원하는 모임 회장을 지낸 바가 있는 하나부사 토시오(花房俊雄)는 합의를 토대로 피해자들에게 받아들여질 노력을 계속할 것을 일본 정부에 요구해야 한다는 입장을 밝혔다(〈「慰安婦」問題 日韓「合意」に思う〉, 『世界』, 2016년 5월호).

ㄱ) 위안부는 공창이다. 공창은 세계 어느 나라에도 존재했던 합법적인 매춘
　　부다.
ㄴ) 위안부는 위안소에서 성노예라고 할 수 없는 생활을 했다.
ㄷ) 1965년의 한일청구권협정에서 다 해결했다.

이러한 생각을 밑바닥에 깔고 합의를 본 것이다.

과연 오리무중에 있는 위안부 문제를 풀 수 있을까? 연구자로서의 과제
를 찾아서 문제 해결에 기여하기 위해 우선 본고에서는 일본에서의 연구
현황부터 살펴보려고 한다.

2. 위안부를 상기시켜온 일본 현대사

1) 패전 직후의 위안부 기억과 기억의 주체

1991년 김학순의 커밍아웃은 세계를 발칵 뒤집을 충격을 주었으나 그 이
전에도 日本軍 '慰安婦'의 기억은 일본 사회에서 끊이지 않게 이어져왔다.

문학이나 영화[4]에서 위안부가 묘사되는 일은 드물지 않았으나 대개 위
안부를 직간접적으로 체험한 병사들이 쓴 것이며 남성의 눈으로 일방적으
로 표현되었다는 한계를 가진다.

일본의 대표적인 영화감독인 구로사와 아키라(黒沢明)는 병사 경험이
없지만 위안부를 주제로 『曉の脱走(새벽의 탈주)』란 영화를 제작하려고
한 적이 있다. 그러나 연합국군 GHQ(General Headquarters)의 검열로 이
영화는 만들어지지 못했다.[5] 구로사와가 위안부를 주제로 영화를 제작하

---

[4] 대표적인 것으로 田村泰次郎 『春婦伝』(1947年原作)이 1965년에 영화화되었다.
[5] 다무라 타이지로의 『春婦伝』도 GHQ의 허가를 받지 못하여 영화 제작이 늦어진 것이다.

려고 한 것은 위안부란 존재에 대해서 알게 된 충격도 있었으나 패전 직후의 특수위안시설협회(特殊慰安施設協会, RAA), 즉 연합군 위안부 제도가 동시에 일본 내에서 진행되고 있었기 때문이었다. RAA[6]는 가까운 과거에 전쟁터에서 전개된 위안부 제도뿐만 아니라 명치시대의 '카라유키상', 즉 해외로 인신매매된 일본여성들 기억마저 불러일으키게 된 것이다.

모리 가츠미(森克己)의 『人身売買─海外出稼女(인신매매─해외출가녀)』(1959)와 미야오카 켄지(宮岡謙二)의 『娼婦 海外流浪記(창부 해외유랑기)』(1968)는 제국 일본의 해외 팽창에 따라 빈곤층 여성들의 성(性)이 정치적으로 이용당한 역사를 밝힌 것이다.

미야오카가 그 책을 쓴 시기는 전쟁터에 위안부로 끌려가는 여성들의 모습이 아시아 전역에서 드러나게 되던 때와 일치한다. 이들 저서에 보이는 사상은 불우한 동포 여성에 대한 가부장적인 동정심, 혹은 전후 민주주의 시기의 인도주의라고 할 수 있다.

2) 여성주의에 의한 매춘 남성문화 비판(買春男性文化批判)과 아시아 연대

(1) 여성들이 본 '카라유키상'

1970년대에 들어와 여성들은 그간 남성들이 점유해온 불우여성에 대한 기억을 새로운 시각으로 재구성했다. 대표적인 것으로 야마자키 토모코(山崎朋子)의 『サンダカン八番娼館(산다칸의 8번 유곽)』(1972), 모리사키 카즈에(森崎和江)의 『카라유키상』(1976)을 들 수 있다. 이들은 실제로 '카라유키상[7]'이었던 여성들을 인터뷰한 것을 토대로 그녀들의 체험을 젠더적

---

6) 小林大治郎·村瀬明 『RAA─모두는 모른다』는 연합군 위안부 제도를 다룬 책인데 초판이 1961년에 나왔고 위안부 문제가 거론될 때마다 재판을 거듭하고 있으며 1971년, 1992년, 2008년에 개정판이 나왔다.

인 시각으로 재현했던 것이다.

모리사키에 의하면 카라유키상을 출현케 한 규슈 지방에선 아시아·태평양전쟁기의 위안부도 카라유키상으로 인식했다고 한다.[8] 이렇듯 특정 지방이기는 하지만 일본에서는 엄밀하게 규정짓지 않고 가난 때문에 이국 땅에서 성적 착취를 당한 여성을 포괄적으로, 혹은 관습적으로 '카라유키상'이라고 불렀던 것이다. 성에 대한 가치규범이 엄하지 않았던 근대 이전의 사회적 배경이 이런 언어 사용에도 영향을 주고 있는 것이다.

모리사키나 야마자키의 작품은 기층 여성들의 구술사가 새로운 역사학의 방법으로 주목을 받게 된 시기에 나온 것이지만 가와타 후미코(川田文子)가 지방신문에서 오키나와의 일본군 위안부였던 배봉기의 존재를 알고 멀리 도쿄에서 오키나와까지 인터뷰하러 간 것도 이런 사회 조류의 영향을 받아서였던 것이다.

(2) 기생관광과 위안부의 기억

한국전쟁(朝鮮戰爭)으로 경제 부흥을 이룬 일본은 고도 경제성장 시기인 1965년에 한일기본조약을 체결하고 그 후 양국의 국교가 열렸다. 1970년대에 들어가면 일본 기업들은 한국 이외에 아시아 전역으로 경제 진출을 하게 된다.

1972년에 일본과 중국이 국교 회복을 하게 되자 일본은 대만과의 국교를 끊고 동시에 일본 남성들의 매춘관광의 행선지가 대만에서 한국으로 바뀌게 된다. 소위 기생관광인데 한국 정부의 적극적인 유치 정책으로 일본인 관광객은 1971년 96,531명에서 1973년엔 436,405명까지 증가했으며 대부분이 남성 단체객이었다는 것이 특징적이다.[9]

---

7) 편집자 주: からゆき는 19세기 후반 규슈의 아마쿠사(天草) 제도 부근 섬에서 남방으로 돈 벌러 나갔던 일본 여성을 가리키는 말인데, 주로 매춘부로 일했다고 함.

8) 『매춘왕국의 여자들(買春王国の女たち)』, 1993, 宝島社.

일본 남자들의 염치없는 행동은 한국 여성들에게 전쟁 시기의 위안부 기억을 떠올리게 했다. 1973년 7월에 '한국여성기독교청년회연합회(YWCA)' 는 기생관광에 대한 항의 성명을 발표하지만 그 문장 속에서 성노예라는 용어가 쓰였던 것도 기생관광을 현대판 '위안부(慰安婦)'로 인식했기 때문이었다.

이 항의를 계기로 한국에서 성매매에 대한 비판 의식이 커지게 되고 이에 일본 기독교계 여성들이 호응해서 한국 여성들과 연대하게 된다. 이 연대가 나중에 위안부 문제 해결을 위한 운동의 토대가 되고 2000년 여성국제전범법정을 실현케 했던 것이다.

한국의 운동 이념은 식민주의 비판을 품은 민족주의였으나 일본 여성들의 운동 원리는 폐창(廢娼)운동을 계승하는 순결주의와 여성주의가 공존했으며 식민주의 비판이란 문제의식은 뚜렷하지는 않았다.

(3) 『從軍慰安婦(종군위안부)』 출판과 당사자의 출현

센다 가코(千田夏光)가 1973년에 『從軍慰安婦』라는 책을 간행한 것은 기생관광이 한창이었을 때였다. 센다는 병사 체험은 없으나 1964년에 매일신문사가 발행한 사진집을 편집하면서 거기서 위안부들의 사진을 보고 처음으로 위안부의 존재를 알게 되고 흥미를 느꼈다. 그래서 그는 위안부에 대해서 조사한 결과를 책으로 간행했다.

센다의 책은 전쟁을 경험하지 못하고 위안부의 존재조차 몰랐던 젊은 세대에게도 충격적인 역사 사실을 널리 알리게 했다.[10] 그러나 이 책의 밑바닥에는 전쟁 피해자인 조선 여성에 대한 동정심이 깔려있으면서도 여성

---

9) 기생관광에 반대하는 여성들의 모임 『기생觀光 資料 · 性侵略을 고발한다』, 1974年.

10) 마루야마 유키코(丸山友岐子)는 센다의 조선 여성에 대한 동정심 뒤에 숨어있는 '매춘부' 멸시감을 비판하고 있다(「남성기자가 쓴 '종군위안부'를 비판한다」, 『女 · 에로스』, 1977年 7月).

적인 시각이 결여되고 황색 주간지적인 서술이 곳곳에 있어서 일부 페미니
스트 여성들의 반발을 사기도 했다.

이에 대해 김일면(金一勉)은 딸이 유린당한 '가부장'의 분노로 1976년에
『천황의 군대와 조선인 위안부』를 간행했다. 이 책의 민족주의적인 일본
비판은 쉽게 한국 사회에 받아들여진 바가 되었다.

두 작품은 위안부의 기억을 소생시키고 그 충격적인 사실을 널리 알리
는 역할을 했으나 동시에 위안부가 된 일본 여성은 매춘부, 조선 여성은
숫처녀라는 고정관념을 세상에 각인하게 했다.

미국 여성주의의 영향을 받은 일본 여성주의도 섹슈얼리티의 문제를 사
회적인 계급, 자본, 민족 문제와 관련시켜서 봐야한다는 문제의식을 갖게
된다.[11] 이런 변화가 일본 여성계에 영향을 미친 시기에 위안부 체험을 한
일본 여성과 조선 여성이 세상에 그 구체적인 모습을 드러내게 되었다.

일본 여성은 시로타 스즈코(仮名), 조선 여성은 배봉기이다. 시로타가
자서전 『마리아의 찬가』를 간행한 그 이듬해, 즉 1972년에 오키나와가
일본에 반환되었다. 미군정하에서 법적인 재류(在留) 자격을 갖지 않은
채 숨어 살아오던 배봉기는 법적인 정체성 문제로 그 존재가 드러나게
되었다.

오랫동안 세상에서 버려진 배봉기는 두려움과 불신감, 그리고 자기 자신
의 운명에 대한 절망감 때문에 다가오는 기자나 작가들에게 쉽게 마음을
열지는 않았다고 한다. 또 한국 사회는 이런 문제에 대해서 관심을 갖기에
는 정치적으로도 경제적으로도 너무나 어려운 상황에 놓여 있었다.

그때까지 주로 남성 병사들의 기억 속에서만 남아있던 '위안부'는 이렇
게 해서 많은 여성들에게도 그 실상을 보이게 되었다. 또한 남성 작가가
쓴 위안부 모습에 여성적인 시각이 결여되어 있다고 비판해온 여성들 중에

---

[11] 1970年에 간행된 케이트 밀레트 『성의 정치학(Sexual Politics)』은 1973년에는 일본어로
번역되어 간행되었다.

스스로 위안부 문제나 동시대의 성매매 문제를 해결하려고 하는 사람들이 나타나기 시작했다. 그 대표적인 인물의 한 사람으로 마쓰이(松井) 야요리를 들 수 있다.

3. 위안부 문제 해결 운동이 걸어온 4반세기

1) 위안부 문제 해결을 염원하는 시민운동

위안부 문제 해결을 위한 시민운동을 시기별로 본다면 다음과 같이 나눌 수가 있다.

(1) 1991년부터 1996년까지

일본에서는 실제 피해자인 김학순의 커밍아웃이 큰 충격을 몰고 왔다. 김학순에 이어 각국의 피해자가 차례로 재판을 제기하였고 시민단체들의 후원으로 그간 묻혔던 피해 사실이 점점 드러났다. 이런 상황 속에서 1993년 「慰安婦関係調査結果発表に関する河野内閣官房長官談話」, 소위 고노(河野) 담화가 발표되었고 중학교의 역사교과서에도 위안부 문제가 실리게 되었다.

(2) 1996년부터 여성국제전범법정을 거쳐 2007년까지

이 기간에 일어난 획기적인 사건은 관부(関釜) 재판에서의 1심 승리이다. 1992년부터 부산에 사는 위안부 피해자와 여자 근로정신대 여성들 10명이 일본의 공식적인 사죄와 배상을 요구해서 야마구치(山口) 지방재판소 시모노세키 지부에 세 번이나 제소하여 1998년 4월 24일 위안부 원고들이 일부 승리를 거뒀다. 이렇듯 재판에서 피해 사실이 인정되는 판결이 나오면서[12] 일본 사회에서도 위안부 문제에 대해 어느 정도 공통된 인식이 형성되어 갔다.

1심 승소의 긍정적인 분위기는 여성주의의 진전과 더불어 2000년의 여성국제전범법정(이하, 여성법정)의 개정을 고무했다.

여성법정을 이끌어간 마쓰이 야요리는 1981년에 아사히신문사 여성 기자로서 처음으로 아시아 특파원이 된 사람이다. 그 후 마쓰이가 경험한 일들을 1987년에 『여자들의 아시아(女たちのアジア)』(岩波書店)에서 발표했다. 마쓰이는 이 책에서 신생 필리핀의 대통령 아키노 부인 진영에서 여성들의 투쟁, 대농장(plantation)이나 근대 공장에서의 가혹한 노동, 가난으로 성적인 착취를 당하고 해외로 매매되는 여성들의 아픔 등을 그녀들의 육성을 통하여 소개했다. 동시에 여성들의 해방이 머지않았다는 희망도 책 속에서 암시하고 있다.

마쓰이는 가해국 일본의 여성으로서 아시아 여성들의 목소리에 진지하게 응답하려고 하다가 위안부 문제를 만나게 된 것이다. 1984년에 태국 남부에서 조선인 위안부를 인터뷰하게 된 마쓰이는 1988년 윤정옥의 위안부 취재 활동을 아사히신문에 소개하고 그 때부터 위안부 문제 해결을 위한 한일 여성의 연대를 모색했다.

2000년 12월 도쿄에서 열린 여성국제전범법정은 피해자 강덕경이 제기한 책임자 처벌을 요구하는 목소리에 대해 마쓰이를 비롯한 운동가들이 가해국의 일원으로서 이에 응답하려는 노력에서 비롯되었다.

1970년대와 달리 민주화가 이루어진 한국에서 위안부에 대한 조사도 가능하게 되었다[13]. 그뿐만이 아니라 계급차가 큰 한국 또는 아시아 여러 나

---

12) 그러나 2001년 3월 29일에 히로시마(広島) 고등재판소는 위안부 원고에 대해 「역전 패소」·정신대 원고에게는 전면 기각의 판결을 내렸다. 2003년 3월 25일 최고재판소(대법원)에서 상고 기각·상고 수리 파기로 패소(敗訴)가 확정되었다.

라에서 대학교수, 변호사, 시민운동가와 위안부로 끌려간 여성들이 계급의 격차를 넘어서 법정이라는 한자리에서 만나게 된 것도 아시아의 민주화의 큰 성과라고 볼 수 있다. 한반도에 한해서 말한다면 이 법정에서 남북 공동 기소장을 제출할 수 있었던 것도 냉전시대를 극복하려는 노력이었다.

고노 담화에 대해서는 한국 정부와의 협조관계를 유지하기 위한 일본 정부의 현실적인 타산이 낳은 것이란 해석도 있으나,[14] 이 역시 민주화의 진전이 일본 정부를 움직이게 한 성과라고 평가해야 할 것이다.

2000년 법정을 성공시킨 사상적인 배경으로 들 수 있는 것은 여성 인권에 대한 세계적인 조류였다. 예컨대 1995년의 북경 여성회의에서 위안부 문제가 거론되고 이를 계기로 1997년 5월에 '여성·전쟁·인권' 학회가 창립되었다. 기관지 발간의 인사말로 시미즈 키요코(志水紀代子)는 위안부의 용기 있는 고발이 일본 페미니즘을 반성시켰다고 털어놓았다.

위안부 제도를 규명하는 과정에서 자료 발굴, 자료 해석, 담론 해석, 페미니즘의 심화가 있었으나, 이런 성과가 유엔인권위원회에 반영되어 1996년의 크마라스와미(Radhika Coomaraswarmy) 보고서, 이어서 이것을 토대로 한 1998년 UN 소위원회에서의 막드걸 보고서가 나왔다. 보고서는 일본군 위안부 문제를 '인도에 배반하는 죄'로 인정하여 일본 정부에 사죄와 보상, 진상 규명, 책임자 처벌을 요구하는 내용으로 되어 있다.

이처럼 세계적인 여성주의의 조류를 타고 2000년 여성법정은 세계가 주시하는 가운데서 성공적으로 개정되었다. 2000년 여성법정은 시민 단체의 활동과 연구자의 꾸준한 연구의 결실이기도 하지만 당사자인 위안부 피해자들이 행동하는 주체로서 자기 변혁을 이루었다는 점도 큰 성과로 들어야 할 것이다.

---

13) 흔히 한국에서 위안부가 오랫동안 자기 피해를 고발할 수 없게 한 요인이 가부장제에 있다고 하지만 가부장제도 식민주의과 무관하지는 않다. 거기에다 냉전과 군사독재를 떼어놓고 이야기 할 수도 없는 것이다. 가부장제를 역사나 국제정치의 맥락 없이 말할 수는 없다.

14) 木村 幹, 「慰安婦問題の本格化」『ミネルヴァ通信』22号, 2013年 1月

그러나 교과서에 위안부 문제가 기재되었다는 사실, 2000년 법정에서 소화 천황(히로히토)을 유죄로 판결했다는 사실에 위기의식을 느낀 우파들의 맹공격이 시작되었다. 이에 따라 1997년 1월 '새로운 교과서를 만드는 모임'이 결성되어 역사 왜곡에 주력하였고 동시에 전쟁을 할 수 있게 헌법 개정 운동을 전개하려는 '일본회의'가 결성되었다.

여성법정이 소화 천황에게 유죄 판결을 내리자 우파들의 맹공격의 대상은 위안부 피해자가 되었다. 나아가 이들은 교과서에 기재된 위안부 관련 부분도 삭제시키려고 혈안이 되었다.

2000년의 법정이 끝나고 난 뒤에는 세계적인 우경화의 영향을 받은 결과 초기와 같은 활발한 시민운동은 전개되지 못하였고 개별적인 재판 후원 운동이 명맥을 유지했다.

(3) 2007년부터 2012년 아베 제2차 정권 발족까지

2007년 6월(제1차 아베 내각 당시)에 역사사실위원회(사쿠라이 요시코 등)는 일본군에 의한 위안부 강제연행은 없었다고 하는 의견 광고(The Facts)를 워싱턴포스트(The Washington Post)에 게재했다.

이 광고가 역효과였는지는 모르나 같은 해 7월에 미국 하원이 위안부 문제에 대한 사죄와 역사적인 책임을 일본 정부에게 권고하는 결의를 채택했다. 이어서 네덜란드, 캐나다, EU 등 국제사회의 결의나 유엔인권기관에서 권고가 나오자 일본에서의 시민운동도 활기를 되찾아서 2007년 11월에 '위안부 문제 해결 all 연대 네트워크'[15]가 결성되었다.

이에 맞서 2012년 11월에 당시 아베 신조 자민당 총재는 국회의원 38명과 함께 일본군에 의한 위안부 강제연행은 없었다고 하는 의견 광고를 미국 신문에 냈다. 2007년에 낸 광고와 내용은 같았으나 네덜란드 여성을 연

---

15) 원명: 「慰安婦」問題解決オール連帯ネットワーク.

행한 사건은 삭제되어 있었다.[16]

(4) 2012년 아베 제2차 정권 발족 이후

아베 총재는 자신이 수상이 되면 1993년의 고노 담화를 수정하여 새 담화를 발표하고 싶었으나 미국이나 호주의 비판을 받고[17] 이를 실현하지 못했다.

2013년 5월에는 하시모토(橋下) 오사카 시장이 위안부 제도는 필요했다고 발언하여 국제사회에서 빈축을 샀는데, 이 발언은 위안부 문제는 동시대의 사고방식부터 바뀌어야 근본적인 해결이 된다는 점을 재확인시켜준 사건이기도 했다.

그러나 위안부 문제 보도로 그동안 우익의 공격을 받아온 아사히신문이 2014년 8월 5일에 갑자기 '慰安婦' 문제에 관한 과거의 오보를 사과하는 특집 기사를 냈다. 그 일로 우익들이 또다시 '고노 담화(河野談話)'를 재검토하라는 목소리를 높였다.

위안부 문제가 일본 사회에서 큰 이슈가 된 1990년대부터 사반세기가 지난 2015년에도 아베 수상은 전후 70년 담화에서 추상적인 언사를 늘어놓았으나 일본 정부의 주체적인 입장을 명백히 하지는 않았고 위안부 문제의 해결을 내세워서 자기 입장을 고집하는 박근혜 정권과의 대립과 갈등은 깊어만 갔다.

2015년 연말에 결정된 합의는 복잡하게 꼬인 한일 관계를 풀고 군사동맹 관계를 강화하려는 한일 정부가 미국의 압력하에서 성급하게 내린 정치

---

16) 강제연행을 부정하는 보수파는 네덜란드 여성 연행 관계자에 대해 즉시 처벌되었다고 주장해왔으나 요시미 요시아키(吉見義明)에 의하여 그 일본인 책임자가 사건 후에 출세했다는 사실이 밝혀진 후에 이 내용은 삭제했다고 한다. 「慰安婦」「強制」否定派の米紙広告」『東京新聞』 2013年 2月 24日.

17) 「社説」 The New York Times 2013年 1月 3日. 「豪外相, 見直し望まず 慰安婦の強制性認めた河野談話」『朝日新聞』 2013年 1月 14日.

적인 것이다. 기쿠치 논문(이 책의 4장)에서도 지적되었듯이 미국의 압력과 요망이 그 배후에 있던 것이다.

그리고 위안부 문제가 원인이 되어 한일 정부의 갈등이 빚어졌다고 생각하는 일본인들은 위안부 문제를 현실적으로 풀지 못한 이유가 한국의 지나친 민족주의에 있다고 보는 경향이 있다. 이들은 그런 답답한 마음을 달래주는 존재로 박유하를 평가하고 대환영했다. 아베 정권하에서 보수 세력에 밀리기만 하는 소위 리버럴 지식인들의 초조한 마음을 이해해 주는 존재가 한국에서 그것도 남성이 아닌 여성으로부터 나왔다는 점을 반겼던 것이다.

일본은 패전 이후 민족주의에 대한 논의를 기피해왔다. 그리고 민족주의라면 우익의 점유물로 생각하던 일반 시민들은 감각적인 거부반응을 보여 왔다. 그래서 우리와는 달리 일제의 식민지 지배와 싸우던 민족주의, 박정희 정권하에서 국민을 통합하기 위한 관제 민족주의, 외교적 수단으로 쓰이는 민족주의를 각각 나누어 생각하는 사상적인 토양이 튼튼하지 않았다. 민족주의는 다 같은 정치적인 담론이며 카드라고 하듯이, 그리고 마침 자기네들은 민족주의라는 우매한 사상과 관계가 없다고 하듯이 모든 민족주의를 같이 묶어 배척하는 성향이 일본의 지식인들에게 있었다. 거기에 박유하의 정치적인 담론은 그동안의 스트레스를 풀어줄 뿐만이 아니라 양국의 화해를 실현하는 새로운 사상이며 심지어는 한국의 한나 아렌트라고 극찬하는 학자까지 나왔다.

박유하는 "일본 병사는 위안부에게 때로는 연애가 성립되는 동지적인 관계"이기도 했다고 말한다. 또한 그런 위안부를 전쟁터로 가게 한 장본인은 조선인 매매춘업자라고 말한다. 그러한 주장에 대해 대부분의 일본인은, 굳이 우익이 아니더라도, 다양하고 복잡한 역사상(像)을 제시했다고 평가하는 것이다.[18]

---

[18] 정치학과 역사학을 연구하는 소장학자, 나카지마 타케시(中島岳)는 "이것(박유하의 책)은 날카로운 일본 제국주의 비판의 책"이라고 극찬한다(『주간 금요일』 2016년 6월 17일호).

따라서 이는 2016년 시점에서 일본의 식민주의, 그리고 그 식민주의를 가장 여실히 나타내는 위안부 문제에 대한 이해와 반성이 어느 지점에 있느냐 하는 것을 잘 보여주는 현상이라고 말할 수 있다.

4. 위안부 문제 해결을 위한 학문적 연구 성과와 과제

1) 자료의 수집과 자료집 간행

시민단체가 작성한 자료로서 우선 「위안소 지도(map)」를 들 수 있다. 자료집으로는 요시미 요시아키 편 『종군위안부자료집』(大月書店1992), 국민기금 편 『정부조사 '종군위안부' 관계자료집』 전 5권(龍鷄書舍1997), 야마시타 영애(山下英愛)·스즈키 유코(鈴木裕子)·도노무라 마사루(外村大) 편 『일본군 '위안부' 관계자료집』(明石書店, 2006)이 간행되었다.

이들 자료를 소장하고 있는 곳이 마쓰이의 유언으로 개설된 '女たちの戰爭と平和資料館(WAM)'(2005년 개관, 도쿄)이며, 여성 기록영상 제작집단(女性記錄映像制作集団) '비디오 학원(ビデオ塾)'이 제작한 영상 기록도 여기에 소장되고 있다.

또 여성국제전범법정의 법정 기록(전 6권)(綠風出版)에는 2000년부터 10년간의 운동과 연구의 총결산이 수록되어 있다.

2) 역사학 연구에 있어서의 성과

학문적으로는 역사학, 국제법학, 여성학, 정신병리학, 인권법 등 많은 분야에서 위안부 문제를 주제로 연구하였고 그만큼 큰 성과를 올렸으나 여기서는 가장 큰 업적을 낸 역사학에 한정해서 보기로 한다.

일본의 대표적인 역사학 학회지인 『역사평론』은 1993년 4월부터 여성사 특집을 다뤄왔는데 1998년 4월에 「종군위안부' 특집: 군대 · 전쟁과 성」을 기획했다. 회원이 2,200명에 달하는 역사학연구회는 2008년 2월에 "역사학은 일본군 '위안부' 문제를 어떻게 받아들인 것인가?"라는 주제의 심포지엄을 개최하여 그 성과를 849호(2009년 1월)에 「종군위안부」 문제 · 소특집으로 간행했다.

일본에서 '위안부' 문제 해결을 위한 운동에서는 페미니스트들이 중심적인 역할을 해왔으나 역사학 분야의 경우 기존의 여성 사학회보다 근대의 침략전쟁사를 연구하는 남성 연구자의 공헌이 컸다. 대표적인 연구자로서 전쟁책임자료센터를 거점으로 연구해온 요시미 요시아키, 하야시 히로후미(林博史)를 들 수 있다.

1993년에 발족한 전쟁책임자료센터는 발족 때부터 '위안부' 문제에 많은 관심을 기울이고 연구 성과도 축적해왔다. 기관지 『계간 전쟁책임연구』 창간호에서 초대 대표인 아라이 신이치(荒井信一)는 전쟁 책임 문제, 위안부 문제 등에 관해 "일본 정부, 국회뿐만이 아니라 일본 국민이 해야 할 과제라고 자각하여 민간의 입장에서 진상을 규명하여 전쟁 책임 문제, 전후 보상 문제의 해결에 이바지할 연구를 하겠다는 목적으로 기관지를 간행한다"고 창간의 결의를 피력했다.

전쟁책임자료센터에 모인 멤버로는 요시미, 하야시 이외에 윤명숙, 가와타 후미코, 니시노 루미코 등이 포함되어 있어 자료 발굴과 연구에서 많은 성과를 거두었다. 뿐만 아니라 '위안부' 문제에 대한 일본의 정설과 위안부 모습을 형성하는 역할도 해왔다.

위안부 문제가 주목된 지 4반세기 동안에 방대한 조사 자료와 재판기록들이 활자화되었으나 여기서는 역사학에 관한 연구 성과를 정리하고자 한다.

우선 위안부 제도에 관해서는 윤명숙, 요시미 요시아키, 나가이 가즈(永井 和), 구라하시 마사나오(倉橋正直) 등의 연구가 있다. 위안부 제도의 전

제가 된 일본 공창제에 대해서는 스즈키 유코(鈴木裕子), 후지메 유키(藤目ゆき), 하야카와 노리요(早川紀代), 오노자와 아카네(小野沢あかね) 등이 있다. 식민지·점령지의 성관리에 대해서는 야마시타 영애(山下英愛), 후지나가 다케시(藤永 壯), 김부자, 김영, 송연옥 등의 연구가 있다. 중국 산서성 성폭력 피해자의 실태 조사로는 이시다 요네코(石田米子), 오오모리 노리코(大森典子), 중국 운남성 납맹에 끌려간 박영심에 대한 기록으로는 나시노 루미코(西野瑠美子)의 업적이 있다. 오키나와의 위안소 연구는 미야기 하루미(宮城晴美), 홍윤신의 연구가 대표적이다. 앞에서 소개한 가와타 후미코의 배봉기 인터뷰 기록은 『붉은 기와집(赤瓦の家)』[19]이라는 제목으로 간행되었다. 가와타는 그 이외에 1942년 3월의 일본 군정하의 인도네시아의 실태를 현지 여성의 증언으로 상세하게 소개했다.

위안부 제도는 일본의 패전으로 폐지되었으나 1945년 이후 미군의 성관리와 성폭력 연구로서는 하야시 히로후미, 히라이 가즈코[20]의 업적을 소개할 수 있다.

위안부 문제를 주제로 한 박사논문으로 일본에서 나온 것은 아래와 같으나 압도적으로 여성이 많다는 것도 하나의 특징이다.

① 윤명숙, 『일본의 군대위안소 제도와 조선인 군대위안부』(一橋大学, 2003, 아카시 서점에서 단행본으로 간행)
② 야마시타 영애, 『내셔널리즘의 틈새에서(ナショナリズムの狭間から)』(立命館大学, 2009)
③ 홍윤신, 「오키나와전쟁 하의 조선인 여성과 성/생의 정치학: 기억의 장소로서의 '위안소'(沖縄戦下の朝鮮人と性/生のポリティクス: 記憶の場としての「慰安所」)(早稲田大学, 2012)[21]

---

19) 오키나와의 전통적인 가옥이 붉은 기와집이라는 데서 유래된 제목이다.
20) 『日本占領とジェンダー──米軍·売買春と日本女性』(有志舎, 2014年).
21) 『沖縄戦場の記憶と「慰安所」』(インパクト出版会, 2016年)로 간행.

④ 다카라 사치카(高良沙哉), 「전시 성폭력에 대하여(戰時性暴力につい
　　て)」(北九州市立大学, 2013)[22]

⑤ 정유진, 「서벌탄 재현 연구: 일본군 위안부와 여성을 위한 아시아 평화
　　국민기금(サバルタン再現研究: 日本軍「慰安婦」と「女性のためのア
　　ジア平和国民基金」)(大阪大学, 2012)[23]

⑥ 키노시타 나오코(木下直子) 「慰安婦」言説再考: 日本人「慰安婦」の被
　　害者性をめぐって」(九州大学, 2013)

3) 쟁점과 과제

위안부 제도에 관한 대표적인 연구자로 요시미 요시아키가 있다. 요시
미는 1995년에 『從軍慰安婦』(岩波書店)에서 위안부 제도의 기본적인 구도
를 밝힌 다음 2010년에 『日本軍 '慰安婦' 制度とは何か(일본군 위안부 제
도란 무엇인가?)』(岩波書店)를 간행하여 위안부 연구 성과를 개관하면서
이 제도가 일본 군대에 의해 만들어졌다는 사실을 설득력 있게 설명했
다.[24] 종군 위안부라는 명칭이 15년 사이에 일본군 위안부로 바뀐 것도
이 문제를 보는 시각이 크게 달라진 것을 말해준다.

한편 중국에서의 아편 문제를 연구해온 구라하시 마사나오(倉橋正直)는
『從軍慰安婦と公娼制度－從軍慰安婦問題再論』(共栄書房, 2010)에서 만주
연구를 통해 얻은 풍부한 자료를 활용하여 위안부에 대해 매춘부형과 성노
예형으로 나눌 수 있다고 결론지었다. 구라하시에 의하면 8년간 광대한 지
역에서 100만의 대군을 이끌었던 중국 전선에서는 일본인 거주 지역이 많
이 있었고, 일본 군대는 성매매업자를 포함한 일본인 상인들을 전쟁 추진

---

22) 『「慰安婦」問題と戰時性暴力－軍隊による性暴力の責任を問う』(法律文化社, 2015年)로
　　간행.
23) ⑤는 위안부 문제를 둘러싼 현실 정치를 다루고 있으나 참고로 소개한다.
24) 「從軍慰安婦問題研究の到達点と課題」(『歷史学研究』2009年 1月)에는 연구 성과를 소
　　개하고 평가하는 글도 있다.

에 활용했으며 또 상인들은 군대에 기생함으로써 살 길을 찾았다고 기술하고 있다. 동남아시아의 전쟁터에서는 전선의 불안정성, 밀려가는 전황, 일본에서 먼 거리 등으로 인해 일본인 거주 지역을 형성할 수가 없었고 군대를 따라다니는 상인이 부족했기 때문에 성노예형의 종군 '위안부'를 창출하게 했다고 구라하시는 설명하고 있다.

반면 이시다 요네코의 『黃土の村の性暴力』(創土社, 2004)나 오오모리 노리코의 『歷史の事実と向き合って(역사 사실을 마주보고)』에 나오는 중국 산서성 우현(盂県)의 성폭력 피해자는 그야말로 강제연행, 성노예의 전형적인 케이스이므로 구라하시가 제시한 이분법적인 분류는 실태에 들어맞지 않는다.

또 공창제나 식민지·점령지의 성관리에 관한 연구에서는 명치 이후부터 일본 개항지(요코하마나 코베)나 북해도에서 실시되어온 성관리 시스템이 지역, 시대, 상황에 따라서 변화, 확대를 거듭하면서 다른 지역에서도 정치적으로 활용된 사실이 밝혀졌다.

후지나가 타케시는 일본 '내지(内地)'의 성관리·성매매 시스템이 제국 일본의 권력이 미치는 범위까지 확대된 것이 위안부 동원의 장치로서 기능했다고[25] 하였다. 그러나 하야시 히로후미는 그것이 제1차 세계대전 때까지 확대했지만 그 후에는 일본 제국의 세력권 내로 축소되었다고 보고 있다. 또 하야시는 1945년 이후 미군 대상의 성관리 시스템이 6·25를 거쳐 일본과 한국에서 임무를 분담하면서 관리되었다는 점을 들어 1945년 이전과 이후의 연속성을 보여주는 연구를 했다.[26]

전술한 바와 같이 위안부 문제를 해결하려는 연구자, 법조인, 시민운동

---

[25] 「植民地公娼制と日本軍『慰安婦』制度」(早川紀代編『戦争·暴力と女性3 植民地と戦争責任』, 吉川弘文館, 2005年)

[26] 「韓国における米軍の性管理と性暴力」(宋連玉·金 栄編『軍隊と性暴力—朝鮮半島の20世紀』, 現代史料出版, 2010年)

가들은 꾸준한 노력을 통해 많은 업적을 남겼다. 자료집, 논문, 단행본은 물론 재판 기록, 병사들의 수기 속의 위안부 관련 기사 모으기, 지방 공문서관에서의 자료 발굴 등 지금까지도 그 노력은 진행 중이다.

그 결과 현 시점에서 위안부 제도를 어떻게 정의하고 어떤 논쟁점이 있는지를 여기서 정리해보기로 한다. 우선 일본 우파들, 말하자면 역사왜곡을 하려는 사람들은 위안부 제도는 공창제와 같고 돈을 벌기 위해 매춘을 하는 상업 행위는 당시 일본에서 공인된 것이라는 주장이다. 두 번째로, 위안부는 매춘부와 다른 순결한 처녀들이라고 하는 주장이 반대 방향에 있다. 세 번째로, 위안부 제도와 공창제는 둘 다 성노예 제도지만 그 각각은 서로 다르다는 입장이 있다. 네 번째로, 공창제 자체가 국가적인 성관리이며 근대 군대를 유지하기 위해 민간인 업자가 영업을 하는 것처럼 교묘하게 위장을 하지만 성폭력적인 본질은 같다는 입장이다.

요시미는 세 번째 정의를 주장하는데 군사사를 전공하는 나가이 가즈(永井 和)[27]가 요시미의 견해를 지지해서 일본의 위안부 운동권에서는 세 번째 의견이 대세가 되었다. 일본에서 폐창운동을 연구하는 오노자와 아카네도 위안부 제도는 공창 제도와는 본질적으로 다르다고 단언한다.

전술한 바와 같이 일본에서는 위안부 문제가 한일 간의 정치적인 걸림돌이 되고 우익들의 위안부 공격이 심해지는 상황에서 이에 대항하여 강력한 논파를 하기 위해 위안부 제도가 공창제와는 다르다고 주장해야만 했다. 피해 책임을 묻고 보상을 시키려면 선명하게 선을 그어야 하기 때문이다. 말하자면 일본 보수파들의 높은 언성[28]에 대항하려고 하는 나머지 어

---

[27] 1937년 9월 「野戰酒保規程」을 따라 위안소가 병참 부속시설로 설치되었다고 한다. 『日中戰爭から世界戰爭へ』(思文閣出版 2007年)

[28] 대표 사학자로 하타 이쿠히코(秦郁彦)가 있다. 하타는 1985년에 千田夏光의 『從軍慰安婦』을 높이 평가해서 『慰安婦と戰場の性』(新潮社, 1999년)을 간행하지만 「慰安婦」見解에 있어서 吉見義明과 정반대로 대립되고 있다. 2013년 6월 13일에 TBS라디오에서 討論을 하게 된 吉見義明와 秦郁彦의 쟁점도 '慰安婦는 公娼이냐 아니냐에 있었다.

찌 보면 논점이 강제성이나 정부 관여의 유무, 혹은 공창제와의 차이점을 밝히는 데만 집중되었으며 점점 논점이 작은 틀 속에 갇혀버린 것 같다.

위안부 제도 연구의 1인자라고도 할 수 있는 요시미는 위안부 제도와 공창제의 차이점을 다음과 같이 정의한다. 즉 공창제에는 접대를 거부할 수 있는 자유, 폐업의 자유, 외출의 자유가 있었고 평시 시민법이 적용되었다. 그 반대로 위안부에게는 그런 자유는 보장되지 않았고 전시법이 적용되었다. 또 위안소는 군대가 직접 운영하였으나 공창제는 민간인들이 운영했다고 하는 것도 차이점으로 든다. 그리고 강제성을 주장하기 위해 인도네시아 포로 수용소에서 35명의 네덜란드 여성의 사례를 들었다. 하지만 일본 우익들의 공격 대상은 오로지 한국에 있으니 그런 논증은 먹혀들어가지는 않았다.

요시미의 정의를 식민지 조선에서 적용해보면 어떨까? 폐창의 자유, 전시냐 평시냐, 전시법이냐 시민법이냐 하는 세 가지 근거는 식민지 조선에는 해당되지 않는다.

또 1930년대 일본 각지에서는 지방 행정기관이 폐창(廢娼)을 결의했음에도 불구하고 이를 무시한 군부가 전장에 '위안소'를 설치했다는 주장도 있으나, 이 주장은 일본 내지만 보고 있지 일본 제국의 지배 영역 전체를 정치역학적으로 보고 있지는 않다.

일찍이 일본에서는 기업이 유발한 공해(公害)로 '미나마타병(水俣病)'29) 같은 피해를 낳았으나 이들 공해기업이 일본에서 모습을 감추게 되자 일본 시민운동가들은 승리했다고 기뻐하는 일이 있었다. 그러나 실제로는 이들 기업들이 한국이나 대만으로 이전하였을 뿐이었다. 그 후 한국이나 대만의 주민들이 공해병을 앓게 되었던 것은 많은 사람들의 기억에 아직 남아 있다.

---

29) 편집자 주: 미나마타병은 수은 중독으로 인해 발생하는 다양한 신경학적 증상과 징후를 특징으로 하는 증후군. 1956년 일본의 구마모토 현 미나마타 시에서 메틸수은이 포함된 조개 및 어류를 먹은 주민들에게서 집단적으로 발생하면서 사회적으로 큰 문제가 되었다.

폐창운동도 마찬가지였다. 업자나 여성들이 주 고객인 병사(兵士)가 많이 주둔하는 전지(戰地)로 이동했기 때문에 마침내 폐창운동이 승리했다고 착각을 한 것이다. '대동아공영권(大東亞共榮圈)' 시대라 하면서도 일본 내지의 역사만 보는 한계가 나타나고 있었던 것이다. 이렇듯 현재의 '위안부' 논의에서는 식민주의의 관점이 아직도 약하다고 지적하지 않을 수 없다.

2000년 여성국제전범법정을 준비하는 단계에서도 한일 여성들 사이에 문제가 된 내용이 있다. 일본 여성들은 여성주의 시점을 강조했던 데 반해 한국 여성들은 민족주의 시점을 강조하였다. 준비 과정에서 토론이 거듭되었으나 그 후 쟁점을 충분히 심화, 발전시킬 여유를 갖지 못했다. 일본에서 위안부 연구는 일본의 전쟁 연구 가운데 일부로서, 군대가 설치한 위안소나 위안부를 그 이전의 역사와 단절된 특수한 시스템이라고 평가하는 경향이 있다. 식민지 조선의 위안부 문제를 위 세 가지 근거만으로는 설명할 수가 없는 것도 바로 그런 한계에서 오는 것이다.

현존하는 '위안부' 문제에 관한 자료는 경찰청이나 내무성 관련 자료를 빼고는 거의 공개되었다고 볼 수 있다. 앞으로도 자료를 발굴해야 하지만 현존하는 자료로도 충분히 위안부 연구는 할 수 있다. 요컨대 남아 있는 역사 자료를 어떻게 해석하느냐 하는 역사인식이 과제로 남은 것 같다. 박유하의 『제국의 위안부』 같은 책이 간행되고 일부 지지를 받는 것도 지금까지 진행해온 논의에 중대한 허점이 있기 때문일 것이다. 즉 모든 논의가 식민주의와 침략전쟁의 틀에서 이 문제를 보아야 한다.

그러나 한국에서 민족주의가 곧 식민주의에 대한 비판을 의미하지는 않는다. 친일파와 항일운동 진영이라는 양자 대립 개념 사이에 전시하의 식민지 지배 현실이나 조선인의 복잡한 삶은 누락되고 만다. 최근 전쟁에 휘말려 중국에서 악전고투한 삶이 어떠한 것이었나를 동태적으로 유동적으로 파악하는 연구가 나오기 시작했으나 아직도 남은 과제는 많다.

1930년대 이후 식민지 조선은 식민지 정책의 실패와 세계공황의 영향을 고스란히 받았다. 대부분의 민중들은 여전히 농업에 종사하였으나 그 농업은 극도로 피폐하고 먹고 살 길을 찾아서 일본이나 만주로 가서 헤매는 사람들의 숫자는 갈수록 늘었다. 그런데 1937년부터 시작된 만주사변과 그 후의 중일전쟁은 중국으로 건너간 사람들의 생활도 위협했다. 전쟁과 동시에 조선인들이 대거 중국 내륙으로 유입한 것은 결코 자의가 아니라 고래 싸움에 새우등이 터진 격의 불가피한 결말이었다.

오랜 식민지 지배와 전쟁은 사람들의 생각도 근본적으로 바꾸고 말았다. 유교적인 도덕보다 현실에 대응해서 살아남는 것이 중요했다. 징용이나 징병으로 가느냐, 전쟁터와 연결된 암흑세계에서 사느냐 사이의 선택지는 많지 않았다. 중국에서 아편이나 매춘업을 하게 된 업자들도 그런 연장선에서 출현하게 되었다.

그리고 설사 위안소를 경영했다 하더라도 조선인들은 일본인과의 서열에서 결코 우월할 수 없었다. 조선인들은 항상 보다 위험하고 불리한 데로 가야만 했다. 이들 대부분은 일제에 대한 애국심으로 움직인 것은 아니었다. 단지 먹고 살아야 한다는 벼랑 끝에 몰린 사람들의 위기의식에서 나온 것이었다. 그렇지만 위안소 업자이면서 독립운동에 헌금을 했던 사례들은 또 다른 해석의 여지를 남기고 있다.

민족 간에 서열이 있다는 점은 성적으로 유린당한 여성들의 경우에도 마찬가지였다. 안전한 점령지에서 일본 장교를 상대한 것은 대부분 일본 여성들이며 난폭한 병사들로부터 굴복당했던 비(非)일본인이었다.

박유하가 주장하는 대로 조선인 업자가 조선인 여성을 전쟁터로 연행한 하수인이라 해도 그것은 큰 틀에서 일어난 작은 현상이었다. 박유하는 큰 틀을 빼버리고 미세한 현상만 확대해버린 것이다. 남을 탓하지 않고 자기 스스로를 반성하는 것은 아름다운 행실이다. 하지만 불가피하게 강요된 외적 구도를 외면한 지나친 자기반성은 비굴한 태도일 뿐만 아니라 역사를 바로 잡을 기회를 영영 놓치고 마는 우를 범하는 일이 될 것이다. 점령지 주변에서 군대의 허락 없이 누가 마음대로 존재할 수 있었을지 냉철하게 생각하면 답은 쉽게 나온다.

그리고 박유하는 일본 병사와 조선인 위안부 사이에 동등한 연애가 성립된 경우를 거론하면서 다양한 위안부의 모습을 그려야 한다고 주장한다. 여기서 연애란 말은 신중하게 사용해야 한다. 왜냐하면 연애라는 단어 자체가 환상을 갖는 말이며 책임을 면죄해버리기 때문이다.

또 아무리 당사자가 연애라고 우겨도 여성주의적으로 혹은 정신병리학적으로 깊이 해석해야 한다. 평생 동안 모질게 학대당한 젊은 여성들은 말단 병사가 던지는 위로의 말이나 행동에 대해 착각할 가능성이 충분히 있다. 또 그들 사이에 진정한 연애가 성립되었다 하더라도 전체의 성폭력을 상쇄하거나 없었던 일로 할 수는 없다. 위안부 피해자가 겪은 인생은 전쟁 중에도 전후에도 순탄치가 않았다는 사실을 명심해야 할 것이다.

'위안부' 문제를 다루는 일은 담론에서 출발했기 때문에 역사적인 실태가 따르지 않았다는 한계가 있다. 따라서 20세기의 식민지 통치에 있어서 성이나 신체라는 문제를 보지 않고서는 꼬인 문제를 풀 수 없을 것이다. 위안부 문제를 풀려면 역사학이나 사회학, 문학뿐만 아니라 앞으로는 정신병리학적인 접근이 필요하다고 생각하는 이유가 바로 여기에 있다. 성냥팔이 소녀가 그은 환상일지, 민족 차별도 식민주의도 넘어서는 진정된 연애일지에 대해서는 앞으로 여성주의적인 시각에서 더 연구를 해보고 방법론도 창조해야 한다고 본다.

덧붙여 말하면 일제강점기에 조선인과 일본인들의 연애나 결혼이 존재했다 하더라도 일제의 민족 차별이나 식민지 정책의 비인간적인 틀은 부정할 수 없는 사실이다. 따라서 이러한 점이 이들 개인의 인생에 영향을 미친 부분도 자세히 추적해야 할 것이다. 요컨대 '위안부' 문제는 담론에서 출발한 면이 있기 때문에 역사적인 실태가 따르지 않았다는 한계가 있다. 때문에 20세기의 식민지 통치에서 성이나 신체라는 문제를 함께 보지 않고서는 꼬인 문제를 풀 수 없을 것이다.

요시미나 니시노 루미코는 탄광 같은 군수산업에서의 위안소 실태도 앞으로의 연구 과제라고 지적했지만, 군대가 직접 운영하지 않았던 기업 위안소가 과연 요시미 자신이 정의하는 위안소가 되느냐 하는 의문도 남는다.

남은 과제를 고민하기 위하여 다음에 자료를 제시해서 이 논고를 끝내고자 한다.

〈자료 1〉「花柳病患者罹患経路調査 1943年 2月 26日 南方第12陸軍病院調」(歩兵第33連隊関係資料 昭和18(1943)年 1月 5日~7月 22日)

이 자료에 의하면 필리핀에서 일본 군대가 설치한 위안소의 여성들은 공창으로 되어 있고 위안소 주변에서 영업하는 접대업자의 여성들은 사창이라고 되어 있다.

누가 언제 어디서 쓰느냐에 따라서 용어가 혼용되어 있는 하나의 사례라고 볼 수 있다. 즉 공창제는 ① 근대 군사국가를 운용하기 위해 없어서는 안 될 성관리 ② 국가가 허락한 합법적인 매매춘 ③ 근대국가를 형성하는 남성에게 안전한 성기를 제공하는 것 ④ 에도막부 시대부터 내려온 전통적인 성매매로 나누어 해석할 수 있다. 참고로 덧붙이면 〈자료 1〉은 군의관들이 공창을 ③으로 생각해서 나온 것이다.

그런데 상황에 따라 달라지는 명칭과 실정을 세밀하게 검토하고 분석해야 하고 이젠 그런 시기가 오지 않았나 하는 생각이 든다. 덧붙여서 말한다면 공창제란 말은 일정한 내용을 설명하는 것이 아니라 말하는 사람에 따라 내용과 인상이 크게 다르면서도 그 내용을 검토하지 않은 채 위안부냐 공창이냐 왈가왈부하는 감도 없지 않다. ①의 해석을 취한다면 위안소는 전쟁터의 공창제가 될 것이다.

물론 위안부 제도는 일본 군대가 개설했고, 그 전적인 책임은 일본군에 있다. 그러나 조선 여자에 대한 성적인 인권 침해가 1930년대 중후반에 갑자기 시작된 것은 아닐 것이다. 그리고 일본 학자들이 공창제와 위안부 제도가 다르다고 하는 정의나 근거는 식민지 조선에는 다 해당되지 않는 것이다. 그렇다고 공창제와 위안부 제도가 똑같다고 하는 것은 결코 아니다.

다음의 경성 지방법원 문서검사국 문서는 여성의 행선지가 위안소였다는 사실을 극비로 하려고 했던 것을 알려주는 귀중한 자료이다. 그 요지는 서울 서대문에 살았던 신재순(申在順)이라는 여성이 조선인의 중개로 속아서 1938년 봄에 남경(南京)의 위안소로 가게 되었는데 전차금(前借金)을 다 갚고 1939년 8월에 서울에 돌아온 다음 그 소개인을 찾아가 항의를 했더니 거꾸로 유언비어의 죄로 경찰에 체포되었다는 내용이다.[30]

이처럼 경찰이 소개인을 조사하는 대신 중국에 갔다 온 여성을 체포한 것은 그만큼 위안소의 존재를 일반 조선인에게 감추려고 했던 증좌가 아닐까 한다. 가난한 가족을 위해 희생을 하겠다는 마음으로 죽을 각오까지 한 여성에게도 위안소는 결코 가고 싶지 않은 곳이었다. 이 사건은 당시 조선 여성의 피해 상황을 알려주는 빙산의 일각일 것이다.

조선총독부는 조선에서 공창제를 실시하는 것이 식민지 지배에 있어 없어서는 안 될 큰 의의가 있다고 보았다. 그런 공창제를 실시한 국가, 즉 일제는 바로 위안부 제도를 실시하며 군대를 다스린 국가이기도 하다. 본질적으로 같은 국가가 지배를 위해서 성의 정치를 상황에 따라 다르게 운용했다는 점을 놓쳐서는 안 된다.

위의 신재순이란 여성은 위안소에 가지 않았더라도 인신매매의 희생자

---

30) 『思想に関する情報綴(四)京高秘 第2303号』, 1939年 9月 13日.

가 되어 위안소 주변에 있던 사창의 일원으로 전락했을 가능성도 있다. 그렇다면 위안소에 가게 된 여성만이 제국주의의 희생자로 볼 수는 없을 것이다. 위안소가 있었기 때문에 그 주변에 군인을 고객으로 영업한 업소도 번창했던 것이다. 여성이 소속한 곳이 위안소인지, 아니면 그 주변에 있던 업소인지에 따라 식민지 지배 및 전쟁으로 인한 희생자의 고통이 근본적으로 달라지는 것은 아니다.

그리고 총동원 체제로 들어간 일제와 그 이전 일제의 통치 사이에는 물론 차이점도 일부 있겠지만, 그렇다고 해서 별개의 다른 국가처럼 생각해서는 안 된다. 같은 국가의 일부 다른 통치 모습에 지나지 않는 것이다. 아시아·태평양전쟁은 일본 제국주의가 벌인 전쟁 범죄이지, 일부 폭주한 일본 육군 간부가 범한 오류가 아니다.

그런 점에서 일본의 유명한 역사소설가 시바 료타로(司馬遼太郎)의 역사 인식은 심각한 문제다. 일본이라는 국가가 러일전쟁까지는 좋았지만 중일전쟁 추진으로 어리석은 방향으로 가버렸다는 게 그의 인식이다. 그렇다면 위안부 제도를 창설한 군대는 어리석었으나 명치 시기에 한국을 병합한 일본 국가는 어리석지 않았다는 말인가?

중일전쟁 때 군대의 규모가 확대되고 전쟁터도 일본 본토와는 더 멀어져 병사도 증가했으니 성적인 관리도 다를 수밖에 없었을 것이다. 그렇다고 해서 러일전쟁 시기에는 하지 않던 성관리를 1930년대 후반에 들어 갑작스레 군대를 위한 성관리를 발명한 것은 아닐 것이다. 조선총독부라는 존재는 1930년대 중후반에 들어서 비로소 변질된 것이 아니라 본래부터 제국주의 통치라는 잘못된 본질을 갖고 있었다는 점을 놓쳐서는 안 된다.

따라서 위안부 문제에 관해서도, 일본 우파들의 공격을 물리치려고 하는 나머지 여성주의적인 시각을 잃거나 일본 국가, 일본 제국주의에 대한 제대로 된 평가를 놓치는 일이 있어서는 안 된다. 위안부 문제는 일제를 역사적으로 어떻게 평가하느냐 하는 중요한 문제가 달려있는 핵심적인 테마이기 때문이다. 위안부 제도에 대한 기본적인 문제의식은 식민주의와 전쟁의 논리라는 차원에서 바라보아야 하는 이유가 거기에 있다.

〈자료 2〉『아사히신문』의 위안부 관련 기사 건수와 관심도의 변화

연도	기사 건수	주요 기사	주요 기사(일문)
1975		오키나와에 배봉기 존재 판명	沖縄で裵奉奇の存在判明
1979	1	야마야 테츠오의 '종군위안부의 눈물' 배봉기 관련 기록 영화	山谷哲夫 「従軍慰安婦の涙」ペ・ポンギさん 記録映画
1983	3	요시다 세이지 관련 기사	吉田清治に関する記事
1984	2	타이 남부 조선인 위안부 청취 (마쓰이 야요리)	タイ南部で朝鮮人「慰安婦」に聞き取り(松井やより)
1985	4	가니타촌, 위안부 추모집회	かにた(婦人)村で「慰安婦」追悼の集い
1986	2	가니타부인의촌, 위안부 추도비 건립	かにた婦人の村に「慰安婦追悼碑」建立
1987	3	도키야마 다에코 기획, 조선인 위안부를 그린 '海鳴り花寄せ' 작품 소개 가와타 후미코 『붉은기와집』	富山妙子企画, 朝鮮人慰安婦を描いた「海鳴り花寄せ」作品紹介 川田文子『赤瓦の家』
1988	10	마쓰이 야요리, 위안부 문제에 관심을 가진 윤정옥교수 소개	松井やより, 「慰安婦」問題に関心を寄せる尹貞玉を紹介
1989	14	아시아매매춘에 반대하는 남성회 소개	アジアの買売春に反対する男たちの会
1990	23	1월, 윤정옥, 위안부 취재기 『한겨레신문』 게재. 11월, 정대협 발족	1月, 尹貞玉「慰安婦」取材記をハンギョレ新聞に掲載 11月, 挺対協発足
1991	150	김학순 커밍아웃 '아시아 평화와 여성의 역할' 남북여성연대(이우정, 여연구)	金学順さんカムアウト 「アジアの平和と女性の役割」南北女性の連帯(李愚貞, 呂燕九)
1992	725	일본군 위안부 문제 연대회의 요시미 편 『종군위안부자료집』 오키나와 위안소 지도 작성	日本軍「慰安婦」問題連帯会議 吉見義明編『従軍慰安婦資料集』 沖縄, 慰安所マップ作成
1993	424	8월~94년 4월, 비자민연립 호소카와 내각 8월 고노 담화 일본사교과서 모두 위안부 서술	8月, 非自民連立, 細川内閣(~94年4月) 8月, 河野談話 日本史教科書すべてに「慰安婦」記述
1994	373	6월~95년 8월, 자사당 연립정권 무라야마 내각	6月, 自社さ連立政権の村山内閣(~95年8月)
1995	494	8월, 무라야마 담화 여성을 위한 아시아평화국민기금(2007년 해산) 요시미, 『종군위안부』	8月, 村山談話 女性のためのアジア平和国民基金(2007年解散) 吉見義明『従軍慰安婦』

연도	기사 건수	주요 기사	주요 기사(일문)
1996	575	역사교과서(7사 7종) 위안부 서술	歴史教科書(7社7種)に慰安婦記述
1997	757	새로운 역사교과서를 만드는 모임 결성 일본의회, 『정부 조사 '종군위안부' 관련 자료 집성』(전 5권) 간행	新しい歴史教科書をつくる会結成 日本会議結成, 『政府調査 「従軍慰安婦」関係資料集成』全5巻刊行
1998	393	VAWW-netJapan설립(대표 마쓰이 야요리) 2채널 개설	VAWW-netJapan設立(松井やより代表) 2チャンネル開設
1999	194	하타 이쿠히코 『위안부과 전장의 성』	秦郁彦 『慰安婦と戦場の性』
2000	275	도쿄 여성국제전범법정	女性国際戦犯法廷＠東京
2001	233	NHK 프로그램 개편사건	NHK番組改編事件
2002	149	마치이 야요리 서거	松井やより逝去
2003	92	관부재판, 상고기각(「위안부」 패소)	関釜裁判, 上告棄却(「慰安婦」敗訴)
2004	104	여성국제전범법정의 보도를 둘러싼 NHK재판	女性国際戦犯法廷の報道をめぐるNHK裁判(~2008)
2005	191	여성들의 전쟁과 평화자료관 개관 중학교과서의 위안부 관련 기사가 2종에 수록	女たちの戦争と平和資料館(wam)開館 中学教科書の 「慰安婦」関連記述が2種に
2006	110	야마시타영애 외, 『일본군 '위안부' 관계자료집』	山下英愛・鈴木裕子ほか『日本軍 「慰安婦」関係資料集』
2007	423	6월, 『워싱턴포스트』의 팩트(The Facts) 유료의견광고 미 하원 일본군 위안부 결의안(121호) 가결 캐나다, 네덜란드, 한국, 유럽, 필리핀 결의 위안부 문제해결all연대네트워크 결성	5月 『ワシントン・ポスト』紙へのThe Facts 有料意見広告 米下院が日本軍 「慰安婦」決議案(121号)可決 カナダ・オランダ・韓国・欧州・フィリピン決議 「慰安婦」問題解決オール連帯ネットワーク結成
2008	122	다카라즈카시, 기요세시, 삿포로시 '위안부' 결의	宝塚市, 清瀬市, 札幌市 「慰安婦」決議
2009	73	후쿠오카, 미노시, 미타카시 등 9개 시 위안부 결의	福岡, 箕面, 三鷹市ほか9市 「慰安婦」決議

연도	기사 건수	주요 기사	주요 기사(일문)
2010	59	후지미노시, 아비코시, 무코시, 오사카시 등 17 자치체 위안부 결의	ふじみ野市, 我孫子市, 向日市, 大阪市ほか17自治体 「慰安婦」決議,
2011	94	미야시로정 위안부 결의 한국 헌법재판소의 위헌 판결 고치시 시민단체, 해운자료 공표 주한 일본대사관 앞에 소녀상 설치	宮代町「慰安婦」決議 韓国憲法裁判所の違憲判決 高知市の市民団体が海軍資料公表 ソウル日本大使館前に少女像
2012	249	우치시 등 2개소 위안부 결의 서울시에 전쟁과 여성 인권박물관 설립	宇治市ほか2か所「慰安婦」決議 ソウル市に「戦争と女性の人権博物館」
2013	729	교토부, 시마네현 위안부 결의 5월, 하시모토 오사카시장 위안부 발언	京都府, 島根県「慰安婦」決議 5月 橋下大阪市長の慰安婦発言
2014	552	8월, 아사히신문 위안부 오보 사죄(11월 10일까지)	8月, 朝日新聞,「慰安婦」報道における誤報謝罪(11月 10日まで)
2015	495	12월, 한일 합의	12月, 日韓「合意」

【참고문헌】

吉見義明編,『軍慰安婦資料集』, 大月書店, 1992.

鈴木裕子, 山下英愛, 外村大編,『日本軍慰安婦関係資料集成』, 明石書店, 2006.

女性のためのアジア平和国民基金,『政府調査「従軍慰安婦」関係資料集成』, 龍渓書舍, 1997.

千田夏光,『従軍慰安婦』三一書房, 1978.

川田文子,『赤瓦の家』筑摩書房, 1987.

森崎和江,『買春王国の女たち』宝島社, 1993.

吉見義明,『従軍慰安婦』岩波書店, 1995.

吉見義明,『日本軍「慰安婦」制度とは何か』岩波書店, 2010.

秦郁彦,『戦場の性』新潮社, 1999.

尹明淑,『日本の軍隊慰安所制度と朝鮮人軍隊慰安婦』, 明石書店, 2003.

윤명숙,『조선인 군위안부와 일본군위안소 제도』, 이학사, 2015.

石田米子・内田知行編,『黄土の村の性暴力』, 創土社, 2004.

早川紀代編,『戦争・暴力と女性』3巻, 吉川弘文館, 2005.

和田春樹, 大沼保昭,『慰安婦問題という問い』勁草書房, 2007.

宋連玉・金栄編,『軍隊と性暴力』現代史料出版, 2010(『군대와 성폭력-한반도의 20세기』삼인, 2012).

歴史学研究会・日本史研究会編, 『「慰安婦」問題を/から考える―軍事性暴力と日常世界』, 岩波書店, 2014.

平井和子,『日本占領とジェンダー』有志舎, 2014.

高良沙哉,『「慰安婦」問題と戦時性暴力』法律文化社, 2015.

洪ゆんしん,『沖縄戦場の記憶と「慰安所」』インパクト出版会, 2016.

吉見義明,「従軍慰安婦問題研究の到達点と課題」『歴史学研究』2009.1.

花房俊雄,「「慰安婦」問題日韓「合意」に思う」,『世界』5月号, 2016.

일본군 위안소 제도와 조선인 군위안부에 대한 이해 및 한국 사회의 과제

윤명숙

1. 들어가며[1]

1991년 8월 14일, 일본군 위안부 피해자가 커밍아웃하였다는 소식은 한일 양국 시민들에게 얼마나 충격적이었던가. 순결 이데올로기가 뿌리 깊은 한국에서 성폭력 피해자가 자신의 이름과 얼굴을 공개적으로 드러내면서 내가 위안부 피해자였노라고 커밍아웃할 거라고는 일본 사회에서도 미처 예상하지 못했기 때문이다.

『從軍慰安婦』(1973)의 저자 센다 가코(千田夏光)가 만났던 한국 언론인의 말에 그 의미가 잘 함축되어 있다. "조선민족은 여전히 봉건사상의 잔재가 뿌리 깊은 남성 중심 사회라서 여성에 대한 차별의식이 강하다." 또 "사정이 어

---

[1] 이 글은 2014년 12월 10일 한국여성정책연구원·한국사회학회·한성대학교 전쟁과 평화연구소가 중앙대학교에서 '21세기 계속되는 일본군 위안부 문제 현황과 해법'이라는 제목으로 공동주최한 '한국사회학과 후기 학술대회 및 제93차 여성정책포럼'에서 발표한 내용이다. 따라서 「1. 들어가며」와 「4. 나가며」에서 말하고 있는 내용은 2014년 12월까지의 '위안부 문제'를 둘러싼 정황에 대한 내용이다. 다시 말해, 2015년 12월 28일 한일 양국의 외교부장관 회담 발표(이른바 '12·28 합의')에 따른 한일 양국의 사회 변화 반영되어 있지 않은 점을 밝혀둔다.

떻든 간에 위안부가 된, 아니 위안부로 끌려간 여성에 대한 '어떤 종류의 의식'이 있다. [그간 한국 사회에서] 문제가 되지 않은 것은 그녀들도 그걸 의식하고, 알고 있기 때문에 사회 한구석에 조용히 몸을 숨기고 있기 때문이다."[2]

위안부 피해를 생생하게 전해준 '김학순'이라는 이름을, 이제는 들어본 적 없는 젊은이들도 늘어날 만큼 세월이 흘렀다. 김학순의 커밍아웃으로 '위안부 문제'[3]가 한일 양국 사회에 파문을 던진 이후 이 문제는 각 피해국·지역으로 확대되고 급기야 전 세계의 이목을 집중시키며 강산이 두 번 변할 만큼의 세월을 흘려보내고도 여전히 논쟁의 중심에 있다.

20년이 훌쩍 지나는 동안 우리는 어떻게 변하였을까. 일본에서는 2012년 12월 26일 아베 총리(제2차 내각)가 정권을 차지하고 또 한국에서는 2013년 2월 25일 박근혜 정권이 시작되면서 각각 국내 정치나 사회에도 많은 변화가 있었다. 그러는 가운데 특히 세계 여론·인식이 진전되는 것과는 대조적으로 '위안부 문제'에 대한 일본 사회의 인식은 후퇴하고 있다.

그렇게 느낄 수밖에 없는 것은 한국에서 빈번하게 보도되는 '위안부 문제' 관련 뉴스 대부분이 부정적인 것들이었기 때문이기도 하다. 가장 최근에 일어난 일들만 일본 뉴스부터 열거하자면, 「위안부 문제를 둘러싼 일한간 교섭 경위-고노 담화 작성에서 아시아여성기금까지(慰安婦問題を巡る日韓間のやりとりの経緯~河野談話作成からアジア女性基金まで)」라는 제목의 고노 담화 작성 경위를 검증한 보고서의 공표(2014. 6. 20), 이에 따른 고노 담화 재검토(수정) 주장들, 아사히신문의 요시다 세이지(吉田清治) 증언 기사 취소(2014.8.5~6)에 따른 넷우익을 비롯한 우익 성향의 주요 언론에 의한 아사히신문 때리기, 또한 '위안부 문제' 해결을 위해 협의한다

2) 우에노 치즈코(上野千鶴子) 『내셔널리즘과 젠더(ナショナリズムとジェンダ-)』, 세도샤(青土社), 1998년, 110쪽 주 9.

3) 이 글에서 사용하는 '위안부 문제'는 일본 정부에 대한 일본군 위안부 피해 생존자의 개인배상 실현 운동을 둘러싼 모든 움직임을 총칭하는 용어이다. 이 의미에서는 〈'위안부' 문제〉가 아니고 〈'위안부 문제'〉처럼 용어 전체에 따옴표를 붙여 쓰기로 한다.

고 시작했지만 별다른 성과 없이 진행되고 있는 한일 국장급 회의(제5회, 2014.11.27), 국내에서는 위안부 피해자 9명이 제소한 박유하 『제국의 위안부』에 대한 출판판매 등 금지 가처분신청 및 출판물에 의한 명예훼손 재판(2014.6.16) 소식 등이다. 또 아직도 한일 양국의 정상회담은 열리지 않고 있다.

'위안부 문제'를 둘러싸고 일본에서 최근 벌어지고 있는 일련의 사건들을 보면, 마치 1930년대의 재현을 보는 듯하다. 중일전쟁이 발발한 1930년대 중후반은 일본군 위안소 제도가 성립되는 시기인데, 이때는 세계 제국주의 국가들을 중심으로, 실질적인 한계는 있었다하더라도, 성매매 및 인신매매(인신거래) 금지 관련 국제조약에 투영된 여성 차별 및 성 인식이 발전해가던 때였다. 그런데 후발 제국주의 국가 일본은 국제조약에 비준하기는 했어도 이 흐름에 역류하듯이 국가(군·정부)가 군위안소 설치를 확대시킨 시기였다.

이를 현재에 비추어 보면, 2007년 미국의 결의안 이후 최근까지 유엔 인권위원회를 비롯한 서방 여론이 일본군 위안소 제도에 대해 '강제 매춘', '21세기 최대 인신매매' 혹은 '인신거래', '성노예'라는 문제 제기를 강화해가는 것과는 대조적으로 일본에서는 정부가 고노 담화 작성 경위를 검토하는 것부터 시작해서 '아사히신문 사태'로 상징되는 매우 '독창적'인 일이 벌어지고 있다. 이는 아베 내각(2차)이 일본군(천황의 군대)의 위안소 제도를 둘러싼 범죄성을 부인하고자 하는 것이 최종 목적일 것이나 중일전쟁 발발 이후 점령지에서 일본군 위안소 제도가 성립할 때처럼 시대에 '역행'한다는 맥락에서 매우 흡사하다 하겠다.

덧붙여 국제사회에서 '위안부 문제'에 대한 일본 정부의 자세를 비판하는 배경에 "구미 선진국, 즉 이전 제국주의 국가에서 식민지 지배 책임에 대해 재검토하려는 움직임"이 있다는 점은 매우 중요한 지적이다.[4]

돌이켜 보면 1990년대에 일본 사회가 이루었던 성과들, 특히 한일 시민들의 연대에 의해 이루어냈던 성과들, 예를 들어 고노 담화나 무라야마 담화, 중학교 교과서 기술 등이 아베 정권(제1차) 이래 다각적으로 부정당하고 있다. 특히 담화의 경우 1990년대에는 오히려 부족하다고 비판받았던 성과가 이제는 마치 절대적 성과여서 더 이상 후퇴하지 않도록 지키지 않으면 안 되는 마지노선과 같은 양상으로 변해 있다.

하지만 생각해 보면, 강산은 10년이면 변할 수 있을지 모르겠지만 사람들의 인식이라는 것은 10년으로는 어림없다는 생각이 든다. 아니 10년은커녕 50년쯤 지나도 조금 변해 있을까 말까가 아닐까. 원래 사람의 인식이란 그렇게 쉽게 변하지 않는 성질을 갖고 있기 때문이다. 항간에서는 여전히 이렇게들 말한다.

> 김: '위안부 문제'는 왜 해결이 안 되는 거지? 일본군이 조선 처녀를 트럭에 강제로 싣고 갔다며?
> 이: 정신대로 끌고 간 거 아니야? 강제연행!
> 박: 일본 대사관 앞에 소녀상도 서 있잖아? 조선인은 일본인과 달리 모두 순결한 처녀를 끌고 간 거라던데?
> 김: 얼마 전에 프랑스 앙굴렘에 '위안부' 만화도 전시하고, 그때 일본놈들이 반대하는 전시하려다가 쫓겨났다며? 통쾌한 승리지. 이젠 할머니들도 거의 다 죽고 이제는 몇 십 명 안 남았다고 하던데. 일본 정부는 할머니들이 다 죽기를 기다리는 거 아니야?
> 이: 거참, 일본 정부 책임이 분명한데 왜 사죄도 안하는 거야?
> 박: 뭐가 문제야? 왜 아직도 해결이 안 되는 거지?
> 김, 이, 박: 우리가 뭘 해야 돼요?

그렇지만 시각을 달리하면 우리는 변해가고 있는 중이라고 말할 수 있을

---

4) 「아베정치를 묻는다(6) 황폐를 비추는 역사인식, 간토 가쿠인대학 하야시 히로후미 교수(安部政治を問う(6) 荒廃照らす 歴史認識, 関東学院大学林博史教授)」, 『가나가와신문(神奈川新聞)』 2014.12.4.

것이다. 무엇이 문제일까 하는 문제 제기에 몇 가지 이해의 실마리를 제공하고자 하는 것이 오늘 발표 주제이다. 자세한 것은 본문에서 다루겠지만, 먼저 오늘 발표 주제와 관련해서 몇 가지 논점을 제시하면 다음과 같다.

첫째, 일본군 위안소는 군 시설이며 국가(군·정부)에 의해 성립된 제도이다. 둘째, 일본군 위안소 제도는 여러 국제조약을 위반한 국가범죄이자 전쟁범죄이다. 셋째, 이러한 군위안소 제도는 일본군이 저지른 성폭력 유형 중의 한 가지이다. 그럼에도 불구하고 지금까지 우리들은 일본군에 의한 성폭력 유형들 중에서 위안부 피해에만 주목해 왔다. 넷째, 더군다나 일본군 위안소 제도를 둘러싼 논쟁이 제도의 극히 일부분인 징모에만 초점이 맞추어져 있었다. 즉 '강제연행'이냐 아니냐의 문제에 집중되어 왔다. 다섯째, 일본군 위안부를 둘러싼 논쟁으로 위안부가 '공창'(매춘부)이냐 아니냐의 문제가 있고 이 논쟁의 주된 대상은 한국인 생존자이다. 이 논쟁은 일본군 위안소 제도가 식민지 지배 책임과 연관되어 있음에도 불구하고 이를 누락시킨 논쟁이며, 이러한 논쟁의 배경에 제2차 세계대전 이후 제국주의 국가들의 식민지 지배 책임을 묻지 않고 왔던 것이 있다.

마지막으로 이들 논쟁과 별도로, 위안부가 국가에 의한 피해자라는 사실을 부정하고 나아가 국가 책임을 부인하는 일본 우익들의 주장을 소개하고자 한다. 일본 우익들의 주장을 살펴보는 이유는 일본군 위안소 제도를 좀 더 다양한 시각에서 이해하고자 하는 의미이다.[5] 상대의 주장을 살펴보는 일은 한일 양국이 서로를 이해하고 이 문제를 해결하기 위해 필요한 실마리를 찾아보려는 의미가 있다. 이 글에서는 일본군 위안소 제도에 대한 이해에 그치지 않고 해방 후 식민지 잔재로 남겨진, 그러나 이제는 한국 사회가 해결해야 할 과제를 이해하기 위해 필요한 작업을 주된 주제로 삼았다.

---

5) 이해하고자 하는 것은 일종의 지피지기(知彼知己)라고 할까. 일본 극우들의 주장을 잘 파악해야 적극적으로 대응할 수 있다는 의미이다.

2. 용어에 대해서

본론에 들어가기 전에 우선 용어에 대한 나의 생각을 정리해 두기로 한다. '위안부'[6]를 어떻게 호칭할 것인가는 이 사건을 어떻게 인식할 것인가와 맞물려 있기 때문에 중요하다. 대체로 일본군 위안부라는 용어는 익숙할 것이다. 또한 제도를 말할 때도 일반적으로 일본군 위안부 제도라는 용어가 널리 사용되고 있다. 그러나 나는 일본군 위안소 제도라는 용어를 사용한다. 나는 시스템(구조)에 주목한다는 의미에서 일본군 위안소 제도를 쓴다.

공창제도(법률)에서 창기(공창)를 개인 영업자와 같이 취급하지만 실질적으로는 정부를 비롯해서 유곽업자와 소개업자 등이 공창제도를 이끌어가는 주역이다. 창기는 이들 업자에게 착취당하는 구조였고 정부는 창기를 성병 검진을 통해 관리한다. 이러한 메커니즘이 공창제도를 지탱한 구조라고 생각한다. 이와 마찬가지로 군위안부 제도라는 용어에서는 일반인들이 마치 위안부가 제도의 주체인 것처럼 오해하기 쉽다. 그래서 나는 일본군 위안소 제도라고 칭함으로써 위안소 제도를 성립시킨 군·국가에 주목하고자 한다.

다시 일본군 위안부 용어로 돌아와서, 우선 정신대(혹은 여자정신대), 처녀 공출, 종군 위안부, 일본군 위안부·군위안부·위안부,[7] 성노예에 대해서 먼저 짚어보기로 한다.

---

[6] 나는 일본군 '위안부', 군 '위안부', '위안부' 혹은 일본군 '위안소', 군 '위안소', '위안소'라는 용어를 사용한다. 원칙적으로는 '위안부'나 '위안소'에서처럼 따옴표를 붙여서 글자 그대로의 의미에 동의하지 않는다는 표시를 해야 하지만 본문에서는 꼭 필요할 경우를 제외하고는 편의상 따옴표는 생략한다.

[7] 정진성의 논문 「군위안부/정신대의 개념에 관한 고찰」(『사회와 역사』 제60권, 문학과 지성사, 2001)은 "2000년 현재 70살 이상인 사람 50명을 대상"으로 "정신대와 군 위안부에 대하여 어떤 관념을 가지고 있는가에 대한 면접 조사"를 하였다. 그 결과, 조사 대상 규모가 작긴 하지만, 학력이나 일본인과의 접촉 여부 등에 따라 각각의 용어에 대한 인지도에 차이가 있었다.

1) 정신대(혹은 여자정신대)에 대해서

일제강점기 '정신대'는 남녀 구별 없이 노무 동원을 할 때 쓰던 말이며 특정 집단을 가리키는 용어가 아니었다. 또 '정신대' 자체가 위안부를 뜻하는 것도 아니었다. 그렇지만 해방 이후 군위안부 문제가 사회문제로 표면화된 1990년대 초 한국 사회에서 정신대를 군위안부와 동의어로 인식하고 있었던 것은 사실이다.[8] 1980년대 초 발간된 임종국 편저서 『정신대 실록』(1981, 일월서각)에서처럼 위안부를 지칭하는 용어는 '정신대'였고, 1980년대 말 한국 사회에 이 문제가 처음 제기되었을 때도 '정신대'가 사용되었으며 정신대로 동원된 여성이 위안부라는 인식을 갖고 있었다.[9]

그래서 1990년대 초 한때 여자정신근로령(1944.8.23)이 군위안부를 동원한 법령이라고 잘못 알려지기도 했다. 그러나 이러한 인식은 곧 수정되었

---

[8] 정신대·위안부·처녀 공출과 같은 용어와 일제 시기 위안부 징모와 연관해서 좀 더 연구가 진척될 필요가 있다. 또 위안부를 정신대라고 칭하게 된 이유나 배경이 일제 시기 유언비어 등의 판결문을 활용하여 연구가 더 진전되어야 하겠다.

[9] 강만길, 「일본군 '위안부'의 개념과 호칭 문제」(한국정신대문제대책협의회 진상조사연구회 엮음 『일본군 '위안부' 문제의 진상』, 역사비평사, 1997)에서는 식민지 조선에서 정신대라는 말이 사용되기 시작한 것은 1941년경이라고 하고 있다. 또 정신대는 주로 노동력을 제공하는 조직을 지칭하는 일반명사였으나 1943년경 이후 여자정신대 혹은 여자근로정신대로 한정되어 쓰이는 경향이 나타나다가 1944년 '여자정신근로령' 이후 정신대를 대체로 전쟁노동력으로 동원된 여자에 한정되어 쓰인 것 같다고 정리하였다 (12~14쪽). 강만길 논문에서 한 가지 지적해 둘 것은 일반적으로 "여자정신대"를 "일본군 '위안부'"로 인식하고 있었다는 근거를 "바로 그 대상 연령층에 해당했던 지식인들"(13쪽)을 근거로 하고 있다. 또 하나 "당시의 일본인들도 '군위안부'를 정신대로 알고 있었다는 증거"가 있다고 하면서 스즈키 유코 논문 「からゆきさん, 從軍慰安婦, 占領軍慰安婦」(『近代日本と植民地』 5, 岩波書店, 1992, 242쪽)에서 인용한 일본인 만몽개척단의 귀환 과정에서 생긴 에피소드를 들고 있다. 그렇지만 내용을 보면 개척단의 부단장이 "여자정신대로 소련군 숙사에 가주면 좋겠다"고 하자 처녀들 중에서 "정신대의 의미를 묻는 소리가 나왔"고 이에 "군인들의 위안"이라고 답하면서 "나라를 구하기 위해서 정신해야 한다"고 명하는 대목이 있다. 이는 오히려 일본인(여성)들 사이에 '정신대'가 일반적으로는 '위안부'로 받아들여지지 않았기 때문에 나온 반응이라고 해석하는 게 맞지 않을까 한다. 이들을 포함해서 해방 이후 한국에서 '정신대'를 '일본군 위안부'로 인식하게 된 경위는 연구 과제로 남긴다.

다.[10] 일본군 위안부에 대한 연구가 진행됨에 따라 정신대와 위안부는 별개 성격의 동원이라는 사실이 밝혀졌기 때문이다.[11] 또한 1990년대 초 한국 정부가 '정신대'(일본군 위안부) 피해자의 등록을 시작하자 노무 동원 피해자들도 상당수 등록하게 되었다. 이에 여자근로정신대 피해도 널리 알려지게 되었다. 그래서 현재 일본군 위안부와 '정신대'(여자근로정신대)는 원칙적으로 구분하여 사용되고 있다.[12]

2) '처녀 공출'에 대해서

일제 시기 신문에서는 '징용'의 동의어로 '공출'이라는 용어를 썼는데 일반 민중은 미혼 여성의 동원을 '처녀 공출'이라고 표현했다. 처녀는 미혼 여성을 가리키는 총칭이며 공출은 관헌에 의한 강제적인 동원을 의미하는 말이다.[13] '처녀 공출'은 행정 혹은 법령 용어는 아니지만 당시 민중들 사이에서 징용과 같은 의미로 널리 사용된 용어이며 식민지기 조선에서 여자근로정신대를 동원하는 시대 배경을 이용하여 징모업자들이 위안부를 징

---

10) 여기서는 일본군 위안소 문제를 둘러싼 시민운동 활동가나 연구자 등에 국한하는 것이 맞을 것이다. 매스컴이나 일반 대중들에게 널리 알려지기까지는 좀 더 시간을 필요로 했다.

11) 여순주, 「일제말기 조선인 여자근로정신대에 관한 실태 연구」, 이화여자대학교 석사논문, 1993. 참고로 논문 요지는 http://share.ewha.ac.kr/content/?p=000000019349를 참조 바람. 여순주는 1990년대 초부터 한국정신대연구소 연구원으로 활동한 연구자이다.

12) 이러한 결정은 노무자로서 여자근로정신대(혹은 정신대)로 동원되었던 피해자들의 요청에 의한 것이기도 하다. 1991년 9월 30일에 내가 만났던 여자근로정신대 피해자의 경우에도 해방 후 줄곧 '위안부'로 오인되어 받았던 피해에 대해서 고통을 호소하였다. 참고로 여자근로정신대 피해자 구술집으로 『조선여자근로정신대, 그 경험과 기억』(일제강점하 강제동원 피해 진상규명위원회, 2008년)이 있는데, 여기에는 도쿄 아사이토 방적회사 누마즈 공장(4명), 마쓰비시 나고야 항공기제작소(6명), 후지코시 도아마공장(13명)으로 동원된 총 23명의 구술이 실려 있다.

13) 자세한 내용은 尹明淑, 「日本の軍隊慰安所制度及び朝鮮人軍隊慰安婦の形成に関する研究」(一橋大学大学院博士論文, 2000年, 221~237쪽); 尹明淑 『日本の軍隊慰安所制度と朝鮮人軍隊慰安婦』(明石書店, 2003년, 287~300쪽); 윤명숙 지음·최민순 번역, 『조선인 군위안부와 일본군 위안소 제도』, 이학사, 2015년, 367~388쪽) 참조.

모하기 위한 수단으로 사용되기도 하였다.

3) '종군 위안부'에 대해서

일본의 저널리스트 센다 가코(千田夏光)의 『從軍慰安婦』라는 제목의
책이 1973년 발간되어 베스트셀러가 되었다고 한다.[14] 이 저서의 영향
으로 일본에서는 지금도 대중적으로는 '종군 위안부'라는 용어가 널리 사
용되고 있다. 그런데 이 '종군 위안부'라는 용어는 한일 양국에서 각기
다른 이유지만 이의가 제기되었다. 한국 피해자 · 지원 단체 측은 '종군'
이라는 말에 '자발적'이라는 의미가 포함된다고 보기 때문에 반대하였고,
일본 우익 측 주장은 '종군'이란 단어 속의 '군'이라는 글자 때문에 마치
군과 관련이 있는 것처럼 오해받기 쉽기 때문이라고 하였다. 결국 현재
한국에서는 '일본군 위안부'라는 용어가 정착되었다. 일본에서는 대중에
게 익숙한 용어는 여전히 '종군 위안부'지만 공식적으로는 '종군 위안부'
가 아니라 '위안부'가 사용되고 있다.[15]

4) 일본군 '위안부' · 군 '위안부' · '위안부' 및 성노예

앞서 언급한 대로 1990년대 초 '정신대'나 '종군 위안부'라는 용어가 많이
사용되면서 특히 '종군 위안부'에 강제성이 결여되어 있다는 문제의식에 따
라 한때 '강제 종군 위안부'라는 용어가 사용된 적이 있다.[16] 이에 대해 한

---

14) 센다 저서에 대한 평가에 대해서는 윤명숙, 「일본군 위안부 문제에 대한 일본사회의 인
식: 1990년대를 중심으로」(『한일민족문제연구』 제7호, 2004년 12월호)를 참조 바란다.
15) 일본 측은 일본 정부와 '국민기금(아시아여성기금)'이 시작될 때는 '종군위안부'라고 사
용하였지만 "전쟁 시대 당시의 문서에는 '위안부'라고 나온다"는 것을 근거로 '위안부'라
고 사용한다고 설명하고 있다(http://www.awf.or.jp/1/facts-00.html). 한국 외교부는 '일
본군 위안부'를 사용하고 있다(http://www.mofa.go.kr/search/search.jsp?searchData=%
EC%9C%84%EC%95%88%EB%B6%80)

일 양국의 시민단체, 활동가, 연구자들이 모여 협의하여 결정한 용어가 일본군 '위안부'이다. 나 역시 일본군 '위안부' 혹은 군 '위안부', '위안부'라는 용어를 적절히 혼용하여 쓰고 있다.

덧붙여 '위안부'라는 말 자체에 대한 이의 제기도 있었다. 이 문제의 본질은 '성폭력'이지 '위안'이 아니라는 것이다. 일본군 위안부의 본질이 성폭력이라는 점에 대해서는 적극 동의한다. 다만 나는 '위안부'라는 용어에 권력·군대·남성 중심적인 성 인식이 적나라하게 표현되어 있을 뿐 아니라 역사성까지도 포함되어 있기 때문에 이러한 인식이 그대로 드러나는 위안부라는 용어를 역사용어로 사용한다.

한편 위안부에 대한 이러한 문제 제기로 인해 '성노예'라는 용어도 시민단체를 중심으로 널리 사용되어 왔다. '성노예'라는 용어는 1990년대 중반 정도에 유엔보고서에 사용된 것이 번역되어 들어온 셈인데, 최근 아베 정권을 비롯한 위안소 제도의 강제성과 국가 책임을 부정하는 사람들에 의해 위안부가 '성노예'가 아니라 '매춘부'에 불과하다는 주장이 거세어지고 있어서, 이에 따라 다시 '성노예'라는 용어가 주목을 받고 있다.[17] 일본에서는 피해자 지원 단체나 연구자 등을 중심으로 '성노예'라는 용어를 일반 시민들에게 이해시키기 위한 노력이 더욱 강화되고 있다.[18]

---

[16] 한국정신대문제대책협의회 상임대표 윤미향 강연(이솔화장품 주관, 센트럴플라자 5층, 2014.3.1). http://blog.daum.net/hanagajoah/973(2016.10.8 검색)

[17] 일본에서 위안부와 공창, 성노예 논쟁이 대중의 주목을 모은 것은 '일본유신의 모임'의 사쿠라우치 후미키(桜内文城) 의원이 요시미 요시아키(吉見義明) 츄오대(中央大) 교수의『종군위안부』를 '날조'라고 모욕한 사건이 계기가 되었다. 요시미 교수는 2013년 7월 29일 사쿠라우치 의원을 명예훼손으로 도쿄 지방법원에 제소하였다. 그런데 재판이 시작된 후에 피고 측에서 논점을 바꿔서 요시미 교수가 "'위안부 = 일본군 성노예'라고 허위를 세계에 발신하고 있다"고 비난하며 재판에서 정면으로 싸우자는 태도를 취하게 된다. 이 재판은 2016년 9월 6일 고등법원 제2차 구두변론을 막 마친 상태이다. 자세한 사항은 http://y-support.hatenablog.com/(2013.11.22 검색); http://www.yoisshon.net/(2016.10.1 검색) 참조.

[18] '위안부' 전문 사이트 Fight for Justice 개설 1주년 & 소책자 출판 기념 심포지엄「성노예란 무엇인가」재일본 한국YMCA 9층 홀에서 2014년 10월 26일에 개최; 일본군 '위안부' 문제 web사이트 제작위원회 편, 요시미 요시아키(吉見義明)·니시노 루미코(西野瑠美子)·

3. 일본군 위안부에 대한 인식의 문제

위에서 언급한 대로 어떤 용어를 사용하느냐는 일본군 위안소 제도 문제 및 위안부 문제를 어떻게 보느냐에 따라 달라진다고 하겠다. 이 문제에 대한 인식 차이는 사실 동시대에만 있는 것이 아니고 통시적으로 보면 더욱 뚜렷하다. 여기서는 일본 사회의 인식을 예를 들어 설명하도록 하겠다.

일본에서도 '위안부'라는 존재는 1990년 이전에도 알려져 있었다. 널리 사회문제화된 것은 아니지만 그 존재에 대해서는 알려져 있었다. 특히 일본의 패전 직후에는 군인들의 회상기나 에세이 등에서 이들 존재가 '조센삐'라거나 하는 명칭으로 군대 생활의 원경으로 그려지곤 했다. 하타 이쿠히코(秦郁彦)는 『위안부와 전쟁의 성(慰安婦と戰爭の性)』[19]에서 "전쟁에서 돌아온 병사들이 넘쳐나던 패전 직후부터 위안부들은 전기(戰記), 소설, 영화, 연극 작품 속에서 매우 친숙한 조연 또는 배경으로 종종 등장"했다고 지적하였다. 이때까지만 해도 '위안부'는 "그저 나라를 위해서 병사를 위로"하는 '야마토나테시코'(헌신적이고 순종적인 여성)와 같은 존재나 혹은 전쟁판 '가라유키상'과 같은 존재로서 묘사될 뿐이었다.

따라서 군위안부에 대한 일반적인 인식은, 병사들이 입대 전 일본 국내의 '유곽'에서 경험했던 '공창('매춘부'[20])'에 대한 인식과 별반 다르지 않았

하야시 히로후미(林博史) · 김부자(金富子) 책임편집 『「위안부」· 강제 · 성노예: 당신의 의문에 답합니다(「慰安婦」· 強制 · 性奴隷: あなたの疑問に答えます(Fight for Justice · ブックレット))』, 오챠노미즈서방(御茶の水書房), 2014.10.

19) 하타 이쿠히코(秦郁彦) 『慰安婦と戰爭の性』(新潮社, 1999년, 15쪽). 하타의 저술 태도(사진이나 도표의 무단 도용, 자료 인용 오류, 오독, 자의적 인용 발췌 등)에 대해서 비판한 하야시 히로후미(林博史) 글이 있다. http://www.geocities.jp/hhhirofumi/paper44.htm 참조.

20) 필자 역시 '매춘부'라는 용어는 여성 차별적이라고 생각한다. 따라서 원칙대로라면 '성매매 여성'을 사용하는 것이 바람직할 것이나, 그 차별성을 부각시키는 의미에서도 본 논문에서는 따옴표와 함께 '매춘부'라는 용어를 사용하기로 한다. 앞으로 우리가 부셔 버려야 할 차별적 의식의 벽이 있다. '매춘부'를 바라보는 일본 및 한국사회의 차별 의식이 그것이다. 우리는 이 차별 의식 자체에 대해 문제 제기를 해 나가야 한다.

으며, 그러한 '매춘부'가 전장으로 자리를 옮겨와 있었다는 정도로밖에는 생각하지 않았을 것이다. 이러한 인식은 1960년대 말에서 1970년대 초까지 지속된다. 그러니까 일본의 패전부터 따지면 약 25년 정도가 흐른 셈이다.

그러다가 1970년대 초 군위안부에 대한 인식에 커다란 변화의 조짐이 나타난다. 바로 조선총독부라는 국가권력이 개입되어 있다는 사실을 주장한 저서가 발간된 것이다. 그 저서가 센다 가코(千田夏光)의 『종군위안부(従軍慰安婦)』이다. 센다의 저서가 이전의 전쟁문학이나 전장에서의 체험 잡기와 현저하게 다른 점은 조선인 군위안부를 민족 차별의 피해자로 자리매김했다는 점이었다. 그러나 이 책의 한계는 당시의 군위안부에 대한 인식의 결핍과 맥을 같이 하고 있다는 점이다. 그의 책은 조선인 군위안부에 초점을 맞추었음에도 불구하고 조선인 군위안부 실태에 대해서는 군위안부의 대부분이 조선 여성이었다고 지적하는 데 그칠 수밖에 없었던 반면 저서 내용의 대부분을 일본인 병사와 일본인 위안부, 위안소 관련자의 증언에 기초해서 집필되었다. 이 때문에 조선인 군위안부의 이미지는 결국 앞서 말한 70년대 이전의 전쟁문학 속에 나오는 이미지와 크게 달라지지 못했다.

그래서 여전히 이 책에서는 '위안부'가 '매춘부'로 묘사되어 있다. 즉 옛 군인의 시각에서 "재생"되어 그 결과 '위안부'가 "공중변소"라고 하는 정도의 이해밖에 가지지 못한 군인들의 인식이 그대로 '위안부'를 설명하는 개념으로 소개될 수밖에 없었다. 또 다른 하나의 이미지는 군인에게 "마누라"나 "연인"과 같은 존재이거나, 동시에 패전 직전의 심한 폭격 속에서 죽음의 경지를 함께했다든가 혹은 "옛날의 무장(武将)이나 사무라이 부인"과 같은 여성으로 이야기되어진다. 이러한 병사들의 언설에 의해 군위안부는 단순한 "위안부가 아닌" 병사와 생사고락을 함께 한, 사랑스러운 여성이라는 정서적인 기억에 의해 "미화"되었던 것이다.

이러한 이미지에서는 군위안부가 국가권력에 의한 전쟁범죄 피해자라는 성격은 전혀 드러날 수 없으며, 또 특히 여성 독자 쪽에서 이러한 성격을 용이하게 상상하기는 힘들었을 것이다. 이처럼 센다의 저서는 일본의 전후 처음으로 "일본 군국주의 고발"을 시도했다는 점에서는 탁월했지만, 여성의 성차별 문제로서 문제 제기 되지 못했을 뿐만 아니라 나아가서 군위안부 문제가 전쟁범죄나 인도에 반한 죄라는 인식의 실마리까지는 제공하지 못했다. 또한 센다의 저서는 조선총독부의 역할과 조선인 군위안부의 존재에 주목했음에도 불구하고 일본의 식민지 지배에 의한 민족 차별의 결과라는 역사적 사건으로 사회적 관심을 모으게 하기에는 역부족이었다. 결국 군위안부 문제는 1980년대 말까지 일본 사회에서 거의 주목받지 못한 채 지나갔다.

센다의 저서가 출판된 시기와 같은 시기에 재일 조선인 연구자 김일면 (金一勉)이 저술한『천황의 군대와 조선인 위안부(天皇の軍隊と朝鮮人慰安婦)』(三一書房, 1976년)는 제목에서 드러나듯이 조선인 군위안부에 관한 실태가 중심이 된 저서이다. 이 책은 조선인 군위안부 문제를 민족 차별의 문제로서 문제 제기하여 지식인 사회에서 커다란 충격으로 받아들여졌지만 당시 일본의 일반사회에서는 거의 주목받지 못했다고 한다.[21]

이와 같이 1970년대까지의 위안부에 관한 일본 사회의 인식은 조선인 군위안부의 존재는 성적 호기심을 자극하는 묘사이거나 성 문제에 초점이 맞추어져 있거나 군인들의 추억담이나 전장에서의 연애담 정도의 인식에 머물렀을 뿐이다. 따라서 이런 정도의 인식에 그친 저서들은 일본 사회에서 군위안부 문제를 식민지 지배와 깊은 관련이 있는 민족 차별이나 여성 차별 문제로 자리매김하는 데에 이르지 못하였고 나아가서 국가의 전쟁 책임 혹은 전후 책임으로 인식하게 하는 데에도 이르지 못하였다. 또한 제국

---

[21] 김일면의 이 책은 '조선 여성의 순결성, 정조를 강조'하는 등의 가부장제적 성 인식이나 여성차별 인식 당시에도 비판이 있었다고 한다. 1977년 마루야마 유키코(丸山友岐子) 의 비판(「남성 작가가 쓴 '종군위안부'를 비판한다(男性ライターが書いた『從軍慰安婦』を切る)」는 가노 미키요(加納実紀代)의 「5성과 가족」(『시평 전후 50년(コメンタール戦後50年)』, 사회평론사, 1995년 수록)에 실려 있다. 여기서는 우에노 치즈코의 앞의 책(1998년, 110~113쪽)에서 재인용.

주의 국가 일본의 식민지 지배 책임에 대해서도 마찬가지였다.

지금까지 살펴본 것처럼, 1991년 8월 14일 김학순의 커밍아웃과 한일 양국 매스컴의 대대적인 보도 이전에도 사람들이 군위안부라는 존재 자체를 몰랐던 것은 아니었다. 하지만 대다수의 일본인이 일본군 위안소 제도가 민족 차별이자 성차별 문제이며 국가에 의해 저질러진 범죄, 다시 말해 국가에 의한 성폭력이라는 점을 인식하기 시작한 것은 1990년대에 들어서이다.[22] 센다의 저서가 발간된 때로부터 계산하자면 25년이 조금 넘는 세월이 더 필요했던 셈이다.

우에노 치즈코(上野千鶴子)는 "센다의 '역사적 한계'를 누구도 책망할 수 없다. 일본에서도 한국에서도 많은 사람들이 '위안부'의 존재를 알고 있었으면서도 피해자의 침묵에 모른 척 지내왔기 때문"이라고 지적하고 있다. 그리고 한국인 피해자들이 침묵한 배경에 "가부장제적인 성차별 인식"이 있다고 지적한다.[23] 이 말에 동의한다. 그러나 한편 이것이 침묵을 강요한 유일한 이유는 아닐 것이다.

해방 이후 민주화되지 못한 사회가 오랫동안 유지되어 왔던 데다 1950년대 한국전쟁 당시 한국군 위안대의 존재가 있었으며 1960~70년대 박정희 정권하에 추진된 성매매정책으로 미군 위안부 문제를 꼽지 않을 수 없다.[24] 대내외적으로 베트남전쟁에서 한국군이 베트남 여성에게 저지른 성폭력이 국가 경제발전이라는 슬로건에 가려져 있었다. 1980년대에 '정신대' 문제를 제기하게 만든 배경에는 한국에 기생관광으로 방문하는 일본 남성들의 존재가 있었다. 해방 이후 한국 사회에는 끊임없이 '성매매' 문제가

---

[22] 1990년대 이전 일본사회에서의 위안부 인식에 관한 부분은, 윤명숙 「일본군 위안부 문제에 대한 일본사회의 인식: 1990년대를 중심으로」(『한일민족문제연구』 제7호, 한일민족문제학회, 2004년)에서 해당 부분을 발췌, 정리하였다. 좀 더 자세한 내용은 논문을 참고하기 바란다.

[23] 우에노 치즈코 앞의 책(1998년), 110쪽.

[24] 같은 책, 김귀옥과 박정미의 논문 참조.

국가적 '사업'으로 자리매김 되어 왔고, 이러한 사회 속에서 위안부 피해자의 해방 후 경험이 침묵을 강요한 또 다른 요인이 되었을 것이라고 추정된다. 그리고 국가적 '사업'은 여성의 '성매매'나 성폭력 문제를 오랫동안 인권 문제로 다루지 못하게 하는 배경이 되었을 것이다.

그런 의미에서 해방 후 한국의 '정신대'(일본군 위안부) 문제는 한국 사회가 민주화된—형식적 민주주의라 하더라도— 1980년대 말이나 되어서야 문제 제기가 가능했던 것이다. 또한 세계적으로 여성에 대한 인권 의식, 남녀평등 의식 등의 인식의 고양이 있었고 일본 사회에도 이러한 인식의 고양이 밑바탕에 깔려 있었기 때문에 일본군 위안부 생존자의 등장과 함께 국가범죄라는 인식이 수용될 수 있었다고 생각한다.

4. 구라하시 마사나오의 위안부 정의: '성노예형'과 '매춘부형'을 중심으로

이 글의 서두에서도 언급했지만, 일본군 위안소 제도 및 위안부에 대한 일반적인 이해에서 벗어난 식민지 출신 위안부가 갖고 있는 특징이 있다. 이 특징을 이해하지 못하면 1990년대 이래 줄곧 논쟁해온 논점을 이해하기 힘들고, 이에 따라 이 문제의 해결을 위한 실마리를 찾기 힘들거나 잘못 찾을 수 있다고 생각한다. 이를 위해 단계적으로 얘기를 풀어가고자 한다.

먼저 다음 장에서는 구라하시 마사나오(倉橋正直)의 위안부 정의에 대해서 살펴보고자 한다. 구라하시의 주장에 여러 문제점이 있다고 생각하지만, 그럼에도 불구하고 그가 만주지역을 대상으로 연구한 위안부에 대한 주장에서 식민지 출신 조선 여성의 성폭력 피해를 이해하는 데 중요한 시사점을 제공하고 있기 때문이다.

'일본군 위안부'라고 할 때 그 정의는 매우 다양하다. 연구자의 입장에 따라 또 시각에 따라 다를 것이다. 구라하시처럼 위안부를 시기별로 구분하여 매춘부형과 성노예형으로 나누어 정의하기도 한다. 우리가 일본군 위안소 제도와 관련해서 일본의 국가 책임을 물을 때 '그 위안부는 누구인가' 그리고 '일본 정부에게 국가 책임을 물어야 하는 대상은 군위안부에 국한해도 될 것인가' 하는 것이 이 절에서 고민해 볼 문제 제기이다.

예를 들어 보자. 구라하시는 『종군위안부 문제의 역사적 연구: 매춘부형과 성노예형(從軍慰安婦問題の歷史的研究一売春婦型と性的奴隷型)』(1994)에서 군위안부를 '매춘부형'과 '성노예형'으로 구분했다. 그의 주장에 따르면 1939년까지는 '매춘부형'만이 존재했지만 1940년경부터 '성노예형'이라는 새로운 유형이 생겨났고, 1940년경부터 일본이 패전할 때까지 이들 두 유형의 위안부가 혼재했다고 한다.

이들 두 유형의 차이는 '연행 방식'으로 결정되는데, '성노예형' 위안부는 "노골적인 폭력에 의해, 또는 사기를 당해 '강제연행'된 여성"으로 소수의 중국 여성을 제외하고 주로 조선 여성이며, 대만·관동주(關東州) 같은 곳에서는 징모되지 않았다. 이에 반해 '매춘부형' 위안부는 "일의 내용이 군인을 상대하는 매춘이라는 걸 미리 알고 생활을 위해 전쟁터에 온 여성"으로 일본 여성과 조선 여성이 주를 이룬다.

군위안부가 양적으로 엄청나게 늘어나 조선 여성이 압도적인 비율을 차지하게 된 것은 1937년부터 1939년 사이로, 이 시기에도 이전과 마찬가지로 경제 논리에 따른 '매춘부형' 위안부만이 존재했다. 이에 반해 중국을 포함한 점령 지역의 군위안부에 대해서는 "일본 측이 비인도적인 처사를 그다지 하지 못했을 것으로 추정"되기 때문에 "종군위안부 문제는 조선 여성에 대한 처우만이 유독 특이한 것"이 되었다고 주장했다.[25]

이처럼 구라하시는 군위안부의 정의를 징모 방법에서만 찾았는데 이에

---

[25] 구라하시(倉橋正直), 상기 책, 50~108쪽.

해당하는 징모 형태가 "노골적인 폭력"과 "사기에 의한 '강제연행'"으로 한정되어 있다. 여기서 사기에 의한 '강제연행'에 대한 구체적인 설명이 없어서 추정컨대 폭력 개입이 기준이 되는 것으로 보인다. 따라서 이를 테면 감언이설에 의한 '취업 사기'와는 어떻게 다른지 분명하지 않다.

또한 구라하시의 군위안소 제도에 관한 검토는 한결같이 위안부와 매춘부, 즉 여성에게만 초점이 맞춰져 있다. 이 둘 모두 군인을 상대하는 여성으로 경제논리를 매개로 설명하고 있다. 따라서 이 둘을 경계 짓는 기준은 제시되어 있지 않다.[26] 그의 설명에서 유추하자면 여성의 '자발성'이 아닐까 한다.

구라하시에 의하면 군위안소 제도와 일본군·정부의 관계에 대해서는 구체적인 설명이 없다. 즉 위안부는 시베리아 출병 후반기에 "민간 주도형"에서 군이 점차 전면에 나서는 "군 주도형"으로 전환되는 과도기에 생겼다고 하였는데, "군 주도형"에 관한 구체적인 설명은 없다. 또 "성노예형" 위안부가 1940년경부터 새롭게 등장했다고 했지만 그 근거가 언급되지 않아서 무엇을 기준으로 했는지 알 수 없다.

이와 같음에도 불구하고 구라하시의 주장에는 중요한 시사점이 있다. 구라하시 주장은 만주라는 지역을 대상으로 하고 있다. 구라하시의 연구가 만주지역을 대상으로 하는 것도 주목할 점이다. 그는 위안부를 '성노예형'과 '매춘부형'으로 구분하면서 주장을 전개하기 때문에 군위안소를 군대의 시설로만 한정짓는 것은 아닌 듯하다.[27] 하지만 여기서 흥미로운 점은 그가 위안부에 '매춘부형'이 있다고 주장하는 점이다. 그는 '매춘부형'으로 분류되는 위안부는 조선인 여성이라고 주장한다(〈참조 2〉 참고). 왜 중요한 시사점인지에 대해서는 '일본군에 의한 성폭력 유형'에 대해서 알아 보고나서 언급하도록 하겠다.

---

[26] 좀 더 자세한 내용은 윤명숙(尹明淑), 앞의 책(2003년, 8~10쪽)에서 참조.

[27] 윤명숙, 요시미 요시아키, 나가이 가즈 등은 일본군 위안소가 제도로서 군 시설이라는 점을 강조하는데 반해 구라하시는 명확치 않다는 의미도 포함한다.

5. 일본군에 의한 성폭력 유형

먼저 나는 군위안부 문제에 관한 일본의 국가 책임과 군위안부의 정의는 징모 형태와 그 과정에만 한정지어서는 안 된다는 입장이다. 군위안부는 일본 정부·군의 통제 감독 및 협력을 기반으로 징모되거나 이송되어 군 상층부가 정책적으로 개설·운영·통제·감독했던 군위안소에 구속돼 (본질적인 의미에서의) 성노예[28]가 될 것을 강요당한 모든 여성을 지칭해야 한다.

일본군에 의한 성폭력 피해자는 군위안소 제도에 따라 설치된 위안소에 있던 여성들만이 아니다. 다시 말해 위안부는 일본군에 의한 성폭력 피해 유형 중 하나라고 할 수 있다. 일본군의 성폭력 형태는 크게 세 가지로 구분할 수 있다.

첫째는 군위안소 정책에 따라 설치된 위안소[29]에 구속된 채로 매일 강간당하는 경우이다. 두 번째는 이 글의 〈주 27〉에 적시한 위안소 타입과는 달리 산서성 성폭력 피해자 10명의 경우에 해당한다. 이들의 성폭력 피해에 국한하여 살펴보면, 10명 중에 5명은 일본군의 소탕작전에 납치되어 연

---

[28] '성노예'라는 용어는 군위안부와 함께 동일한 의미로 쓰이기도 하지만, 나는 본질적인 의미를 설명하기 위해서만 '성노예'를 사용하고자 한다.

[29] 군위안소는 군인·군속 전용이라는 것이 첫 번째 특징이고, 또 하나는 위안부에 대한 성병 검진을 반드시 실시하는 것이 두 번째 특징이라고 하겠다. 요시미 요시아키의 구분에 따른 군위안소 형태를 소개하면 다음과 같다. 군위안소 형태에는 세 가지 타입이 있다. 첫째는 군 직영 위안소. 두 번째는 군이 감독·통제하는 군(군인·군속) 전속 위안소이다. 이는 특정 부대 전속의 위안소와 도시 등에서 군이 인가하는 위안소가 있다. 세 번째는 일정 기간, 군이 민간의 매춘업소 등을 병사용으로 지정하는 군 이용 위안소이다. 이곳은 민간인도 이용할 수 있지만 군이 이용할 시간대 혹은 요일에는 민간인 이용이 금지된다. 다만 이 타입은 군 이용의 정도에 따라서 국가 책임에 응해야 하는데 지정 기간에 군인·군속 전용이 되면 그 기간 중에는 두 번째 타입의 위안소가 된다. 이처럼 요시미의 군위안소의 타입 구분은 군위안소의 경영 형태와 군인·군속의 이용 정도를 함께 고려한 기준으로 보인다. 요시미의 군위안소 타입 구분에 덧붙여서 군의 감독·통제 형태로 구분하여 두 가지로 나눌 수 있다고 본다. 첫째는 군이 직접 경영을 담당한다. 둘째는 위안소 업자를 통해서 군이 감독·통제한다.

금 상태에서 연일 강간당한 경우인데 이 중에는 고문을 받은 여성도 있다. 나머지 5명은 주둔부대 주변에 거주하는 중국인 부녀자의 경우인데 본인의 자택 또는 부대로 연행당해서 매일은 아니더라도 일정 기간 정기적 혹은 부정기적으로 강간당한다. 이들 10명 중에 6명은 일본군에게 '몸값'을 지불하고 풀려났다고 한다.[30] 세 번째는 남경대학살의 각종 범죄 중에서 상당수 보고되는 강간미수, 강간, 윤간, 강간치사상 등과 같은 경우이다. 전투나 소탕작전 중에 강간당하는 경우로 일정 장소 · 일정 기간 구속되어 강간당하는 형태가 아니다.

성폭력 피해자의 출신지를 보면 이들 세 가지 성폭력 형태 중에 식민지 여성은 주로 제1형태에 의한 피해자가 많고 중국이나 동남아시아 등 점령지 여성은 세 가지 형태 모두에 해당하는데 각 형태에 대한 비율은 현재로선 확정 지을 수 없다.[31]

앞서 설명한 성폭력의 세 개 유형 중에 두 번째 유형에서, 산서성 피해자의 앞 5명과 유사한 사건이 프랑스 여성에게도 일어났다. 이 사건 보도 기사를 보면, 일본군 대위가 두 자매를 붙잡아 부대에 감금시킨 채 군인들이 7주간 연일 강간을 했다고 한다. 일본군 대위는 두 자매를 1945년 3월 15일부터 5월 3일까지 '중대 병사들이 몇 주간에 걸쳐 매일 강간하는 것을 알면서도 이를 조직하거나 묵인했다'고 한다. 그리고 1945년 5월 3일, 대위와 부하인 군소(軍曹)는 두 명을 사살했다.

이 사건은 1947년 사이공(현 호치민시) 상설 군사재판소에서 BC급 전쟁범죄 재판 · 사이공재판(프랑스)으로 일본군 대위에게 살육, 강간, 강간공범, 사기죄로 사형 판결을 내리고 1947년 8월 12일 사형이 집행되었

---

30) 中国における日本軍の性暴力の実態を明らかにし賠償請求裁判を支援する会『訴状・中国・山西省性暴力被害者損害賠償等請求事件』, 1998年, 191~242頁.

31) 윤명숙(尹明淑)「中国人軍隊慰安婦問題に関する研究ノート」(『季刊 戦争責任研究』第27号, 2000年 春季号, 日本の戦争責任資料センター, 24~29쪽) 중에서 해당 부분을 발췌 정리.

다고 한다.[32] 같은 기사에서 네덜란드 여성 피해에 대해서도 언급하고
있다.[33]

〈그림 1〉 일본군에 의한 성폭력 유형

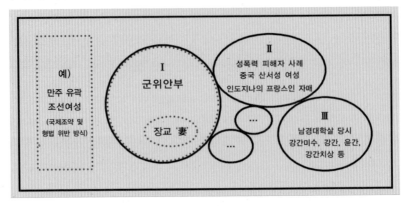

주 1) 점선은 식민지 여성, 실선은 점령지 여성을 나타냄.
주 2) 식민지 여성은 조선인을, 점령지 여성은 중국인을 기준으로 하였다.
주 3) 그림은 이해를 돕기 위해 이미지를 나타낸 것으로 크기와 규모의 상관관계 없음.

---

[32] 2014년 여름, 하야시 히로후미 간토가쿠인대학 교수가 제2차 세계대전 당시 인도지나
주둔 일본군에 의해 프랑스 여자도 '위안부'로 끌려갔다는 사실을 밝혔다. 상세 사항은
〈참조 3〉 신문기사 참조.

[33] 바타비아 군법회의 기록 = 일본군이 1944년 2월부터 약 2개월간 자바섬 스마랑 근교의
억류소 3곳에서 최소한 24명의 네덜란드 여성들을 위안소로 연행해 강제 매춘을 시킨
'스마랑 사건'을 단죄하기 위해 전후 인도네시아 바타비아에서 열린 전범 군사재판의
판결문을 지칭하는 것으로, 1948년 당시 재판에서 사형 1명을 포함 일본군 장교 7명과
군속 4명이 유죄판결을 받았다. 이 설명은 「일본 정부 발견 자료에 군 위안부 강제연행
증거」(『연합뉴스』 2013년 6월 23일자)에서 발췌. 한국과 일본의 위키피디아 설명(일반
인들의 인식)에 따르면, "강제연행해서 강제 매춘을 시키고 강간한 사건"이라고 설명되어
있다. 위키피디아는 검색 일자에 따라 내용이 다를 수 있으므로 http://blog.daum.net/
darcy/13593425와 http://blog.daum.net/darcy/13593427 참조. 첨언하건대, 우리가 이
사건에서 주목해야 할 또 하나의 사실은, 제2차 세계대전이 끝나고 연합국에 의해 치러
진 전범재판에서 위안부 혹은 성폭력 피해자 중에 연합국 측 여성의 피해에 대해서만
처벌이 이루어졌다는 사실이다. 이는 제국주의(연합국) 국가의 인종주의 혹은 인종차
별이라고 하겠다.

앞서 구라하시의 '매춘부형' 위안부에 관한 지적에 주요한 시사점이 있다고 하였다.[34] 〈그림 1〉에서 '만주 유곽의 조선 여성'이라고 표시된 부분을 보자. 군위안부가 국제법을 위반한 방법으로 징모된 후 '강제 매춘'을 강요한 것이라면, 만주 유곽의 조선 여성도 마찬가지라는 점에 주목해야 한다. 즉 둘 다 일본이 1925년 비준한 '부인아동 매매금지에 관한 국제조약'에 따라 매매춘을 위한 부녀의 인신매매 금지를 규정한 국제조약을 위반한 것이다. 여기서 만주 유곽이 군인을 상대했건 민간인을 상대했건 그건 중요하지 않다. 중요한 것은 여성이 국제조약뿐만 아니라 매매춘을 위한 국외 이송을 금지한 형법에 위반되는 방법으로 인신매매되어 성매매를 강요당했다는 사실이다.

여기서 한 가지 문제 제기를 하고자 한다. 조선 여성의 성폭력 피해는 단지 위안소 제도에 의한 위안부 피해에 국한되지 않는다는 것이다. 위안소 피해를 결정하는 근거가 성매매 금지 및 인신매매 금지 관련 국제조약과 일본의 형법(식민지에 그대로 적용)에 의한 것이라면, 다음과 같은 여성도 국제조약이나 형법에 의해 피해자라고 말할 수 있다.

예를 들어서 A라는 조선 여성(20세)이 식민지 시기 조선에서 취업 사기로 소개업자나, '제겐'(女衒)이라는 유흥업을 상대로 여자를 소개하는 업자에 의해서 중국(만주의 유곽이라고 하더라도)으로 끌려간 경우와 B라는 조선 여성(20세)이 식민지 시기 조선에서 취업 사기로 징모업자에 의해서 중국의 군위안소로 끌려간 경우, 이렇게 두 여성이 있다면 우리들은 현재 B라는 조선 여성(20세)만을 위안부(=피해자)라고 말하고 있는 것이다.

그러나 B라는 조선 여성(20세)과 A라는 조선 여성(20세)은 모두 취업 사기로 끌려갔다. 다른 점이라면 한쪽은 소개업자이고 한쪽은 징모업자이다. 또 한쪽은 유곽과 같은 성매매업소이고 한쪽은 위안소이다. 그러나 둘 다

---

[34] 두 가지 유형에 대한 구라하시의 연구로 『從軍慰安婦と公娼制度—從軍慰安婦問題再論』(共栄書房, 2010)도 있다.

매춘을 시키기 위한 인신매매를 금지한 국제조약에 위반되거나 약취유괴(사기)와 국외이송을 금지한 형법에 위반된 경우이다.

그렇다면 여성의 입장에서 보면 둘 다 피해자라고 해야 하지 않을까. 피해의 조건(가해의 조건)은 어느 한 가지만이라도 법에 위반할 경우에 적용되는 것이지 모든 조건을 충족시켜야 하는 건 아니다. 물론 죄의 경중을 물을 수는 있겠지만 죄의 유무로 구별되는 것은 아니어야 하지 않을까. 이러한 측면은 식민지 여성이기 때문에—위안부 피해와 마찬가지로 식민경찰의 폭력성, 일제의 전시체제하 식민행정 등에 의해 나타나는—입은 피해 유형이라고 생각한다.

다음 절에서 위안소 제도를 둘러싼 쟁점을 논의하기 전에, '무엇이 군위안소이고 군위안소 제도인가'에 대해 언급해 두기로 한다. 이미 널리 알려진 대로 일본군 위안소는 군인·군속 전용의 군 시설을 가리킨다.

문헌자료에서 일본군 위안소가 확인되는 시기는 1932년 제1차 상해사변때이고(〈참조 1〉), 상해파견군이 남긴 위안소 규칙 기록[35]에 따르면 "상해파견군 수비구역에 군관헌의 허가를 받고 영업하는 위안소"를 군인 군속 전용으로 설치하였다고 한다.[36] 육군 위안소는 해군 위안소를 모방했다고 하니 해군 쪽이 먼저 위안소를 설치했을 것이다. 일본군이 야전주보(개정)를 근거로 군 영내 시설로 위안소를 설치하게 되는 것은 1937년 9월이다(자료 ①). 그리고 육군성이 위안부 '모집'에 관한 통첩을 중국의 각 파견군과 방면군에 시달한 것이 1938년 3월 4일(기안) 직후일 터이니 1938년 초 군위안소 제도가 성립된 것으로 볼 수 있겠다.

---

35) '군 오락장 단속 규칙'(「軍娛樂場取締規則」). 『北海道新聞』은 기사(2014年 11月 17日付)에서 한도 가즈토시(半藤一利)가 이 자료를 인용하여 이곳이 1932년에 상해파견군이 만든 첫 위안소일 것이라고 지적했다고 설명하였다.

36) 「慰安婦問題 識者の見方は 歴史見つめる努力 怠けるな」(『北海道新聞』 2014年 11月 17日付)에서 재인용. 원출저는 『新国史大年表』 第7巻, 国書刊行会, 2011年. 원 자료에는 "군오락장"이라는 명칭이 사용되고 있다.

군부의 통제 · 관리체계는 1930년대 전반에 대체로 영사관의 관리 · 감독 하의 검진에 의한 간접적인 관리체계로부터 중일전쟁 발발 후에 군직영 또 는 군의 통제 · 감독하의 업자 경영 방식 형태의 군위안소가 대량 설치되면 서 군의 직접적인 통제 · 감독 체계로 전환, 정착한다. 이미 널리 알려진 대 로 중일전쟁 발발 직후 중국에 대량으로 일본군 위안소가 설치되는 계기는 남경대학살에서의 민간인 학살, 약탈, 강간 등의 전쟁범죄로 꼽힌다. 특히 1938년에 들어서서 군위안소가 대량으로 설치되면서 군의 통제 감독 · 업 자 경영 방식의 군위안소가 급속하게 증가하였다고 할 수 있다.

이상에서 살펴본 대로 위안소라고 해서 반드시 통제 감독권이 군에만 있는 것이 아니다. 시기에 따라 또 지역에 따라 다르다고 할 것이다. 이러 한 사실들은 앞으로 연구가 더 진척되어야 한다.[37] 다만 간단하게 언급하 자면, 이를테면 중국이라고 해도 상해에서의 위안소 역사와 만주의 위안소 역사는 다를 것으로 추정된다.

군위안소는 기본적으로 점령지에 설치하기 위해 생겨난 것이다. 그런데 중일전쟁 발발 직후 남경대학살 사건을 계기로, 일본의 공창제도를 실시할 수 없는 점령지에, 유사한 기능을 가진 시설을 설치하기 위해 생긴 '위안소 (위안소 제도)'가 일본 본토와 식민지에서도 발견된다. 즉 공창제도가 이미 실시되고 있는 일본 본토 및 식민지에서도 '위안소' 혹은 유사한 형태의 '위 안소'가 발견된다. 이와 관련해서는 북한 소재 군 '위안소'에 대한 연구 성 과가 하나 있을 뿐이다.[38] 좀 더 연구가 진척되어야 할 분야이다.

---

[37] 1932년 상해사변 당시 설치된 위안소와 1937년 중일전쟁 발발 이후 설치된 상해의 위 안소에 대한 군의 감독 · 통제 및 관리 형태는 다르다. 시기에 따라 영사관의 감독 권한 의 범주도 다른 듯하다. 이에 대해서는 앞으로 지역 연구가 더욱 진전되어야 할 것이다.

[38] 북한에 소재한 위안소에 관한 조사 및 연구로 송연옥(宋連玉), 김영(金栄) 편저, 『군대와 성폭력: 조선반도의 20세기(軍隊と性暴力: 朝鮮半島の20世紀)』, 現代史料出版, 2010)가 있다.

6. 일본군 위안소 제도 및 조선인 군위안부를 둘러싼 두 가지 쟁점

1990년대 들어서서 일본군 '위안부 문제'가 한일 양국에서 사회 문제로 제기되어 정치·외교 문제로까지 확대된 이래 군위안부를 둘러싸고 끊이지 않는 주요 쟁점이 두 가지 있다. 하나는 군위안부의 동원 방식이 강제연행이었는가 하는 것이고, 다른 하나는 군위안부가 공창(매춘부)인가 하는 문제이다. 이들 쟁점에 대한 논쟁이 극렬하게 대립하는 것은 이들 쟁점이 무엇보다 일본군 위안소 제도 및 군위안부에 대한 일본군(=천황의 군대)·일본 정부의 국가 책임을 결정하는 주요 기준으로 보기 때문일 것이다.

덧붙여 말하자면 이 두 가지 쟁점의 대상은 위안부 전반이 아니라 조선인 군위안부(한국 생존자)에 관한 논란이다. 2012년경 한일 관계가 일거에 악화되기 전까지는 그래도 한일 양국의 신문이나 TV 등 언론매체나 우익 성향의 정치인들도 공식적인 장면에서는 논란의 대상이 조선인(한국인)임을 분명하게 말하지는 않았었다. 즉 논란의 대상이 조선인임은 분명하지만 명시적으로 드러내지 않고, 비유해서 말하자면 괄호 속에 넣고 있었다.

그러나 2012년 8월 하시모토 오사카 시장이 "강제연행의 증거가 될 자료는 없다. 있다면 한국이 내 놓으라"고 말하면서 이 괄호는 벗겨졌다. 그리고 올해(2014년) 8월 5, 6일 아사히신문이 요시다 세이지 증언을 취소한 것을 계기로 쟁점의 대상이 한국인(조선인)임을 노골적으로 드러내기 시작했다고 말할 수 있다. 왜냐하면 '강제연행' 부인파들이 '강제연행'을 100% 부인했던 것은 아니기 때문이다. 자세한 언급은 생략하지만, 일본 정부는 네덜란드 여성에 대한 강제연행은 인정하고 있다. 아래 기사 말미에 다음과 같은 구절이 있다.[39]

---

39) 「일본 정부 발견 자료에 군위안부 강제연행 증거」, 『연합뉴스』 2013년 6월 23일자. http://blog.daum.net/darcy/13593424 참조.

자민당의 '일본의 전도와 역사교육을 생각하는 의원 모임'(아베 총리가 사무국장을 맡았던 모임의 후신)은 2007년 3월 위안부 강제연행은 없었다며 정부에 (고노 담화 수정을 위한) 재조사를 촉구하는 '제언'을 하면서, "(일본군에 의한) 강제연행은 스마랑 사건 한 건뿐"이라고 밝힌 바 있다.

그렇다면 두 가지 쟁점이 구체적으로 어떤 것인지 먼저 살펴보기로 하자.[40) '강제연행' 부인파들이 말하는 '강제연행'이라는 징모 형태는 무엇일까. 그것은 두 가지이다. 하나는 '국가총동원법에 따른 인적 동원으로서'의 징모이고, 또 하나는 '총검을 앞세운 군인에 의해 '노예사냥'과 같은 강제적인 수단'에 의한 징모이다.

이른바 일본의 우익과 피해자·지지단체 간에 언제나 상반되는 주장이 있는데 그것은 누가 위안부 피해자인가 하는 문제이다. 주장을 엇갈리게 하는 키워드는 '강제연행'이다. 이것이 첫 번째 쟁점이다. 즉 일본 우익의 주장은 군위안소 제도의 피해자 중 가장 많은 수를 차지하는 것으로 알려져 온 조선 여성의 징집 형태가 취업 사기거나 인신매매가 대다수를 차지하는데, 이는 '강제연행'이 아니므로 위안부 피해자가 아니라는 것이다.

이 논점을 정리하기 위해서는, 우선 일본의 우익이 이 '강제연행'이라는 용어를 무엇이라고 생각하는지 알 필요가 있다. 그러기 위해서는 1990년 6월 일본 참의원예산위원회에서 사회당 모토오카(本岡昭次) 의원과 일본 정부 답변(淸水伝雄 정부위원)부터 살펴볼 필요가 있다.

모토오카는 당시 "'강제연행 중에서 종군위안부로 연행되었다'라고 하는 사실도 있는데, 맞습니까(強制連行の中に從軍慰安婦という形で連行されたという事實もあるんですが, そのとおりですか)"라고 질문한다. 이에 대해서 일본 정부는 "징용의 대상 업무는 국가총동원법에 따른 총동원 업

---

40) 윤명숙 「일본군 위안소 제도 및 일본군 위안부 문제를 둘러싼 주요 쟁점」, (현대송 편 『한국과 일본의 역사인식』, 나남, 2008. 213~217쪽)에서 이미 다루었다. 자세한 내용은 논문을 참조할 것.

무라서… 그러한 총동원법에 따른 업무로서는 그러한 일을 하지 않았다 (徵用の対象業務は国家総動員法に基づく総動員業務でございまして… そうした総動員法に基づく業務としてはそうしたことは行っていな かった)"고 답변한다.

모토오카의 질의에서 '강제연행'은 동원 방식으로 이해되고 있다고 보이 며, 정부 답변에서는 강제연행을 구체적으로 징용으로 대치하여 동의어로 보고, 징용은 국가총동원법에 따른 것이었는데 국가총동원법에 따른 징용 으로서는 '종군 위안부'를 동원하지 않았다고 인식하고 있음을 알 수 있다. 이러한 인식 자체의 타당 여부는 차치하고 계속 진행해 보자. 시미즈 정부 위원은 강제연행이 무엇이라고 생각하느냐는 질문에 '국가권력에 의해 동 원되었다'는 것을 의미한다고 답하고 있다. 즉 법에 의한 동원은 하지 않았 다고 답변한다.

그리고 1990년 12월 18일 참의원 외무위원회에서 사회당 시미즈(淸水澄 子) 의원이 질의한 것에 대해 정부 답변(戸刈利和)으로 "적어도 후생성 관 계 그리고 국민근로동원서(国民勤労動員署) 관계는 관여하지 않았다"고 답변하였다. 이러한 일본 정부의 답변에서 알 수 있는 것은 '강제연행'이라 는 용어를 총동원법에 따른 인적 동원 관련법에 국한해서 사용하고 있다는 것이다.[41] 즉 적어도 1990년대 당시만 해도 일본 정부 측은 조선 여성에 대한 '강제연행'을 '강제성'이나 '강제적인 연행'과 같은 의미로는 사용하지 않았다.

두 번째 '강제연행'의 이미지는 군인에 의해 연행되었다는 것이다. 2012 년 8월에 하시모토 오사카 시장이 조선인 위안부 문제와 관련해서 '강제연 행' 자료에 대한 발언을 하였다. 즉 "위안부가 (일본)군에 폭행, 협박을 받 아서 끌려갔다고 하는 증거는 없다. 그런 것이 있다면 한국에서도 (증거를)

---

[41] 이러한 질의응답은 1990년대 초 한국에서 여자정신근로령이 일본군 위안부 동원의 근 거가 되는 법률이라고 잘못 알려지던 때의 이해와 연관이 있다는 점을 짚어 둔다.

내놓기 바란다" "(위안부의) 강제연행 사실이 있었나? 확실한 증거는 없다는 것이 일본의 생각이고, 나는 그 견해에 서 있다"라고 말했다.[42]

이상에서와 같이, 여기서 지적하고자 하는 것은 1990년대에 일본 정부 측이 사용했던 '강제연행' 개념을 이해해야 1993년 발표한 고노 담화에서 조선인 위안부의 동원에 대한 '강제성'을 인정한 것과 충돌하지 않게 된다.[43]

앞서 언급한 하시모토 오사카 시장 발언에 의해 '강제연행' 논쟁이 다시 불거졌고, 급기야 요시다 세이지 증언[44]을 보도한 아사히신문이 기사를 취소하고 그 후 이를 빌미로 아베 총리는 "제1차 아베 정권에서 정부 발견 자료 가운데 군이나 관헌에 의한 강제연행을 보여주는 기술은 발견되지 않았다는 각의 결정을 한 것이 틀리지 않았다는 게 증명됐다"고 말했다고 한다.[45] '군과 관헌' 자료와 관련해서 조선총독부 자료 상황에 대해서는 후술하기로 하고, 결론만 말하자면 일본의 패전 전후에 조선총독부가 자료를 멸실한 책임을 물어야 한다.(별첨 〈참조 4〉)

또 하나 덧붙여 두어야 할 점은 일본군 위안부에는 조선인만 있는 것이

---

42) 「慰安婦が(日本)軍に暴行, 脅迫を受けて連れてこられたという証拠はない。そういうものがあったのなら, 韓国にも(証拠を)出してもらいたい」と述べた。橋下市長は「(慰安婦の)強制連行の事実があったのか, 確たる証拠はないというのが日本の考え方で, 僕はその見解に立っている」とし, 「韓国としっかり論戦したらいい」と話した。(http://okwave.jp/qa/q7655546.html)

43) 고노 담화 중에서, "위안부의 모집에 관해서는 군의 요청을 받은 업자가 주로 이를 맡았지만 이 경우에도 감언, 강압에 의하는 등 본인의 의사에 반하여 모집되어진 사례가 많았고, 더우기 관헌 등이 직접 이에 가담했던 일도 있었던 것이 밝혀졌다." "위안부의 출신지에 관해서는 일본을 별도로 한다면, 조선반도가 큰 비중을 차지하고 있었는데 당시의 조선반도는 우리나라의 통치하에 있어서 모집, 이송, 관리 등도 감언, 강압에 의하는 등 총체적으로 본인의 의사에 반해서 이루어졌다."(밑줄은 글쓴이 주)

44) 이 점은 학문적으로는 90년대 초부터 요시다 세이지의 노예사냥과 같은 동원 방식은 인정하지 않아 왔기 때문에 그다지 영향은 없다.

45) 「아베, 아사히 '위안부 보도' 취소에 "강제연행 미확인 입증"」, SBS뉴스, 2014년 8월 9일 (http://news.sbs.co.kr/news/endPage.do?news_id=N1002528656).

아니라는 점이다. 위에서 이미 보았듯이 네덜란드인 피해자에 대해서는 '강제연행'을 인정하고 있다는 사실을 상기할 필요가 있다. 아베 정권이 한국인(조선인) 위안부와 관련해서 '강제연행'을 부인할 때는 점령지 여성이나 네덜란드, 프랑스 여성의 '강제연행'을 제외시켜 두고 있다. 이러한 측면에서 고노 담화가 중요한 것은 식민지 지배와 그에 따른 동원 방식을 인정하고 있기 때문이다. 또한 일본군 위안부 피해자를 결정하는 조건은 동원 방식에만 있지 않다는 사실이다. 일본군 위안소 제도, 즉 위안소 설치, 위안부 징모, 위안부 이송, 위안소 운영, 위안부 귀환 전체에 걸쳐서 일본군·일본정부의 책임이 있는 것이다.

이상에서 언급한 것들을 정리하면 다음과 같다. 조선에서의 징모는 총동원법에 따른 법적 동원은 아니다. 또한 조선 여성 눈앞에 군인이 총검을 앞세워 나타나지는 않는다는 것이다. 식민지 여성은 이미 이식되어 있던 공창제도와 소개업 등 접객업의 메커니즘을 활용한 방식으로, 즉 식민지였기 때문에 가능했던 방식으로 동원되었다.

자세한 설명은 생략하지만, 1939년 12월 매일신보 보도에 따르면 조선직업소개령(1940년) 공포를 계기로 인사소개소의 통제는 경찰서장에 그치는 것이 아니고 도지사에게까지 감독 권한이 확대되었다. 1940년 개정 이전 민간의 인사소개소나 소개업자가 위안부 동원의 주요 공급처이자 징모업자였다는 점을 상기한다면 관헌의 '개입' 정도가 한층 강화되는 구조로 조정되었다는 것을 보여주는 것이다.[46]

그러나 이 '강제연행' 논쟁에서 중요한 것은 특히 식민지 여성이다. 여기서는 조선인만 다루기로 한다. 이는 식민지 여성의 징모 유형 및 조선인 여성이 끌려갔던 위안소 형태와 관련이 깊기 때문이다.

징모에 있어서 식민지 여성과 점령지 여성의 동원 방식에는 공통점도

---

46) 윤명숙, 앞의 책(2003), 304~305쪽.

있지만 차이점도 있다. 가장 큰 차이점은 점령지 여성 동원에 군이 전면에 나서지만 식민지의 경우에는 그렇지 않다는 점이다. 조선에서의 징모 방식은 이미 잘 알려져 있기 때문에 자세한 설명은 생략하기로 한다.

또 한국인 위안부 피해자가 가장 많이 끌려갔던 위안소 유형은 위안소 경영업자를 두고 군이 통제·감독하는 위안소로 추정된다. 이 유형의 위안소는 그 경영방식·구조가 공창(성매매)과 유사하다. 공창제도의 유곽(성매매업소)처럼 주인이 있고 손님이 오고 성병 검진이 있어서 말단 병사들의 눈에는 일본 국내에서 경험한 유곽과 점령지의 위안소가 같은 것처럼 보였을 것이다. 결국 군위안소 제도가 있고, 위안소 설치가 군수뇌부의 계획적이고 조직적인 차원에서 이루어졌다는 것을 관계자가 아닌 말단 병사들이 알 수 있는 영역은 아니었을 것이다. 그래서 이런 맥락에서 수많은 군대 경험자들이 '공창이냐 아니냐'라는 논쟁을 지지했을 것이라 생각한다. 이는 앞에서 언급한 센다 가코의 책에서 병사들이 회상했던 위안부 이미지가 어떤 의미인지 알 수 있게 해주는 지점이기도 하다.

마지막으로, 조선인 여성을 일본군의 위안부로 징모하려 할 때 조선이 식민지였기 때문에 법이나 군에 의한 '강제연행'이 아니어도 가능했을 것이다. 또한 일제가 중일전쟁 이후 전시체제에 맞춰 인적·물적 동원이 용이하도록 정책을 펼치면서도 안정적인 식민지 지배를 위협하는 위험 부담을 가능한 방식으로 최소화하려는 노력을 했을 것이다. 전시체제하 언론 통제를 강화하는 것도 식민지배 통치에 위험 부담을 줄이기 위한 것이었을 것이다. 위안부 징모에 대한 유언비어 처벌도 마찬가지이고, 여자근로정신대 등의 정신대나 보국대의 여성 동원에 미혼을 대상으로 하며 징용은 하지 않는다는 정치 선전도 안정적인 지배를 위협하는 위험 부담을 줄이고자 한 노력이었을 것이다.

그러나 한편 식민지는 제국주의 국가의 이익을 위해 존재하는 곳이다. 따라서 식민지 차별은 그들의 입장에 서서 정책적으로 보면 어쩌면 당연한 것일지 모른다. 그래서 일본 국내에 일본인 여성을 위한 '모성보호법'이 시행되지만 식민지 조선에서는 시행되지 않았던 것이다.[47]

또 '미나마타병'과 같은 피해를 낳은 일본 기업이 일본 내에서 모습을 감추게 되자 일본의 시민운동가들은 승리했다고 기뻐했지만, 그들 공해기업은 한국이나 대만에 이전되었을 뿐 그 후 한국이나 대만의 주민들이 공해병을 앓게 되었다고 하는 지적은 시사하는 바가 크다. 송연옥은 일본 국내의 폐창운동에 대해 다음처럼 지적하였다. "주 고객인 군인들이 주둔하는 전지(戰地)로 업자나 여성들이 많이 이동하였기 때문에 마치 승리한 것처럼 보여서 착각을 한 것이다."[48]

송연옥의 이러한 지적처럼, 성매매산업에서 자주 거론되는 풍선효과처럼 어느 한곳(일본 국내)에서 내몰리면 다른 곳(식민지)으로 이동한다는 것인데, 즉 일본 정부가 국내에서는 국제법을 위반하지 않기 위해 내무성 통첩(1938.2.23)을 내자만, 식민지에서는 이런 제약이 없기 때문에 일본의 소개업자(징모업자)가 조선으로 이동하는 것과 같은 이치이다.

그렇다고 제국주의의 억압이 그대로 식민지 전체로 전이되는 것은 아니다. 일본 여성의 모성 보호가 식민지 조선 여성 전체에 악영향을 끼친 것이 아니라, 식민지에서는 다시 계급 차별로 나타난다. 결국 위안부 징모의 경우 취업 사기나 인신매매 방식으로 동원된 여성들은 식민지 조선에서도 최하위 계층의 여성이었던 것이다.

제국주의 국가 일본의 위안부라고 해서 일본 여성이나 조선 여성이 다들 동일한 경험을 하는 것은 아니다. 물론 일본인 위안부가 조선인 여성과 달리 피해가 아니라고 말하려는 게 아니다. 일본인 여성과 조선인 여성의

---

47) 가와 가오루(河かおる), 「대일본제국의 총력전 수행과 젠더/민족」 2014.11.24. 한국학중앙연구원 장서각 1층 세미나에서 개최된 『동아시아에서 일본군 '위안부' 자료 수집 및 연구 현황과 과제' 국제학술회의』 자료집, 59쪽.
48) 송연옥 「일본에 있어서의 위안부 문제 연구의 현황과 과제」 2014.11.24. 위 학술회의 자료집, 49쪽.

계층(상관관계)을 이해하기 위해 예를 들면, 노무자의 일급이 일본인 남자가 10원이라면 일본인 여자가 그 반이고, 일본인 여자의 반이 조선인 남자의 일급이라면 이 조선인 남자의 또 반이 식민지 조선인 여성의 일급이었다. 제국주의와 식민지 간에는 이러한 구조가 있다는 점을 이해해야 한다는 것이다.

결국 위안부 문제에서도 마찬가지이다. 일본 국내의 여성 중에 위안부로 '모집'된 여성이 일본 국내에서는 하층계급 출신이었다면 제국주의의 차별이 일상화되어 있던 식민지에서는 모든 조선 여성이 아니라 그중에서 가장 하층계급에 피해가 집중되었다는 것이다. 이처럼 일본 여성과 조선 여성은 각각의 사회에서 억압받는 계층이기는 하지만 노무자 일급의 예처럼 일본인 위안부와 조선인 위안부 사이에는 결국 제국주의 국가 일본 출신과 식민지 출신 여성의 차이가 사라질 수 없다는 것이다. 위안부 문제에서 일제의 식민 지배 책임을 묻지 않으면, 왜 '강제연행'이 아니고, 취업 사기나 인신매매가 주를 이루었는지 이해할 수 없게 되는 것이다.[49]

두 번째 쟁점은 위안부가 공창(매춘부)이냐 아니냐에 관한 논쟁이다. 이른바 일본의 국가 책임 부인파의 주장은 군위안부가 당시 일본 국내와 식민지에서 법률에 의해 실시되고 있던 공창제도의 공창과 같은 것이라는 것이다. 즉 군위안부 역시 공창과 마찬가지로 합법적으로 실시된 것이고 또 공창은 자발적으로 상행위를 하기 위한 여성이어서 국가 책임이 없다는 것이다.

이들의 주장을 살펴보기 위해서는 먼저 일본군 위안소 제도가 어떻게 생긴 것인가를 알 필요가 있다. 구 일본 육군 군의단 연구에 따르면, 일본

---

49) 조선인 군위안부 형성과 관련해서는 공창제도와 국제조약, 일본군 위안부 관련에 대해 좀 더 연구가 천착되어야 하지만 이번 발표에서는 거의 손대지 못했다. 관련해서 오노 자와 아카네 연구(『近代日本社会と公娼制度』, 吉川弘文館, 2010.5)와 기노시타 나오코 연구(『「慰安婦」言説再考――日本人「慰安婦」の被害者性をめぐって』, 九州大学 博士 論文, 2013)를 소개하며 앞으로의 과제로 남긴다.

군은 일본 국내의 공창제도를 가장 이상적인 형태로 생각했다. 즉 정부가 위생적인 위안시설을 만들어서 관리해주면 이를 병사들이 안전하게 이용하는 것이다. 그래서 식민지에는 일본의 공창제도가 법으로 이식되었다. 하지만 점령지는 식민지와 사정이 다르다. 점령지에서 어느 지역의 치안 유지 등 점령 상태를 원만하게 유지하기 위해서는 권력상 하위에 있다 하더라도 현지의 중국 측 '지방정부'를 완전히 무시할 수 없다. 그래서 일본이나 식민지의 공창제도와 같은 시스템에 근접한 형태로 점령지에서는 군위안소로 만든 것이다.

중일전쟁 발발 이후 설치된 위안소는 처음에는 군이 직접 운영하는 위안소를 세웠을 가능성이 높다. 예를 들어 난징 대학살 직후 상해 양가택(楊家宅)에 설립된 직영 위안소가 대표적인 사례이다. 이곳에 대해서는 아소 테쓰오(麻生徹男) 군의(軍医) 보고서가 공개되어 잘 알려져 있다.

처음에는 군이 직접 나서서 위안소를 운영했을 것이다. 그러다가 중국에서 일본군의 성범죄가 광범위하게 발생함에 따라 중국인들의 항일 운동이 커지고, 이에 따라 앞서 언급한 대로 일본군 상층부의 전쟁범죄 대책의 일환으로 위안소 설치, 확충 방침이 지시된다. 점차 전선이 확대됨에 따라 군위안소의 수요가 급격히 증가하면 군이 직접 운영할 수 없는 상황이 오고, 그러면 자연스럽게 군이 '이상적으로 생각했던 공창제도'를 모방한 위안소가 만들어지고, 군위안소는 운영업자를 두고, 업자를 통해 통제·감독·관리하는 방식으로 운영되는 방식이 점점 확대되어 갔을 것이다. 시기와 지역에 따라서는 민간업자가 운영하는 유곽이나 요리점을 군이 이용하는 방식으로 군위안소의 역할을 하게 하는 곳도 있는데, 이 역시 군이 직접 운영하는 노력을 업자가 대체할 수 있는 방식인 것이다.

대부분의 일본군 위안소에 운영하는 업자가 있고 돈(군표나 티켓 등)을 받고 남자(군인)을 '손님'(군인 군속)으로 받아들이고 하는, 이런 식의 형태를 갖췄다는 것은 어찌 보면 당연한 일이다. 점령지라고 해서 전혀 없었던 시스템을 새롭게 마법처럼 만들어 내는 것이 아니라 기존의 방식을 점령지에 맞게 적용해서 만드는 것이기 때문이다. 이처럼 일본군 위안소 제도는 근대 이후 성립한 공창제도를 골간으로 만들어졌기 때문에, 다시 말해 공창제도의 운영 시스템을 모방하여 군위안소 제도가 만들어졌기 때문에 군위안소와 공창(유곽)의 운영 시스템은 매우 흡사한 측면이 있다.

그렇다면 이른바 일본 우익의 주장처럼, 공창과 위안부는 같은가? 우리는 이들의 주장이 '유곽'과 '일본군 위안소'가 아니고 '공창'과 '위안부'를 대상으로 하는 점에 주목해야 한다. '위안부'라고 하면 한 개인, 여성에 초점이 맞춰지는데 이 문제는 개인이 아니라 큰 구조에 초점을 맞춰서 인식해야 하는 문제이기 때문이다. 다시 말해 이 군위안소 제도는 국가(일본 정부 및 군)와 위안소 제도의 업자가 그들의 이해관계에 따라 여성에게 폭력을 휘두른(또는 여성을 착취한) 국가범죄라는 점에 주목해야 한다.

7. 나가며

어디서든 위안소 제도·위안부 문제 강의를 마치면 가장 많이 받는 공통된 질문이 어떻게 해야 해결할 수 있겠느냐 하는 것이다. 최근 한일 양국 간 외교 관계가 악화되어 있고 그 원인을 위안부 문제라고 꼽고 있기 때문에, 얼마 전에는 60대로 보이는 노신사에게 '이런 하찮은 사건 때문에 한일 관계가 이렇게 악화되어도 좋은가' 라는 질문을 받은 적도 있다.

나는 '위안부 문제' 해결을 조급하게 서두르지 않는 게 바람직하다고 생각한다. 물론 위안부 생존 피해자 55명은 모두 고령이고, 한일 외교는 정체되어 있다. 그러나 1990년 5월 노태우 대통령의 방일에 즈음해서 한국의 여성단체들이 처음 목소리를 내서 한국인 '정신대(일본군 위안부)' 문제를 제기한 때를 상기해 보라. 물론 반동도 만만치 않지만, 위안소 문제로 인한 한국 사회에 아니 전 세계에 던진 주요한 문제 제기는 적지 않다. 여성인권 의식 고양은 물론이고, 위안소 문제가 제국주의의 식민 지배 책임을 묻고자 하는 움직임의 태동 역시 대단히 중요한 성과이다.

이처럼 후퇴한 듯이 보여도 위안소 문제에 의해 여러 진전을 가져온 것도 사실이다. 이는 한일 양국의 시민연대가 이룬 가장 뜻깊은 성과이다. 앞으로도 한일 양국의 시민 연대는 위안소 문제 해결뿐만 아니라 역사나 문화 교류 등 일상에서 좀 더 활발해져야 한다고 생각한다. 앞에서도 살펴보았듯이 1945년 일본의 패전 직후의 위안부에 대한 인식에서 1990년대 국가범죄로서의 위안부를 인식하는 데까지는 약 반세기가 걸렸다. 이러한 인식 변화는 저절로 되는 것이 아니다. 가장 중요한 것은 교육이다. 잊지 않는 것, 잊지 않도록 하는 것이다.

또한 이와 함께 중요한 것은 '헤이트스피치 금지법'과 같은 것이다. 시민 연대의 성과 중에는 고노 담화나 무라야마 담화에서와 같이 식민지 지배 책임 인정이나 사과를 들 수 있다. 그렇지만 이러한 일본 총리의 사과가 무의미해지는 것은 정치가나 관료, 최근에는 일반인들의 위안부 피해 부인(혹은 2차 언어폭력으로 규정할 수 있을 정도의 폭언)에 대해서 90년대와 달리 징계하거나 처벌하지 않는다. 헤이트스피치 집단의 시위를 경찰이 보호하는 등의 일련의 사태는 이를 오히려 조장하는 것처럼 보이기까지 한다. 독일에는 홀로코스트 금지법이 있다고 한다. 이와 같은 맥락의 금지법이 필요하다. 그래야만 90년대의 한일 시민연대의 성과를 지켜갈 수 있다. 이러한 성과의 축적이야말로 한일 양국 시민들이 서로를 이해하고 나아가서 위안소 문제를 해결하는 토대가 된다고 생각한다.

무엇이 가장 바람직한 해결인가는 이미 알고 있다. 피해자가 원하는 방식으로 '배상'(총체적 의미)이 이루어지는 것이다. 그런데 어찌 보면 지금 위안소 문제는 이 합의의 지점에까지 도달하지 못한 채로 해결을 위한 합의 지점으로 가는 노정에 있는 셈이다. 아직도 위안소 문제를 둘러싼 논쟁은 진행 중인 것이다.

그런 의미에서 앞서 얘기한 '인식의 세월'에서처럼 사람들의 인식의 고양을 위해서 필요한 교육에 힘써야 한다. 일본의 경우 2006년 이후 중학교 교과서에서 위안부 기술이 모두 삭제되었고 내년(2015)부터는 일본교과서 검정제도의 개악에 의해 고교 교과서 기술에서도 사라질 위기에 처해 있다. 한국의 경우도 바람직한 교육 실태는 아니다. 그런데 지금까지도 그랬듯이 앞으로도 위안소 문제를 가르치지 않는다면 논쟁이고 해결이고의 문제가 아니라 위안소 문제 자체를 알고 역사의 교훈으로 삼을 수 있는 수단(존재) 자체가 사라지는 것과 같다. 무엇보다 인식의 고양을 위해서도 교육은 반드시 확보해야 할 해결의 수단이라고 생각한다.

한일 관계 악화가 위안소 문제 때문일까? 문제를 풀어가는 건 사람이다. 그 사람들이 어떻게 생각하고 행동하느냐에 달려 있는 것이다. 발표 모두[앞]에서 일본 사회를 예를 들긴 했지만, 일본의 패전 직후의 '매춘부' 인식 정도에서 조선총독부의 개입을 지적하고 조선인 군위안부에 대한 민족 차별이라는 인식까지 오는데 25년여가 걸렸고, 거기에 더해 1990년대 초 국가에 의한 성폭력(국가범죄)라는 의식까지 오는데 또다시 25여 년이 걸렸다. 결국 국가범죄라는 인식을 문제 제기할 수 있었던 데에만 50여 년이라는 지난한 세월이 필요한 셈이다.

또한 해결하려고 해도, 일본군 위안소 제도라는 사건에 대해, 그중에서도 식민지 여성이었던 한국인 위안부 피해자가 어떤 피해를 입은 것인지 제대로 모르면서는 해결할 수 없다. 진상을 제대로 아는 것은 해결에 앞선 선행 과제다.

또 지금 위안부 문제를 해결하려고 할 때 가장 걸림돌이 되었던 것은 1965년 한일청구권협정이었다. 식민지 책임을 제대로 묻지 못하고 체결이 이루어졌었기 때문이다. 이제 이 역사교훈을 반영해서 제대로 한일 간 역사 청산, 식민지 청산을 하기 위해서는 새롭게 한일청구권협정을 협의해야 한다. 50주년이 되는 2015년이 그 시발점이 되어도 좋겠다고 생각한다.

아울러 한일 간 역사 청산의 대상이 위안부 생존 피해자 문제만으로 국한되는 것은 아니다. 2005년 관민공동위원회에서 발표했듯이 적어도 한국 정부가 공인하는 한일청구권협정에 포함되지 않은 피해는 위안부 문제 이외에도 사할린 동포 문제와 피폭자 문제가 더 있다.

나는 최근에 '우키시마호 폭침 사건'과 관련해서 자료 수집 프로젝트에 참여하고 있는데, 이 사건의 경우는 사건 발생이 1945년 8월 24일이어서 한일청구권협정의 대상 기간에서도 벗어나고 국내 대일항쟁기 강제동원 피해 조사 및 국외 강제동원 희생자 등 지원위원회에서 지원하고 있는 지원금 대상에도 원천적으로 포함되지 않는다. 따라서 위안부 문제만 해결되면 마치 모든 역사 청산이 끝난 것처럼 생각하는 방식으로 해결해서는 안 된다는 것이다.

더욱이나 당시도 현재도 사회의 하층계급에 속하는 피해자가 일본이라는 국가를 상대로 문제를 해결한다는 것은 어려운 일이다. 그렇기에 국민을 위해서 정부가 있는 것이다. 정부가 책임을 지고 해결하도록 노력해야 한다.

우선 정부는 무엇을 어떻게 해결할 것인지 가이드라인을 정해야 한다. 어느 행정기관에 맡길 것이 아니라 정부 차원에서 정부 보고서를 준비할 필요가 있다. 정권이 바뀔 때마다 혹은 행정부처의 담당자가 바뀔 때마다 가이드라인이 왔다 갔다 해서는 안 된다. 그리고 위안소 문제에 국한된 가이드라인이 아니라 한일청구권협정을 재협상할 수 있을 만큼 한일 간 역사 청산의 청사진을 그릴 수 있어야 한다. 일본 정부에 책임을 묻고 무엇을 요구할 것인지 분명하고 상세하게 정리해야 한다.

동시에 이러한 위안소 문제 해결과 함께 한국 정부로서 해결해야 할 가해 책임도 있다. 일본군 위안부 피해는 전쟁범죄, 인도에 반한 죄라고 말한다. 그런데 이들 범죄 이외에 일본군 위안소 제도에서 식민지 여성의 피해는 식민지에 남긴 제국주의의 폭력성, 즉 제국의 식민지성이 갖는 폭력성 또한 거론하지 않을 수 없다. 이 대목에서 우리 정부 또한 온전히 자유로울 수는 없다.

이미 언급한 대로 위안소 제도가 남긴 피해는 식민지 시기 조선에 그치는 것이 아니라 해방 후에도 한국전쟁, 베트남전쟁, 미군 기지촌의 미군 위안부, 노예매춘으로 상징되는 성매매의 범죄성, 성 인식, 성범죄에 대한 인식으로 이어져 내려오고 있다. 특히 베트남전쟁 당시 베트남 여성에 대한 문제, 이제는 고령이 된 한국인 미군 위안부 피해 문제에 대한 해결도 외면해서는 안 된다.

이러한 문제를 통시적이고 통합적으로 이해할 필요가 있다. 그래야만 위안소 문제가 단순히 과거 역사 속의 사건으로 끝나는 것이 아니라 또 일본의 국가 책임을 해결하기만 하면 우리 사회와 무관하게 끝나는 일이 아니라는 것을 알게 된다.

아울러 지금 우리들의 사회 속에 뿌리내린 성매매 문제, 성범죄, 성 인식 등의 문제들을 이해하게 되고 이 이해를 통해 역으로 위안소 문제에 대한 이해가 깊어질 수 있다. 이러한 선순환의 고리를 통해 역사적 사건이 우리들에게 진정한 교훈을 남기게 된다고 생각한다.

[첨언]50)

한국인 일본군 '위안부' 피해자에게만이 아니라 한국 사회의 구성원인 우리들에게도 이른바 '12·28 합의'는 매우 중요한 사건이었다. '12·28 합의'가 발표되던 날 나는 중국 저장성(浙江省) 진화(金华)시와 인근 지역에서 중국인 연구자와 함께 일본군 위안소와 조선인 군위안에 대해 조사하기

---

50) 이 글의 원 발표는 2014년 12월이고 발표문을 출판을 위해 손보는 것은 2016년 10월이다. 약 2년이 지나는 동안에 우리는 역사상 중요한 변곡점을 지나왔다. 2015년 12월 28일이다. 이 사건을 언급하지 않을 수 없어서 첨언한다.

위해서 빡빡한 일정을 소화하고 있었다. 발표 당일 합의를 전달하는 중국 라디오 뉴스는 사실 전달 정도로 간결했다고 기억한다. 함께 뉴스를 들은 중국인 연구자가 말했다. "이 뉴스는 절대 잊어버릴 수 없을 것 같아요. 함께 조사하는 중에 들은 거라서."

이틀 후 일정을 마치고 상해로 돌아와서 '12·28 합의'에 대한 여러 뉴스를 더 알게 되었다. 한국에서는 연구자, 피해자, 지원단체가 합의에 반대하는 성명을 발표한 반면, 일본에서는 대부분의 언론 보도 및 사회 분위기가 합의를 수용하는 긍정적인 반응이라는 소식이 전해졌다.

타국에서 단기체류를 하다 보니 뉴스 등 정보 입수가 원활하지 않았다. 그렇게 연말을 보냈다. 그런 채로 1월 초에 이번에는 계획해 두었던 대로 중국의 당안관 소장 자료 조사를 위해 우한시로 떠났다. 그 즈음의 감정을 적확하게 표현할 길이 없지만, 허탈감, 절망감, 분노와 같은 감정들의 복합체였던 것 같다. 그때의 허탈감과 무력감이 오랫동안 나를 괴롭혔다.

한일 간 과거사 청산이라는 과제에서 1965년 한일청구권협정 체결(6.22 조인, 12.18 발효)이 매우 중요한 사건인 것처럼, 한일 간 '위안부 문제' 해결에 관한 논쟁에는 2015년 12월 28일 한일 외교장관 회담 발표가 매우 중요한 사건이 될 것이다. 좀 더 노골적으로 말하자면, 한일 간 과거사 청산에 한일협정이 매번 발목을 잡고 있듯이, 앞으로 이른바 12·28 합의는 '위안부 문제' 해결 과정에서 정의 실현을 요구하는 측에게 매번 발목을 잡을 것이라고 생각한다. 이는 한국인 피해자에게 국한되는 것이 아니라 중국, 대만, 북한 등의 피해자들에게도 직접적인 영향을 줄 것이다.

그 일례로 니시오카 쓰토무(西岡力)가 대표로 있는 '중국인 위안부 문제 연구회'가 2016년 6월 17일자로 「중국인 위안부 문제에 관한 기초조사(中国人慰安婦問題に関する基礎調査)」(이하, '기초조사')를 공개했다. 니시오카는 이 '기초조사' "총론"에서 중국인 위안부에 관한 네 가지 '엉터리'를 바로잡는다고 역설하고 있다.

첫째는 "중국인 위안부 문제의 연구와 운동은 1992년 한일 위안부 강제연행 프로파간다를 계기로 시작했다." 둘째는 "중국인 위안부의 강제연행은 증명되지 않았다." 셋째는 "커밍아웃한 중국인 위안부 생존자 대부분은 '위안부'가 아니고 '전시 성폭력 피해 증언자'"이다. 넷째는 "중국인 위안부 20만 명 설은 엉터리 계산의 결과"라는 것이 그것이다.

일본의 검색 사이트 야후재팬에서 '중국인 위안부 문제연구회'를 검색해 보았다. 연구회는 검색되지 않는데 니시오카의 인터뷰나 잡지 글(월간 정론 9월호 「세계유산 신청한 '중국인 위안부'의 치명적 오류」)이 약간 검색되었다. 이들 글은 주로 8월 이후에 작성된 것이었는데 이들에 대한 비판 글은, 이보다 한발 앞선 7월 27일에 연구회 멤버인 다카하시 시로(高橋史郎) 글에 대한 비판 글이 하나 검색되었다. 이 '기초조사'가 노리고 있는 것은 소지량 연구에 대한 비판(비난 포함)을 통해서 우선은 중국 위안부 생존자들의 피해에 대한 일본 정부의 책임을 부인하는 것이다. 아울러 중국 등 피해국들이 신청한 위안부 관련 자료 유네스코 등록을 저지하려는 의도를 전제하고 있다. 그래서 "위안부는 '강제연행'된 것이 아니고 '법적 보호를 받았던 풍속업'이었으며 많은 교전국에서도 유사한 시설을 설치했었기 때문에 일본의 위안부 제도만이 특별하다는 사실은 없다"는 그들의 주장을 일본 정부(외무성)도 대외적으로 이와 같은 "기본적인 인식"에 서서 반론해야 한다고 촉구하고 있다. 조선인 위안부에 대한 연구나 운동과 관련하여 중국에서의 조사나 연구 등에 있어 지금보다 훨씬 더 긴밀한 연대가 필요하다고 여겨진다.

〈참고〉 제도는 '관습이나 도덕, 법률 따위의 규범이나 사회 구조의 체계'를 말한다. (국립국어원 국어대사전)

〈참조 1〉 일본군 위안부란 무엇인가?
"FIGHT for JUSTICE 일본군 '위안부: 망각에 저항 · 미래의 책임" 사이트의 일본군 위안부 정의에 따르면 다음과 같다. "일본군 '위안부'는 1932년 제1차 상해사변부터[51] 1945년 일본 패전까지의 기간 동안에 일본의 육군과 해군이 전지 · 점령지에 설치한 위안소에 끌려와 일본의 군인 · 군속의 성 상대를 강요당한 여성들입니다."

"'위안부'로 끌려간 여성들은 일본인 · 조선인 · 대만인 · 중국인 · 화교 · 필리핀인 · 인도네시아인 · 베트남인 · 말레이시아인 · 태국인 · 버마인 · 인도인 · 티모르인 · 차모르인 · (인도네시아에 거주했던) 네덜란드인 · 유라시아인(백인과 아시아인의 혼혈) 그리고 괌을 비롯한 태평양의 여러 섬사람들 등 젊은 여성들입니다. 이 중에서 조선인, 중국인, 필리핀인, 인도네시아인 등 일본인 이외의 여성 비율이 압도적으로 높았습니다."

〈참조 2〉 倉橋正直 『從軍慰安婦と公娼制度―從軍慰安婦問題再論』, 共栄書房, 2010年, 11頁

제1장 중국전선에 형성된 일본인 거리―종군위안부문제재론

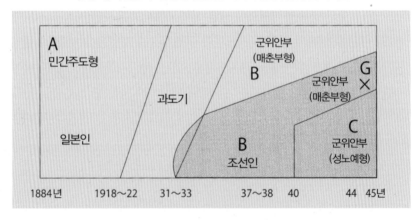

---

[51] 이는 문헌자료로 확인되는 해군위안소의 위안부가 이때가 가장 이른 것이기 때문이다.

<참조 3> 기사

적어도 프랑스 여자 두 명이 일본군 '위안부'임이 밝혀져

프랑스 온라인 매거진 『Slarte fr』에 BC급 전쟁범죄 재판 · 사이공재판(프랑스)에서 판결이 난 '프랑스 여성에 대한 강간 사건'에 대해서 기사가 게재되었습니다.

제2차 세계대전: 적어도 두 명의 프랑스 여성이 일본군 '위안부'였다

2014年 12月 4日 14 : 36(일본시간 6 : 00)Julie Hamaïde

전시 중, 주로 조선인과 중국인 20만 명의 여성이 조직적으로 일본군 성노예 상태를 강요당했다. 조선반도와 중국 일부를 침략한 후 1945년에 일본군은 치안과 감시 구실로 프랑스가 통치했던 인도지나를 침공했다. 그러면서 프랑스인 자매를 붙잡아서 7주간이나 감금 강간한 군인이 있다

이 사실은 간토가쿠인(関東学院) 대학 하야시 히로후미(林博史) 교수의 최근 연구에서 밝혀졌다. 사이공 상설 군사재판소(현 베트남 호치민시)의 1947년 기소장에 의하면 일본 육군대위가 자매를 붙잡았다. 언니는 14살이었다고 하고 먼저 언니를 강간하고 두 사람을 '연행'했다. 이 대위는 1945년 3월 15일부터 5월 3일까지 '부하인 중대 병사들이 몇 주 간에 걸쳐 매일 강간하는 것을 알면서도 이를 조직하거나 묵인했다'고 기소장에는 쓰여 있다.

1945년 5월 3일, 대위와 부하인 군소(軍曹)는, 두 명의 여성을 사살했다. 재판소는 이 대위에게 살육, 강간, 강간공범, 사기죄로 사형 판결을 내리고 1947년 8월 12일 사형이 집행되었다

인도지나에 거주하고 있던 프랑스인 여성 강간에 대한 언급 및 증명하는 공문서는 이번이 처음이다. '위안부'는 성노예를 왜곡하는 표현이며 당시의 그와 동일한 경우에 있던 여성이 매우 많았다고 하는 은폐된 사실을 보여준다.

당시 일본군은 인도지나에서 치안과 감시의 사명만으로 국한되어 있었다. 그러나 하야시 교수가 발견한 기록에 의하면, 1945년 3월 9일 일본 사령부는 '무수한 잔학함과 위법한 범죄'에 의한 무력행사를 사전 모의했다고 한다. 최고사령부의 인도적 주장과는 반대의 행동이었다. '일본군의 목적은 프랑스군과의 중립에 그친다. …중략 … 시민은 적이라고 보지 않는다.' 그로부터 며칠 후 수많은 포학(暴虐)함을 동반한 인간사냥이 프랑스인에 대해서도 저질렀다.

하루에 열 명 이상

하야시 교수는 올 여름, 공문서가 일본 법무성에서 국립공문서관에 이관된 후에 이 재판기록을 발견하였다. 그때까지 하야시 교수도 그가 운영하는 일본의 전쟁책임자료센터도 프랑스 여성에 대한 이러한 재판에 대해서 알지 못했다. 하야시 교수에 의하면 기타 이러한 사례를 증언할 수 있는 증인심문보고서를 프랑스군이 보유하고 있을지도 모른다고 한다. 인도네시아의 네덜란드 여성에 대해서도 유사한 실태가 이미 알려져 있다.

하야시 교수는 11월28일 파리에서 개최된 기자회견에서 이 정보를 발표하였지만 프랑스 미디어는 거의 주목하지 않았다. 이 기자회견에 한국정신대문제대책협의회가 주최하고 한국인 '위안부' 피해 생존자 길원옥 씨도 참석했다. 생존자는 감소하고 있고 한국에서 생존 피해자는 50명 정도라고 한다.

수만 명이라는 여성들은 전장터의 주둔지 근처에 설치된 일본 군인을 위한 '위안소'에 강제적으로 연행되었다. 여성들은 하루에 열 명 이상의 남성을 상대할 것을 강요받기도 하였다. 길원옥 씨처럼 13살도 되지 않은 소녀도 있다. "1940년 나는 '위안부'로 만주 하얼빈에 연행되었다. 거기서 성병에 걸려서 군인의 상대를 하지 못하게 되었다"는 길원옥 씨는 조선에 돌려보내졌다

위안소 제도는 체계적이다. 여성이 성병에 감염하지 않도록 검사하기 위해서 군의가 정기적으로 방문하였다. 수년 전에 시베리아에서 현지 여성을 강간한 일본군 일부가 성병으로 사망했기 때문이었다. 금전을 받은 여성도 있었지만 그녀들은 그 돈을 술이나 담배로 써버렸다.

책임을 부정하는 일본

전쟁이 끝난 다음에도 성노예 피해자들은 수치심과 거절의 공포를 안은 채 살았고 자신의 체험을 말하려고 하지 않았다. 처음 말하기 시작한 것은 90년대에 들어서부터이다.

(이하 생략)

—

상기 기사는 일본어 기사(저널리스트 기무라 기요코(木村嘉代子) 블로그 http://bavarde.exblog.jp/23394995/):를 번역한 것임 http://blog.daum.net/darcy/13593422 참조

〈참조 4〉 연도별 생산기관별 조사대상 문건 자료 현황

연도별 자료군별	1937	1938	1939	1940	1941	1942	1943	1944	1945	계
외사	3	9	5	4	5	5	0	0	0	31
경무	7	7	8	13	18	9	0	0	0	62
지방행정	75	75	98	107	124	102	32	4	2	619
노무	-	-	7	2	1	6	2	0	0	18
법무	20	26	25	28	15	15	15	6	0	150
행형	32	31	31	34	25	16	17	31	0	218
위생	8	9	7	11	16	11	15	19	0	96
계	145	157	181	199	204	164	81	60	2	1,193

※ 국가기록원 소장 조선총독부 자료.

【참고문헌】

가노 미키요(加納実紀代), 「5성과 가족」, 『시평 전후 50년(コメンタール戦後50年)』, 사회평론사, 1995.

강만길, 「일본군 '위안부'의 개념과 호칭 문제」(한국정신대문제대책협의회 진상조사 연구회 엮음, 『일본군 '위안부' 문제의 진상』, 역사비평사, 1997.

구라하시, 『従軍慰安婦と公娼制度－従軍慰安婦問題再論』, 共栄書房, 2010.

송연옥·김영 편저, 『군대와 성폭력: 조선반도의 20세기(軍隊と性暴力: 朝鮮半島の20世紀)』, 現代史料出版, 2010.

스즈키 유코, 「からゆきさん, 従軍慰安婦, 占領軍慰安婦(『近代日本と植民地』5, 岩波書店, 1992.

여순주, 「일제말기 조선인 여자근로정신대에 관한 실태 연구」, 이화여자대학교 석사 논문, 1993.

우에노 치즈코(上野千鶴子), 『내셔널리즘과 젠더(ナショナリズムとジェンダ-)』, 세도샤(靑土社), 1998.

윤명숙 지음, 최민순 번역 『조선인 군위안부와 일본군 위안소 제도』, 이학사, 2015.

윤명숙, 「일본군 위안소 제도 및 일본군 위안부 문제를 둘러싼 주요 쟁점」(현대송 편, 『한국과 일본의 역사인식』, 나남, 2008).

윤명숙, 「中国人軍隊慰安婦問題に関する研究ノート」(『季刊 戦争責任研究』第27号, 日本の戦争責任資料センター, 2000.

일본군 '위안부' 문제 web사이트 제작위원회 편, 『「위안부」·강제·성노예: 당신의 의문에 답합니다(「慰安婦」·強制·性奴隷: あなたの疑問に答えます(Fight for Justice・ブックレット))』, 오챠노미즈서방(御茶の水書房), 2014.10.

일제강점하 강제동원 피해 진상규명위원회, 『조선여자근로정신대, 그 경험과 기억』, 2008.

정진성, 「군위안부/정신대의 개념에 관한 고찰」, 『사회와 역사』제60권, 문학과지성사, 2001.

中国における日本軍の性暴力の実態を明らかにし賠償請求裁判を支援する会, 『訴状・中国・山西省性暴力被害者損害賠償等請求事件』, 1998.

노시타 나오코, 『「慰安婦」言説再考――日本人「慰安婦」の被害者性をめぐって』, 九州大学 博士論文, 2013.

북한의 '위안부' 문제와 일본의 식민주의

김 영

1. 한일 정부 '합의'를 둘러싼 또 하나의 목소리

2015년 12월 28일, 한일 정부는 '위안부' 문제 해결의 '합의'를 발표하였다. '합의'에 '위안부' 제도에 대한 '책임'이란 말이 들어갔다 해도 거기에는 일본군과 정부라는 주어도 없고 이는 어디까지나 법적 책임을 회피한 것이었다. 또한 일본 정부는 당시 일본대사관 앞의 소녀상을 철거하고 한국 정부가 재단을 설립하면 사업자금을 내주겠다고 하였으니, 이것은 결코 배상이 아닌 자금 거출에 지나지 않는 것이었다.

이 '합의'에 대하여 일본에서는 소위 좌파 지식인이라 자칭하는 일부 연구자들을 포함해서 많은 지식인들이 환호했다. 책임이란 한마디가 들어갔다는 것이 마치나 획기적인 일인 것처럼 평가하여 이것이 현재 일본이 할 수 있는 현실적인 최선의 대응이라는 평가가 많은 반면, 법적 책임과 배상을 동시에 요구해야 한다는 주장은 일부에 지나지 않았다.

한국에서도 일부 이것을 평가하는 소리도 있었으나 전 '위안부' 생존자와 지원단체들을 비롯해서 '합의'를 받아들이지 못한다는 입장의 사람들이 많다. 또한 한국뿐만 아니라 대만, 필리핀, 네덜란드에서도 한일 '합의'를 불만으로 여기는 소리들이 나왔으며 유엔 여성차별철폐위원회에서도 3월 7일에 "피해자 중심의 접근을 충분히 택하지 않았다"고 비판하고 일본 정부의 공식 사죄와 배상을 촉구'하였다.[1] 또한 자이드 유엔 인권최고대표도 일본군 '위안부'는 성노예였으며 "진정한 배상을 받았는지 여부의 판단은 그녀(전 '위안부')들에게만 있다"고 못 박았다고 한다.[2]

이번 '합의'는 또한 '위안부' 문제가 마치 한국에만 존재하는 문제이고 한일 양국 간에서 합의를 보면 끝인 것처럼 취급하려고 한 점을 지적할 수 있다.

두 말할 것 없이 '위안부' 피해자는 한국에만 존재하는 것이 아니다. 가해국인 일본에도 '위안부' 피해자가 있다는 사실도 잊어서는 안 될 것이다.[3] 일본 외 나라로서는 '합의' 다음날에 "정식 사죄와 배상을 요구"한 대만을 비롯하여 중국, 필리핀, 인도네시아, 네덜란드, 동티모르, 말레이시아, 그리고 북한에도 응당 '위안부' 피해자가 있다. 북한에서 고발해 나선 생존자는 한국의 238명 다음으로 많은 220명이다.[4]

북한에서도 당연히 이 합의에 대한 비판적인 담화가 나왔다. 2016년 1월 1일, 조선외무성 대변인은 "이번 합의는 철두철미 국제적 정의와 피해자들의 정당한 요구를 외면한 정치적 흥정의 산물로서 절대로 용납될 수 없"으며 이 배경에는 미국이 일본과 한국을 "3각 군사동맹에 묶어놓기 위하여

---

1) 인터넷 『연합뉴스』 2016년 3월 9일자, http://www.yonhapnews.co.kr/bulletin/2016/03/09/0200000000AKR20160309157800073.HTML?input=1195m, 2016년 5월 8일 검색.

2) 인터넷 『통일뉴스』 2016년 3월 11일자, http://www.tongilnews.com/news/articleView.html?idxno=115797, 2016년 5월 8일 검색.

3) '합의'가 법적 사죄와 보상이 되지 않았다는 점과 '위안부' 문제를 한일 간의 문제로만으로 해서 그치려고 했다는 비판은 있어도 그것은 어디까지나 가해국과 피해국의 문제로만 본 것이라고 할 수 있다. 국가 간의 문제로만 보게 된다면 가해국이므로 해서 증언에 나서기가 더욱 어려운 상황에 놓여 있는 일본인 '위안부'의 존재를 '위안부' 문제에서 영영 지워 버리게 된다는 것을 기억해야 할 것이다.

4) 2000년에 종태위가 발표한 고발자는 218명, 2002년에 류선옥 할머니가, 2005년에 김도연 할머니가 증언했다.

'일본군 위안부' 문제의 '타결'을 부추겨왔다"고 지적하였다. 또한 '위안부' 문제는 "국제적인 특대형 반인륜범죄로서 그 피해자들은 조선반도의 남쪽에만 아니라 북에도 있고 다른 아시아 나라들과 유럽에도 있다"고 하였다. 그리하여 일본 정부는 "국가적, 법적 책임을 인정하고 모든 피해자들이 납득할 수 있게 철저한 사죄와 배상을 해야 한다"[5]는 입장을 표시하였다.

또한 1월 31일자 『로동신문』에서는 개인의 서명논평을 통하여 한일 간의 합의를 비판하면서 "과거 청산은 해도 되고 안 해도 되는 그런 것이 아니다. 무조건 해야 하며 회피할 수 없는 법적, 도덕적 의무이다. 일본은 이것을 명심하고 과거 청산의 길에 성근(誠勤)하게 나서야 한다. 이것은 일본 자신을 위한 일이다"라고 주장하였다.

조일 간에 국교가 없다고 하여 일본이 북한에 대한 식민지 배상 문제를 전혀 해결하지 않고 있는 가운데 북한이 '위안부' 문제 해결을 강조하는 것은 너무나도 당연한 일이다. 하지만 이런 북한의 주장이 한국에서 소개되는 일이 있어도 일본에서는 거의 소개되지 않았다.

2. 북한의 증언자가 나올 때까지

북한의 전 '위안부' 생존자 220명 중 공개증언에 나선 할머니는 50명이다. "종군 위안부 태평양전쟁 피해자 보상대책위원회"(종태위)[6]에 의해서 1995년에 발간된 북한의 유일한 증언집인 『짓밟힌 인생의 웨침』(이하 증언집)에는 40명의 피해자 증언이 실려 있다. 그 외에 1992년 말까지 『로동신문』에만

---

5) 『로동신문』 2016년 1월 2일자
6) 2002년 5월에 평양에서 열린 "일본의 과거 청산을 요구하는 아시아지역 토론회"에는 종태위 이름으로 참가하고 있으나 2003년 9월 18일에 발족한 "일본의 과거청산을 요구하는 국제연대협의회"에는 "조선 일본군 '위안부' 및 강제련행 피해자 보상대책위원회"(조대위) 이름으로 참가하고 있다.

소개되고 증언집에 나오지 않은 증언자가 1명[7]이며, 1993년 8월에 "일본 제국주의의 조선 점령 피해조사위원회"가 유엔에서 배부한 보고서 「일본 제국주의에 의한 '종군 위안부' 범죄사건의 진상조사 중간보고」에만 소개된 것이 6명(심평옥, 김종심, 김종희, 김춘옥, 리원, 윤복순)이다. 또한 일본인 사진기자 이토 다카시가 엮은 『평양에서의 고발』(2001년, 이하 『고발』)에만 소개된 것이 1명(로롱숙, 1997에 증언), 『속·평양에서의 고발』(2002년, 이하 『속·고발』)에만 소개된 것이 1명(유선옥, 2002년에 증언), 그리고 2005년 돌아가시기 직전에 증언한 함경북도 라남의 김도연 할머니 1명이 있다.

북한의 첫 증언자인 리경생 할머니가 나온 것은 김학순 할머니의 증언이 있은 지 약 9개월 후인 1992년 5월 3일이다. 이후 증언자가 연이어 나오게 되는데 해방 후 47년이 되는 그때까지 계속 침묵을 지켜왔던 북한 '위안부' 피해자들은 과연 어떻게 증언에 나서게 되었을까?

1993년 8월 유엔인권소위원회에 제출된 보고서 「일본제국주의에 의한 '종군 위안부' 범죄사건의 진상조사 중간보고」[8](이하 「중간보고」)와 『로동신문』을 통하여 북한의 '위안부' 피해자들이 증언에 나서게 된 경위를 살펴보려고 한다.

1991년 8월 14일 전 '위안부'인 김학순 할머니의 첫 증언은 큰 충격과 함께 세계적인 주목을 받았지만 북한의 『로동신문』에는 김학순 할머니 증언에 대해서도, '위안부' 문제 관련 기사도 보도되지 않았다. 하지만 '일제 만행'을 폭로하고 규탄할 수 있는 이 문제를 북측이 주시하지 않았을 리가 없었다.

김학순 할머니 증언에 앞서 그해 5월 31일~6월 2일까지 일본 도쿄에서 제1차 '아세아의 평화와 여성의 역할' 토론회가 열렸다. 여기에 북한 대표

---

7) 『로동신문』 9월 2일자에 게재된 '종군위안부' 및 태평양전쟁 피해자 보상대책 위원회 고소장에 정승영 할머니가 소개되어 있다.
8) 조선민주주의인민공화국 일본 제국주의의 조선점령 피해조사위원회 「"종군 위안부" 문제 진상조사 중간보고」 1993년 8월 (재일본 조선인총련합회 조선인 강제련행 진상조사단 편 『자료집12 조선민주주의인민공화국 '종군 위안부' 문제의 조사와 주장』, 1998년 7월 31일. 본문 일본어를 필자가 번역함.)

도 참가하였다. 이 모임에서 정대협의 윤정옥 전 공동대표는 "일제 식민 지배로 인한 정신대 피해 문제"라는 내용의 발표를 하였다. 토론회에 참가한 정대협의 윤미향 간사(2016년 현재 정대협 상임대표)는 자신의 블로그[9]에 이 토론회에서 "위안부 문제에 관한 (남북의) 공감대가 형성되었고, 분단은 식민지 지배의 연장이며, 일본군 '위안부' 문제의 공정한 해결 없이 식민지 지배의 청산과 자주성 회복이 이루어질 수 없다는 것을 공감한 토론회"였다고 쓰고 있다.

이 토론회의 제2차 모임은 1991년 11월 25~29일까지 서울에서 열려 북측에서는 여연구(1927~1996) 당시 최고인민회의 부의장이 참석하였다. 여운형의 딸인 여연구 씨의 방남은 신문에도 여러 번 보도되어 주목되었다. 그러나 이 모임에서 '위안부' 문제는 특별히 논의되지는 않았다고 한다. 그리하여 한국 측은 다음 해에 평양에서 개최될 제3차 토론회 의제에 '위안부' 문제를 포함해 줄 것을 요청하였다.[10] 북한에서도 그것을 받아들임으로써 9월에 열린 토론회에는 북한 '위안부' 생존자가 증언하게 되었으며 일본군 '위안부' 문제를 남북 여성들의 공동의제로 채택하기에 이르렀다.[11]

하지만 북한은 이보다 빠른 시기에 벌써 '종군 위안부' 문제를 일본에 제안하고 보상 문제를 요구해 왔다고 한다. 1991년 1월 평양에서 열린 제1차 조일 국교정상화회담에서 북한 정부는 일제강점 시기 600여만 명의 강제연행 피해자 문제 등 인적피해 문제의 일부로서 '종군 위안부' 문제도 제안하고 보상조치를 취할 것을 일본 정부에 요구했다[12]고 한다. 그러나 당시 『로동신문』에

---

9) 한국정신대문제대책협의회(정대협) 보도자료 「일본군 '위안부' 문제 해결 남북여성공동행사 성사 노력 중」의 "일본군 '위안부'문제 해결을 위한 남과 북의 연대 주요활동 일지", 정대협 윤미향 상임대표 블로그 "나비의 꿈", 2010년 3월 7일, http//blog.daum.net/hanagajoah/139, 2016년 5월 8일 검색.

10) 인터넷 『매일경제』 1992년 4월 10일자, http://newslibrary.naver.com/viewer/index.nhn?articleId=1992041000099210009&editNo=1&printCount=1&publishDate=1992-04-10&officeId=00009&pageNo=10&printNo=8076&publishType=00020, 2016년 5월 8일 검색.

11) 위의 「보도자료」, http://blog.daum.net/hanagajoah/139, 2016년 5월 8일 검색.

도 '위안부' 문제와 관련한 기사가 보이지 않는 것으로 보아 실제로 조일회담에서 구체적으로 '위안부'를 인적피해로 언급했다고는 생각하기 어려우며 이것은 북한으로 하여금 이 문제 해결을 위한 활동을 스스로, 독자적으로, 그리고 벌써부터 시작했었다는 인상을 주려고 한 것이라고 생각된다.

북한의 '위안부'에 관한 보도는 일본군의 직접적인 관여가 밝혀진 후부터로 보인다. 1992년 1월 일본의 츄오대학(中央大學)의 요시미 요시아키 교수가 일본군이 '위안부' 제도에 직접 관여했다는 사실을 증명하는 자료 '군위안소 종업부 등 모집에 관한 건'을 일본의 방위청도서관에서 발견하자 북한에서도 이를 크게 보도하였다. 1월 16일자 『로동신문』은 "태평양전쟁 시기 조선 녀성들이 일본군의 '위안부'로 끌려갔던 사실이 최근 일본방위청 문서고에서 밝혀졌다 ─ 일본의 신문, 통신이 보도"라는 제목으로 일본 『마이니치신문』과 『아사히신문』 11일자 기사 내용을 크게 소개하였으며 동시에 재일본 조선인총련합회(총련) 산하단체인 조선인 강제련행 진상조사단도 「홋가이도 탄광 기선회사 자료」에서 일본 육군이 '위안부' 유치를 할 것을 계획하고 있었다는 것을 증명하는 자료를 발견했다고 보도하였다. 같은 지면에는 또한 "일본 수상을 비롯한 정부 당국자들 '위안부' 문제에 국가가 관여한 사실 인정하고 사죄"라는 제목의 기사도 게재되어 있다.

이날 기사가 김학순 할머니의 증언이 나온 1991년 8월 14일 이후 『로동신문』에 보도된 '위안부' 관련 첫 기사가 된다. 일본 정부와 일본군의 직접적 전쟁범죄임을 입증하는 증거자료가 밝혀진 것은 북한의 조사활동을 많이 부추기게 하였을 것이며 이윽고 피해조사위원회도 조직되었다.

1992년 5월 24일에 발족한 '일본 제국주의의 조선 점령 피해조사위원회 (피해조사위원회)'는 북한의 각 성과 위원회 등 정부 관계자와 각급 지방행 정기관의 간부, 그리고 권위 있는 역사학자, 국제법학자, 인권문제 전문가,

---

12) 「중간보고」, 5~6쪽.

변호사 등 각계 인사들로 구성되었고 '위안부' 피해를 포함하는 일제강점기 피해 문제를 조사하는 것을 목적으로 한다고 하였다.[13]

놀랍게도 이 피해조사위원회가 조직된 지 한 달 정도밖에 안 되는 6월 30일까지의 짧은 기간에 131명이나 되는 피해자들이 신고하였으며 그중 34명이 공개 증언에 나섰다.

그러나 피해조사위원회가 조직되기 전인 5월 3일에 벌써 북한의 첫 증언자로서 리경생 할머니가 조선중앙방송 텔레비전에 출연하여 증언을 했다.[14] 이는 피해조사위원회가 정식 설치되기 전부터도 조사 활동이 이미 착수되었음을 말해 주며 『로동신문』도 6월까지의 반년 사이에 47건의 기사를 보도하였고 "요즘 텔레비죤에서는 제2차 세계대전 시기 조선 인민과 아세아 인민들을 대상으로 하여 감행한 일제의 피비린 만행을 수록한 록화물이 방영되고 있다"[15]는 기사에서도 알 수 있듯이 텔레비전에서도 '위안부' 문제가 거듭 언급이 되었던 것이다. 이렇게 계속 보도가 나옴으로써 북한 생존자들이 고백해 나서기 쉬운 분위기가 조금씩 갖추어져 갔던 것으로 보인다.

기사에는 또한 남한과 일본을 비롯한 외국의 '위안부' 관련 보도가 그때마다 구체적으로 소개되었으며 특히 한국의 생존자인 심미자 할머니와 황금주 할머니를 비롯한 실명의 증언이 거듭 게재[16]된 것은 북한 생존자들에게 적지 않은 용기를 주었을 것으로 짐작한다. 그리하여 리경생 할머니에 이어 6월 24일 『로동신문』에 박복실 할머니의 증언이 게재된 것부터 시작하여 그 후 북한 생존자들이 연이어 소개되기 시작하였다.

이런 가운데 그해 8월 1일 '위안부' 이름을 내세운 조직 '종군 위안부 및 태평양전쟁피해자 보상대책위원회'(종태위)가 조직되었다. 종태위는 앞의

---

13) 「중간보고」, 6쪽.
14) 1992년 7월 16일자 『로동신문』에는 리경생 할머니 자신의 투고 "파렴치한 행위를 용납할 수 없다"는 제목의 기사가 게재되어 있다.
15) 『로동신문』 1992년 6월 13일자.
16) 『로동신문』 1992년 3월 28일, 5월 12일, 5월 16일, 5월 23일, 6월 13일자.

피해조사위원회를 사실상 이어받은 것으로 "일제의 '종군 위안부' 범죄에 대한 피해자 조사 발굴사업을 진행하였으며 피해 회복 문제를 피해자들의 요구와 인간의 선량한 량심, 국제법, 국제적 도의에 부합되게 해결하기 위한 활동들을 진행"[17]하는 조직이라고 하였다.

종태위는 『로동신문』 9월 2일자 5면 전면에 "일본 정부는 '종군 위안부' 문제의 진상을 전면적으로 밝히고 똑똑히 사죄하여야 한다"는 제목으로 고소장을 발표하여 '위안부' 문제가 반인류적 범죄라고 철저히 비판을 전개하는 한편 13명[18]의 증언자를 본명으로 소개하였다.

일본의 '위안부' 범죄를 용서치 않다는 내용의 독자들의 투고 기사도 빠른 시기부터 볼 수 있었다. 1월 27일 평양 종합방직공장 직장장이며 로력영웅이라는 리정순의 투고[19]에서 일제는 "조선 녀성들을 '종군 위안부'로 끌어다가 침략군의 노리개로, 성노예로 만들었"으며 "우리의 순진한 녀성들은 매일과 같이 피눈물 나는 고통을 당하여야" 했다고 주장했다. 그럼에도 불구하고 일본은 "실제적인 보상을 회피하려 하고" 있으며 "조선 인민은 일본의 이러한 성실치 못한 태도를 절대로 용허할수 없다"고 말했다.

또한 다음 날에도 사회과학원 력사연구소 안명일의 투고가 실렸다. 그는 "조선 녀성들을 '종군 위안부'로 끌어간 사실은 이가 갈리고 피를 끓게 하는 범죄중의 대범죄"라고 분노를 표현하면서 특히 "나어린 소녀들까지 전쟁터에 끌어다가 성노리개로 삼았"다는 것을 강조하여 "력사가의 한 사람으로서 과거 일제가 저지른 치떨리는 만행을 준렬히 단죄한다"고 강력한 어조로 주장하고 있다.

이와 같은 독자들의 투고가 『로동신문』에는 여러 번 게재되었다. 그 글

---

17) '종군 위안부' 및 태평양전쟁 피해자 보상대책위원회, 『짓밟힌 인생의 웨침』, 머리말, 1995.
18) 고소장에 소개된 증언자는 리경생, 김종심, 강길순, 심평옥, 리계월, 윤경애, 리복녀, 정문복, 김대일, 김군숙, 리보부, 리현숙, 정승영 할머니의 13명이다.
19) 『로동신문』 1992년 1월 27일자 6면 "일본의 부당한 태도를 절대로 용허할 수 없다".

들은 하나도 빠짐없이 일본군의 극악한 전쟁범죄에 대한 분노를 나타냈고, 일본은 "진심으로 사죄하고 응보의 보상을" 하지 않으면 결코 용서 못한다는 주지로 일관되어 있다. 또한 투고는 '위안부'를 성노예로 명확히 정의 짓고 있으며 생존자가 겪은 고통을 이해하는 자세와 동정심을 표현하고 있다. 동시에 일제에 대한 분노와 규탄의 의사를 전하여 '위안부' 문제가 생존자 개인만의 문제가 아니라 조선 인민의 문제라고 규정함으로써 같이 투쟁해 나가는 동반자임을 표시하고 있다고 말할 수 있다.

『로동신문』에는 또한 '위안부'를 직접 목격한 사람들의 증언들도 계속 게재되었다. 3월 22일 "조선 녀성들의 존엄을 짓밟은 일제를 단죄한다"는 제목으로 직접 목격한 구체적인 내용이 소개되었으며, 3월 28일 투고기사는 "일제의 죄행을 고발하는 울분의 목소리들"이란 제목으로 5명의 목격 증언을 소개하고 있다. 그리고 "편지의 필자들은 짐승도 낯을 붉힐 이 죄행"을 잊을 수 없으며 "일본은 조선 녀성들의 민족적 존엄과 절개를 유린한 죄행을 진심으로 사죄하고 충분히 보상하여야 한다"고 주장하고 있다.

위의 기사들뿐만 아니라 『로동신문』은 제목과 내용들에 있어서 표현이 원색적이거나 과격하고 격앙되어 있었다. "천황의 가장 극악한 범죄행위"(1992.3.16) "일제의 비인간적인 야수적 만행을 준렬히 탄죄 규탄한다"(1992.3.19) "짐승도 낯을 붉힐 일제 침략자들의 천인공노할 만행"(1992.3.22)처럼 거의 모든 기사가 그렇다고 말할 수 있다.

이러한 표현들은 북한 보도에서 항상 볼 수 있는 특징에 지나지 않기 때문에 '위안부' 문제에 국한된 것처럼 굳이 주목할 일이 아닐지도 모른다. 하지만 40여 년을 침묵 속에서 살아온 생존자들에게는 든든한 메시지가 되지 않았을까 생각된다. 침묵을 깨고 "수치스러운 마음을 무릅쓰고"[20] 가슴 깊이 묻혀놓은 '수치'와 고통을 털어놓으려면 주위의 동정심과 이해에 대한

---

[20] 『로동신문』 1992년 10월 26일자 "오늘의 세계; 일본의 과거죄행에 대한 분노의 목소리".

확신을 생존자들이 가질 수 있어야 한다. 생존자에게는 이름을 내고 증언하는 일이 "새로운 상처가 되지 않도록" 해야 하며 그러기 위한 "안전한 환경을 마련하는 것"[21]이 무엇보다 중요하기 때문이다.

성폭력 피해자는 또한 정신적으로 큰 타격을 받아 '외상 후 스트레스장애(PTSD)' 등의 정신의학적 후유증이 나타날 확률이 높고 "장기간 반복 또는 지속된 반복성 외상 사건을 경험했을 경우에는 복합 PTSD(complex PTSD)[22]를 일으킨다"[23]는 것을 듣는 자나 지원자는 잘 알아야 한다. 특히 "다감한 사춘기나 청년기에 받은 인재(人災)는 자신의 가치관이나 기본적 신뢰감, 삶의 의미 등에 파괴적인 데미지(타격)을 준다"[24]고 한다.

바로 어린 소녀 시기에 끌려가 장기간 반복되는 외상을 입은 '위안부' 생존자들은 복합 PTSD를 일으키기 쉬우며 사실 한국 생존자 26명을 대상으로 조사한 결과에 의하면 조사 당시 8명에 PTSD 증상이 보였으며 나머지 18명 모두가 과거 한때 PTSD가 있었음을 알 수 있었다.[25] 또한 "사회적으로 위축되고 대인관계를 기피하고 피해의식에 사로잡혀[26]" 대인관계의 기본적 신뢰감을 상실하는 경우가 보였다고 한다. 때문에 사회적으로 고립하고 고독 속에서 살아온 경우가 많으며 사람을 믿고 사회를 신뢰하기가 어려운 상태에 있었다는 것을 상상할 수 있다.

---

21) 미야지 나오코, 『트라우마』, 이와나미신서, 2013, 110쪽.
22) 전형적인 PTSD증상에 더하여, 해리, 자위행위, 자살 경향, 신체화, 성기능 장애, 대인관계 장애, 만성적 우울증 등 다양한 증상이 나타나고, 인격이나 방어기제, 행동양식의 변화도 나타나는 경우를 말한다(민성길, 이창호, 김주영, 심은지, 「일본군 위안부 생존자들의 외상 후 스트레스 장애에 관한 연구」, 『J Korean Neuropsychiatr Assoc』Vol.43 No.6, 746쪽.
23) 심은지, 민성길, 이창호, 김주영, 송원영 「일본군 위안부 생존자들의 로샤 반응 특성」, 『한국심리학회지』, 2004, Vol.23, No.1, 170쪽.
24) 아리쓰카 료지, 『오키나와전과 마음의 상처』, 오쓰키서점, 2014, 205쪽.
25) 민성길, 이창호, 김주영, 심은지, 앞의 글 742쪽. 논문에서는 이 조사 결과도 대상자들이 "검사에 동의하고 지지자들의 지원을 받고 있으며 비교적 적극적이고 활동적이고 증언할 수 없었던 생존자는 더 심각한 PTSD를 일으키고 있을 것이 추측된다"고 지적하고 있다.
26) 민성길, 이창호, 김주영, 심은지, 위의 글, 746쪽.

이 점은 북한 생존자들에도 다름없이 벌어졌을 것이다. 오히려 가까이에 지원자가 있는 남한 생존자들에 비해 조대위란 조직이 평양에 있는 조직이어서 지방 구석구석까지 그 지원망이 뻗혀 있지 않은 북한 실정으로 봐서 남한 생존자들보다 더욱 사회적으로도 정신적으로도 외롭고 가혹한 환경에 있다고 생각할 수 있으며 그만큼 PTSD 극복이 어려운 실정에 있지 않을까 예상된다.

그런 북의 생존자들에게 '위안부'가 개인의 잘못이 아니라 바로 전쟁범죄 피해자라는 것과 이는 일본이 사죄하고 보상하지 않으면 안 되는 문제라는 것을 똑똑히 규정하고, 한편으로는 피해자가 겪은 고통스러운 경험에 동정과 공감을 표시하고, 때로는 분노의 감정을 대변함으로써 생존자들은 안전한 환경을 확신할 수 있게 되었을 것이다. 이렇게 되고서야 커밍아웃이 가능하며 북한의 과격한 표현의 보도가 어느 의미에서는 피해자를 위한 환경꾸리기 역할을 하지 않았을까 생각된다.

『로동신문』이 당의 기관지라는 권위 또한 '위안부' 문제를 일제의 전쟁범죄로서 이슈화하는 데 중요한 역할을 했다고 볼 수 있다. 『로동신문』의 견해는 당과 정부의 견해라 북한에서 다른 의견들이 공적으로 존재할 수 없기 때문이다.

이처럼 북한 보도는 ① '위안부' 문제가 일제에 의한 범죄이며, ② 생존자들은 일본군 성노예 피해자라고 명확히 규정짓고 ③ '위안부' 생존자들에 대한 동정심과 그들의 억울함에 공감하는 사회적 분위기를 조성시키는 데에 어느 정도 성공했다. 그리고 무엇보다 생존자들 자신이 갖고 있는 자책감을 완화시키고 결코 자기의 잘못이 아니라는 것을 깨닫게 하는 계기를 줄 수 있었다고 생각된다. 이렇게 하여 짧은 기간에 131명이란 적지 않은 생존자가 나타날 수 있었을 것이다.

그럼 북한 사회에서 '위안부'에 대한 편견이 완전히 없어졌다고 할 수 있을까? 앞의 "조선 녀성들의 민족적 존엄과 절개를 유린한 죄행"이란 말에도 볼 수 있듯이 조선 여성은 "절개" "정조를 목숨처럼 중요히 여기는" 것이며 '위안부'로 인해 "초래되는 불명예는 죽음보다 두려운 것"[27]이라는 여성관,

정조관이 지면에도 나타나고 있다. 또한 "순진한 녀성들"[28]이란 표현에서는 피해자 모두를 순진한 여성으로 그려 독자들의 동정심을 돋우려는 의도가 보인다. 하지만 무엇을 가지고 순진하다고 할 수 있을까? 20만 명[29]이라고도 하는 '위안부'들 모두가 꼭 순진하여야 한다고 하는 것일까? 게다가 순진한 조선 여성과 대조적인 존재로서 일본인 '위안부'는 '창녀'였다고[30] 하는 경우가 적지 않아 의문을 느끼지 않을 수 없다. 순진한 조선인 '위안부'는 창녀인 일본인 '위안부'와 같은 차원의 피해자라고 볼 수 없다고 하는 관점을 엿볼 수 있는 것이다. 이는 북한 사회에도 남한 사회에도 여전히 남아 있다.

순진하건 아니건, 처녀이건 창녀이건 '위안부'들 모두가 똑같은 피해자에 다름없다는 너무도 당연한 관점을 북한 보도에서 찾아 볼 수 없었다. 북의 생존자가 짧은 기간에 131명이나 나왔음에도 불구하고 공개 증언에 나선 피해자가 34명에 불과했다는 것은 이러한 여성관, 정조관과 무관하지 않을 것이다.

이러한 여성관, 정조관을 당연한 것으로 보는 사회에서는 '위안부' 문제를 여성 문제로서 조명해 보는 시각도 생기기가 어려울 것이다. 보도들도 '위안부' 문제를 나라와 민족의 문제로서 일본의 죄행을 폭로 규탄하는 주장은 있어도 생존자들이 해방 후 계속 침묵해 살아와야 했던 그 원인을 살펴보려고 하는 내용들은 찾아볼 수 없다.

보도에서는 또한 20만 명에 달하는 '위안부' 모두가 조선 여성이라고 하는

---

27) 「중간보고」, 10쪽.

28) 『로동신문』, 1992년 1월 27일자 "일본의 부당한 태도를 절대로 용허할 수 없다".

29) 요시미 요시마키는 '위안부' 총수를 군인 30명에 '위안부' 1명, 교대율 2.0으로 계산할 때 약 20만 명이 되고, 군인 100명에 '위안부' 1명, 교대율 1.5로 계산하면 약 4.5만 명이 된다고 한다. 단 전쟁 기간 계속 이 비율이었다고 보기는 힘들어 20만이란 수는 많을 것이라고 볼 수 있지만 한편으로는 현지에서 납치당하여 짧은 기간 갇혀 성폭력을 받은 상당수의 피해자를 포함할 때 더 많은 숫자가 될 수도 있다고 지적한다(『종군위안부』, 이와나미신서, 1995년, 78~81쪽).

30) 「중간보고」(9쪽)에서도 "일본인 여성의 경우는 유곽의 창부로서 벌기 위해 스스로 성봉사를 한 가능성이 많다"고 강조하고 있다.

기술이 많다. 물론 북한에서도 여러 나라 여성들이 '위안부'로 끌려갔다는 사실을 모르고 있는 것은 아니지만 「중간보고」에서도 '위안부' 총수가 20만여 명이 된다는 근거[31]를 표시하는 한편 그 "'종군 위안부'의 압도적 다수는 조선의 젊은 녀성이 차지하였다"[32]고 하면서 그 후로는 "약 20만 명의 조선 녀성을 군사적 성노예로서 강제징집"[33]하였다고 하고 있다. 『로동신문』에서도 남한과 외국 보도를 소개한 기사를 제외하고는 '위안부' 관련 기사들이 적지 않게 "20만 명의 조선인 '위안부'"라고 하고 있다.[34] 과연 다른 나라 '위안부' 총수가 1만 명에도 미치지 않았다고 보는 것일까? 조선인 '위안부'가 다른 나라 '위안부'보다 많았다는 것은 여러 증언들에 의해서 잘 알려진 사실이라고 해도 "압도적 다수" 즉 "약 20만 명"이라고 주장하는 것은 '위안부' 문제를 민족 문제로만 보게 하는 위험성을 가지고 오게 할 수도 있을 것이다.

3. 남북 공동 운동

앞에서 언급한 것처럼 1992년 4월에 '아세아의 평화와 여성의 역할' 제3차 평양토론회에서 '위안부' 문제를 포함할 것을 제안한 것은 남측 정대협이었으나 실은 그보다 빠른 시기에 북측은 '위안부' 문제 해결을 위해 남북이 공동 투쟁을 벌일 것을 제안하고 있다. 1992년 2월 18일자 『로동신문』에 의하면 북한은 평양에서 열린 제6차 남북고위급회담에서 '위안부' 문제

---

31) 「중간보고」, 15쪽.
32) 「중간보고」, 17쪽.
33) 「조선민주주의인민공화국 정부의 입장」, 1995년 7월, 58쪽(재일본 조선인총련합회 조선인 강제련행 진상조사단 편, 『자료집 12: 조선민주주의인민공화국 '종군 위안부'문제의 조사와 주장』, 1998년 7월 31일. 본문 일본어를 필자가 번역함).
34) 1992년 한해에 『로동신문』에는 약 100건의 '위안부' 관련 기사가 보도되었으나 그중 20만 명, 또는 20만 명 이상의 '위안부'가 조선 여성이라고 하고 있는 기사는 28건이 된다.

에서 남북이 공동보조를 취할 데 대한 제의를 하였다. 또한 3월 20일에는 공동 투쟁을 벌여 나갈 것을 제기하는 호소문을 발표하였으며 22일에는 조국통일범민족련합 북측본부 대변인이 이를 지지하는 담화를 발표하였다.35)

그해 12월 9일 일본 도쿄에서 '일본의 전후 보상에 관한 국제공청회'가 열려 증언자로 참가한 남북의 '위안부' 생존자의 첫 만남이 실현되었다. 증언에 나선 김학순 할머니가 북측 증언자인 김영실 할머니에게 다가가서 무대 위에서 서로 눈물의 포옹을 한 사진은 잘 알려져 있다.

남측 김학순 할머니(우측)와 북측 김영실 할머니(좌측). (촬영: 이토 다카시)

1998년 4월 제5회 '위안부 문제 해결을 위한 아시아연대회의'가 서울에서 열려 2년 후에 "일본군 성노예 제도를 재판하는 2000년 여성국제전범법정을 개최할 것"을 결의하였다. 이 회의에 북한은 참가하지 못했으나 동년 10월 남북과 일본 여성 대표들이 중국 베이징에서 '위안부 문제를 다루기

35) 『로동신문』 1992년 3월 23일자.

위한 남북과 일본의 3자회담'을 가져 일본 정부에 대해 4개항의 항의문을 채택하고 2000년 여성국제전범법정에 함께 참여하고 이를 위해 공동 기소 장을 만들 것을 합의하였다.

여성국제전범법정에서 북한은 '위안부' 생존자로서 박영심 할머니와 김 영숙 할머니가 증언하기로 하였다. 하지만 북한은 두 할머니의 증언을 입 증하고 고소장을 뒷받침하기 위한 상세한 증언조사를 진행할 수 없었다. '위안부'에 관한 문서자료가 주로 일본과 미국, 남측에 있기 때문에 북한이 조사를 하고 싶어도 충분히 할 수 없는 상황이었던 것이다. 여성국제전범 법정 남북코리아 조사팀에 속한 필자는 재일동포라는 입장에서 북한의 박 영심 할머니의 증언 입증조사를 담당하게 되었다. 이 조사 과정에서 박영 심 할머니가 바로 버마와 국경을 접한 중국의 라멍(拉孟)에서 1944년 9월 에 유엔군(미군)의 포로가 되어 사진에 찍힌 임신한 여성임을 밝혔다.

고 박영심 할머니(1921~2006). 오른쪽 위의 사진은 2000년 여성국제전범법정 때(촬영: 필자)

남한과 북한은 남북코리아팀으로서 하나의 기소장을 만들고 법정에 나섰다. 일본에서 남북 대표가 처음 만난 후 법정에 나가기에 앞서 기소장 만들기나 법정에서의 발표 순서와 진행 방법 등 남북코리아팀으로서 참가하기 위한 내용들을 협의하였다. 당시 남북 양측은 처음에는 협의 시간에 대한 연락 하나도 직접 취하려 하지 않았으며 서로 긴장하고 경계하는 분위기도 있어 보였다. 이때 남북 간 사이에 끼어 양쪽에 대한 연락을 비롯하여 남북 간의 '완충지대' 역할을 한 것이 도쿄외국어대학의 김부자 교수와 필자와 같은 재일동포였다는 것도 언급하고 싶다. "오늘은 38선을 몇 번 넘었어요?"하는 말이 나올 정도로 호텔의 남북 대표 두 개 방을 왔다 갔다 하면서 밤새 법정 준비에 몰두하였다. 그 과정에서 처음엔 긴장하고 서먹했던 북한 대표와의 관계도 자연히 풀려간 것이 지금도 인상적으로 기억된다.

특히 조사팀이 만든 박영심 할머니의 증언 입증 보고서를 가지고 필자는 북한 대표이며 당시 종태위 서기장이었던 황호남 씨와 협의를 거듭하였다. 그는 보고서 내용을 하나하나 확인하면서 한두 개 표현을 북한식으로 고치기는 해도 거기에 북한 나름의 해석이나 주장을 추가하는 일은 없었다. 그것은 보고서가 일제의 전쟁범죄를 폭로하고 규탄한다는 그들의 목적에 어긋나지 않는 내용이었기 때문이라는 것은 물론이지만 무엇보다 협의 과정에서 서로가 이 법정을 꼭 성공시키고 말겠다는 의사를 공유하고 서로를 믿는 신뢰감을 가질 수 있었기 때문일 것이다.

그리하여 서로 어색했던 다른 대표들과도 자연히 정도 오가고 가까이 얘기를 나누게 되었으며 법정 마지막 날 밤엔 북한 측 방에서 술잔을 들고 서로의 노고를 위로하기도 하였다. 또한 필자에게 있어서는 무엇보다 북한 '위안부' 할머니들과 직접 얘기를 나누고 같이 사진을 찍고 손도 잡고 포옹도 한 일들이 소중한 기억으로 남았다. 이러한 기억들, 그리고 서로의 신뢰감은 그 후의 북한 조사를 실현하는 데 있어서 특별한 의미를 가지게 되었던 것이다.

이 조사 과정에서 필자는 북의 '위안부' 관련 조사 연구가 북한 내에서는 한계가 있다는 사실을 다시 깨달으며 몹시 안타깝게 생각되었다. 단지 연구가 지체된다는 사실보다도 생존자들의 증언에 신빙성을 가져다 줄 방법이 없다는 점이 가슴 아프고 안타까웠다. 필자가 살고 있는 일본에서 당시 북한 생존자들에 대한 공격이 심각했기 때문이다.

1992년에 '위안부' 제도에 일본군이 직접 관여한 사실을 입증하는 문서 자료가 발견되자 일본 정부는 인정하지 않을 수 없게 되었으나 우익단체들은 여전히 '위안부'에 대한 공격을 계속하였다. 심지어 정치인들의 입에서도 '위안부'들은 돈 벌러 간 매춘부다라는 말이 나왔다. '위안부' 제도를 부정하고 공격하는 자들의 소리는 물론 북한만이 아니라 한국의 생존자들에게도 다른 나라 생존자들에게도 퍼부어지긴 했다. 그러나 특히 북한 생존자들에 대해서는 증언이 너무도 참혹하고 잔인한 내용들이 많아서 믿기가 어려우며 증언 전체가 다 거짓이라고 하는 비난의 소리가 심각했다.

북한에서는 이런 공격에 대해 반론할 근거를 갖출 수 있는 연구가 충분치 않아 오직 다른 나라의 연구 성과에 기대할 수밖에 없는 상황이었다. 때문에 생존자들에게 덧씌워진 오명을 씻을 기회를 갖기가 더욱 어려운 상황에 있었다. 생존자들이 반세기 가까운 오랜 시간을 침묵 속에 살아오다가 간신히 용기를 내어 고발해 나섰음에도 불구하고 공격에 대한 제대로 된 반론도 못한다면 생존자들에게 다시 상처를 입히게 하는 2차 피해를 가져오게 할 것이 자명했다.

북한의 '위안부' 조사 연구가 지체되어 있는 상황은 단지 북한만의 문제로 그치는 것이 아니었다. 이것은 '위안부' 연구 전반의 지체를 가져오게 하는 것이라는 점을 강조하고 싶다.

1998년 5월, 함경북도 청진시 청암 구역 방진동에 있었던 위안소 두 개가 발견되었다는 보도가 있었다.[36] 이것은 한반도 내서 확인된 첫 위안소라는 의미에서 주목할 만한 발견이었으나 처음엔 그것을 입증하는 연구가

---

36) 『로동신문』 1998년 5월 7일자.

만족스럽게 이루어지지 않았다.

당시 조선 내 위안소에 끌려갔다는 생존자의 증언은 남에도 북에도 있었음에도 불구하고 국내 위안소는 이제까지 발견되지 않았으며 위안소 자리가 확실히 확인된 적도 없었다.[37] 하지만 방진동 위안소에 관해서는 4명의 목격자가 구체적인 증언을 하고 있었으며 위안소 하나는 건물 자체가 거의 당시 구조대로 남아 있었던 것이다.

이것은 첫 발견이란 의미에서 뿐만 아니라 위안소에 대한 정의를 다시 보게 하는 새로운 시각을 제시하는 것이기도 했다. 그때까지만 해도 국내에는 유곽이 있었으니 위안소가 필요 없었을 것이며 위안소는 어디까지나 일본군이 침략한 점령지나 전쟁터, 그 후방기지에 있는 시설을 말한다고 보는 관점이 주류여서 국내 위안소에 관해서는 거의 문제시 되지 않았다. 하지만 방진의 위안소는 그 후의 조사에 의해서도 해군의 '나진 방면 특별 근거지대(羅津方面特別根拠地隊)'의 전용 위안소일 가능성이 아주 높다는 것이 확인되었다.[38]

북한에서 첫 위안소가 발견됨으로써 위안소의 정의와 국내 위안소에 끌려갔다는 증언들을 다시 생각하지 않을 수 없게 했다.[39] 당시 북측 국경지대는 매우 긴장된 준전시 상태에 있어서 지역적으로 국내라고 해도 단순히 평시의 조선이라고는 할 수 없었으며 그런 지역의 유곽 또한 군사적 긴장 상태와 무관할 수 없었다. 특히 군 기지가 있었던 식민지 군사도시에서는 유곽의 주된 이용자가 군인이어서 사실상 위안소와 다름없다는 점을 알게 되었다.

식민지 조선에 생긴 유곽은 다름 아니라 러일전쟁 때 일본 군대의 진출

---

37) 정대협과 윤정옥 교수를 비롯한 연구자에 의해 부산과 제주도에서 조사가 이루어진 적이 있었으나 건물은 발견되지 않았으며 위안소 자리를 확실히 확인할 수도 없었다.

38) 김영, 안자코 유카, 「함경북도의 군사도시와 "위안소"·"유곽"」(송연옥, 김영 편저, 『군대와 성폭력』, 선인, 2011) 참조.

39) "유곽" 등 공창제도 자체를 성노예 제도로 봐야 한다는 시각은 송연옥, 스즈키 유코, 야마시타 영애 등이 일찍부터 제기해 왔으나 "위안소"와 "유곽"은 근본적으로 다르다는 주장도 있어 군대와의 관계에 있어서 식민지 조선의 성매매 시설을 성노예 제도라는 관점에서 주목하는 연구자는 많지 않았다.

과 더불어 들어온 것이며 애초부터 군위안소의 성격을 띠고 있었다는 것도 다시 확인할 수 있었다. 즉 소위 말하는 평시라 해도 식민지조선 자체가 전시 후방기지화되어 있었다는 전제에서 유곽의 성격을 다시 봐야 할 것이라는 것을 말해 준다.

북한의 위안소 조사 과정에서 이런 문제들이 필자 앞에 새로 제기되었다. 그리고 북한 '위안부' 연구가 공백이라면 우리나라 역사의 반쪽이 공백이 되는 것이며 한 쪽 시각을 잃게 되는 것이나 다름이 없다고 다시 생각하게 되었다. 특히 북한 '위안부' 생존자의 증언 조사는 박영심 할머니의 경우[40]를 제외해서는 제대로 된 조사가 없다는 현실에 눈을 돌리지 않을 수 없었다.

또한 북한의 증언자는 거의 돌아가시고 지방에 몇 명 남아 있을 뿐이라고 하지만[41] 확실한 상황은 조대위에서도 파악을 못하고 있다고 한다. 가령 거의 돌아가셨다 해도 그들의 증언 입증조사가 필요하다는 점은 두말할 것도 없다. 돌아가셨다 한들 그들의 한을 풀어야 할 것이며 '위안부' 제도의 실정이 아직도 다 밝혀진 것이 아니기 때문이다.

필자는 이런 문제의식에서 2002년 9월에 6명의 연구자들과 함께 한국, 일본, 미국에서의 조사와 동시에 북한에서도 조사를 실시할 것을 합의하고 '20세기 한반도에 있어서의 군대와 성폭력'이란 내용으로 일본 도요타재단의 연구조성금을 얻고 공동연구에 참여하게 되었다.[42] 그리하여 우선 방

---

[40] 니시노 루미코『전장의 위안부』, 아카시서점, 2003.

[41] 2016년 2월 4일 조대위 김춘실 위원은 "지방에 사는 피해자들도 전화로 자기의 심정을 이야기" 해 왔다며 "그때마다 피해자들과 함께 격분하면서도 죄스러운 마음에 휩싸였다. 피해자들의 정신적 고통을 조금이나마 덜어드리고 힘을 주는 것이 우리가 해야 할 일이라고 본다"고 하고 있다(인터넷『조선신보』 http://chosonsinbo.com/2016/02/2016 0204suk/ 2016년 5월 8일 검색).

[42] 송연옥, 안자코 유카, 김부자, 신주백, 김귀옥, 하야시 히로후미, 야마시타 영애 교수들과 함께 한반도의 군대와 성폭력, 즉 공창제도부터 시작하여 '위안부' 제도, 해방 후의 미군 위안소와 한국군 위안소, 그리고 기지촌의 성폭력 등을 연속성 속에서 봐야 한다는 문제의식을 공유하여 "20세기 한반도에 있어서의 군대와 성폭력"이란 테마로 도요타재단의 연구조성금을 얻어 공동연구를 진행하였다.

진의 위안소 조사를 목적으로 그해 말부터 방북 신청을 시작하였다. 그러나 방북은 쉽게 이루어지지 않았다.

이 공동연구가 도요타재단 조성금 심사에 통과한 것이 2002년 9월 17일이었다. 이날은 바로 북한의 김정일 당시 국방위원장과 일본의 고이즈미 준이치로 당시 총리에 의한 조일 수뇌회담(북일 정상회담)이 성사되어 '조일 평양선언'이 발표된 날이었다.

이는 조일 국교정상화를 실현하는 역사적인 한걸음이 새겨진 것이라고 기대되었다. 그러나 동시에 공표된 일본인 '납치사건' 문제로 인해 상황은 급변했다. 일본의 언론 보도는 연일 밤낮없이 북한을 비난하는 소리들로 채워져 재일동포[43]에 대한 비난과 협박, 그리고 폭행사건까지 일어나는 등 매우 긴장된 상황이 이어지며 재일동포들은 조선(한국) 사람이라는 것을 감추고 살아야 하는 분위기가 조성되었다. 또한 조일 정상회담의 핵심 주제가 마치 납치 문제뿐인 것처럼 보도되어 조일 국교정상화에 대해 상상도 못할 악의에 찬 사회 분위기가 만들어졌다.

일본의 여론이 납치사건 일색이 되었으나 한편으로는 '평양선언' 자체를 '한일조약'의 재현이 아니냐는 비판도 나왔다.

평양선언에는 한일조약에 없었던 "일본은 과거 식민지 지배에 의해 조선인들이 엄청난 손해와 고통을 입었다는 역사적 사실을 겸허하게 받아들이고, 통절한 반성과 마음으로부터 사과의 뜻을 표명했다"는 대목이 들어있다는 점을 평가하는 소리들도 있었다. 그러나 "양국은 국교정상화를 위해선 1945년 8월 15일 이전의 일에 대해선 국가와 국민이 모두 재산청구권을 포기한다는 기본원칙에 따른다"는 부분을 문제시 하지 않을 수 없었다. 이는 식민지 지배에 따른 피해에 대한 배상이 아니라 어디까지나 경제협력 방식에 지나지 않아 '한일조약과 크게 다르지 않으며 계속되어온 식민주의

---

43) 비난의 표적이 된 재일동포는 결코 '조선적' 동포만이 아니라 한국 국적 동포도 그랬으며 심지어는 한국어를 쓰기만 해도 욕을 듣게 된 유학생들도 있었다.

를 북한이 묵과한다는 것을 의미했다.

우리가 북한의 방진 위안소의 현지조사를 위해 방북을 계획하기 시작한 것은 마침 그런 때였던 것이다.

하지만 일본과 북한의 관계가 최악의 양상을 보이게 된 이 시기에 남북 관계는 2000년 6월 15일의 남북 정상회담 이후 분단 이래 유례가 없을 정도로 그 거리가 가까워지고 있었으며 북한 사회가 예전보다 너그러워져간다는 예감도 가질 수 있어 우리의 방북이 거부될 이유는 없다고 확신하고 있었다. 무엇보다 여성국제전범법정에서 공동 작업을 하면서 서로 확인한 신뢰감을 믿었고 위안소 현지조사는 아무 문제없이 실현될 것이라고 생각하였다.

그러나 방북을 몇 번 신청해도 좀처럼 허가가 떨어지지 않았다. 일제강점기 "재산청구권을 포기한다"고 한 평양선언을 전제로 한다면 북한이 식민지 책임을 물어 배상을 요구하려는 우리의 주장과 위안소 조사에 대한 관심을 이제는 잃고 오히려 조일 국교정상화의 장애로 여기게 되었을 수도 있다고 생각하기도 하였다.

그렇게 계속 애를 끓이면서 기다리고 있다가 11개월이 지난 2003년 8월 말, 돌연히 방북 허가가 떨어졌다. 한 달 후인 9월 말에 개최되는 '우키시마마루(浮島丸) 사건[44] 토론회' 참가자로서 방북한다면 희망하는 조사도 가능할 것이라고 하였다.

우키시마마루 사건 진상 규명도 위안소 조사와 마찬가지로 "평양선언"에 어긋날 수 있어서 그때는 북한의 의도를 이해할 수가 없었다. 하지만 이것이 바로 북한의 전후처리 문제 방향성의 전환을 의미하는 기획의 하나였다

---

[44] 편집자 주: 우키시마마루(浮島丸) 사건은 1945년 8월 24일, 광복을 맞아 귀국길에 오른 조선인 징용자와 그 가족 3,735명을 실은 일본 해군 수송선 우키시마마루(浮島丸) 호가 일본 아오모리 현 오미나토 항을 출발하여 교토부 마이즈루 앞바다에서 원인모르는 폭발사고로 침몰되고 549명(일본 정부 발표)이 사망한 사건이다. 일본은 사건의 진상을 밝히지 않을 뿐만 아니라, 사죄나 배상도 전혀 없다.

는 것을 우리는 방북 직전에 알게 되었다.

"조일 평양선언" 1주년을 맞이한 9월 17일, 북한 외무성은 담화를 발표하여 "조일 평양선언에 관통되어 있는 기본 정신은 조일 두 나라가 지난날의 불미스러운 과거를 청산하고 그 기초 위에서 현안사항들을 해결하며" 평양선언의 "리행에서 기본의 기본을 이루는 것은 일본의 과거 청산 문제를 해결하는 것이다"라고 주장하였다. 북한은 분명히 단지 "국가와 국민이 모두 재산청구권을 포기한다"고 한 것이 아니라는 것을 표명한 것이다.

이런 배경에서 방진의 위안소 현지조사도 실행되었다. 평양에 도착한 우리 조사팀은 그날 밤 현지조사를 위한 사전 협의를 위해 양각도 국제호텔 찻집에서 종태위의 F, R 양씨와 마주 앉아 생맥주잔을 들게 되었다. 2000년 국제법정 마지막 날 이래 처음이어서 그때 일들을 서로 반갑게 되새기면서 건명태(북어)를 안주로 건배도 하였다.

그런데 우리가 듣게 된 말은 "현지에는 못 갑니다"라는 말이었다. 태풍 때문에 큰물 피해가 있어서 청진으로 갈 다리가 떨어져 물리적으로 못 가게 되었다는 것이다. F씨는 의심스러워하는 우리의 심중을 살피듯이 "결코 선생님들을 현지에 보내고 싶지 않은 것이 아닙니다"라는 말을 덧붙이기도 하였다. 그리고 증언자들을 평양에 불렀으니 현지에 가는 것은 다음 기회로 하라는 것이었다.

하지만 방북을 1년 기다리다가 어렵게 실현한 현지조사의 첫 기회를 그 말 한마디로 쉽게 포기할 수는 없었다. 물리적으로 못 간다고 해도 그냥 물러설 수가 없어서 계속 버티고 있었더니 그들은 끝내 비행기 편을 마련해 주었다. 보통 비행기 표는 1주일 있어야 끊을 수 있다고 한다. 그것을 조대위 여성위원인 R씨가 새벽부터 여기저기 뛰어다니면서 하루 사이에 확보해 준 것이었다.

우리는 R씨의 성의에 감사하고 2000년 법정 때처럼 서로 포옹하기도 하였다. 필자는 2000년 법정에서 얻은 신뢰가 진정이었음을 확신하면서도 현지에 못 간다는 말을 들었을 때는 순간 형식적이고 융통성 없이 그들의 사정만을 강요하는 것이 북한 방식인 것이라고 생각하기도 하였다. 그러나 그 후 그들의 성의를 접하면서 한순간이라도 그들을 원망한 것을 필자는 맘속에서 사과할 수밖에 없었다.

이렇게 하여 방진을 방문하게 된 필자는 현지에 도착하자마자 그곳이 유곽일 수가 없다는 것을 직감하였다. 그곳은 산골짜기의 작은 마을이어서 해방 전에는 일본 민간인이 거의 살지 않았으며 환락가는커녕 제대로 된 술집 하나 보기 힘든 곳이었다는 점들을 확인하였다. 미리 조사한 내용들과 다시 비춰 봐도 분명 유곽이 아니라 위안소였을 것이라는 것을 확신하게 되었다. 또한 남아있는 건물이나 흔적들이 완전히 일본식 건물이라는 점들도 하나하나 확인할 수 있었다.

필자는 그 후 2005년, 2008년, 2014년에 라남 3번, 회령 2번, 함흥 1번 현지에서 조사를 실시했다. 동행한 안내원들도 같은 사람이어서 이제 조사 목적을 이해한 그들은 가는 곳마다 현지의 인민위원회 담당자를 설득도 하고 조사 실현을 위해 때로는 멋진 '거짓말'도 해 주곤 하였으며 예정에 없던 뒷골목에도 들어가 사진 촬영을 허가해 주기도 하였다. '위안부' 관련 조사가 일제 식민지 배상 문제로서 북의 정부 의도와 국민감정에도 들어맞는 일이란 것을 이해했을 때 그들은 너무도 소박하게, 성실하게 가능한 한 성의 있는 노력을 보여 주었다.

4. 전 '위안부' 정옥순(鄭玉順) 할머니: 증언 듣기와 복합PTSD 치유

가슴부터 아랫배에 이르는 온몸에 입묵(入墨)이 새겨진 한 할머니의 사진. 차마 직시할 수가 없는 잔인한 각인이다. 입묵은 가슴과 배뿐만 아니라 입술과 혀에도 새겨져 있었다. 이 여성의 이름은 정옥순. 증언 당시 72살의 조선인 '위안부' 생존자이다.

결코 지울 수 없는 입묵이 남의 눈에 비춰지기를 두려워하면서 평생 외롭게 살아와야 했던 정옥순 할머니는 오랫동안 품어온 한을 푸는 듯이 1992년에 일본의 죄를 물어 공개증언에 나섰다. 하지만 일본의 성의 있는 사죄 한마디 듣지도 못한 채 2000년 황해도 강영군에서 억울함 속에 영원히 눈을 감으셨다.

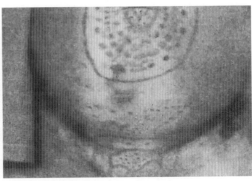

고 정옥순 할머니(1920-2000). 입묵은 가슴 아래 전체와 입안과 입술에도 새겨져 있었다 (『증언집』 12, 14쪽).

정옥순 할머니 사진은 1995년 7월 2일~7일까지 일본 도쿄에서 열린 국제법률가위원회(IJC) 국제세미나 '전시노예제 – 일본군 위안부 · 강제노동을 둘러보며" 회장에 전시되었으며 유엔 인권소위원회에서도 북한 대표에 의해 소개되었다. 충격적인 사진은 주목을 끌어 참가자들에게 충격을 주기도 하였으나 그 후 증언의 배경 분석이나 역사적 검증이 상세히 이루어지지는 않았다.

공개증언을 한 50명의 북한 생존자 중 40명의 증언을 게재한 증언집 『짓밟힌 인생의 웨침』은 100페이지도 안 되는 얇은 책자이고 증언 내용들도

결코 상세하지 않아 그들의 '위안부' 생활의 실태가 밝혀졌다고는 할 수 없었다.[45]

증언 입증조사와 연구가 충분치 않고 증언집 자체가 하나밖에 없는 실정은 북한 생존자들의 존재가 널리 알려지지 않은 원인의 하나가 되었다고 볼 수 있다. 생존자의 존재가 잘 알려지지 않으면 그들에 대한 이해도 공감도 이루어지기 어렵다. 물론 '위안부' 전반에 공통되는 피해 실정에 있어서 공감을 얻을 수는 있어도 피해 실정과 아픔의 수는 피해자 수만큼 존재하는 것이다. 즉, 이 문제를 '위안부' 피해자라는 한 마디의 용어로 뭉뚱그려 끝낼 수는 없는 일이다.

이미 많은 북의 피해자들이 세상을 떠나 비록 공감과 동정의 마음을 직접 보여주고 가해자에 대한 분노를 같이 하고 위로해 줄 수 없게 되었다 한들, 그들의 증언 하나하나를 검토하고 실태에 접근하는 것으로 그들의 한을 조금이라도 풀어 줄 수 있지 않을까. 그런 마음으로 정옥순 할머니의 증언을 더듬어 보려고 한다.[46]

> 1920년 12월 28일 함경남도 풍산군 파발리에서 태어난 정옥순 할머니는 14살 때인 1933년 6월 어느 날 물을 길러 우물에 나갔다가 경찰에 연행되었다.[47] 경찰 순사에 잡힌 옥순 소녀는 차에 태워 (풍산군) 파발리[48] 경찰소로 끌려가 연일 5명의 순사에 강간당했다. 옥순 소녀가 소리를 내어 저항하자 순사들은 입안에 헝겊을 밀어 넣고 다리를 의자에 묶어 놓고 덤벼들었다. 이때 왼쪽 눈을 심하

---

45) 일본 사진기자인 이토 다카시의 『평양에서의 고발』, 『속·평양에서의 고발』, 『무궁화의 슬픔』에도 위안부 생존자들의 귀중한 증언이 실려 있으나 역사 검증에 있어서 충분하다고는 할 수 없었다.

46) 정옥순 할머니의 증언은 「중간보고」, 『증언집』, 『고발』을 참고로 하였다.

47) 『증언집』에는 "일본 수비대 놈들에게 걸려… 일본군 병영에 끌려"갔다고 하고 있으나 이것은 끌려간 곳이 수비대 기지여서 그렇게 증언했다고 볼 수 있고 수비대 병사가 직접 소녀를 연행하러 왔다고는 생각하기 어려우며, 『고발』에서 말하고 있는 "제복을 입은 남자"이고 그것은 「중간보고」에서 말하고 있는 "경찰(순사)"이었다고 생각된다.

48) 편집자 주: 당시 함경북도 풍산군 파발리는 현재 양강도 김형권군 파발리로 바뀌었다.

게 구타당하여 그 후 점점 왼쪽 눈의 시력을 잃게 되었다(『고발』). 이렇게 계속 폭행을 가한 경찰은 10일 후("중간보고"는 한 달 후)에 옥순 소녀를 일본군에 넘기고 군 기지 위안소에 넣었다. 그곳은 혜산진(현재 혜산)의 국경수비대 기지였으며 기지 위안소에는 이미 17~18살쯤 되는 소녀들 수십 명이 들어가 있었다고 한다. 나중에 알고 보니 그들도 다 파발리 경찰에 의해 납치당한 소녀들이었다.

혜산진은 함경남도(현재 양강도) 북부의 중국과 국경을 접한 도시이며 당시 제19사단(사령부는 나남) 예하의 제74연대(본부는 함흥)의 부대가 제4국경수비대로서 이곳에 배치되어 있었다.

제74연대는 1915년에 편성되어 함흥에 배치된 보병대이다. 이 해 일본 각의에서 제19사단과 제20사단의 두 개 사단을 한반도에 상주시키기로 결정되자 먼저 제19사단 사령부와 그 예하 부대가 편성된다. 제74연대도 제19사단 예하 부대로서 10월에 일본 아사히카와, 히로사키, 우쓰노미야의 각 연대에서 편성되었으며 다음 해 4월에 제19사단에 편입된 후 5월 14일에 함흥에 들어갔다. 그리고 이 연대의 부대에서 제4국경수비대가 편성되어 혜산진과 신갈파진에 배치되었고 혜산진에는 함흥 헌병대 본부 지휘하의 헌병분견대도 있어 수비대와 함께 '치안' 임무를 맡았다.

당시 국경 지대에서 '치안'이라고 하면 주로 독립운동 진압을 의미했다. 1924년 서울에서 경성 일일신문 기자인 가메오카 에이키치는 국경으로 향하면서 "탄알이 날아가는 국경… 약탈, 교전, 체포, 추격… 이러한 피비린내 나는 문자를 신문지상에 써야 하는 국경(弾丸の飛ぶ国境…掠奪, 交戦, 逮捕, 追撃…こうした血腥ぐさい文字を, 新聞紙上に使用せしめるその国境)"이라고 묘사하고 있다. 이렇듯 혜산진은 "국경 명물인 '불령선인'이란 골칫거리가 있어서 이에 대비하여 무장한 경찰관이(國境名物に不逞鮮人と云う厄介者があり, これに備へるに武装した警察官が)"[49] 있는 등 국경

---

49) 『국경사정』, 성경일일신문, 1924, 205쪽.

지대는 서울과 전혀 다른 긴박한 상황에 있었다.

『보병 제74연대사』(이하 연대사)에는 수비대 '치안'에 관한 서술이 다음과 같이 적지 않게 나타나 있다.

"조선반도 북변의 진호를 임무로 맡아 변에 응하여 시베리아 남부의 우스리스크 지역이나 혹은 또 불온한 움직임을 보이는 간도 방면에 병사를 진출시켜 이것을 진압(朝鮮半島北辺の鎮護に任じ, 変に応じてシベリヤ南部ウスリーの地や或いは又不穏の動きを見せる間島方面に兵を進めて, これを鎮圧)"하고, "한편 평시에 있어서도 선만 국경의 압록강과 두만강을 건너 습격해 오는 선비(鮮匪)와 싸우며 일반 방인(일본인)의 생명 재산의 안전을 지키고 항상 북선(북조선)의 경비 치안의 중임을 완수하였다(一方平時にあっても鮮満国境の鴨緑江や豆満江をわたって来襲する鮮匪と戦い, 一般邦人の生命財産の安全を護り, 常に北鮮の警備治安の重任を全うした)."

1918년 10월 "이 방면의 러시아 인은 일반적으로 호의를 표시하였으나 과격파들은 비밀리에 노동자를 선동하고 파견대 군수품의 우송을 방해하고 일본군 장병의 행동을 계속 비난하고 조선 독립운동을 외치는 항일 조선인의 배일행위는 그치지 않아 파견대를 괴롭혔다(この方面のロシア人は一般に好意を表していたが, 過激派は秘かに労働者を扇動し, 派遣隊軍需品の輸送を妨害し, 日本軍将兵の行動を非難し続け, 朝鮮独立運動を叫ぶ抗日朝鮮人の排日行為は止まず, 派遣隊を苦しめた)."[50]

혜산진 수비대는 1937년 6월 4일 '보천보 전투'에서 항일유격대와 직접 마주선 부대이기도 한다. 보천보 전투는 중국 동북지방에 있었던 김일성이 이끌었던 항일부대가 혜산진에서 십여 킬로 떨어진 곳에 위치한 작은 산간 마을인 보천보의 주재소, 우체국, 면사무소 등을 습격하여 일본군을 혼란

---

50) 보병 제74연대사 편집 간행위원회, 『보병 제74연대사』, 1998, 3쪽.

에 빠뜨리는 데 성공한 전투로 알려져 있다. 전투 규모는 소규모였으나 이 것은 당시『동아일보』에도 크게 보도되어 김일성의 이름을 조선 전토에 영 웅으로 널리 알려지게 하였다고 한다.[51] 현재 북한에서는 보천보 전투가 항일투쟁에 있어서 중요한 위치를 차지하는 전투의 하나로 자리매김 되어 있다. 여담이지만 2014년에 필자가 방북하였을 때 마침 국내 축구 리그전 이 텔레비전에서 방영되고 있었는데 그 리그전 이름이 "보천보 리그"였다. 북한에서는 보천보 전투를 모르는 사람은 없다고 말할 수 있을 것 같다.

『연대사』에도 이 보천보 전투에 대하여 비교적 많은 기술이 있는 것으 로 보아 제74연대에 있어서도 큰 사건이었다는 것을 알 수 있다.

이처럼 국경지대는 조선 국내라고 하여도 '평시'라고는 말할 수 없는 긴 장된 상태에 있었으며 바로 준(準) 전투지역이었다고 할 수 있었다. 병사 들도 정신적으로 결코 평시 상태에 있었던 것이 아니라 전투태세가 되어 있었던 것으로 추정된다.

> 정옥순 소녀는 바로 이렇게 긴박한 국경지대 위안소에 끌려간 것이었으며 거기 서 참혹한 고문을 목격하게 된다. 어느 날 금산이라는 소녀가 더 이상 못 참겠다 고 항의를 하였다. 그러자 "가네야마"라는 소대장이 "조선년 지독하다. 맛을 보 여줄 테다"고 하더니 못이 삐죽삐죽 나온 판자 위에 옷을 벗긴 금산이를 눕혀 굴리기 시작했다. 온몸에서 피가 나와 금산이는 정신을 잃고 말았다. 그러자 병 사 하나가 "너희들도 말을 안 들으면 이렇게 죽인다"고 하여 금산이의 목을 칼로 치고 말았다.
>
> 그것만으로도 만족하지 않아 말을 안 듣는다고 해서 다른 열 여명의 소녀들도 죽여 버렸다. 그것을 봤을 때 "전지가 꺼구러 된 거 같았다"(『고발』)라고 옥순 할머니는 말했다. 얼마나 큰 충격을 받고 떨렸을까. 이런 만행을 눈앞에서 보게 된 소녀들은 모두 더 이상 저항할 생각을 가질 수 없게 되었을 것이다.
>
> 그러나 고문은 이것만으로 그치지 않았다. 너무나 무서워 울고 있는 소녀들에게

---

51) 와다 하루키, 『북조선현대사』, 이와나미신서, 2012, 9쪽.

"야마모토"라는 중대장이 "저년들 고기를 못 먹어서 그런다"고 하자 죽인 소녀들의 머리(『증언집』에서는 시체)를 가마로 끓이고 그 끓인 물(『증언집』에서는 살)을 옥순 소녀도 포함한 우는 소녀들에게 억지로 먹인 것이었다.

옥순 할머니는 이런 잔학한 행위의 기억과 함께 가네야마와 야마모토의 이름을 기억에 새겼을 것이다. 또 대대장 이름은 "니시하라"이고 위안소 감독은 조선인의 "박"모였다는 것도 기억하고 있다(『고발』).

옥순 소녀는 그 후 상해에 가까운 중국 서남쪽 지방으로 이동되고[52] 거기서도 저항하는 소녀들이 생매장되는 것을 목격한다. 그리고 다시 중국 광동(현재 광주)으로 옮겨지고 17살이 되는 해의 어느 날 위안부 몇 명들과 같이 드디어 도망을 쳤던 것이다.

1920년생인 정옥순 할머니가 17살 때라고 하니 단순히 계산하면 1937년[53]이 되지만 일본군이 광주를 점령한 것은 1938년 10월 21일이다. 하지만 정옥순 할머니는 1920년 12월생이니 만 나이로 생각하면 1938년 12월까지 17살이 되며, 따라서 1938년의 일이라고 생각된다.

중국 광주에 위안소가 있었다는 사실은 일본군 공식자료에 밝혀져 있다. 나미집단(波集団, 제21군) 사령부의 기록인 1939년 4월의 '전시순보(戰時旬報)'에 "위안소는 소관 경비대장 및 헌병대 감독하에 경비지구 내 장교 이하를 위해 개업하였으며(慰安所ハ所管警備隊長及憲兵隊監督ノ下ニ警備地区内将校以下ノ為開業セシメアリ) 현재 종업부녀의 수는 대충 천 명 내외로서 군대에 있어서 통제하는 자가 약 850명(現在従業婦女ノ数ハ概ネ千名内外ニシテ軍ニ於テ統制セルモノ約八五〇名)"이라는 등의 기록이 있다.[54]

---

52) 『증언집』에서는 부대와 함께 이동했다고 하고 있으나 보병 제74연대 국경수비대가 이 시기에 상해 쪽으로 이동했다는 기록은 안 보이며 정옥순 할머니가 군인이 동행했다고 기억하고 있다면 그것은 위안부들을 우송한 것이 군인이었을 가능성이 있다.

53) 『고발』에서는 1937년이라고 되어 있다.

54) "Fight for Justice" 홈페이지, http://fightforjustice.info/?page_id=1505&s=%E5%BA%83%E5%B7%9E 2016년 5월 8일 검색.

참혹한 고문과 살인을 여러 번 목격한 옥순 소녀는 이대로라면 자기도 죽게 될 것이라고 생각하여 죽기를 각오하고 다른 소녀들과 도망을 쳤다. 이때 같이 도망을 친 친구들 중 국혜, 춘자, 필순 세 명의 이름을 기억하고 있다.

그러나 옥순 소녀들은 이틀 만에 모두 잡히고 말았다. 그리고 다른 위안부들이 그랬듯이 참기 어려운 고문이 가해졌다. 머리를 쇠몽둥이로 때려 정신을 잃은 옥순 소녀의 입에 고무호스를 넣고 주전자로 물을 부어넣었다. 배가 불러오르자 널판자를 놓고 그 위에 올라서기도 하였다. 그때 맞은 머리의 상처는 평생 지워지지 않았다.

고문은 이걸로 그치지 않았다. 도주자에게 표적을 남기겠다고 하더니 소녀들의 옷을 벗기고 철봉에 거꾸로 매달았다. 그리고 주먹만한 그 무엇인가에 먹물을 발라 입술을 잡아당겨 그것을 입안에 집어넣어 꾹 눌렀다. 입안에 입묵을 한 것이었다. 옥순 소녀는 그 순간 모진 아픔을 느끼며 정신을 잃었으며 이도 다 부러지고 말았다. 입묵은 입과 혀, 그리고 가슴 아래 배 전체에 크게 새겨졌다.

소녀들이 정신을 잃어버리자 모두 죽은 줄 알고 병사들은 소녀들을 산비탈에 버렸다. 그러나 옥순 소녀와 국혜 둘이만이 기적적으로 살아남았다. 정신을 차린 둘이였지만 온몸이 부어오르고 너무 아파서 제대로 걷지도 못했다고 한다. 옥순 할머니는 그때를 생각하며 "육체적인 고통보다 온몸에 입묵 당한 것이 너무도 억울해서 땅을 치고 통곡했"고 말했다.[55]

옥순 소녀가 버려진 산비탈을 지나가던 나무군 할아버지가 이 둘이를 구원해 두 달간 돌봐줬다고 한다. 그래서 옥순 소녀는 살아나 다시 조선 땅을 밟을 수 있었다. 하지만 혀의 입묵 때문에 혀의 신경이 상해버린 것 같아 10년 가까이 전혀 말을 못했으며 증언한 당시도 자유롭게 말을 할 수가 없었다. 또한 배의 입묵 때문에 수영도, 목욕탕 한 번도 가지 못했으며 사람들에게 '위안부'의 과거가 들킬까봐 일생을 불안 속에서 살아야 했다.

옥순 할머니의 이러한 증언 내용이 너무도 잔인해서 도저히 못 믿는다는 말이 나오기도 하였다. 하지만 1993년의 「중간보고」와 1995년의 『증언집』, 그리고 2001년의 『고발』에서 거듭 증언을 해도 기본적인 내용에 있어

---

55) 「중간보고」, 25쪽.

서 크게 차이가 없는 것으로 보아 증언의 신빙성을 믿어야 할 것이다. 무엇보다 옥순 할머니의 온몸에 새겨진 입묵은 참혹한 고문, 생지옥의 '위안부' 생활, 그리고 표현하기도 어려운 고통과 억울함을 말해 주고도 남음이 있다.

물론 증언자가 증언에 있어서 과장해서 말하거나 다른 사실과 혼동 하는 경우가 있을 수 있다. 너무도 참혹한 경험을 한 사람이 경험한 사실을 냉정하게 사무적으로 얘기할 수 있는 경우는 오히려 드물지 않을까. 증언자는 무엇보다 듣는 사람에게 경험했을 때의 공포심이나 목격한 일의 잔인함과 충격 등을 먼저 호소하려고 하는 법이다. 사실 증언에서, 과장하거나 다른 기억과 헷갈리거나 숫자를 크게 말하는 경우는 흔히 볼 수 있는 일이다.

하지만 과장이나 혼동된 기억을 정리하고 그 증언 뒤에 깔려 있는 사실과 진실을 끌어내고 분석하는 것은 바로 듣는 자의 책임이고 의무이다. 증언을 듣는 자는 또한 증언에 의해 무엇보다 증언자의 마음의 상처가 치유되도록 해야 한다는 것을 잊어서는 안 된다.

2015년 10월, 한국 위안부 피해자 43명과 그 가족을 상대로 PTSD 조사가 실시되었다. 그 결과, 응답자 17명 중 15명(88.2%)이 PTSD(외상후 스트레스 장애) '위험군'으로 분류되었다고 한다.[56] 그뿐만 아니라 앞에서 소개한 바와 같이 2004년에 정신과 의사들에 의해 실시된 조사에서는 단순한 PTSD가 아니라 복합PTSD라고 지적하고 있다.

또한 성폭력이 다른 트라우마 체험보다 PTSD 발증률이 높다는 보고가 있으며 그 이유를 일본인 정신과 의사이며 대학 교수인 미야지 나오코는 다음과 같이 말한다. "성폭력 피해의 경우 가해자와의 거리가 매우 가깝고 (라고 하기 보다 밀착되고, 침입당한다는 의미에서는 거리가 제로(0) 아니면 마이너스가 됩니다) 시각, 청각, 후각, 미각, 촉각 등 모든 신체 감각이

---

56) 인터넷 『여성신문』, 2016년 3월 14일자(http://www.womennews.co.kr/news/92056).

침습된 상황이 오래 계속되기 때문입니다."57)

'위안부'의 경우 이런 성폭력이 장기간 지속되고 반복된 것이며 그 때문에 복합PTSD 증상을 나타내는 확률이 더 높아진다고 한다.

그리고 "내재되어 있는 폭력적 성적 피해에 대한 공포, 수치감, 절망감, 분노, 증오 등 복합적 감정반응"이 조사 결과에 투사되어 있었다. 또한 분노가 매우 크고 "어떤 자극이 주어지면, 이 분노가 참아지지 않고 폭발적으로 드러날 것임"을 시사하고 있었다고 한다.

사실 "많은 생존자들이 면담 중에 본 정부의 대응이나 과거사를 부인하는 일본 정치인들의 망언이 언급될 때마다 한결같이 일본에 대한 격렬한 분노와 증오, 목소리와 손발의 떨림, 눈물 등을 나타내었다. 이러한 관찰은, 고문 생존자 중에서 인권을 유린한 고문 집행자가 무죄로 방치된 상태에 있는 것에 대해 분노를 느낀 사람은 정신적 후유증이 오래 지속되기 쉽다는 사실을 재확인"58)하게 된다고 분석한다. 이렇게 볼 때 일본 정부의 공식 사죄와 배상은 의학적 관점에서도 꼭 실현되어야 할 문제라고 할 수 있다.

진정한 해결은 이미 돌아가신 피해자들의 한을 푸는 것이기도 하며 유가족들과 관계자들의 억울함을 푸는 것이기도 한다. 그것은 트라우마라는 것이 그것을 직접 경험한 개인만의 것으로 그치지 않고 다음 세대와 그 다음 세대로 이어지는 소위 "트라우마의 세대 간 전달"59)로 작용하기 때문이다.

김학순 할머니의 증언으로부터 25년이라는 오랜 세월이 흘렀어도 이 문제는 해결이 되지 않았다. 북한에서도 이미 많은 '위안부' 생존자들이 해결을 보지 못한 채 세상을 떠났다. 살아계시는 생존자들을 위해서라도 하루라도 빨리 해결을 볼 수 있어야 하며 진정한 해결 없이는 돌아가신 피해자

---

57) 미야지 나오코 앞의 책, 132쪽.
58) 민성길, 이창호, 김주영, 심은지 앞의 글, 745쪽.
59) 아리쓰카 료지, 113~114쪽

의 한도 결코 풀리지 않을 것이다. 때문에 이 문제를 피해국과 가해국 일본과의 관계에 있어서, 피해자 '개인의 한'이 '집단의 한', 즉 '위안부'의 기억과 고통이 나라와 민족의 기억과 고통으로 이어져 갈 수밖에 없는 것이다.

필자는 이것을 '식민주의 트라우마'라고 부른다. 문제 해결을 보지 못한다면 이것이 세대 간에 전달되어 갈 수밖에 없는 '식민주의 트라우마'가 된다. 이 점이 바로 '위안부' 문제를 둘러싼 오늘의 심각한 문제의 하나가 되어 있는 것이다. 게다가 북한의 경우 오늘까지 식민지 피해에 대한 해결의 문이 열리기는커녕 그 문 앞에 서지도 못하고 있는 실정이다.

【참고문헌】

'종군 위안부' 및 태평양전쟁 피해자 보상대책위원회, 『짓밟힌 인생의 웨침』, 1995.

吉見義明, 『從軍慰安婦』, 岩波新書, 1995.

歩兵第七十四連隊史編集刊行委員会, 『歩兵第七十四連隊史』, 1998.

朝鮮人強制連行真相調査団編, 『[資料集12]朝鮮民主主義人民共和国「從軍慰安婦」問題の調査と主張』, 1998.

伊藤孝司, 『平壌からの告発』, 風媒社ブックレット, 2001.

伊藤孝司, 『続・平壌からの告発』, 風媒社ブックレット, 2002.

김당, 「북한의 종군위안부 실태 및 특성에 관한 연구」, 『여성과평화』 제2호, 2002.

西野瑠美子, 『戦場の慰安婦—拉孟全滅戦を生き延びた朴永心の軌跡』, 明石書店, 2003.

민성길·이창호·김주영·심은지, 「일본군 위안부 생존자들의 외상 후 스트레스 장애에 관한 연구」, 『J Korean Neuropsychiatr Assoc』, 2004, Vol.43, No.6.

심은지·민성길·이창호·김주영·송원영, 「일본군 위안부 생존자들의 로샤 반응 특성」, 『한국심리학회지』, 2004, Vol.23, No.1.

김영·안자코 유카, 「함경북도의 군사도시와 "위안소"·"유곽"」, 송연옥·김영 편저, 『군대와 성폭력』, 선인, 2011.

和田春樹, 『北朝鮮現代史』, 岩波新書, 2012.

宮地尚子, 『トラウマ』, 岩波新書, 2013.

伊藤孝司, 『無窮花の哀しみ』, 風媒社, 2014.

蟻塚亮二, 『沖縄戦と心の傷』, 大月書店, 2014.

2부

계속되는 식민주의,

재탄생되는 군위안부

내셔널리즘에서 식민주의로

오키나와 A사인 제도와 일본군 '위안부' 문제

키쿠치 나츠노(菊地夏野)

1. 들어가며

이 글에서는 '위안부' 문제 인식에 대한 틀을 생각해 보고자 한다. 현재 '위안부' 문제를 둘러싼 논의는 혼란스럽다. 그 원인 가운데 하나는 '위안부' 문제에 대한 인식이 공유되지 않고 있다는 데에 있다. 본론에서는 현재 논의되고 있는 '위안부' 문제에 대한 인식을 꺼내 검토함으로써 이 문제가 식민주의의 틀 안에서 고찰되어야 한다는 것을 밝히려고 한다.

일본에서 포스트 식민주의 연구는 1990년대에 주목되었으나 아직도 발전해야 할 단계에 머물고 있다. '위안부' 문제는 포스트 식민주의 연구에 자극과 시사(示唆)를 크게 주었는데, 이 글에서는 포스트 식민주의 관점에서 '위안부' 문제를 인식한다는 것이 어떤 의미를 갖는지 다시금 검토하려 한다. 왜냐하면 일본의 운동권 및 언론계에서 논의된 '위안부' 문제의 대부분이 내셔널리즘을 비판하는 틀 안에서만 머물고 있기 때문이다. 그러나 '위안부' 문제는 식민주의 문제로 인식하지 않으면 그 본질을 파악할 수 없다.

그러기 위해서는 초점이 되는 것은 미국과 이 문제와의 관련성이다. '위안부' 문제와 마찬가지로 일본 사회의 과제로서 미해결의 문제가 오키나와 미군기지 문제다. 1990년대 이후 큰 사회 문제가 되었음에도 불구하고 아직까지 해결되어 있지 않다. 그래서 이 글에서는 '위안부' 문제와 오키나와 문제가 같은 구조 속에 있다는 것을 말하고 싶다. 구체적으로는 미국의 매매춘 관리정책, 즉 A사인 제도를 살펴볼 것이다. '위안부' 문제와 A사인 제도를 함께 생각함으로써 일본과 아시아의 식민주의에 대한 비판적인 공간을 개척하려고 시도할 것이다.

2. '위안부' 문제 현황

먼저 '위안부' 문제가 놓인 상황을 확인해 보자. 작년 2015년 연말 위안부 문제를 둘러싼 한일(일한) 합의 발표가 있은 후의 혼란스러운 분위기 속에서 필자는 이 글을 집필하고 있었다. 이번 합의를 요약하면 일본은 군이 관여했다는 사실과 정부에 책임이 있음을 인정하여 한국 정부가 설립하는 재단에 10억 엔을 낸다는 것이다. 일본의 대표적인 신문에는 그 일면에 '합의', '해결'이라는 단어가 눈에 띄게 보도되었으나, 동시에 한국 국내에서 일어난 반발도 보도되어 있었다.

위안부 피해자(김학순 씨)가 고발한 1991년 이후 이 문제의 발자취를 아는 사람들은 이번의 합의가 1995년 '여성을 위한 아시아 평화 국민기금'(이하 '국민기금')과 겹쳐서 보일 것이다. '위안부' 제도에 관한 일본의 책임을 명확하게 인정하지 않은 채 '사과'된 것, 그런 불편한 진실을 감추려는 고액의 자금 제공, '머리를 숙여' 돈을 건네주면 용서받는다고 생각하는 듯한 자세는 일본 남성적 정치 문화의 특징이라 할 수 있다.

그러나 '국민기금'과 이번 합의와는 다른 점도 눈에 띈다.

첫째, 일본 정부의 주체성이다. '국민기금'의 경우는 공적인 보상이라는 의미 부여를 피하기 위해서 민간으로부터 모금을 받는 형식을 취했지만, 어디까지나 일본 정부가 설립한 재단이 피해국 정부를 통하여 피해자에게 '보상금'을 주는 형식을 취했다. 반면에 이번 합의의 경우는 한국 정부가 설립하는 재단에 일본 정부가 자금을 내는 것이며 마치 한국 국내 문제 해결에 일본이 협력하는 것처럼 보인다. 그렇다면 아시아 여러 나라, 여러 지역에 존재하는 혹은 존재했던 피해자 여성들은 잊혀진 것인가.

둘째, 향후 '위안부' 문제를 세계에서 어떻게 자리매김 하느냐 하는 점이다. '국민기금'의 경우 '여성에 대한 폭력 철폐'라는 이념을 내걸고, 문제가 있긴 해도 가정폭력을 비롯한 다양한 주제로 계몽사업을 전개하였다. 그러나 이번 합의는 "최종적이면서 불가역적 해결"을 양국 정부가 확인하는 내용이며, 이는 '위안부' 문제를 한일 양국에 머물지 않고 아시아를 비롯한 전 세계 역사 속에서 돌이켜보고 반성하여 후세에 교훈을 남기려는 활동을 근본적으로 억제하고 있다.

물론 '국민기금'은 그 애매한 성격 때문에 피해자들을 혼란에 빠뜨리고 지원운동을 분단시켰기에 그 책임이 크다. 따라서 이번 합의는 '국민기금'에서 반성할 부분을 살리고 '국민기금'이 남긴 상처를 회복시킬 역할도 할 수도 있었을 것이다. 그런 의미에서 '국민기금'보다 한 발 더 나아간 대응이 필요했다. 그럼에도 불구하고 '국민기금'을 더욱 애매하게 만들고 축소시킨 듯한 이번 합의의 문제성은 다시 한 번 비판받아 마땅하다.

우려되는 것은 이번 합의를 통해서 일본 사회의 '위안부' 문제 인식이 더욱 비뚤어지는 것이다. 반한(反韓), 반중(反中) 의식이 높아지는 현실 속에서 일본 내에는 "일본은 여러 번 사과했는데도 전혀 받아들이지 않는다"고 하는 피해자 의식이 형성되어 있다. 이번 합의가 한국 사회에서 거부되면 될수록 일본 내셔널리즘은 더 강화될 것이다. 대학교 교단에서 '위안부' 문제를 이야기하면 젊은 학생들이 '위안부' 문제에 대해서 아무 것도 모른다는 점, 그러면서도 피해자 의식이나 반한, 반중 의식을 갖는 학생들이 일부 존재함을 통감하게 된다.

이 문제가 왜 이렇게까지 꼬였을까? '국민기금'이 2007년에 해산되었다는 점도 작용했을 것이다. 발기인으로 사업에 깊이 관여한 오오누마 야스아키(大沼保昭)는 당시 일본 정치 상황을 잘 아는 사람으로서 국가 보상은 불가능하다고 주장한다.[1] 그 타당성에 대한 논의를 보류하더라도 '위안부' 문제 해결의 길은 멀어졌다는 것을 인정할 것이다. 이 문제의 해결이란 무엇을 의미하는 것일까? 만약에 국가 보상이나 공적 사죄가 실현된다 해도 그것만으로 해결됐다고 할 수 있는지, 그것마저 명확하지 않다.

이 글에서는 이러한 의문을 염두에 두고 '위안부' 문제를 둘러싼 일본 국내외의 움직임을 보면서 각 지역에서 '위안부' 문제가 어떻게 인식되고 있는지 생각하고자 한다. 그 속에서 일본의 식민주의를 생각할 때 피할 수 없는 장(場)인 오키나와에 관해서도 '위안부' 문제와의 관련 속에서 논하려고 한다.

3. '위안부' 문제에 있어서의 페미니즘 부재(不在)

'위안부' 문제를 둘러싼 현황에서 눈에 띄는 것은 한일 양국의 대립이다. 1990년대 후반부터 피해자에 대한 일본 우익의 비난과 공격이 증가하였으며 한국 내에서는 반발과 항의가 잇따랐다. 이 대립은 독도 문제나 북한 문제 등과 얽혀서 2000년대에 들어서는 더욱 심해졌다.

일본 국내에서는 혐한(嫌韓), 혐중(嫌中) 현상이 퍼져 있고 특히 인터넷

---

[1] 大沼保昭, 『「慰安婦」問題とは何だったのか('위안부' 문제란 무엇이었는가)』, 中央公論新社, 2007.

내 웹진 공간을 중심으로 하여 일부 잡지나 대중매체에서도 그 움직임을 따라 '위안부' 피해자나 피해국을 폄하하는 캠페인이 전개되었다. 그와 연동하여 '위안부' 문제에 대한 부정적 인식을 가진 정치인이 총리가 된 것도 양국 간의 관계 악화에 크게 영향을 미치고 있다. 반면 2011년 한국 헌법재판소는 '위안부' 문제가 "정부의 부작위로 인한 위헌 상태"를 계속 초래하고 있다는 판결을 내렸다. 따라서 한국 내에서 일본 정부에 대한 항의운동이 커졌으며 한국 내외에서는 피해자를 모델로 만들어진 소녀상 제작 활동이 계속되고 있다.

한국 내에서 일어나는 운동과 여론 동향에 관한 내용은 필자의 여력을 넘는 작업이라서 제대로 고찰하지는 못한다. 그러나 주의를 환기시키고 싶은 것은 한국 시민사회에서 일어난 일본에 대한 비판이 일본에서 보도될 때에는 일본 정부에 혹은 이 문제에 관한 일본 여론에 대한 비판이 아니라, '일본 국가'나 '일본 민족'에 대한 비판으로 받아들이기 때문에 반발을 일으키는 것이 아닌가 하는 점이다. 즉 '위안부' 문제가 한일 양국 간의 외교 문제로 인식되며 구체적으로는 '한국인이 일본인을 공격하고 있다'고 보고 있는 것이다.

여기서 잊혀진 것이 페미니즘의 존재다. 말할 나위도 없겠지만 애초에 '위안부' 문제가 큰 이슈가 된 것은 한국 여성운동의 힘과 여성들을 지원하는 국제사회의 조류가 있어서 가능했다. 아시아 여러 국가의 여성운동이 이에 호응했고 일본 여성운동도 응원한 것이다. 이와 같은 여성운동, 페미니즘의 의의를 신중하게 평가해야 하지만 어쨌든 간에 여성의 입장에서 '위안부' 문제를 해결해 가자는 새로운 바람이 불었던 것이다.

그러나 현재 '위안부' 문제를 둘러싼 논의에는 여성운동이나 페미니즘 문제가 의식되는 일은 많지 않다. 특히 제2차 아베 내각 성립 후 '위안부' 문제는 외교 문제의 하나에 불과한 것처럼 이야기되고 있다. 피해자의 명예와 존엄(尊嚴) 회복이 필요한 문제가 아니라 국제사회에서 일본의 지위와 체면 문제, 한일 간의 경제적 협력을 방해하는 문제로만 인식되고 있는 것이다.

'위안부' 문제를 양국 간의 외교 문제라는 차원으로 해결할 수 있을까? 이런 사고방식은 바로 한일 합의에서 실현된 일이기는 하지만 합의에 대한 반발이 강해지고 있는 현실은 명백한 답을 보여주고 있다.

4. 페미니즘에 있어서의 '위안부'론

앞에서는 현재 상황에서 혼란이 빚어지고 있는 것은 페미니즘의 부재에서 온다고 했다. 그렇다면 페미니즘이 왜 부재하게 된 것일까? 1990년대 이후 '위안부' 문제로 충격을 받은 일본 페미니즘도 이 문제에 응답을 하려고 했다. 그 논의를 하는 데서 페미니즘 사이에 입장 차이가 드러났다. 특히 페미니즘과 내셔널리즘, 식민주의의 관계를 둘러싼 문제에서 대립이 선명해졌다.

현재 페미니즘이 부재되어 있는 상황에서 그것을 원한다 해도 그때 요구되는 것이 예전과 같은 페미니즘은 아닐 것이다. 현재 페미니즘이 부재된 배경에는 페미니즘 자체의 내재적 이유가 있었을 것이다. 즉 '위안부' 문제가 주목을 받게 된 1990년대부터 현재까지의 페미니즘에는 이 문제를 풀기 위한 내용이 없지 않았느냐 하는 것이다.

그것은 단적으로 '위안부' 문제를 내셔널리즘이라는 틀 안에서만 생각해서가 아닐까? 예컨대 이 문제에 관한 대표적인 책의 하나인 우에노 치즈코 (上野千鶴子) 저 『내셔널리즘과 젠더(ナショナリズムとジェンダー)』를 보자. 우에노는 '위안부' 문제를 둘러싼 논의에서 "일본인 페미니스트가 침략당한 나라 여성들에게 페미니즘의 월경(국경을 넘는 시각)을 바라는 것은

(결과적으로) 일본과 일본인의 가해성을 무화시키는 것이 되어버리지 않을까"라며 자신이 받은 비판에 대해 답변했다. 일본 페미니즘은 국가를 넘어선 역사가 없었으나 개인은 국가에 맞설 수 있으며 "페미니즘은 국경을 넘어야 하고 또 그래야 할 필요가 있다"고 주장했다.

> 만약에 국가가 '나'를 모독하려고 하면? '나'는 그것을 거부할 권리와 자격을 가지고 있다. …(중략)… '나'의 책임이란 그러한 국가에 대한 대항과 상대화 속에서 생긴다. …(중략)… '국민국가'도 '여자'도 둘 다 탈자연화 및 본질화할 것, 그것이 국민국가를 젠더화 한 다음에 그것을 탈구축하는 젠더 역사의 도달점일 것이다.[2]

이 문장은 내셔널리즘의 남성 중심성을 도려낸 것, 즉 그것과 페미니즘의 결별선언이라고 할 수 있으며 바야흐로 일본 페미니즘의 '도달점'이라고도 할 수 있다. 그러나 이러한 선언에도 불구하고 '위안부' 문제를 둘러싼 논쟁과 상황은 오히려 악화되기만 했다. 물론 어떤 좋은 책이라 하더라도 그것만으로 이 어려운 현실을 변혁할 힘을 기대할 수 없고 그것을 기대하는 것 자체가 지나친 욕망이겠다.

그러나 지금 돌이켜보며 느끼는 것은 '위안부' 문제를 내셔널리즘에 대한 비판만으로 풀려고 했던 한계성이다. 1980년대부터 1990년대까지 일본 언론 공간에서는 내셔널리즘 비판이나 해체가 논의되었다. 그 안에 우에노가 주장하는 페미니즘도 있었고 그것은 일정한 의의를 가지고 있었다. 그러나 우에노와 같은 내셔널리즘 비판만으로는 한계가 있는 것이 아닐까. 오히려 단순한 내셔널리즘 비판은 식민주의를 은폐할 우려가 있다.

애초에 일본에서 근대국가 구축이 요구된 것도 서구로부터의 침략이 우

---

2) 우에노 치즈코(上野千鶴子), 『ナショナリズムとジェンダー(내셔널리즘과 젠더)』, 靑土社, 1998, pp.198~199.

려되는 국제 환경이 있었기 때문이었다. 서구로부터 침략을 받는다는 것은 즉 식민화됨을 의미하고 있었다. 일본 지배층은 서구 국가들의 압도적인 군사력과 경제력에 직면하여 스스로 서구를 모방함으로써 공포심을 극복하려고 했다. 코모리 요이치(小森陽一)는 이 과정을 "제국주의적 식민주의 그 자체가 근본주의적[3])으로 형성되는 모방(模倣)과 의태(擬態)의 연쇄적 일환"[4])이라고 했다. 국민국가는 원래 식민주의 구조 속에서 생기는 것이다.

이러한 식민주의 과정에서 '위안부' 제도는 만들어지고 퍼졌다. 너무나 기본적인 탓인지 별로 지적되지 않지만 '위안부' 제도는 국가 대 국가의 전쟁에서 적국의 여성에 대한 성폭력, 즉 전투 과정에서 일어난 적국 국적의 여성에 대한 단발적인 성폭력과는 다르다. 그 속에는 중국이나 동남아 등 적국의 여성을 강간한 후에 위안소에 수용하는 경우[5])도 있었지만, 주력은 어디까지나 일본이 식민화한, 혹은 하려고 한 지역 및 자국(自國)의 여성들에 대한 조직적이고 제도적인 성폭력이다. 특히 피해자의 대부분이 한반도 출신임을 감안하면 '위안부' 제도는 식민주의 때문에 생겼다고도 할 수 있다.

현대 초기에 식민지를 획득하기 위한 경쟁에서 뒤늦게 출발한 일본은 힘든 전투 수행을 남자들에게 강요하였으며 그들의 전투능력 재생산을 위해 '위안부' 제도를 이용하였다. '위안부' 제도와 식민주의는 떼려야 뗄 수 없다.

따라서 우에노처럼 '위안부' 제도를 내셔널리즘 비판만으로 분석해도 문제의 본질에는 이르지 못한다. 반대로 생각하면 내셔널리즘 비판으로서 개인이 국가에서 자율을 주장하는 것은 오히려 내셔널리즘을 구성하는 식민

---

3) 편집자 주: 필자는 '原理主義'라는 용어를 사용했으나 해석과정에서 한국 독자에게 맞춰 '근본주의'(fundamentalism)로 번역했다.

4) 小森陽一, 『ポストコロニアル(포스트 식민주의)』, 岩波書店, 2001, p.24

5) 그러나 중국에 대해서도 동남아에 대해서도 당시 일본 측 인식에서는 적국이라기보다는 '일본의 생명선', '권익'과 같은 제국주의적 침략 대상으로 보았다.

주의에 휘감길 우려가 있다.

개인과 국가의 관계성만 중요시하는 내셔널리즘의 틀 안에서는 국가라는 존재가 항상 타국과의 경쟁 속에 놓이고 서열을 형성하는 국제 질서 안에 있다는 것을 문제 삼지 못한다. 개인은 식민주의 구조와 무관하지 않다. 식민주의 구조에서는 같은 여성이라 해도 자신이 소속된 국가에 따라 소유하는 권력에 차이가 있다. 개인도 여성도 식민주의 세계에서는 평등하지 못하다. 내셔널리즘을 탈구축하는 것만으로는 식민주의는 그대로 남게 되며 내셔널리즘도 해체되지 않는다.

"페미니즘은 내셔널리즘을 넘을 수 있는가"라는 질문에 의미가 있다면 그것은 "페미니즘은 식민주의를 넘을 수 있는가"라는 질문으로 바꿔서 말해야 한다.

5. 중국과 한국의 내셔널리즘? 미국이라는 문제

'위안부' 문제를 식민주의 비판의 틀에서 본다면 현재의 상황에 대해서도 달리 생각할 필요가 있다. 이는 1990년대로부터 현재까지 지속되어온 전후 책임론과 '위안부' 문제 논의가 남긴 과제일 것이다. 앞의 4절에서는 '위안부' 문제를 내셔널리즘 비판의 틀에서만 생각하는 것의 위험성을 제기한 것이었다.

2000년대 이후에는 1990년대와 다른 의미로 '위안부' 문제가 국제적인 주목을 받게 되었다. 1990년대에는 유엔이 주된 무대가 되어서 일본 정부의 책임을 추궁하였다. 그것은 위안부 문제가 '여성에 대한 폭력'의 중요한 사례로 평가되었으며 이런 평가는 넓은 의미에서 여성운동의 힘이 영향을 끼쳤던 결과라고 할 수 있다. 반면 2000년대 이후에는 한국에서 일어나는 항의와 미국에서 한국계 이민자 운동의 영향이 크다. 이에 따라 앞서 언급한 바와 같은 한일 대립이라는, 즉 국가 차원의 문제로 주목 받고 있다. 이러한 국제적 맥락의 변화가 있었기 때문에 문제 인식을 위한 틀이 복잡해지고 있다.

'위안부' 문제를 인식할 때 내셔널리즘과 결합시켜서 생각하는 방식이 일본 내 운동에서도 존재한다. 그 속에는 '위안부' 문제의 원인을 일본의 '특수성'으로 돌리려는 이론이 있다. 즉 단순화시켜서 말하자면, 서구와 달리 일본은 '후진 제국'라는 이유로 '위안부' 문제를 일으켰으며 또한 아직도 일본의 내셔널리스트가 문제 해결을 거부하고 있다는 인식이다. 이런 주장은 '위안부' 문제에 있어서 국가 책임을 인정시키려고 하는 측에 많다.

이와 반대로 국가 책임을 부정하는 측은 한국과 중국의 내셔널리즘을 비판한다. 이들의 입장은 한국과 중국은 '뒤떨어진' 국가이며 내셔널리즘이 강해서 일본을 적대시하며 공격하고 있다는 논리이다. 이른바 '반한(혐한)', '반중(혐중)'의 논리이다.

또한 최근에 새로운 변화가 보이는데 일본의 국가 책임을 인정하는 지식인 중에서도 '한국의 내셔널리즘'을 비판하는 담론이 생기기 시작했다. 일본 정부에는 책임이 있지만 한국의 내셔널리즘이 너무 강한 탓에 오히려 해결이 어려워지고 있다는 논리[6]이다. 이렇듯 내셔널리즘이라는 말을 놓고 큰 혼란이 계속되고 있다.

이러한 혼란 속에서 2015년 5월 미국의 일본학과 역사학 학자들이 '일본 역사가를 지지하는 성명[7]'을 발표했다. 이것은 '위안부' 문제에 대한 일본 정치와 일본 사회의 움직임을 우려하고 역사적인 사실을 기반으로 '과거의 잘못에 대한 가능한 한 전체적이고 편견 없는 청산'을 호소하는 내용이었

---

6) 이 논리는 전형적으로 이 책에서도 언급하는 박유하(朴裕河)를 옹호하는 논진(論陣)으로 표현된다.

7) 편집자 주: 영문 제목은 "OPEN LETTER IN SUPPORT OF HISTORIANS IN JAPAN"이다. http://img.khan.co.kr/newsdata/2015/05/06/khan20150506171606_112698.pdf 참고.

다. 이 성명은 존 W. 다우어(John W. Dower), 노마 필드(Norma Field), 캐롤 글룩(Carol N. Gluck) 등 국제적으로 저명한 연구자들을 포함하고 있었기 때문에 일본 언론에도 소개되었다. 이 성명도 위와 같은 혼란 속에서 '위안부' 문제를 인식하며, 자신들의 견해를 설명할 때 뜻하는 바가 정확하게 받아들여지기 어렵다는 것을 체현하고 있는 듯하다.

이 성명은 일본에 대한 연구자들의 입장에서 전후 일본이 이루었던 여러 성과를 평가하면서도 일본 역사가에 동의를 표하는 한편, 총리나 정치인, 그리고 시민들이 '위안부' 제도라 하는 과거의 불의를 인정하고 청산하기를 요구한다는 내용이었다.

그러나 위의 큰 틀에서 보는 의미와 다른 해석이 난립하였다. 이 성명이 비판하고 있는 '위안부' 문제의 공적 책임을 부정하는 입장에 대해 도리어 자신의 주장을 보강하는 의미로 성명을 해석하는 예도 있다. 성명 중에서 특히 논란을 일으킨 부분이 아래와 같다.

> [영어 원문] Yet problems of historical interpretation pose an impediment to celebrating these achievements. One of the most divisive historical issues is the so-called "comfort women" system. This issue has become so distorted by **nationalist invective in Japan as well as in Korea and China** that many scholars, along with journalists and politicians, have lost sight of the fundamental goal of historical inquiry, which should be to understand the human condition and aspire to improve it.(강조는 편집자 주)

> [한국어 번역] 그러나 이러한 성과가 세계에서 축복을 받는 데 있어서는 장애물이 있음을 인정하지 않을 수 없습니다. 그것은 역사 해석의 문제입니다. 그중에서도 분쟁을 일으키는 가장 심각한 문제 중 하나로 이른바 '위안부' 제도 문제가 있습니다. 이 문제는 한국과 중국뿐만 아니라 **일본 내의 민족주의적 폭언**으로 인해 너무나 왜곡되어 왔습니다. 그렇기 때문에 정치가와 언론인뿐만 아니라, 수많은 연구자 또한 역사학적 고찰의 궁극적인 목적이어야 할 인간과 사회를

지탱하는 기본적인 조건을 이해하고 그것을 향상시키기 위해 끊임없이 노력해야 함을 잊어버린 듯합니다.(강조는 편집자 주)

위의 "일본뿐 아니라 한국과 중국의 민족주의적 폭언"(이 대목의 영문은 "한국과 중국뿐만 아니라 일본 내의 민족주의적 폭언"이라고 해석하는 것이 일반적이다. 위의 [한국어 번역] 부분에서는 그렇게 수정하여 옮겼다·편집자 주)이라는 부분이다. 영어에서는 'nationalist'라는 말이 사용되었다. 이 부분이 다른 해석을 불러왔다. 즉 일본 보수층에 호의적으로 받아들여진 것이다.

물론 이 성명은 말미에 '서명한 개별 연구자의 총의'에 불과하다고 되어 있듯이 다양한 입장의 서명자에 의한 것이며 한 가지 입장을 대표하는 것은 아니다. '위안부' 문제를 둘러싼 상황을 우려하여 각각 진지한 심정으로 문제 해결을 바라면서 작성한 것으로 보인다. 여기서 필자가 주목하는 것은 '위안부' 문제에 대해서 비록 형식적인 것이라 하더라도 사회적으로 합의가 존재하지 않고 있으며, 한일 양국 간 대립이 드러나는 상황 속에서 해외, 특히 미국을 중심으로 하는 저명 학자들이 발표한 메시지를 둘러싸고 일본 사회가 혼란스러워 하고 있다는 것이다.

성명은 '일본 역사가'를 향하여 작성되었다고 하지만 내용을 보았을 때 실질적으로는 일본 정부에 대한 요망으로 해석된다. 그러나 그 점에 관해서도 해석의 폭이 크다. 이 성명은 전반적으로는 신중한 표현으로 작성되었지만 그 가운데 '한·중·일 내셔널리즘'이라는 아주 명백한 단어가 사용되고 있다. 일본 국내에서는 대립하는 두 가지 이론에서 내셔널리즘이라는 말을 다른 형태로 사용하고 있는데 해외에서는 일괄적으로 같은 내셔널리즘으로 보는 것이다.

위의 '내셔널리즘'을 둘러싼 담론 구도를 살펴봤을 때 '위안부' 문제가 해결되지 않는 원인을 '한·중·일 내셔널리즘'에 돌리는 발상이 관련 운동이나 여론에도 공유되고 있다는 것을 의미한다. 그 내셔널리즘을 어느 국가에 할당할 것인지는 논자에 따라 다르겠지만 '위안부' 문제를 내셔널리즘 비판을 통해 해결하고자 하는 전제는 공유되고 있는 듯하다.

그런데 '위안부' 문제는 내셔널리즘 때문에 해결이 잘 안 되는 것일까? 일면에서 맞는 말이겠다. '위안부' 문제의 공적 책임을 부정하는 입장이 때때로 의지하는 것은 내셔널리즘이기 때문이다. 그러나 가해국의 내셔널리즘과 피해국의 그것을 동일시하여 논할 수는 없다. 앞에서 말한 바와 같이 이 문제는 내셔널리즘 비판만으로는 부족하고 식민주의 비판이라는 더욱 큰 틀이 필요하기 때문이다.

예컨대 역사적으로도 연합국에 의한 극동국제군사재판(도쿄 재판)에서 '위안부' 제도에 대해 몇 가지 사례를 제외하고는 재판되지 않았음이 주지의 일이다. 그런데 중요한 것은 애초에 이 재판에서 일본 식민주의는 재판되지도 않았다는 점이다. 1951년 연합국과 일본 사이에 체결된 샌프란시스코 강화조약에서도 식민지 지배의 책임을 추궁하는 표현은 포함되지 않았다. 한국이 강화회의에 참여하려고 했으나 "패전국 일본의 영토"라는 이유로 거부되었다.[8]

시미즈 마사요시(清水正義)는 나치를 심판한 뉘른베르크 재판과 도쿄 재판에서의 '반인도적 범죄'의 위상을 비교하여 다음과 같이 말하고 있다.

뉘른베르크 재판에서의 이러한 반인도적 범죄의 위상에 비할만한 반인도적 범죄가 극동국제군사재판(도쿄 재판)에서도 소인(訴因)에서 제기되었다. 그러나 판결에서는 결국 이 범죄에 대해 명시적으로 유죄 판결한 예는 없고 심히 애매하게 자리매김한 채로 끝났다. 애초에 반인도적 범죄라는 개념이 생긴 배경에는 독일의 유대인 박해, 동유럽 사람들에 대한 박해를 '문명국가에서 인정받은 인도적 기준'에서 단죄하겠다는 발상이 있었다. 그 관점에서 보면 도쿄 재판에서 반

---

8) 吉澤文壽,「日本の戰爭責任論における植民地責任(일본의 전쟁책임론에 있어서 식민지 책임)」, 永原陽子 편집,『「植民地責任」論('식민지책임'론)』, 靑木書店, 2009.

인도적 범죄가 매우 경시된 것은 아시아 국가의 피해 국민이 유럽인과 같은 '문명국가에서 인정받은 인도적 기준'에 맞지 않은 존재라는 것인가 하는 의문이 생긴다.[9]

도쿄 재판의 구성 자체에 식민주의적인 차별 의식이 내포되어 있지 않았나 하는 의문이다.

'위안부' 피해 여성들은 90년대까지 그 피해를 고발할 수 없었다. 그녀들이 침묵했던 배경에는 이러한 국제적 환경이 있었음을 생각해야 할 것이다. 식민주의는 전후에도 계속되고 있으며 그렇기 때문에 '위안부' 문제가 해결되지 않는 것이었다.

여기서 생각해야 할 것은 일본 혹은 아시아에서 미국의 존재다. 최근 '위안부' 문제에서 미국 정부에 대해서는 오로지 한일 간의 '조정자' 역할만이 기대되고 있다. 2015년 말 한일 합의 추진에 있어서도 미국 정부의 존재는 컸다. 그런데 미국은 '위안부' 문제에서 그렇게 단순한 조정자, 혹은 구경꾼으로만 관여했던 것인가?

전후 일본을 포함한 세계는 냉전체제에 들어갔다. 미국과 소련을 정점으로 양극화된 국가들은 새로운 식민주의 단계에 들어선 것이다. 그 속에서 일본은 경제성장을 우선시하는 미국의 의도에 따라 아시아에 대한 침략 책임을 지지 않고 전후의 시기를 지내왔다.

90년대에 냉전체제가 붕괴함으로써 국제환경이 변화하고 '위안부' 피해자 여성과 강제연행 피해자들의 고발을 지원하는 운동이 일어났다. 그러나 동시에 글로벌화라는 이름으로 더욱 치열한 국제경쟁이 전개되면서 일본에서는 반한·반중 현상이 일어났다. 냉전이라는 굴레에서 벗어났으나 동아시아 세계는 여전히 화해를 이루지 못하였다. 오히려 냉전이라는 베일

---

9) 清水正義, 「戰爭責任と植民地責任もしくは戰爭犯罪と植民地犯罪(전쟁책임과 식민지책임, 혹은 전쟁범죄와 식민지범죄)」, 위의 책, p.51.

속에 숨겨져 있던 일본 사회의 식민주의 의식이 표출되기 시작했는지도 모른다.

'위안부' 문제를 미국과 관련지어 논하는 담론은 적다. 국가 책임을 부정하는 측이 주장하듯, 구미의 군대들도 '위안부' 제도와 마찬가지로 성매매 여성을 이용했다고 하며, 일본 정부의 책임을 면죄하고자 하는 일본 우파의 언설을 제외하고는 말이다. 그러한 논리에 거리를 둘 필요가 있지만, '위안부' 문제를 놓고 일본의 특수성이 특히 의식된다는 점에서 서구와의 솔직한 비교는 이루어지기 어려운 경향이 있다. 그렇기에 (식민주의에 대한 논의 대신에) 일본이나 아시아 각국의 내셔널리즘이 논의되기 쉬운 것이다.

그러나 '위안부' 문제의 혼란을 한·중·일 내셔널리즘으로 묶어 생각하는 논리의 배경에는 아시아 식민주의의 존재를 경시 혹은 은폐하려는 의도가 있다는 의구심이 있다. 최근의 포스트 식민주의 연구가 시사하는 것은, 우리는 미국을 정점으로 하는 정치적·경제적· 문화적 서열 속에 자리 잡고 있다는 것이다.[10]

식민주의 구조에서 벗어난 사회는 거의 없을 것이다. 애초부터 근대의 뒷면에는 식민주의가 달라붙어 있다. 식민주의에 의해 진보주의적 근대가 성립되기 때문이다. '위안부' 문제는 이 관점에서 다시 생각할 필요가 있다. 내셔널리즘이라는 어휘가 적을 겨냥할 공격적인 명사로 바뀐 현재, 거기서 벗어나기 위한 새로운 틀이 요구된다.

내셔널리즘이라는 어휘를 둘러싼 혼란은 미국이 '위안부' 문제에 대한 투명한 '중재자'가 아니라 적어도 어떠한 책임을 져야 하는 하나의 행위자로서 생각할 필요가 있음을 나타내고 있다.

---

[10] 미국 사회 내부에서 미국의 제국 식민주의를 페미니즘 관점에서 비판한 것으로 다음 책이 있다. R. Riley & C. T. Mohanty & M. B. Pratt eds., Feminism and War: Confronting U.S. Imperialism, Zed Books, 2008.

6. 미군 섹슈얼리티Isexuality 관리: 'A사인 제도'

여기서 주목하고 싶은 것이 A사인 제도[11]이다. A사인 제도(A sign은 미군을 상대로 유흥업 허가를 받은 가게를 가리킨다, 편집자 주)는 오키나와에서 미 점령군이 만든 제도이다.

근대 이전에는 독립왕국이었던 오키나와는 1872년부터 '류큐 처분'이라는 이름으로 일본에 편입되었다. 오키나와는 독자적인 언어와 문화 관습을 '일본'식으로 '개혁'할 것을 강요받았고 '일본인화'가 진행되었다. 그런 식민주의적 근대화의 가장 폭력적인 결과가 아시아 태평양전쟁 말기의 오키나와 전투였다. 오키나와는 일본에서 유일하게 지상전을 경험했지만 그것은 일본이라는 국가를 지켜내기 위한 것으로 인식되었다.

오키나와 전쟁[12]은 군인과 오키나와 민중이 모두 전투에 참여하여 엄청난 희생자를 낳았다. 그에 대하여 '오키나와는 일본 본토의 버림돌(捨て石, 사석)'로 쓰였다는 비판이 있었다. 당시 일본 천황과 군부가 패전의 결단을 더 빨리 내렸더라면 오키나와 전쟁의 피해자는 그렇게 많지 않았을 것이란 지적은 우리가 흔히 듣는 말이다.

패전 후 오키나와는 일본 본토와 분리되어서 미군의 단독 통치하에 놓였다. 미국에 의한 오키나와 점령의 첫 번째 목적은 군사적 이유였다. 따라서 '민주화'를 진행하던 본토와 달리 미군의 군사 전략을 위해 점령 통치로 운영되었다. A사인 제도는 이러한 미군의 군사 점령 아래 시작되었다.

점령되어 있던 오키나와는 '매춘의 섬'이라고 야유를 받을 만큼 성매매가 번성했는데 이는 미군의 군사 중심 지배가 낳은 결과다. 오키나와 전쟁

---

11) 이 논문에서 소개한 A사인 제도에 대한 상세한 내용은 菊地夏野, 『ポストコロニアリズムとジェンダー(포스트 콜로니얼리즘과 젠더)』, 青弓社, 2010 참고.
12) 편집자 주: 제2차 세계대전 말기인 1945년 3월 말부터 6월 23일까지 일본 류큐제도(琉球諸島)의 오키나와에서 미군과 일본군이 벌인 전투를 가리킨다.

과 그 이후에도 미군은 오키나와 사람들의 농지와 사유지를 강제적으로 폭력적으로 접수하고 기지를 만들었기 때문에 오키나와 지역사회의 경제는 기지를 중심으로 발전될 수밖에 없었다. 오키나와 면적의 큰 비중을 미군 기지 관련 시설이 차지하고 있기 때문에 경제 발전은 저해 당하고 일자리도 기지 관련 직종을 빼면 많지는 않다. 특히 여성에게는 일자리가 제한되어 빈곤층 여성이 종사하기 쉬운 산업의 하나가 성매매였다. 그것은 수많은 병사가 주둔한 결과이기도 했다.

A사인 제도는 매매춘을 관리하는 것이었지만 미군의 기본 정책은 군인의 성매매를 금지하는 것이었다. 하야시 히로후미(林博史)[13]가 보여주듯이 미군은 유럽의 군대와 달리 20세기 초기부터 성매매 금지정책을 취했다. 금지정책을 취한 이유를 몇 가지 들 수 있는데 미국 본토의 여론이 군대 풍기 문제에 민감했다는 것 외에 성병의 만연으로 인한 병력 저하의 문제가 있었다.

성병의 만연은 일본군에서도 그랬듯이 서구 제국의 군대를 괴롭히는 보편적인 문제였다. 그런데 미군은 금지정책이 성병 퇴치를 위해 가장 효과가 있다고 판단하였다. 이 금지정책만 놓고 보면 미군은 일본군과 달리 군기를 엄격히 규제하고 있어 결백하다는 평가를 받을지도 모른다. 그러나 정말 그렇게 높이 평가할 수 있을까?

1947년, 미군은 오키나와에서도 '점령군에 대한 매춘 금지', '화류병 단속'[14], '부녀자의 성적 노예제 금지'라는 세 가지 포고령을 내렸다. 이에 따라 미군을 상대로 한 매춘은 범죄가 되었으며 성병 보균자는 강제로 병원에 수용되었다. 즉, 경찰이 성매매 여성을 체포 및 구속하고 강제로 성병 검사를 하는 체제가 마련되었다. 이 체제하에서 오키나와 현지의 여성들에게는 인권을 무시하는 폭력적이고 강제적 검사가 이루어졌다.

---

13) 林博史, 『日本軍「慰安婦」問題の核心(일본군 '위안부' 문제의 핵심)』, 花伝社, 2015.
14) 화류병(花柳病): 성병을 뜻한다.

또한 이 문제에 앞서 오키나와 전쟁 직후 이미 미군에 의한 많은 성폭행이 보고되었다. 동시에 생활고에 시달린 여성들에 의한 개인 매춘도 생겨났다. 이러한 정황 속에서 주둔 구역 주민이 미군을 위한 오락시설을 설치하여 군민의 친선(親善)을 추진해 달라는 요청을 군정부에 내고 그것이 실현되게 되었다. 동시에 오키나와 본도 중부에 위치하는 고에쿠 촌(越来村)[15]의 사례처럼 성매매 여성을 어느 일정한 구역으로 가두는 정책도 펼쳐졌다.

이러한 경위에서 알 수 있는 것은 성매매를 금지했다고 해서 군인으로 인한 성폭력이 없어지는 것은 아니라는 것이 당연한 사실이다. 게다가 지역사회가 미군의 성폭력 범죄로 인한 심각한 피해를 줄이려고 한 결과, 당시 널리 행해지고 있던 개인적 매춘은 단속되고 성매매 여성들은 주변 지역에 갇히게 되었다. 이러한 사례를 '위안부' 제도와 비교하면 군대로 인한 성폭행을 회피하기 위해 일부 마이너리티 여성을 '매춘부'로 제도화한다는 발상은 본질에서 크게 차이 나는 것이 아니다.

게다가 고에쿠촌에서는 더욱 복잡한 정치학(politics)이 발생했다. 1950년 한국전쟁 발발 후에 오키나와는 보급기지가 되고 한반도를 향해 수많은 미군 병사가 파병되었다. 그 병사들은 오키나와로 돌아오면 고에쿠촌을 비롯한 오키나와 각지의 성매매 장소를 찾았다. 이들 지역은 번성하였다. 그러나 화류병 발생을 고민하게 된 군 상층부는 해당 지역에 '화류병 박멸'에 협력하지 않으면 경제적 압력을 가하겠다는 경고를 하게 된다. 화류병 박멸이라면 결국 성매매 여성 단속과 관리를 말하는 것이다. 같은 1950년에 오키나와 각지에 보건소가 설치된 것도 성병 문제의 영향이 컸다. 당시 보건소는 성매매 여성의 성병 검사 및 치료를 큰 목적으로 했다.

그렇게 해도 성병을 막지 못하자 '경제적 압력'이 가해졌다. 즉 미군 병

15) 편집자 주: 고에쿠 촌(越来村)은 1974년 미사토 촌(美里村)과 합병하여 현재의 오키나와시가 되었다.

사가 이용하는 상점과 해당 지역에 대한 출입을 금지하는 '오프 리미츠(off limits)'이다. 오프 리미츠는 점령 기간 동안 자주 발령되었는데 여기서 주목해야 할 점은 성병 확산을 이유로 한 '오프 리미츠'의 정치학이다.

오프 리미츠가 발령되면 미군을 상대로 하는 음식점이나 서비스업체는 수입이 끊겨서 몹시 곤궁해져 군에 오프 리미츠 해제를 신청하는 일이 자주 생겼다. 미군이 오프 리미츠가 필요한 이유를 성병 만연이라고 설명하며 해제를 거부하는데도 주민들은 그것을 신용하지 않았다. 그래서 그들의 공격의 화살은 결국 미군을 비판하는 주민운동에 대한 것으로 향하였다. 미군이 직접 운동을 탄압하지 않아도 주민끼리 봉쇄하는 권력 작용이 구축된 것이다.

이 구도는 A사인 제도가 확립되기 이전인 1953년부터 생겼다. A사인 제도가 매매춘 관리방식으로 형식을 갖춘 것은 1956년부터인데 이후 점령이 끝날 때까지 A사인 제도를 통한 이와 같은 미군의 주민 탄압은 계속되었고, 특히 복귀운동에서 선명한 형태를 갖추어 나타났다.

즉, 미군의 A사인 제도는 단순한 매매춘 관리에 머물지 않고 정치적 의미를 가지고 있었다. 성매매를 금지한다는 표면적 모습에서는 매춘 여성의 신체 관리라는 측면이 잘 보이지 않는다. 하지만 거기에 머물지 않고 더욱 나아가서 군정 비판을 봉쇄하고자 하는 정치적 탄압의 효과까지도 포함된 면이 있음을 간과해서는 안 된다.

또한 미군은 성매매를 금지하고 있었기 때문에 공식적으로는 A사인 바(A sign bar)에서 성매매가 이루어지지 않는 것으로 되어 있었다. 그러나 실제로는 바(bar)가 있는 건물에 입주해서 일하는 여성 종업원의 방에서 개인적 '데이트'라는 명목으로 성매매를 하는 일이 있었다. 또한 난립하는 호텔이나 여관도 이용되었다. 대부분의 바 경영자는 성매매의 요금에서 일부를 착취했으며 성매매는 반은 공인되어 있었다. 여성 종업원의 대다수는 바에서 가불(전차금)을 받고 있었다. A사인 바의 실태는 아직 해명되지 않은 부분이 많지만 A사인 바가 많은 지역에서 미군 상대의 매춘이 다수 존재했다는 것은 확실하다.

7. 자유의지와 강제, 미군과 일본군

물론 A사인 제도는 일본군 '위안부' 제도와는 다른 점도 있다. 군대가 직접 여성을 징집 및 수용하고 성행위를 시킨 것은 아니다. 그러나 그렇다고 해서 미군에 책임이 없는 것인가?

오키나와현 공안위원회 자료에는 미군 병사에 의한 성매매 여성의 피해 기록이 아래와 같이 남아 있다.

> 사건의 개요 / 피해자는 6월 16일 오후 10시경 성명 미상의 백인 병사 한 명을 자기 방에 데려갔다. 그런데 범인은 침대 위에서 피해자의 입안에 휴지를 강제로 밀어 넣고 질식시켰으며, 또한 의류를 씌워 불을 지르고 그 자리에서 도주했다. 그런데 집주인인 시마부쿠로 노부미쯔(島袋信光)가 방안이 갑자기 환하게 된 것을 의아하게 여기고 방안을 들여다보니 피해자에게 덮어 씌워진 의류가 불타는 것이었다. 집주인은 불을 끈 후 거의 죽어가는 피해자를 구급차에 실어서 중앙병원에 수용했다. 그러나 입원하여 치료 중이던 6월 20일 오전 2시경 피해 여성은 사망했다. / (5) 수사경과 / (중략) 살인 미수 사건으로 군 수사 기관에 인계하여 군민(軍民) 공동수사를 했으나 피의자 검거에 이르지 못하여 계속해서 수사 중이다.[16]

이러한 폭력 사건은 빙산의 일각이라고 할 수 있다.

베트남전쟁이 시작되자 오키나와 기지에서 (미군) 군대가 파병되었다. 오키나와 기지는 미군 병사를 아시아 각지에 파병하고 휴양 및 회복을 시

---

16) 1961년 사건.

키는 장소였다. 장기간에 걸친 전투를 강요받은 미군 병사는 오키나와에 돌아오면 심신의 고통을 여성들에게 발산했다.

베트남전쟁 시기를 포함한 점령기 중 다수의 성매매 여성들이 계속해서 미군의 폭력 피해를 당했다. 그러나 미군의 성매매 금지정책으로 인해 주변화된 여성들이 목소리를 내는 것은 거의 불가능했을 것이다. 미군의 책임은 일본군 '위안부' 제도 이상으로 추궁하기 어렵다.

'위안부' 문제를 놓고 강제연행 했느냐 안 했느냐가 항상 논의되어 왔다. 여성들이 군대에 의해 '강제연행'된 것이라면 정부에 책임이 있으나 '자유의지'로 위안소에서 일하고 있었다면 책임이 없다고 하는 부정파(否定派)의 논리이다. 이런 논리라면 바로 미군의 A사인 제도는 후자에 해당되지 않을까?

거꾸로 말하면 '위안부' 문제 부정파의 논리는 A사인 제도처럼 자유의지로 보이는 성매매라면 국가 책임은 없다고 주장한다. 이러한 '강제'와 '자유의사'의 이분론을 우리는 어떻게 생각해야 할까? '위안부' 문제만 비판하면 충분할까?

타국에 군사 주둔하면서 수많은 남성들은 병사로서 폭력적인 상황에 놓여졌다. 그러한 군대가 지역사회를 지배하면서 생긴 것이 A사인 제도이다. 기지로 인해 비틀어진 지역사회에서 여성들은 살아가기 위하여 A사인 제도 밑에서 일했다. 그리고 그녀들은 그 속에서 위험한 폭력의 나날과 직면했을 것이다. 그녀들의 존재는 단순한 '자유의지'로 간과할 수 있는 것인가?

그녀들의 신체는 식민주의의 가장 직접적인 폭력 장치인 점령군과 맞서고 있던 것이며 그것은 식민주의와 결합된 자본의 힘으로 흡수된 것이었다. 결코 개인의 자유의사라는 개념으로 배제될 수 있는 것이 아니다.

1995년 오키나와에서 미군 3명이 소녀를 강간하는 사건이 일어났다. 이 사건은 수많은 오키나와 도민의 분노를 불렀고 곧 이어 후텐마(普天間) 기지의 반환 요구로 이어졌다. 당시 미국 태평양사령부 사령관이 "렌터카를

빌릴 돈으로 여자를 살 수 있었다"는 취지의 발언을 해 문제가 되었는데 이 발언은 미군의 의식을 잘 보여주고 있다. 미군에게 있어서 성매매와 성폭력은 서로 연결된 선택 가능한 위치에 있는 행위였던 것이다.

이러한 의식은 미군만이 가졌던 것이 아니다. 2013년 당시 오사카 시장이었던 하시모토 토오루(橋下徹)가 미군에 오키나와 성매매 활용을 권장하는 발언을 해서 빈축을 산 일이 있었다. 위의 사령관의 발상과 동일한 것이다. 양쪽 다 항의를 받아들여 철회 및 사죄하였다. 그러나 하시모토는 동시에 "제2차 세계대전 당시를 생각하면 위안소는 필요했다"는 취지의 발언도 하고 있는 것을 보니 시사하는 의미가 깊다. '위안부' 제도와 A사인 제도의 공통성을 시사하고 있는 것이다.

1995년 소녀 강간 사건 이후에도 수많은 여성들이 미군에게 폭력을 당했다. 그중 일부 사건은 공적으로 문제 제기되었지만 기지는 여전히 오키나와에 남아있다. '위안부' 문제도 그렇고 미군 성폭력 문제도 그렇고 일본 사회는 여성의 성폭력 피해보다 군사력을 우선시한다. 또한 그러한 군사력은 전쟁 전부터 시작하여 지금도 계속 이어지는 식민주의 구조의 핵심이 되는 것이다.

8. 대안

미 점령군은 미군을 상대로 성적 서비스를 제공하는 여성을 직접 고용한 것도 아니며 일본군처럼 위안소를 설치한 것도 아니다. 어디까지나 복잡한 정치 역학 아래서 군사중심주의적 목적을 위해 간접적으로 이용한 것이다.

일본군 '위안부' 문제의 책임과 미군의 A사인 제도에 관한 책임이 동등한 것은 아니더라도 장기간 압제 정치를 한 오키나와 점령에 대한, 그리고 지금도 계속해서 기지를 두고 있는 것에 대한 책임은 확실히 존재한다. 또한 그것을 합법적으로 허락하고 있는 일본 정부의 책임을 당연히 추궁해야 한다.

우리는 이러한 문제의 모든 것이 식민주의라는 구조 속에서 나왔다는 사실을 인식해야 한다. 식민주의는 근대 시기에 동일하게 존재하고 있으며, 제2차 세계대전까지 일본 제국이 가지고 있던 야망은 전후에는 미일 공동의 것으로 대체되었다. 미국은 일본이 아시아 민중에 의해 식민지 지배의 책임을 추궁 받지 않도록 함으로써 아시아에서의 식민주의의 공범자가 되었다. 일본 열도의 민족적 소수자인 오키나와는 그 공범 관계의 인질이 된 셈이다.

오키나와에서 일어나는 폭력은, 내셔널리즘을 단순히 개인과 국가의 관계에서만 생각하는 패러다임을 갖고서는 비판할 수 없다. 개인과 국가는 자율적인 주체가 아니다. 양자는 더욱 큰 식민주의 구조 속에서 휘감겨져 있는 것이다.

마찬가지로 '위안부' 문제에 대한 인식은 단순히 개별적인 국제 문제가 아니라 식민주의에 의해 생긴 것임을 인식할 필요가 있다. 따라서 '위안부' 문제를 해결하기 위해서는 국가 간 협상뿐만 아니라 장기적으로 식민주의를 구성하는 다양한 권력구조의 변혁이 요구된다. 그 속에는 성차별과 인종주의, 민족주의 등 근대를 구성하는 다양한 권력 작용이 혼재하고 있다.

그러한 식민주의 권력구조를 인식하기 위해서는 우리의 인식 틀 자체도 바꾸어 나가야 한다. 식민주의는 학문과 문화 자체에서도 구성되어 있으며, 이를 통해 우리의 정체성을 만들어 내고 있기 때문이다. '한국의 내셔널리즘'이라는 담론을 빌미로, 일본의 내셔널리즘과 미국의 내셔널리즘, 식민주의를 면죄하려고 하는 구도는 그러한 우리의 정체성의 차원에서 다시 검토해야 한다.

타국의 내셔널리즘을 단순히 비난하는 것만으로는 내셔널리즘을 넘을 수 없다. 각각의 국가에 저항하는 사람끼리 연대하지 않으면 이를 넘을 수 없다. 그 연대를 구축하기 위해서는 단순한 상대주의적 내셔널리즘 비판이 아니라 각각의 입장에서 식민주의를 비판하는 실천이 필요하다. 특히 여성을 억압하는 모든 힘을 지속적으로 비판하는 것이 페미니즘의 의의라면 한국, 미국, 일본의 어둠을 식민주의 비판에 의해 해명하는 것이 꼭 필요하다.

포스트 식민주의 페미니스트인 스피박(Gayatri Chakravorty Spivak)은 "인문학 교육은 욕망의 비강제적인 재구성이어야 한다"라고 말했다. 군사주의로 대표되는 권력과 폭력을 기반으로 사회를 지배하려는 욕망을 다른 양태로 바꿔 나가는 일이 지금 요구되고 있는 것이다.

[번역: 무로하라 쿠미(室原久美)]

【참고문헌】

上野千鶴子, 『ナショナリズムとジェンダー』, 青土社, 1998.

우에노 치즈코, 『내셔널리즘과 젠더』, 박종철출판사, 1999.

小森陽一, 『ポストコロニアル』, 岩波書店, 2001.

大沼保昭, 『「慰安婦」問題とは何だったのか』, 中央公論新社, 2007.

永原陽子編, 『「植民地責任」論』, 青木書店, 2009.

菊地夏野, 『ポストコロニアリズムとジェンダー』, 青弓社, 2010.

林博史, 『日本軍「慰安婦」問題の核心』, 花伝社, 2015年.

R.Riley & C.T.Mohanty & M.B.Pratt eds., Feminism and War; Confronting U.S. Imperialism, Zed Books, 2008.

일본 식민주의와 친일파의 합작품, 한국군 위안소 제도*

김귀옥

1. 들어가며

2015년은 해방과 함께 한반도가 분단된 지 70년이 되는 해였다. 또한 1965년은 한일수교가 체결된 지 50년이 되는 해였고, 12월 28일에는 일본 군 위안부 피해 당사자들을 배제한 채, 한일 정부 간에 기만적인 합의를 강행한 해였다. 오래된 문제가 풀리기는커녕, 새로운 문제로 악화되어 버린 셈이 되었다.

최근 들어 일본군 위안부 얘기가 나올 때면 일본 우익 세력이나 심지어 한국의 일각에서도 모든 전쟁에서 일본군 위안부와 같은 존재가 있었던 것이 아니냐는 주장이 나오곤 한다. 특히 2012년 이래로 매년 일본군 위안부 문제를 부인하는 발언을 해온 하시모토 도루(橋下徹) 전(前) 오사카 시장은 2014년에도 "제2차 세계대전 때 미국군과 영국군, 한국전쟁과 베트남전쟁 때 한국군에도 전쟁터에서 성(性) 문제는 존재했다"(『조선일보』 2014년

---

* 이 글은 『사회와 역사』(제103집, 2014)에 실린 「일본 식민주의가 한국전쟁기 한국군 위안부 제도에 미친 영향과 과제」를 토대로 재집필하였음을 밝혀둔다.

4월 8일자)고 하여 한국군 위안부 문제를 전후 맥락 없이 일본군 위안부 문제를 정당화시키거나 일본의 책임 회피용으로 사용하였다.

실제로 한국전쟁기 한국 육군에 의해 만들어진 한국군 위안부가 있었다. 내가 이 문제를 처음으로 제기했던 것이 2002년이다. 당시 한국정부에서는 이 문제에 대해 불편하게 생각한 탓인지, 한국군 위안부 제도와 관련된 결정적 자료가 실린 『후방전사(後方戰史)』[1]를 국방부 군사편찬연구소 서가에서 치워 버렸다. 그런 상황임에도 불구하고 한국군 위안부와 관련된 글이나 인터뷰 기사가 인터넷을 통해서 조용히, 그러나 지속적으로 알려졌다. 일본에서도 이 문제는 일본군 위안부 문제와 관련하여 계속 언급되고 있다(『産經新聞』 2014년 1월 30일자).

그렇다면 한국전쟁에서 한국군 위안부 제도가 만들어진 원인은 무엇이며, 누가 한국군 위안부 제도를 만들었는가? 단적으로 말한다면 한국군 위안부 제도 창설은 일본 식민주의의 결과이다.

1945년 8월 15일 식민지 조선은 일제로부터 해방되었다. 그렇다면 그 해방이 식민주의로부터의 해방을 의미하는가? 사이드(Edward Said)의 말을 빌리면 식민화라는 역사 경험은 민족 독립이 달성된 후에도 그 민족에게 지속적으로, 실로 그로테스하게 불평등한 결과를 낳게 하는 운명을 안겨준다.[2] 즉, 식민으로부터 해방된 후에도 빈곤이나 식민 모국과의 종속, 저개발, 부정부패 등의 정치적 병리현상, 전쟁, 문맹 등의 혼합적 특징들이 남아 있게 된다는 것이다. 탈 식민 담론들이 지적하듯, 문화로서 남아 있는 포스트 식민성은 식민의 흔적과 기억에 의해서이다.[3]

식민으로부터 해방이 되었을 때 많은 조선인들은 일제와의 결별이 새로

---

1) 육군본부, 『후방전사(인사편)』, 육군본부, 1956.

2) Edward Said, "Representing the colonized: anthropology's interlocutors", *Critical Inquiry*. Vol.15. No2(Winter), 1989, 207쪽.

3) Leela Gandhi, 『포스트 식민주의란 무엇인가』, 이영욱 옮김, 현실문화연구, 2000(1998), 20쪽.

운 사회의 도래를 가져올 것으로 기대했다. 포스트[post, 탈(脫)] 식민주의적 인식, 즉 일제가 만든 모든 것들과의 결별을 상상하는 것은 너무도 이상적이거나 비현실적일지도 모른다. 35년간 식민화되었던 사회가 해방이 되고 대한민국이 수립되었지만, 과거의 것들과 온전히 단절되기보다는 그 흔적과 기억을 남기기 마련이었다.

게다가 한국은 일제 식민으로부터 해방되었지만 즉각적인 독립조차 이루지 못했다. 1945년 9월 9일, 태평양 방면 미 육군 총사령관 맥아더는 "정부 등 모든 공공사업 기관에 종사하는 유급·무급 직원과 고용인, 그리고 기타 중요한 제반 사업에 종사하는 자는 별도의 명령이 있을 때까지 종래의 정상 기능과 업무를 수행할 것이며, 모든 기록 및 재산을 보호·보존하여야 한다"[4]는 내용의 포고령 1호 제2조를 발동하였다. 이 포고령에 따라 정부만 일본 총독부에서 미군정으로 바뀌었을 뿐, 과거 총독부의 직원이나 관료들은 그대로 자신의 자리를 지킬 수 있게 되었다.

또한 미군정의 비호하에 창설된 한국 군대의 주력은 일본군과 만주국군[5], 광복군 출신, 월남 청년들로 이루어졌다. 그 가운데 주력 간부로는 일본 육사 출신들이 대거 등용되었고, 다음은 만주국군들로 이루어졌다[6]. 창군에 참여한 일본군 출신 약 5만여 명 가운데 일본 정규 사관학교(일본 육사)를 졸업했던 장교들은 대략 35명[7]이었고, 대다수는 일반 병사 출신이었다. 이들은 미군정 당시 국방경비대에서나 대한민국 군대에서 핵심적인 군 간부로 진출했다. 만주국군 출신은 기술적인 자질에서는 일본군 출신보

---

4) 송남헌, 『해방삼년사』, 까치, 1985, 97쪽.

5) 만주국군이라는 용어는 한국에서 통상 만주군(滿洲軍)(한용운, 『창군』, 박영사, 1984, 31쪽), 만군(滿軍)(안진, 「미군정기 국가기구의 형성과 성격」, 『해방 전후사의 인식 3』, 한길사, 1987, 190쪽) 등으로 불리지만, 일본에서는 만주국의 군대라는 뜻으로 주로 만주국군(滿洲国軍)으로 불린다.

6) 한용원, 위의 책, 30쪽; 안진, 위의 글, 190쪽; 홍두승, 『한국 군대의 사회학』, 나남, 1993, 58~59쪽.

7) 한용원, 위의 책, 51~53쪽.

다 뒤떨어졌지만 만주국군 복무 시 일본인 고문관 제도에 숙달되어 미군정 고문관 제도에도 잘 적응할 수 있어서 그들은 일본군과 함께 군 내부에 두드러지게 진출할 수 있었다.[8]

그렇다면 대한민국 군대의 근간이 일본군이나 만주국군 출신이었다는 사실이 의미하는 것은 무엇일까? 그저 대한민국 군대에 과거 일본군이나 만주국군 출신이 인적 대세를 이룬다는 것만을 의미하지는 않는다. 윤정석(전 중앙대 교수)이 말하듯 한국군의 기초에는 일제강점기 일본 군사 문화가 작용했다.[9]

> 한국군이 창설될 때, 그 창설의 구성원이 가지고 있는 문화는 과거 일본군에 종사했던 한국 군인들이 일본군으로부터 한국의 국방경비대로 옮겨오게 되었기 때문에 한국군의 초창기에는 일본의 군사 문화가 많이 전수되었다. 왜냐하면, 한국군의 창설은 주로 일본 제국주의의 군대에서 훈련되고 근무하였으며 그 정신적 기초를 연마한 한국의 젊은이를 중심으로 이루어졌기 때문이다.(6쪽)

한국군은 해방 과정에서 친일 반민족자들로 지칭되는 수많은 친일 장교들이나 태평양전쟁을 경험했던 병사들로 충원되었기 때문에, 이들이 일본의 군사 문화를 보유하고 사용하게 되리라는 것은 당연한지도 모른다. 특히 한국전쟁 시기가 되면서 그들에 의해 태평양전쟁 시기의 다양한 경험과 군사 문화는 새로 충원된 군인들에게도 확대 재생산되었을 것이다.

윤정석은 "3년간의 한국전쟁 중에 한국군 장교들이 일본의 군사전술과 이론을 미국의 그것으로 바꿀 수가 있었는가는 의문스럽다. 아직까지도 일본의 군사 문화를 가지고 있는 한국인이 많다"(18쪽)고 지적하고 있다. 그는 대표적인 일본의 군사 문화로서 다섯 가지 예를 들었다. 그중의 세

---

8) 안진, 위의 글, 190쪽.
9) 윤정석, 「한국군의 창설과 일본 군사문화」, 『한일군사문화연구』 제2호, 2004, 5쪽.

번째가 "주둔지에서의 위안부 공인(인권유린)"(21쪽)이었다. 1950년대 후반에 군대 생활을 했던 윤정석에게 군위안부는 자연스럽게 시야에 들어왔다.

윤정석이 지적한 대로 한국 군대에는 일제가 남긴 군사 문화의 하나로서 군위안부 제도가 실제로 만들어져 4년간 지속되다가, 정전 이후 사람들의 관심 밖으로 밀려났다. 이후 그 문제에 대해서는 침묵되었다. 필자가 2002년 한국군 위안부 제도를 발표한 이래 여러 나라의 전쟁과 군위안부 제도의 연관성을 살펴보려고 했으나 그 연관성을 일반화할 수 있는 근거를 발견할 수 없었다. 한국군 위안부 제도는 일본 식민주의의 영향을 제외하고는 언급할 수 없다는 점이 분명해졌다.

이제 이 글에서는 한국전쟁기 한국 군대에서 한국군 위안부 제도가 만들어지게 된 원인을 식민주의라는 문제에 초점을 맞춰 규명하고자 한다. 우선 역사적 사실로서의 한국군 위안부 제도를 간략하게 짚어보고, 둘째 한국군 위안부 제도를 누가 만들었는가를 규명할 것이다. 마지막으로 한국군 위안부와 일본군 위안부와의 공통성을 짚어봄으로써 문제 해결을 위한 과제를 제시할 것이다.

2. 역사 속의 한국군 위안부 제도[10]

한국군 위안부 제도는 '한국전쟁기에 한국군에 의해 설치·운영되었던 특수위안대(特殊慰女隊)를 둘러싼 제도와 운영 내용'으로 정의할 수 있다. 필자가 한국군 위안부의 존재를 처음으로 알게 된 것은 1996년에 진행했던 한국전쟁 당시 월남인(越南人) 증언 조사 때였다. 그 증언 이후 1997년 발

---

[10] 2절은 주로 김귀옥의 「한국전쟁기 한국군의 '위안부' 제도의 실체와 문제점」(2012)을 토대로 재집필함.

견하게 된 육군본부 편찬의 『후방전사(인사편)』(1956년)[11]를 통하여 한국군 위안부 제도의 실체를 사실로 알게 되었다. 그 당시 조사 이후에도 최근까지 계속된 한국전쟁 당시 참전 군인들의 경험 조사 과정에서 한국군 위안부 제도를 확인할 수 있었다.

지금까지의 자료와 증언, 회고록 등에 따르면 군위안대는 일정한 장소에 군인들이 찾아가거나, 위안대가 군부대로 출장 나가는 두 가지 운영방식을 갖고 있었다. 육군본부가 편찬한 책의 '제3장 1절 3항 특수위안활동 사항'에는 다음과 같이 한국군 위안부 제도를 정리해 두었다.

1) 설치 목적

설립 당시 육군은 한국군 위안대를 '특수위안대'라고 불렀다. 그 자료에 따라 특수위안대의 내용을 살펴보면 다음과 같다.

> 표면화한 이유만을 가지고 간단히 국가시책에 역행하는 모순된 활동이라고 단안하면 별문제이겠지만 실질적으로 사기앙양은 물론 전쟁사실에 따르는 피할 수 없는 폐단을 미연에 방지할 수 있을 뿐 아니라 장기간 대가 없는 전투로 인하여 후방 래왕이 없으니만치 이성에 대한 동경에서 야기되는 생리작용으로 인한 성격의 변화 등으로 우울증 및 기타 지장을 초래함을 예방하기 위하여 본 특수위안대를 설치하게 되었다.[12]

---

11) 『후방전사(인사편)』는 1956년 6월 당시 정일권 육군대장 재임 중에 편찬되었다. 이 책의 '서언'에서 이 책은 "우리의 건국도상 일대 시련인 6·25전란의 역사를 작전전사와 후방전사로 구분하여 기록하고 이를 군사감실로 하여금 편찬 발간케 한 것이다. 우리는 이 후방전사를 통하여 타일의 행정적 근무의 연마 향상에 자하기를 바라는 바"에 따라 편찬되었음을 밝히고 있다. 이 책은 군사(軍史)의 일부이며 이후 군대에 대한 후방 지원 업무를 발전시키기 위한 목적에 따라 편찬되었다. 이 책의 설명에 따르면 한국군 위안부 제도는 한국전쟁기 군인에 대한 후방 지원을 목적으로 한 군대시설의 하나이며, 국가에 의해 창설된 것임을 알 수 있다.

12) 육군본부, 위의 책, 148쪽.

군 기록에 따르면 설치의 표면적 목적은 첫째, 군인들의 사기앙양, 둘째, 전쟁에 의해 피할 수 없는 폐단에 대한 예방적 조치, 셋째, 성욕 억제에 따른 욕구불만이나 성격 변화에 대한 예방이라고 정리하였다. 이러한 설치 목적은 일본군이 위안시설을 설치했던 주된 이유, 즉 "절제할 수 없는 성욕"[13]과 성범죄 예방 이유와도 별반 차이가 없다.

다만 설치 목적에서 "표면화한 이유만을 가지고 간단히 국가시책에 역행하는 모순된 활동"이라는 언급을 한 것은 근대적 인권의식의 작용 때문이라기보다는, 1947년 11월 14일 남조선 과도정부 법률 제7호로 공사창제 폐지를 발표[14]했던 문제와 연관된다고 볼 수 있다.

2) 설치 운영 시기

위 책에는 폐쇄된 시기를 1954년 3월로 기록하고 있다. 설치 시기는 기록되지 않았으나, 1952년 특수위안대 실적 통계표가 제시된 것을 보면, 전선이 현재의 휴전선 부근으로 고착된 1951년도 경이라고 추정할 수 있다.

3) 위안대 설치 장소

(1) 서울지구
제1소대 서울특별시 중구 충무로 4가 148번지
제2소대 서울특별시 중구 초동 105번지
제3소대 서울특별시 성동구 신당동 236번지
(2) 강릉지구
제1소대 강릉군 성덕면 노암리

---

13) 안연선, 『성노예와 병사 만들기』, 삼인, 2004(2003).
14) 박정미, 「한국 성매매정책에 관한 연구: '묵인-관리 체제'의 변동과 성판매 여성의 역사적 구성, 1945~2005」, 서울대학교 대학원 사회학과 박사학위논문, 2011.

(3) 기타: 춘천, 원주, 속초 등지

한국군 위안대가 있었던 장소에 대해 육군본부가 밝힌 것은 일부였던 것으로 추정된다. 뒤에서 보겠지만 1953년경에도 여러 군데 추가 설치되었던 것 같다. 2001년경 필자는 서울지구 제1소대 위안대가 소재했던 서울시 중구 충무로 지역을 방문했다. 그 지역의 토박이에 해당하는 세 명 이상의 증언에 따르면 제1소대 위안대가 있었던 것으로 추정되는 건물은 군부대 계통의 건물로 전한다. 일제강점기에 건립[15]되었고 해방 이후 한국군 부대 건물로 접수되어, 전시 군위안대를 거쳐 군 사택으로 사용되었다가 1988년 서울올림픽의 개최를 앞두고 재개발되면서, 그 건물이 사라졌다.

속초의 군위안대는 휴전 이후 사창으로 변모하였고 그 일대에 성매매업소 집결지가 형성된 것으로 보인다. 속초의 군 정보기관 출신자의 증언에 따르면 1990년대 초반까지도 그 사창은 일종의 군위안부 역할을 하도록 강요를 받았다고 한다.

4) 위안대 규모

그 책에 따르면 위안대는 소대 형식으로 편제되었다. 군위안대는 "서울지구 제1소대에 19명, 강릉 제2소대에 31명, 제8소대에 8명, 강릉 제1소대에 21명으로 계 79명"(148쪽)으로 운영되었다고 한다. 육군본부의 책에서는 특수위안대가 보유하고 있는 군위안부가 정확하게 기록되어 있지 않다. 본문 148쪽에는 서울 1개 소대와 강릉 3개 소대에 79명이 있다고 했고, 표1에는 서울 3개 소대와 강릉 1개 소대 30명을 합쳐 89명으로 밝히고 있다. 이러한 기록에서 나타난 서울 3개 소대와 강릉 3개 소대를 합치면 대략

---

[15] 건립 당시 어떤 용도였는지를 밝힐 수 있는 자료나 증언을 발견하지는 못했다.

128명으로 추정할 수 있다. 여기에 춘천, 속초, 원주, 포천 등 포함되지 않은 위안부들이 있어서, 확실한 통계는 밝혀지지는 않았지만, 채명신의 회고록『사선을 넘고 넘어』에서 "당시 우리 육군은 사기 진작을 위해 60여 명을 1개 중대로 하는 위안부대를 서너 개 운용하고 있었다"[16]는 말을 참고로 하면 대략 180~240명 전후로 추론되며, 1953년에 신설된 4개 위안시설의 군위안부까지 합치면 300명이 넘는 것으로 짐작할 수 있다.

5) 특수위안대 실적 통계표

육군은 1952년 한 해 동안 네 개 특수위안대에 소속되었던 위안부의 수와 피위안 군인의 수를 다음과 같이 밝혀두었다. 다만 그 실적은 상기 4개의 위안대에 직접 출입한 군인들의 통계인지, 전선 부대에 출장을 간 위안대를 이용한 군인들의 통계까지 포함하는지는 불명확하다.

〈표 1〉 1952년 특수 위안대 실적 통계표

부대별	위안부 수	월별 피위안자 수													1인당 하루 평균*4)
		1	2	3	4	5	6	7	8	9	10	11	12	계	
서울 제1	19	3,500	4,110	3,360	2,760	2,900	3,780	3,780	4,000	4,350	3,850	4,100	3,650	44,240	6.4
서울 제2	27	4,580	4,900	5,600	4,400	6,800	5,680	6,000	7,280	4,850	2,160	4,950	4,150	61,350	6.2
서울 제3	13	2,180	1,920	2,280	1,700	2,180	2,400	2,170	2,800	1,680	1,850	1,990	2,140	25,310	5.3
강릉 제1	30	6,000	6,500	7,800	8,000	5,950	4,760	7,970	8,000	4,880	3,900	4,200	5,700	73,660	6.7
계	89	16,260	17,480 *1)	19,010 *2)	16,860	17,830	16,620	19,920	22,080	15,760	11,760	15,240	15,640	204,560 *3)	6.15

※ 출전: 육군본부, 『후방전사(인사편)』, 150쪽.
※ 비고: 틀린 계산으로서 실제는 다음과 같다.
　　*1)=17,430　　*2)=19,040　　*3)=204,440　　*4)=1인당 하루 평균은 필자 자신의 계산임.

16) 채명신, 『사선을 넘고 넘어』, 매일경제신문사, 1994, 267쪽.

위의 실적표에 따르면 한 위안부가 하루에 6명 이상과 성행위를 하도록 강요당했던 것을 알 수 있다.

또한 채명신(267쪽)에 의하면 당시 한국전쟁에서 위안부대 출입은 '티켓제'로 운용되었다. 그런데 아무에게나 티켓이 주어지는 건 아니었다. 전쟁터에서 용감하게 싸워 공을 세운 순서대로 나눠주었다. 물론 훈장을 받았다면 당연히 우선권이 있어 부러움의 대상이었다. 공훈의 정도에 따라 티켓의 숫자는 달라진다고 했다.

6) 위생검사

육군본부는 위안부들이 일주일에 2회, 군무관의 협조로 군의관의 엄격한 검진을 받도록 하여, 성병에 대한 철저한 대책을 강구하였다(148쪽)고 한다. 다시 말해 공창제[17]나 일본군 위안부 제도에서 성병을 다루는 것과 같은 방식[18]으로 국가는 여성의 몸을 관리하고 통제함으로써 군인의 몸을 보호하는 신체의 정치학을 활용하였다.

---

17) 일본의 공창제가 갖는 중요한 특징의 하나는 강제 성병 검진제도이다. 최초의 검진으로는 나가사키에 입항한 러시아 해군의 요청에 따라 창기를 대상으로 하는 병원에서 공창제 여성들이 검진을 강요당했던 경험(藤目ゆき, 『성의 역사학: 근대국가는 성을 어떻게 관리하는가』, 김경자·윤경원 옮김, 삼인, 2004)을 들 수 있다. 또한 한국의 미군 위안부, 소위 미군 기지촌 여성들의 경우에도 검진을 강요당했다(김정자·김현선, 『미군 위안부: 기지촌의 숨겨진 진실』, 한울, 2013). 일본 공창의 경우와 한국의 미군 위안부의 경우에는 차이는 있지만, 한국군 위안대에 있었던 여성들과의 분명한 차이는, 한국군 위안부들은 군대의 군의관에게 직접 성병 검진을 강요당한 것이라면, 일본의 공창제 하의 여성이나 한국의 미군 기지촌의 여성들은 공창 시설과 국가와의 협력하에 설립, 또는 운영되던 창기들의 병원이나 보건소에서 검진을 했다는 점이다. 다시 말해 자료에 따르면 한국군 위안부 전용의 성병 검진시설은 없었던 것으로 보이고, 군의관이 직접 검진했다.

18) 야마시다 영애(山下英愛), 「식민지 지배와 공창 제도의 전개」, 『사회와 역사』 51호, 1997, 167~168쪽.

3. 한국군 위안부 제도를 만든 사람들

1) 한국군 위안부 제도 도입의 배경

한국군 위안부 제도가 한국 현대사에 등장하게 된 배경은 일제 식민주의의 경험에서 비롯된다. 특히 1910년 일본이 한국을 강제 병합한 이후, 1930년대 일본이 제국주의적 침략전쟁을 본격화하고, 1941년 태평양전쟁으로 확전하면서 일본군 위안부 제도를 도입하게 된 것과 한국군 위안부 제도가 한국전쟁 당시 만들어지게 된 것은 연속선상에 있었다.

우선 일제가 일본군 위안부 제도를 도입하게 된 것은 일본 제국 군대의 군사 문화와 관련되어 있다. 일제 군대의 대표적인 군사 문화는 아무 이유 없이 또는 사소한 이유로 신체적인 처벌을 가하는, 지옥훈련과 구타 문화에 있었다. 전시의 전체주의적 상황 아래서 계급서열적인 병사로서의 목적 지향적인 집단 정체성을 형성하고 유지하기 위해서는 사생활에 대한 감시와 통제가 보다 엄격해야 했다. 또한 신병, 특히 조선인과 같은 신병을 복종시키기 위해서는 굴욕감을 느끼도록 하는 것이 필요했다. 그야말로 자율성과 자기결정권이 박탈된 좌절적인 상황에서 성적 욕망과 결합된 분노와 좌절의 해소책 중 하나가 군위안대 설립 문제와 관련되었다.[19]

한국전쟁기 한국군은 어떤 상황에서 한국군 위안부 제도를 도입하게 되었는가? 한국전쟁기 군대 생활을 했던 사람들에 대해 구술생애사 조사를 하는 과정에서 일제강점기 군대 문화와 다를 바 없는 강력한 구타 문화나 기합 문화에 관한 증언을 듣게 되었다. 그러한 군대 문화는 일제의 군사 문화가 전수된 것이다.[20]

---

[19] 안연선, 「'병사 길들이기': 아시아 태평양전쟁기 일본 군인의 젠더 정치」, 『대중독재와 여성』, 휴머니스트, 2010, 450~451쪽; 윤정석, 앞의 글, 21쪽.

[20] 윤정석, 위의 글, 24쪽.

일제의 군대 문화가 전수되었던 구체적 상황은 제대로 훈련도 받지 않은 신병들을 충원했던 한국전쟁의 사정과 관련이 있었던 것으로 보인다. 한 예로 한국전쟁 당시 어느 최전방 부대에서는 치열한 남북 군대의 공방전 속에서 극도의 공포심과 불안에 휩싸인 신병들이 며칠 사이에 100~200명 도망하는 사태가 벌어졌고, 잡히는 도망병의 경우 체포 즉시 즉결 처분할 수 있도록 하였다.[21] 그러한 사태를 막기 위해 정신교육과 함께 집단기합이나 구타 문화가 필수적이었던 것으로 보인다.

한국 사회에서 군대의 구타 문제가 불거져 나온 것은 정치·사회적 민주화가 본격화되었던 2000년대 이르러서이지만, 그 전에는 더욱 심각한 문제였다.[22] 구타를 비롯한 집합 기합 등이 필요로 했던 것은 남북 간의 끔찍한 공방전 때문만은 아니었던 것이다.

한편 한국군이 북한 지역을 점령했을 때 소위 인민군이나 빨갱이 가족, 여성들에 대해서 거의 예외 없이 성폭력이 가해졌다. 그러한 사실은 필자가 조사했던 월남인들이나 대부분의 한국전쟁 관련 구술자들로부터 거의 빠짐없이 증언을 들을 수 있었다.

"아군(한국군)이 우리 고향에 들어와서는 부락 처녀들을 많이 강탈하고 소·돼지를 빼앗아 먹는 등 무법천지였지"(김인철, 서평희 등의 1996년 구술). 그런 양상은 해방되어 한국전쟁 전까지 북한 관할 지역이었던 강원도 속초에도 벌어졌다. 미군과 한국군이 속초를 '수복'한 후 벌어졌던 일을 'ㄱ'씨 할머니의 증언(김순희 구술)을 통해 다음과 같이 재구성하였다.

남편과 생이별한 설움보다 더 무서운 것이 기다리고 있었다. 밤마다 국방군(국군)들이 젊은 여성들을 겁탈하고 돌아다닌다는 소문이 이웃 마을에서부터 돌았다.

---

21) 김희오, 『인간의 향기: 자유민주/대공투쟁과 함께한 인생역정』, 원민, 2000, 74~76쪽.
22) 이계수, 「군대 내 구타 가혹행위 및 그로 인한 사고를 방지하기 위한 법적 제도적 방안에 관한 연구」, 『민주법학』 제23호, 2003, 285~286쪽.

그들은 낮이면 공비 소탕 작전임네, 뭐네 하면서 동네를 이 잡듯 샅샅이 뒤지며 돌아다녔다. (속초)논산 마을은 말할 것도 없고 군부대 인근 마을의 처녀뿐만 아니라 과부들도 군인들에게 겁탈당했다. 특히 과부 집은 남편이 월북한 빨갱이 가족이니 철저히 조사해야 한다는 핑계로 무사출입이었다. (중략) 어떤 처녀는 3번 이상 겁탈을 당하고는 결국 마을을 떠나고 말았다. 여러 번 당한 처녀들이 많았다. 얼굴 고운 옥춘이는 당하는 게 무서워 거지처럼, '미친년'처럼 꾸미기도 했다. 동네 어른들은 군인들이 동네 처녀 씨를 말린다고 했다.[23]

심지어 군부대 내부에서 군 장교에게 소위 '상납'하기 위해 일반 여성을 강제적으로 유괴하는 형태의 성상납(性上納) 문제도 발생되었다. 한때 한국군이었고 현재는 비전향 장기수로서 2000년 9월 2일 북한으로 송환된 양정호는 군부의 체계적인 '성상납'을 다음과 같이 증언한 바 있다.

> (국군이 북한 쪽을 점령해 있을 때) 선임하사가 소대장하고 중대장한테 (여성을) 저녁마다 바쳐요. 나는 도통 몰랐는데 보초 설 때 알았어. 내가 보초 설 때마다 밤중에 여자들을 중대장실에 (중략) 보냈더라고. 소대장실에 자주 본 건 아닌데 내가 몇 번 봤어요. 소대장은 어느 정도 내가 아는데 이 양반이 부산대학 나온 양반인데. (중략) (여성은) 풀 죽어서 오죠. 그 선임하사가 여자를 데리고 왔습니다. 여자는 별 표정 없이 (중략)[24]

양정호의 구술에 따르면 1950년 10월 이후 개성에서 평양을 가는 동안 이러한 일은 반복되었고, 끌려온 여성들은 머리 차림새로 보건대 대개 일반 미혼여성으로 여겨졌다고 한다. 뿐만 아니라 좌익 유가족들에 대한 말로 다하기 어려울 정도의 가혹하고 악랄한 행위를 혐오하여 결국 그는 한국 군대를 탈영하였다고 증언했다. 그러한 분위기에서 1951년 여름, 전선이 현재의 휴전선으로 고착되는 과정에서 '특수위안대'로 기록된 한국군 위

---

23) 김귀옥, 2001, 「속초 세 할머니가 겪은 6·25전쟁」, 『민족21』 9월호, 117쪽.
24) 양정호 구술·김귀옥 면담, 『비전향장기수 구술4』, 국사편찬위원회, 2007, 311~312쪽.

안대가 설치되었다.

2) 한국군 위안부 제도를 만든 사람들

한국전쟁 당시 위관급 장교였던 김희오의 회고록 서술 가운데 군위안부를 둘러싼 다음과 같은 지적에서 한국군 위안대 설립과 관련되는 단서를 발견할 수 있다.

> 연대1과에서 중대별 제5종 보급품(군 보급품은 1~4종밖에 없었음) 수령 지시가
> 있어 가 보았더니 우리 중대에도 주간 8시간 제한으로 6명의 위안부가 배정되어
> 왔다. 이는 과거 일본 군대 종군 경험이 있는 일부 연대 간부들이 부하 사기앙양
> 을 위한 발상으로 일부러 거금의 후생비를 들여 서울에서 조변하여 온 것이다.[25]

당시 위관 장교였던 김희오는 낯설었던 '제5종 보급품'[26]으로 통용되었던 군위안부의 경험에 직면하여, 군위안부를 이용하도록 지시를 내렸던 연대장이 관동군 출신자였으므로 군위안부 발상을 했다고 기억했다.

김희오의 추론은 상당히 설득력이 있는 것으로 보인다. 왜냐하면 특수위안대로 알려진 군위안대를 기획 및 설립한 책임자는 군 고위 장교로 추정할 수 있는데, 해방 이후 창설된 대한민국 육군 간부의 상당수는 "일본제국주의의 대리 전쟁인"[27]으로서, 일본군 계통과 만주국군 계통 등으로 구성되었기 때문이다. 일본군 출신은 대개 해방 직후 대한민국 국군의 고위 계급을 차지했다. 그중 한 명인 김석원은 일제강점기 만주지역에서 항일 무장투쟁을 했던 북한의 최현 장군과 교전한 바 있다.[28]

---

25) 김희오, 앞의 책, 70~80쪽.
26) '제5종보급품'에 대한 기억은 차규헌의 『전투』(병학사, 1985)에서도 일치하고 있다.
27) 한용원, 앞의 책, 30쪽.
28) 차규헌, 앞의 책, 1985, 84쪽.

해방 후 미군정 체제에서 초기 한국군이 설립될 때 형식적으로는 일제의 군대제도가 미국식으로 개편되어 갔다.[29] 그러나 미군정과 이승만 정부 치하에서 친일파가 전반적인 정치권력을 잡게 됨에 따라 군부에도 친일파들이 득세하게 되면서, 한국군은 일제의 군대 문화와 제도들을 사실상 답습하였다.[30] 그렇게 된 일차적 원인은 간부들이 일제의 군 출신으로 채워져 있어, 일제의 군대 문화가 그들의 의식과 무의식에 깊숙이 내면화되어 있었기 때문일 것이다. 이러한 조건과 분위기 속에서 일본군 성노예 제도를 당연시 여겨왔던 그들로서는 그것을 모방하는 것이 전혀 이상하지 않았을지도 모른다.

한국에서 식민주의는 1945년 8월 15일로 끝난 것이 아니었다. 인적으로 물적으로 식민주의는 계속되었다. 식민주의는 미국과의 불평등한 관계 속에서 오히려 더 복잡하고도 내밀하게 강화되어 왔다. 한국군 위안부 제도는 일본군 위안부 제도의 연장이라는 점에서 해방 후 계속되는 식민주의의 문제 중 하나로 볼 수 있다.

그러면 한국군 위안대, 즉 특별위안대 설치와 운영에 책임을 가진 사람은 누구인가? 계통상으로는 육군본부의 후생감실(1949년 당시)이다. 후생감실은 1951년 2월 10일에는 휼병감실로 개칭되었고, 1954년에는 정병감실(精兵監室)로 재 개칭되었다. 이들은 큰 틀에서는 같은 업무를 했다고 볼 수 있다. 육군본부가 『후방전사』를 집필할 당시의 명칭인 정병감실의 시작과 활동 내용은 다음과 같다.

> 정병감실은 단기4282(서기1949)년 7월 5일 육본 일반명령 제26호에 의거하여 후생감실이라는 명칭 아래 창설되어 서울특별시 용산구 한강로에 설치하게 된 바 초대감에는 육군 중령 박경원(현 육군 대령)이 보직되었는데 당시의 기구는

---

29) 백종천 외, 『한국의 군대와 사회』, 나남, 1994, 56쪽.
30) 위의 책, 57쪽.

행정 원호 체육 후생 등 4과로 편성되어 주로 공비 토벌부대에 대한 위문과 위
문품 수집 업무 군 체육행사 및 향상에 관한 업무 그리고 군 후생사업과 매점
및 군인호텔 관리에 관한 업무 등을 장악하고 정병 업무의 만전(중략)(320쪽)

다시 말해 육군 휼병감실은 전 장병(全將兵)의 '사기앙양'을 위해 '특별위
안활동(特別慰安活動)'(147쪽)을 하도록 설치되었다. 휼병감실의 전신인
후생감실은 1949년 박경원(朴璟遠 1923~2008, 전라남도 영광군 출신)에 의
해 설립되었는데 그가 어떤 인물인가를 살펴볼 필요가 있다.

그는 박정희 정권하에서 4대에 걸쳐 내무장관을 포함하여 5번의 장관직
을 역임했던 자로서, 일제강점기 목포상업학교 졸업 후, 학도병[31]으로 참
전하여 해방 직전 소위로 제대하였고 해방 후 군사영어학교를 거쳐 중장으
로 예편하여 박정희 정부에서 내무부장관, 체신부장관, 교통장관 등 요직
을 두루 섭렵한 한국현대사의 지배세력의 한 사람이다.[32] 박경원은 목포
상업학교를 다니는 과정에서 충실하게 황민화교육을 받았고, 졸업 후 간보
후보생으로 태평양전쟁에 참전하여, 규수(九州) 8061부대 고사포중대의 소
대장을 역임했다.[33] 박경원의 구술생애사에서 그가 갖고 있던 일본관의
일단을 살펴볼 수 있다.

졸업 후에는 무엇을 했습니까?
  - 일본 사람들이 나를 상당히 좋아했다. 일본 장교가 되는 것이 좋지 않겠느냐
    면서 장교가 되려면 간부후보생이 되어야 한다고 했다. 그래서 시험보고 합

---

31) 한용원, 앞의 책(1984), 54쪽.
32) 한용원, 『한국의 군부정치』, 대왕사, 1993, 112쪽.
33) 한용원의 『창군』(1984)을 보면, 박경원은 학도병으로 분류(54쪽)되어 있다. 그러나 한
   국정신문화연구원(현 한국학중앙연구원)의 구술 조사사업에 참여하여 그를 직접 구술
   조사했던 노영기 교수(조선대, 한국현대사)의 구술 내용을 보면, 목포상업학교 졸업 후
   장교를 지원하여 간부후보생이 되었다고 하여 학도병이었다는 언급을 찾을 수 없다.
   한국정신문화연구원 한민족문화연구소 편, 『내가 겪은 해방과 분단』, 2001, 223쪽.

격했다. (당시에는) 후보생 갑이 되어야 장교가 되고, 을이 되면 하사관이 되었다. 간부후보생 갑종 후보생이 되었다.

(중략)

황국신민이 되어야 한다는 등의 정신교육은 없었습니까?

- 정신교육은 철두철미하게 했다.

(중략)

일본인들이 '조센징'이라며 차별 대우를 하지는 않았습니까?

- 내 부하가 왜놈들이었다. 서울 지구 관측소장이던 후지하라라는 사람도 내 밑으로 배치되었다. 서로가 한국 사람인지 일본 사람인지 잘 몰랐다. 일본이 름으로 되어서 잘 몰랐다(222~224쪽).

이 증언을 보면 박경원 역시 황민화교육과 함께 일제 군대(황군)의 군대 문화를 잘 내면화시켰을 것으로 짐작할 수 있다.

이제 좀 더 구체적으로 특수위안대인 한국군 위안대가 설치되어 운영되었던 1952년 기준으로 볼 때 특수위안대를 만들고 운영ㆍ관리했던 휼병감실을 대표한 사람인 장석윤(張錫倫)[34]에 대해서 살펴보도록 한다. 마침 그에 관한 기록을 『친일인명사전』(333~334쪽)에서 발견할 수 있다.

장석윤(1892~1970)은 일본 육군사관학교 제 27기로서 1915년 일본 육사를 졸업한 자이다. 그는 1928년 소화 일본천황 즉위 기념 대례기념장을 받은 바 있고, 1938년 만주 국경감시대에서 대위로 복무하였으며, 일제가 패전할 당시 만주국군 중좌(중령)이었다.[35] 해방 후 귀국과 함께 군대에 입

---

[34] 육군본부의 기록에는 張錫潤으로 기록되어 있으나, 전후 맥락에서 보면 '張錫倫'이 맞다 (한용원, 앞의 책, 1993, 106쪽; 친일인명사전편찬위원회 엮음, 『친일인명사전』, 민족문제연구소, 2009, 333쪽). 1950년대 한국엘리트 중에서 장석윤이라는 이름을 가진 사람은 두 명이다. 1904년에 강원도 횡성군에서 태어나 미국으로 이주하여 1941년 미국 정보조정국을 거쳐 전략첩보국(OSS)의 대원으로 활동했다가 해방 후 미군 군속으로 귀국한 후 한국전쟁 중인 1951년에는 내무부 차관, 1952년에는 내무부 장관을 재임했던 장석윤(張錫潤)은 1951~1952년 당시 민간인 신분이 되어 있었다. 한국군 위안부 설치 당시에 육군 대령이었던 장석윤은 위의 표2 경력을 가진 장석윤(張錫倫) 뿐이다.

[35] 한용원, 앞의 책, 1993, 106쪽.

대하여 한국전쟁 당시 제9예비 사단장과 교육총감부 참모장을 거쳐 1953
년 육군 대령으로 예편했다. 그는 예편하기 전인 1951년 3월 1일부터 1952
년 6월 19일까지 육군 대령으로서 육군본부 휼병감실을 맡았다.[36]

　　1952년도 한국군 위안대는 위안 실적을 통계 처리할 수 있을 정도로 운
영되었다는 점에서 장석윤이 휼병감실을 맡을 당시에 설립된 것은 거의 확
실하다. 그가 홀병감실을 설립할 수 있었던 동기는 바로 10여 년 동안 일본
군, 만주국군으로서 복무했던 경험에서 나왔던 것으로 짐작할 수 있다.

　　참고로 창설 이래로 한국군 위안부 제도와 관련된 역대 후생감의 명단
과 일제강점기 경력을 정리해 보면 다음과 같다.

〈표 2〉 역대 육군본부 후생감(휼병감, 정병감) 기본 인적 사항[37]

厚生監 당시 계급	이름	재위 기간	출생 연도	일제 강점기 경력
초대 육군중령	박경원 (朴瓊遠)	1949.7.5.~ 1950.6.10	1923년생	목포상업학교 출신, 학병 출신
2대 육군중령	장호진 (張好珍)	1950.6.10.~ 1951.3.1	1922년생	보성전문학교 출신, 학병 출신
3대 육군대령	장석윤 (張錫倫(潤))	1951.3.1.~ 1952.6.20	1892년생	일본육사 27기, 일본군 중위, 만주군 중령, 1953년 육군 대령으로 예편
4대 육군대령	김병길 (金炳吉)	1952.6.20.~ 1954.9.10	1922년생	일본 츄오대(中央大) 출신, 학병 출신

　　한국군 위안대 창설과는 직접 관련이 없는 2대 후생감인 장호진과 4대

---

36) 육군본부, 앞의 책, 322쪽.
37) 이 표는 육군본부의 322쪽 기록과 한용원의 『창군』(박영사, 1984), 그리고 『한국의 군
부정치』(대왕사, 1993), 친일인명사전편찬위원회의 『친일인명사전』 등을 토대로 정리
한 것임을 밝혀둔다. 앞선 각주에서 지적했듯이 박경원의 학병 출신 분류는 한용원의
분류를 따른 것이지만, 이후 심화된 연구를 통해 학병 출신과 간부후보생 출신 여부,
해방 당시 위관급 장교로 제대했음에도 불구하고, 친일파인명사전에서 빠진 점 등에
관해 면밀한 검토를 할 필요가 있다.

김병길은 학병 출신[38]으로 징병되었으나 일본군 위안부 제도에 대해서는 알고 있었을 것으로 추론한다. 결론적으로 말해 한국군 위안부 제도는 일제강점기 일본군이나 관동군 등을 거치면서 일본군 위안부 제도를 경험했던 한국군 장교들에 의해 만들어졌고, 그 제도에 의해 수백 명의 여성들의 인권이 유린되었다.

4. 일본군 위안부 제도를 통해서 본 한국군 위안부 제도

일본군 위안부 문제는 '2000년 일본군 성노예 전범 여성국제법정'(Women's International War Crimes Tribunal for the Trial of Japan's Military Sexual Slavery in 2000, 이하 여성국제전범법정)을 계기로 국제운동으로 발전하게 되었다.[39] 2014년 현재 일본 정부는 일본군 위안부 문제를 국가적으로 인정하지 않고 있으나, 이 문제는 한국과 중국, 동아시아를 넘어 세계적인 문제로 되고 있다. 유엔이나 국제노동기구(ILO), 유럽연합을 비롯하여 당사국인 한국, 북한, 중국, 네덜란드, 필리핀 등은 말할 것도 없고 미국, 독일, 호주, 캐나다 등의 정부에서도 일본군 위안부 문제에 대해 일본 정부가 사과하도록 결의안을 채택했다.

그런 분위기에서 2014년 4월부터 일본군 위안부 관련 한일 외무국장급 협의가 진행되기 시작되었다. 그러나 결과는 2015년 12월 28일 한일합의에서 보았듯이 철저하게 일본군 위안부 당사자의 주장과 헌신을 기만하고 세

---

38) 태평양전쟁 당시 조선인 학도병 또는 학병은 이후 친일반민족행위자 범주에서 빠지게 되었다. 2009년 『친일인명사전』을 편찬했던 친일인명사전편찬위원회에서는 '학병은 장교가 된 경우에도 학병제도의 강제성에 비추어 (친일파 판정을) 보류하였다. 친일인명사전편찬위원회, 위의 책, 41쪽.

39) 정진성, 『일본군 성노예: 일본군 위안부 문제의 실상과 그 해결을 위한 운동』, 서울대학교 출판부, 2004, 190쪽.

계인들의 관심과 호소를 외면한 것이었다.

반면, 한국군 위안부 문제에 대한 관심과 진척은 전혀 다르다. 2002년 처음으로 한국군 위안부 문제를 제기한 이래로 관심을 갖는 사람들은 차츰 늘고 있으나 구체적인 진전은 없다. 진전이 없는 일차적인 이유는 피해자 이 목소리를 낼 수 없다는 문제와 관련이 있다.

일본군 위안부 문제가 힘을 받게 된 결정적 사건은 1991년 12월 김학순의 "내가 일본군 위안부"라는 선언이었다.[40] 반면 한국군 위안부 문제에서는 아직까지도 한국군 위안부라고 양심선언을 한 사람이 나오지 않았다. 내가 인터뷰를 했던 수많은 한국전쟁기 한국군이나 민간인 남성들은 한국군 위안부와의 만남을 증언했고, 심지어 한국의 진보적 지성인의 대명사인 리영희 교수조차 자신의 회고록[41]에서 한국군 위안부의 존재와 경험을 생생하게 기록하지 않았던가.

필자가 조사 과정에서 만났던 단 세 명의 여성들은 자신이 한국군 위안부가 될 뻔 했다고 얘기한다거나 국군 위안부의 실체를 짐작하게 할 뿐 엄밀히 말해 직접적으로 자신이 한국군 위안부였다고 말하지 않았다. 그럼에도 불구하고 세 명의 여성들의 생애사 속에서 한국군 위안부 얘기는 직간접적으로 증언되었다.

두 여성은 한국전쟁 당시 의과대학생이었는데 각각 인민군에 끌려가 군의관을 잠시 경험했다. 다행히 인민군이 낙동강으로 진군하거나 철수하는 과정에서 두 여성을 다 풀어주었다. 이 여성들은 풀리자마자 한국군을 만나 포로가 되었다. 포로가 되어 군부대에 끌려갔을 때 그곳에는 수많은 10대의 교복 입은 여성이나 한복 입은 10대로 보이는 여성들이 인민군 부역자로서 감금되어 있었다고 한다.

대학생이었던 두 여성 중 나이가 젊은 여성은 얼마 있지 않아 장교에게

40) 上野千鶴子, 『내셔널리즘과 젠더』, 이선이 옮김, 박종철출판사, 1999(1998), 97쪽.
41) 리영희, 『역정: 나의 청년시대』, 창작과비평사, 1988.

소위 '성 상납'되었다. 그런 과정에서 그녀는 행운이 있었던지 그 장교의 청혼을 받아 결혼하면서 인민군 부역자와 군위안부가 되는 것을 면하게 되었다고 주장했다. 나이가 많았던 한 여성은 감옥에 투옥되어 간첩 혐의로 고문을 당했으나 부자인 덕분에 가족과 지인들의 인우보증으로 풀려나와 군위안부가 되는 것을 모면했다.

필자가 첫 번째 여성에게 다른 수십 명의 10대 여성들은 어떻게 되었냐고 물었을 때, 담담하게 군위안부가 되었을 것이라고 말했다. 어떻게 알았는가라는 질문에는 "뻔하지 않는가"라고 답할 뿐이었다.

한편 세 번째 여성(1934년 내지 1935년경 출생)은 북한에서 조선여성동맹원이었는데, 1951년 같은 동네에 살던 여성동맹원 친구들 4명과 함께 한국군 첩보부대원들에게 납치되어 첩보부대에서 생활하게 되었다. 그녀들은 낮에는 부대에서 온갖 부역을 해야 했고, 밤에는 부대원들의 성노예가 되었다. 그리고 1953년 7월 27일 정전협정이 발효된 후에 그냥 버려졌다.

이러한 증언은 그녀들을 납치한 첩보부대원에 의해 증언된 것인데, 해당 여성은 나와의 면담에서 이에 대한 증언을 거부하고 말았다.

그렇다면 누가 한국군 위안부가 되었는가? 한국군 위안부가 공개로 모집되었다는 사실은 어디에서도 찾을 수 없다. 많은 군인들이나 위에서 언급한 세 여성들의 증언과 주변 정황을 보면, 한국군 위안부는 강제로 끌려온 여성들, 또는 '빨갱이'나 '빨갱이 가족'으로 분류되어 군에 납치된 여성들로 추정된다.

리영희 교수는 자신의 부대에 출장위안(?)을 왔던 군위안부 중에 군 부대원과 동향인이 있었다고 했다.[42] 김희오나 몇 명의 한국군 출신들에게 한국군 위안부들의 차림새를 질문을 했을 때, 대개는 화장기가 없는 어린 여성이라고 말했다.

필자와 인터뷰했던 사람들은 그 어린 여성들이 한국군 위안부가 되기 전

---

42) 위의 책, 199쪽.

에는 직업으로서의 성매매 여성이 아니었던 것으로 기억했다. 물론 강제동원된 군위안부는 부당하지만, 성매매업 여성으로의 군위안부는 당연하다는 취지를 얘기하려는 것이 아니다. 다만 한국군 위안부, 즉 육군에 의한 특수위안대 설립이 국가에 의해 강제적으로 만들어졌음을 강조하려는 논지이다.

그렇다면 한국군 위안부 제도, 즉 '특수위안대'의 성격은 어떻게 봐야 하는가? 특수위안대(特殊慰安隊)는 과거 일본군 위안대를 지칭하던 용어인 '특수위안소(特殊慰安所)'로부터 왔던 것으로 보인다.

한 예로 1938년에 일본 육군에 의해 설립된 양가택(楊家宅)이라는 위안시설에서 성병 검진을 했던 산부인과 의사 아소 데츠오(麻生徹男)가 기록한 보고서에 위안시설을 '군용 특수위안소'로 지칭하는 것을 볼 수 있다(『국민일보』 2004년 10월 31일; 『노컷뉴스』 2013년 10월 30일). 또 『후방전사(인사편)』에서 한국군 위안대를 특수위안대로 지칭하는 것은 일본 식민주의의 경험에서 왔다. 한마디로 말해 군위안부 제도는 국가에 의한 매춘제도였다.

군대에 의한 위안부 제도의 기본적인 특징은 군의관에 의한 특수위안대의 위안부들에 대한 성병 검진과 치료제도였다. 군위안부에 대한 강제적 성병 검진제도는 일반 공창과의 차이 중 하나였다.

일본에서 최초의 성병 검진은 나가사키(長崎)의 유곽에서 실시되었다고 한다. 후지메 유끼에 따르면 "(최초의 검진은) 나가사키에 입항한 러시아 해군의 요청에 따른 것이었다. 창기들의 병원도 영국 해군 군의관의 건의에 따라 창설되었는데, 요코하마에 이어 나가사키와 고베에도 병원이 개설되어 백인을 상대하는 창기에게 검진을 강요했다"[43]고 한다.

그러한 과정 속에서 군위안부의 적지 않은 여성들이 강제적으로 동원된 상황으로 인해 반인권적인 경험을 하였다. 전반적인 군위안부 생활 자체가 반인권적 노예 상황이었던 것으로 보인다. 서울 등지에 있던 군위안부의

---

[43] 藤目ゆき, 앞의 책, 94쪽.

생활에 대해서는 증언을 찾지 못했으나, 속초HID부대에 속했던 원산 앞섬의 한 부대에서 북파공작원(北派工作員) 부대 군위안부의 모습을 한 예로 살펴볼 수 있다.

한편 1951년 5월경, 최 씨가 원산 앞바다에 있을 때 어느 섬에서 여맹원들이 회의를 하기 위해 한 집에 모두 모여 있다는 첩보가 들어왔다. 대장의 지휘에 따라 그를 포함한 5명은 야음을 틈타 그 마을에 도착했다. 그 마을은 자신의 옆 동네이기 때문에 손바닥 보듯 훤하게 잘 알고 있었다. 그들은 신을 신은 채 동네 처녀들이 있다는 방에 들이닥쳤다. 그 방에는 집주인인 듯한 남자가 있어서 저항하기에 그의 멱을 따 죽여버렸다. 동이 틀 무렵 여성들 4명을 끌고 해안가로 나와 타고 온 배로 섬으로 돌아왔다. 도중에 오인한 미 전투기의 공습을 받고 어이없게도 여성 한 명이 죽었다. 3명의 여성들은 두려움에 완전히 기가 질려 울지도 못했다.

그들은 여성들을 여도 본부로 넘겨주었다. 그중 최 씨의 소학교 동창이었던 문 씨(69세)는 이 아무개 하사관에게 겁탈 당했다. 결국 문 씨는 이 하사관과 정전이 될 때까지 여도에서 아이를 낳고 같이 살았다고 한다. 다른 여성들은 낮에는 군인들의 밥과 빨래를 해주었고 밤에는 위안부가 되어야 했다. 그러다 정전이 되자 문 씨는 원래 본처가 있었던 이 하사관에게 버림을 받았다. 결국 재혼한 문 씨는 현재 서울에 살고 있다. 자그마한 구멍가게를 하고 있는 문 씨를 필자가 접했을 때 그는 "나는 아이 둘 낳고 고생하며 산 것밖에 아무 것도 한 게 없어"라고 말하며 과거를 가슴에 묻어 놓고 있었다.

그런데 그와 같은 일은 양도에서도 있었다. 당시 대원들은 성진 부근에 살고 있는 여성 2명을 납치해왔다. 그들은 유사시를 대비해 늘 유격과 첩보활동을 해야 했기 때문에 밥과 빨래하는 것을 싫어해 여성들에게 그런 일들을 다 맡겼다. 물론 밤에는 간부들의 성노리개가 되어야 했다. 누구 한 사람, 그것을 잘못이라고 말하지 않았다.[44]

---

[44] 김귀옥, 「납치 북한인을 공작원, 위안부로 이용했다: 북파공작원의 현대사 증언」, 『월간 말』 12월호, 2000.

군위안부로 끌려온 10대 나이의 여성 3명은 낮에는 식모처럼 군인의 밥과 빨래 등의 일을 했고, 밤에는 군인들의 성노리개가 되었다. 한 여성은 하사관의 아이까지 낳았으나, 정전협정 후 버림을 받았다. 그러한 상황이 모든 군위안부 여성의 상황이었다고는 말할 수 없으나 국가에 의해 강요된 강제적 상황은 반인권적일 수밖에 없음을 말하고 있다.

아무튼 1950년대 한국군 위안부 제도는 최전선의 군대를 위해 운영되었다. 즉 1952년에는 서울을 비롯하여 춘천, 원주, 속초 등과 같은 최전선 바로 아래 지역들에 설치되어 군인들이 위안대를 방문할 뿐만 아니라 그 위안부는 전선으로 출동하여 군인들을 위안하도록 되어 있었다.

그런데 1952년 당시 200~300명 규모의 군위안부로는 전쟁을 통해 확대된 60만 명 군인의 수요를 충족시키기가 힘들었던 것 같다. 아울러 1951년 7월 휴전회담을 시작한 이래 1952년이 되면서 전투가 최전선에서 소강상태가 되자 군인들의 군기가 문란해졌다. 이러한 환경에서 1952년 연말이

되면서 언론을 통해 위안소 시설을 확충하라는 주장이 나오기 시작했다.(『동아일보』 1952년 12월 30일자)

이 기사에 따르면 "일선에서 고투하다가 휴가 귀향을 하여 즐거운 며칠간을 보내기커녕 가계를 돕기 위해 엿판을 메고 엿을 파는 현역군인을 보았다'고 시작하여, 그러한 일선 장병들이 즐거운 마음으로 휴가를 즐기고 애국자들의 사기(士氣)를 앙양(昂揚)시켜 전선으로 돌려보내도록

위안소를 전국 각지에 세울 것을 제안
했다. 이 문제에 대해 정부 당국이 어
떤 대책 논의를 했다는 보도는 전혀 없
었다. 다만 1953년 7월 27일 정전협정
이 된 이후 11월 16일에 위안소 증설을
한다는 기사가 『경향신문』(1953년 11
월 16일)에 다음과 같이 보도되었다.

즉 위의 기사에 따르면 기존에 서울에
배치된 3개 소대(小隊) 외에도 4개 시설
을 증설했고, 설치 목적은 다른 시설들
처럼 위안 행위를 하도록 하는 데 있었
다. 증설된 위안 시설은 다음과 같다.

▲ 제1육군회관: 충무로1이 구(舊) 종방적(鐘紡跡)[45] 소재

▲ 제2육군회관: 화신(和信)(백화점) 앞 구 낙원장(樂園莊)[46] 소재

▲ 제3육군회관: 단성사(團成社) 앞 구 동명관(東明館) 소재[47]

▲ 제5육군회관[48]: 영등포(永登浦) 로터리 앞

---

45) 현재 종방적(鐘紡跡)이라는 건물을 찾을 수 없다. '紡跡'은 '紡績'의 오타라고 볼 수 있다
면, 이는 일제강점기에 설립된 충무로에 소재했던 종연방적회사(鍾淵紡績會社)를 가리
킨다고 볼 수 있다. 1920, 30년대 동아일보를 검색하면 종연방적회사를 '종방(鐘紡)'으로
흔히 불렀다. 종연방적회사(鍾淵紡績會社)은 일본 오사카(大阪)에 모체가 있었고, 당시
조선에는 삼십육 개의 공장이 있었다. "鐘紡의 減給" 『동아일보』 1930년 4월 9일자.

46) 현재는 사라진 화신백화점 건물은 종로 2가에 소재했고, 낙원장은 일제강점기 건립된
여관, 음식점, 카페, 회의실을 가진 건물임.

47) 동명관은 일제강점기 기생을 둔 요정이었던 건물임. 『동아일보』 1937년 8월 19일자.

48) 『경향신문』(1953년 11월 16일)에 소개된 증설된 군위안시설은 4개지만 제4육군회관은
없다. 누락되었을 가능성도 있지만, 한국인의 정서에 숫자 4, 사(四)는 죽을 사(死)와
같은 음이므로 피하는 경향 때문에 제4육군회관 대신 제5육군회관으로 칭했을 수 있다.

물론 이때의 위안시설이 종래 군위안대와 같은 성격의 것인지는 명확하지는 않다. 이들 각각의 위안시설에서 낮에는 식사와 다과, 저녁에는 무용 공연이 있었다는 점에서, 다분히 위문을 주도하는 군예대(軍藝隊)와 유사한 성격으로도 보인다. 그러나 『후방전사(인사편)』에는 위안과 위문의 성격을 구분하였다(147쪽). 군예대는 "전시 평시를 막론하고 군 전후방지구를 위문하고 건전한 오락을 제공함은 장병의 피로를 회복케 할 뿐 아니라 전의를 배양하며 사기를 앙양한다는 것은 췌언(贅言)을 불요하는바"에 따라 설치되었다. 한국전쟁기에는 1949년에 설립된 양양 위문단과 화랑 위문단 두 개 위문대에 이어 1950년 7월 15일 3개 소대를 편성하여 전후방 순회 위문공연을 시작했다. 군예대 대원으로서 남성 연예인은 황해(1921년~2005년) 외 16명, 여성 연예인은 백설희[49](1927년~2010년) 외 7명이었다. 군예대는 6·25 발발 이래로 1954년 7월 17일 정전협정 체결 때까지 국군과 유엔군을 합쳐 약 892회 출동 위문을 했고, 일반인들을 위한 위문도 했다고 한다(149쪽).

『후방전사(인사편)』에서 군위안대는 군예술대와 구분되어, 주로 국가에 의해 군위안부들이 군인들에게 성접대를 하도록 되어 있다. 그런 점에서 위의 군 위안시설로 지칭되는 육군회관에서는 성접대가 강요되었던 것으로 추론된다.

1953년 11월이라는 시점은 이미 정전협정이 체결된 상황인데 군 위안시설이 증설된 이유는 의외로 간단하다. 정전은 되었으나 남한과 북한 모두 60여만 명의 대군을 유지했다. 휴전 당시에는 대다수 부대를 휴전선 근방에 배치하다 보니 군인들의 제대를 늦추기 위해서는 여러 가지 유화책이 필요했을 것이고, 그 유화책 중의 하나가 바로 군위안부 제도를 유지하는

---

49) 백설희 씨와 황해 씨는 한국전쟁 발발 시기에 결혼식을 생략한 채 동거했다고 알려져 있고(정종화, 『영화에 미친 남자』, 맑은소리, 2006, 228쪽), 군예대에는 부부 연예인으로 활동한 것으로 보인다. 2007년경 백설희 씨에게 지인을 통하여 인터뷰를 요청했으나 당시 이미 건강이 나빠 만남은 성사되지 못했다.

것이었던 것으로 보인다. 어찌되었건 1954년 3월에는 육군이 운영하는 군 위안부 제도는 끝나게 되었다. 그 후에는 군부대 주변의 수많은 군 기지촌 시설, 공·사창 성매매업이 그 역할을 대신했던 것으로 보인다.[50]

한편 한국군 위안부 제도의 연속선상에서 미군을 비롯한 연합군을 위한 위안시설도 설치되었다. 이러한 사실은 일본의 하야시 히로후미(林博史) 나, 이임하와 박정미의 노력에 의해 규명되었다. 특히 박정미는 한국의 보건부가 1951년 10월 10일 결재한 '청소 및 접객영업 위생사무 취급요청 추가지시에 관한 건'(保防 제1726호)에서 연합군 위안소와 위안부에 관한 지시사항을 담고 있음을 찾아내었다.

이 자료에 따르면 미군이 위안소 설치를 "직접 명령"했다는 내용은 없지만, 위안시설이 "주둔군 당국의 요청에 의"하여 설립되었고, 성병 검진의 형식과 결과 역시 "외국헌병대에도 연락"해야 할 사항이었다는 내용이 기록되어 있다.[51] 이런 점에서 미군은 위안소 설치를 직접 "명령"하지는 않았을지라도 설치와 운영(특히 여성들의 성병 검진)에 깊숙이 개입했음을 알 수 있다. 그 역사가 현재까지 한국에 남아 있는 미군 위안부 문제의 기원이라고 할 수 있다.

5. 맺음말: 한국군 위안부 문제 해결을 위한 과제

역사는 역사다. 반인륜적 역사는 시간이 흐른다고 해서 바뀌지 않는다.

---

50) 군부대가 사창 성매매 여성들을 군부대, 소위 안가(安家)에 불러들여 집단적으로 성행 위를 하는 문제를 이종선은 『북파공작원 HID』(창작시대, 2001)에서 서술했다. 이것은 소설이지만 모든 에피소드는 취재를 통해 이루어졌고 사실에 바탕에 두고 있다고 작가는 고백하였고, 이러한 사실은 2002년 필자가 속초에서 조사했던 1980년대 HID 부대원의 증언과도 일치하였다.

51) 박정미, 위의 글, 102~104쪽.

국가가 역사 앞에 진실하고 겸손하지 않으면 국민은 국가를 신뢰하거나 충성을 바칠 수 없다. 잘 알려졌듯이 1970년 당시 서독 총리였던 빌리 브란트는 폴란드 바르샤바 유대인 위령탑 앞에 무릎 꿇고 헌화하며 역사적 과오에 대한 진정성이 담긴 사죄를 했다. 또한 2013년 8월, 독일의 메르켈 총리는 뮌헨의 다하우 강제수용소를 찾아 4만 1천여 명의 희생자들을 추모하고 나치의 만행을 다시금 반성했다.

빌리 브란트나 메르켈 총리가 유태인 학살에 직접적인 책임자이기 때문에 사과를 한 것인가? 그렇지 않다. 자연인 빌리 브란트나 메르켈이 아닌 국가의 대표로서 역사와 역사적 피해자 앞에서 사과하고 화해를 청한 것이었다. 그들이 역사적 잘못을 이해하고 사죄하고 배상을 함으로써 독일의 전체 정치인과 기업들도 사과와 배상을 했다. 그 결과 독일은 유럽 사회, 나아가 세계 사회를 통해 신뢰를 얻을 수 있었다.

한국의 한국군 위안소는 1954년 3월 해산된 이후, 몇몇 군인들의 회고록에도 그 존재 사실이 기록되고 있었으나, 필자가 문제를 제기할 때까지 사회적으로 완전히 침묵의 대상이었다. 국가는 군위안부들에게 아직도 사과하지 않고 있다. 그러한 침묵은 한국 사회의 국가주의와 가부장적 문화가 큰 영향으로 끼쳤던 결과라고 할 수 있다. 그런데 조금만 돌아보면 일본군 위안부 문제의 경우에도 한국 사회에서는 1991년 김학순 씨가 "나는 일본군 위안부였다"는 고백을 하기 전까지 공공연한 비밀로 간주되었고, 소수의 여성운동가들이나 연구자들을 제외하고는 이에 대해 간과하는 경향이 있었다.

2002년 필자가 한국군 위안부 문제를 발표하자 그것이 존재했다는 사실 자체가 명확했기 때문에 많은 사람들이 인정할 수밖에 없었지만, 필자 주위에서는 일본과의 문제 때문에 이것이 공론화되는 것을 주저하는 기색이 역력했다. 어떤 사람들은 한국군 위안부 문제 제기가 일본 당국이나 일부 일본인들이 일본군 위안부 문제를 왜곡시키는 빌미를 제공할 수 있다는 우려마저 했다.

그러나 필자는 이 문제가 공론화되어 일본인들이 한국군 위안부 문제를 인지하는 것이 도리어 일본이 스스로 일본군 위안부 문제를 인정하는 데 도움이 될 뿐만 아니라, 세계 역사에서 성폭력을 정당화하는 모든 왜곡에 대해 경종을 울리는 사례의 하나가 되리라고 본다. 특히 한국군 위안부의 뿌리가 궁극적으로는 일본 식민주의로부터 나왔다는 사실을 규명하는 데 있어 매우 중요하다고 생각한다.

첫째, 일본인들이 한국군 위안부 문제를 인정하게 되면 일본군 위안부 문제도 인정하는 결과를 낳게 된다. 현재 일본 정부나 일부 일본 극우 세력들의 주장의 핵심은 일본군, 즉 일본이라는 국가에 의한 군위안부 징용은 없었다는 내용이다. 그들의 주장에 따르면 한국군(국가)에 의해 설치된 한국군 위안부의 실체도 부정되어야 한다. 따라서 일본 극우 세력들은 한국군 위안부의 존재도 일본군 위안부의 존재와 함께 부정하든지, 한국군 위안부를 인정한다면 일본군 위안부의 존재도 인정할 수밖에 없는 논리적 모순에 빠지게 된다.

둘째, 한국군 위안부 제도를 모든 인간의 역사에서 성욕과 성폭력이 보편적으로 존재한다고 하는 보편적 예로 사용해서도 안 된다는 점이다. 성욕과 성폭력은 엄연히 같은 범주에서 다룰 수 없는 문제다. 한국군 위안소가 인도차이나 전쟁 당시 프랑스군의 '이동식 창녀촌'이나 베트남전쟁 당시 베트남 여성을 고용한 미군 전용의 유곽 등처럼 모든 전시, 모든 사회에 필요악처럼 존재해 온 것인가? 한국군 위안소 설치라는 사건은 이러한 보편성의 단면에 불과한 것인가?

『음란과 폭력』의 저자 한스 페터 뒤르는 역사에 걸쳐 성욕은 음란과 성폭력과 함께 항상 존재[52]했다고 주장했다. 그러나 그는 성욕과 성폭력을 거의 동일시하는 어리석음을 범하고 있다. 인류가 존재하는 한 성욕은 존

---

[52] Hans Peter Duerr, 『음란과 폭력: 성을 통해 본 인간 본능과 충동의 역사』, 최상안 옮김, 한길, 2003(1992).

재했으나 성욕이 표현되는 방법이나 문화는 시대와 사회, 개체, 관계마다 차이가 있을 수밖에 없다. 성폭력이 두드러지는 사회도 있으나, 성폭력의 징후가 거의 나타나지 않는 사회도 있다. 또한 성매매를 은밀하게 인정하는 사회는 많을지라도 제도로서 공식적으로 인정하는 사회는 근대에서 매우 제한적이다. 그런 점에서 성욕이 있는 사회에 성폭력이 존재한다는 도식은 과도한 일반화일 수밖에 없다.

셋째, 한국군 위안부 제도의 뿌리에 관한 문제다. 해방 이후 한국은 과거의 식민주의가 청산되지 못한 채 근대국가를 수립해야 하는 운명을 맞이했다. 쉽게 말하면 일제 식민주의를 경험했던 한국군 위안부 문제는 기이한 문제가 아니라 미청산된 식민주의가 남긴 하나의 유산이었다. 따라서 한국군 위안부 문제는 과거사 청산 문제의 일부로 존재할 뿐 낯선 문제도 일탈적인 문제도 아닌 것이다.

물론 한국군 위안부 문제가 최근까지 침묵된 기저에는 일본군 위안부 문제를 왜곡할 수 있다는 우려와 함께 한국의 가부장적 성문화를 포함한 가부장제 이데올로기의 작동이 있었다. 그럼에도 불구하고 군위안부 제도가 한국전쟁기에 육군에 의해 시행된 것은 일제 식민주의를 내재화한 만주국군이나 일본군 출신의 한국군 간부들이 있었기에 가능했다는 점을 간과해서는 안 된다.

한국군 위안부 문제를 한국인 스스로 드러낸다는 것은 스스로 잘못을 인지해야 할 운명을 만드는 것이다. 하지만 자신의 잘못과 치부를 스스로 드러낸다는 것은 잘못된 과거를 잊지 않겠다는 의지이며, 다시는 과오를 반복하지 않겠다고 하는 교훈이자 각오의 표출이라고 본다. 늦었지만 한국 정부는 한국전쟁 당시 한국군 위안대를 만들어 운영했던 사실을 인정하고 군위안부로 강제 당했던 여성들에게 사과하고 적절한 배상을 해야 하고 희생당했던 여성들을 애도하거나 위령 등의 노력을 해야 한다. 또한 미래 세대들에게 이러한 역사적 사실을 알림으로써, 전쟁에 의한 잔혹상과 전쟁 없는 세상을 실현하겠다는 의지의 중요성을 일깨우는 교육을 해야 한다. 이러한 노력이 결국은 일본 정부에 의해 왜곡되어 있는 일본군 위안부 문제를 바로 잡고, 역사적으로 진정성 있는 사과와 실효성 있는 배상, 진정한 과거 청산을 할 수 있도록 압력을 가하는 데 기여할 것이라고 본다.

나아가 일본군 위안부 제도는 일본 정부와 식민지 시대 조선(한국) 여성만의 문제가 아니다. 일본군 위안부 제도의 피해자는 비록 조선인 여성이 대다수였지만, 일본 본도, 오키나와, 대만, 필리핀, 인도네시아 등 일본이 점령했던 많은 나라 여성들의 인권과 생명 자체가 유린당했던 상징적인 제도이기 때문이다. 일본 정부는 일본군 위안부 제도에 대한 책임이 있을 뿐만 아니라, 한국군 위안부 제도에도 간접적으로 책임이 있다고 할 수 있다. 정말 늦었지만, 이제라도 일본 정부는 일본군 위안부 제도에 의해 희생당한 여성들의 인권을 바로 세우고, 역사적 참회를 할 기회를 가져야 할 것이다.

【참고문헌】

김정자 · 김현선, 『미군 위안부: 기지촌의 숨겨진 진실』, 한울, 2013.

김귀옥, 「납치 북한인을 공작원, 위안부로 이용했다: 북파공작원의 현대사 증언」, 『월 간말』 12월호, 2000.

김귀옥, 2001, "속초 세 할머니가 겪은 6 · 25전쟁", 『민족21』 9월호, 112~117쪽.

김귀옥, 「한국전쟁기 한국군의 '위안부'제도의 실체와 문제점」, 송연옥 · 김영 외, 『군 대와 성폭력』, 선인, 2012.

김귀옥, 「「일본식민주의가 한국전쟁기 한국군 위안부 제도에 미친 영향과 과제」, 『사 회와 역사』 103집, 2014, 83~114쪽.

김희오, 『인간의 향기: 자유민주/대공투쟁과 함께한 인생역정』, 원민, 2000.

리영희, 『역정: 나의 청년시대』, 창작과비평사, 1988.

박정미, 「한국 성매매정책에 관한 연구: '묵인－관리 체제'의 변동과 성판매 여성의 역사적 구정, 1945~2005」, 서울대학교 대학원 사회학과 박사학위논문, 2011.

백종천 외, 『한국의 군대와 사회』, 나남, 1994.

송남헌, 『해방삼년사』, 까치, 1985.

안연선, 『성노예와 병사 만들기』, 삼인, 2004(2003).

안연선, 「'병사 길들이기': 아시아 태평양전쟁기 일본 군인의 젠더 정치」, 『대중독재와 여성』, 휴머니스트, 2010.

안진, 「미군정기 국가기구의 형성과 성격」, 『해방 전후사 인식 3』, 한길사, 1987.

야마시다 영애(山下英愛), 「식민지 지배와 공창 제도의 전개」, 『사회와 역사』 제51집, 1997, 143~181쪽.

육군본부, 『후방전사(인사편)』, 육군본부, 1956.

윤정석, 「한국군의 창설과 일본 군사문화」, 『한일군사문화연구』 제2호, 2004, 3~27쪽.

이계수, 「군대 내 구타 가혹행위 및 그로 인한 사고를 방지하기 위한 법적 제도적 방안에 관한 연구」, 『민주법학』 제23호, 2003, 285~317쪽.

이임하, 「한국전쟁과 여성성의 동원」, 『역사연구』 14, 2001.

이종선, 『북파공작원 HID』, 창작시대, 2001.

정종화, 『영화에 미친 남자』, 맑은소리. 2006.

정진성, 『일본군 성노예: 일본군 위안부 문제의 실상과 그 해결을 위한 운동』, 서울대학교 출판부, 2004.

차규헌, 『전투』, 병학사, 1985.

채명신, 『사선을 넘고넘어』, 매일경제신문사, 1994.

친일인명사전편찬위원회 엮음, 『친일인명사전』, 민족문제연구소, 2009.

한국정신문화연구원 한민족문화연구소 편, 『내가 겪은 해방과 분단』, 선인, 2001.

한성훈, 『가면권력: 한국전쟁과 학살』, 후마니타스, 2014.

한용원, 『창군』, 박영사, 1984.

한용원, 『한국의 군부정치』, 대왕사, 1993.

홍두승, 『한국 군대의 사회학』, 나남, 1993.

宋連玉·金榮 外, 『軍隊と性暴力』, 東京: 現代史料出版, 2010.

上野千鶴子, 『내셔널리즘과 젠더』, 이선이 옮김, 박종철출판사, 1999(1998).

藤目ゆき, 『성의 역사학: 근대국가는 성을 어떻게 관리하는가』, 김경자·윤경원 옮김, 삼인, 2004.

Duerr, Hans Peter. 『음란과 폭력: 성을 통해 본 인간 본능과 충동의 역사』, 최상안 옮김, 한길, 2003(1992).

Gandhi, Leela. 『포스트식민주의란 무엇인가』, 이영욱 옮김, 현실문화연구, 2000(1998).

Said, Edward. "Representing the colonized: anthropology's interlocutors", *Critical Inquiry*. Vol.15. No2(Winter): 1989, 205~225쪽.

Said, Edward. 김성곤·정정호 옮김(1995), 『문화와 제국주의』, 창.

한국 기지촌 성매매정책의 역사사회학, 1953~1995년*
냉전기 생명정치, 예외상태, 그리고 주권의 역설

박정미

1. 문제 제기

1992년 10월 28일 동두천에서 윤금이라고 불린 미군 상대 성판매여성이 참혹하게 훼손된 시신으로 발견되었다. 사건 직후 이웃 여성들의 도움으로 피의자인 미군 케네스 마클이 신속하게 검거되었고, 다비타의 집, 두레방과 같은 기지촌 여성쉼터와 동두천 시민단체가 사건을 적극 여론화했다.

그 결과, 전국의 다양한 사회운동단체가 참여하는 공동대책위원회가 꾸려졌고, 한국 정부의 철저한 수사와 처벌을 요구하는 운동이 1년 반 동안 전개되었다. 이러한 운동에 힘입어 마침내 1994년 4월 14일 케네스 마클은 징역 15년형을 선고받고 천안 교도소에 수감되었다.

* 이 논문은 『한국사회학』(제49집 제2호, 2015년)에 게재된 것으로, 2012년부터 2014년까지 기지촌여성인권연대가 주최한 다양한 강연·토론회, 2014년 서울대학교 아시아연구소에서 열린 국제학술대회 Comparative Research on the Cold War in Europe and Asia(12월 12일), 그리고 2014년 한국사회학회 후기 학술대회(12월 20일)의 발표문을 수정, 보완한 것이다. 귀중한 논평을 해주신 기지촌여성인권연대 활동가들, 오동석 선생님, 이철우 선생님, 하주희 변호사, 이향재 변호사, 비교역사문화연구소 선생님들과 학회 참석자들께 감사드린다.

윤금이 씨 사건은 한국 인권 운동 역사의 중대한 전환점이다. 오랫동안 성적 타락과 민족적 수치의 대명사로 여겨져 왔던 기지촌 성판매여성의 죽음이 국민적 분노와 저항을 불러일으켰기 때문이다. 그러나 동시에 이 사건은 당시 한국 사회운동의 한계를 분명하게 드러내는 지표이기도 하다. 비판의 초점이 미군 범죄와 한미관계에 맞춰짐으로써, 민족주의가 운동을 압도했기 때문이다. 살아서 경멸받던 '양공주' 윤금이 씨는 죽어서 '민족의 딸'로 추앙되었고, 훼손된 그이의 육체는 미국에 침탈당한 조국의 영토로 격상되었다.[1]

또한 사건의 잔혹함을 강조하는 운동의 수사는 기지촌 성판매여성들이 일상적으로 겪는 폭력, 차별, 불의를 보이지 않게 만드는 결과를 초래했다. 이렇듯 숨진 윤금이 씨는 침묵하는 주검으로써 자신이 입은 피해를 증언했지만, 정작 살아있는 기지촌 성판매여성들은 자신들이 처한 현실에 관해 발언할 기회를 얻지 못했다.

그로부터 22년이 지난 2014년 6월 25일, 살아있는 전직 '기지촌 위안부' 122명이 국가배상소송을 제기했다. 기지촌여성인권연대, 기지촌위안부 국가배상소송 공동변호인단, 새움터, 한국여성단체연합이 소송을 지원했다. 원고인단은 이 날 기자회견을 통해 국가가 성매매를 불법화했음에도 기지촌을 특정지역으로 지정하여 성매매를 조장했고, 성판매여성들에게 강제 성병 검진 및 치료와 더불어 '애국교육'까지 실시했음을 폭로했다.

물론 이번 소송이 기지촌 성판매여성들이 국가 책임을 물은 첫 번째 사례는 아니다. 기지촌 여성들은 미군의 폭력, 업주의 횡포와 더불어, 국가가 행한 다양한 불의에 용감하게 맞서왔다.[2] 그러나 이들에 대한 낙인이 극심

---

1) 정희진, 「죽어야 사는 여성들의 인권: 한국 기지촌여성운동사, 1986~98」, 한국여성의전화연합 편, 『한국여성인권운동사』, 한울 아카데미, 1999.

2) 김연자, 『아메리카 타운 왕언니, 죽기 오분 전까지 악을 쓰다: 김연자 자전 에세이』, 삼인, 2005; 이나영, 「기지촌의 공고화 과정에 관한 연구(1950~60): 국가, 성별화된 민족주의, 여성의 저항」, 『한국여성학』, 23(4), 2007; 박정미, 「잊혀진 자들의 투쟁: 한국 성판매여성들의 저항의 역사」, 『역사비평』, 118, 2017.

한 상황에서 그러한 투쟁은 어떤 사회적 지원도 얻지 못한 채 종식되었다.

사회운동이 적극 연대한 사례는 주로 미군이 여성을 끔찍하게 살해하거나 상해한 경우에 한정되었고, 그마저도 1990년대 이후의 일이었다. 따라서 이 소송은 전직 기지촌 성판매여성들이 주체가 되고, 여성단체·변호사·연구자가 연대하여, 이들이 일상적으로 겪은 억압에 대한 국가배상을 요구했다는 점에서, 한국 여성운동사에 유의미한 발자국을 남겼다.

이 글에서는 '기지촌 위안부' 여성들이 일상적으로 경험한 국가 통제의 역사를, 법령을 비롯한 정부의 공식 기록을 통해 탐색하고자 한다. 이처럼 정부의 1차 자료를 통해 기지촌 성매매정책의 역사를 서술하는 것은 기지촌 성매매에 대한 국가의 직접적 개입과 그에 따르는 역사적 책임을 입증하는 데 기여할 것이다.

이 글이 다루는 시기는 한국전쟁이 종식된 1953년부터 성매매정책과 기지촌의 인구 구성이 변동하기 시작한 1995년까지다. 이 시기는 또한 한반도에서 냉전의 전성기이기도 하다. 휴전과 더불어 미군이 장기 주둔하자, 정부는 미군에게 안전한 쾌락을 제공하기 위해 성매매정책을 확립했다. 이러한 정책은 시기에 따라 차이는 있지만 약 40년 동안 근본적으로 변화하지 않은 채 유지되었다.

그것이 균열을 일으키기 시작한 것은 1990년대 중반이다. 1961년에 제정된 「윤락행위 등 방지법」이 1996년 최초로 개정되었고, 이와 더불어 기지촌 여성을 억류하고 치료하던 부녀보호시설과 성병관리소 역시 상당수 폐쇄되었기 때문이다. 또한 1990년대 중반부터는 이주 여성 엔터테이너가 본격 진입함으로써 기지촌의 인구 구성과 이들에 대한 법적 통제 양식이 달라지기 시작했다.[3]

이 글에서는 한국 기지촌 성매매정책의 '법적 구조'에 초점을 맞출 것이다. 다음 절에서 자세히 살펴보겠지만, 지금까지 생산된 기지촌에 관한 연구들

[3] 한반도에서 냉전을 언제까지로 규정할 것인지는 매우 까다로운 문제다. 통상 세계적 차원에서는 1989년 동구권 사회주의의 붕괴를 계기로 냉전이 종식되었다고 볼 수 있지만, 한반도에서는 여전히 군사적 긴장이 감돌고 있기 때문이다. 이 논문에서는 기지촌 성매매정책에 초점을 맞추어 1995년까지를 '냉전의 전성기'로 규정한다.

은 기지촌 성매매정책의 법적 구조를 해명하는 데 실패했다.

이 글은 미국과 한국의 주권이 중첩되는 기지촌이라는 공간에서, 기지촌 여성에게 행사된 독특한 법적 통제 양식을, 푸코(M. Foucault)의 '생명정치 (biopolitics)'와 아감벤(G. Agamben)의 '예외상태(the state of exception)' 개념을 통해 설명할 것이다. 동시에 이 연구는 동아시아 냉전 질서하에서 주권, 젠더, 섹슈얼리티 사이의 관계를 해명함으로써 푸코와 아감벤의 서구 중심주의와 성 맹목(gender-blindness)에 도전할 것이다.

이 글은 5절로 구성되었다. 2절에서는 한국 기지촌 성매매에 관한 기존 연구를 검토하고 이 논문의 질문, 이론, 방법과 자료를 제시한다. 3절에서는 국가 법령과 공식 문서를 통해 기지촌 성매매정책의 역사를 검토한다. 이를 바탕으로 4절에서는 법과 폭력의 문턱으로서 기지촌 성매매정책의 독특한 법적 구조와 그러한 구조를 초래한 한국 국가 주권의 역설적 성격을 분석한다. 결론에서는 위에서 언급한 연구 결과를 요약하고 글 전체의 이론적·실천적 함의와 이후의 연구 과제를 고찰한다.

2. 용어, 선행 연구 검토와 이 논문의 문제 설정

1) 용어: '기지촌 위안부'와 '기지촌 여성'

지금까지 밝혀진 바에 따르면, 한국 정부가 군인 상대 성판매여성을 '위안부'로 지칭한 것은 한국전쟁기부터다. 김귀옥은 1956년 육군본부가 출판한 『육이오 사변 후방전사: 인사편』을 통해 한국전쟁기 육군이 한국군을 위한 '특수위안대'를 설치했음을 입증했다.[4]

---

4) 金貴玉, 「朝鮮戰爭と女性—軍慰安婦と軍慰安所を中心に」, 徐勝 編, 『東アジアの命令と國家テロリズム』, お茶の水書房, 2004.

또한 연구자들은 신문 기사나 정부 통계에서 미군 상대 성판매여성 역시 '위안부'로 불리기도 했다는 사실을 지적해왔다.[5] 그러나 '위안부'가 법령에도 버젓이 등장했다는 사실은 최근에야 밝혀졌다. 박정미는 보건부 1951년 예규 「청소 및 접객영업 위생사무 취급요령 추가지시에 관한 건」이 '위안부'를 "위안소에서 외군을 상대로 위안접객을 업으로 하는 부녀자"로 정의했고, 동일한 범주가 1957년 시행된 「전염병예방법시행령」으로 계승되었으며, 1977년 동 시행령이 개정되기 전까지 존속했음을 입증했다.[6]

그런데 한국 사회와 학계에서 역사적 용어이자 분석적 용어로서 '위안부'는 오랫동안 일본군 성노예와 등치되어왔다. 따라서 '기지촌 위안부' 또는 '미군 위안부'를 분석적 용어 또는 개념어로 사용할 경우, 자칫 기지촌 성매매정책과 일본군 위안소 제도가 사실상 동일하다는 통념을 초래할 가능성이 있다.

기지촌 성매매정책이 일본군 위안소 제도로부터 여러 요소를 계승한 것은 사실이지만, 두 제도 사이의 공통점과 차이점은 아직 충분히 규명되지 않았다. 그러므로 역사적 용어로서 미군/기지촌 '위안부'를 사용할지, 아니면 대안적인 개념어를 만들어내야 할지 토론이 필요하다. 이 글에서는 잠정적으로, 법령의 내용을 직접 지시할 경우에는 '위안부'(이하 ' ' 생략)를, 일반적인 서술에서는 '기지촌 여성'(이하 ' ' 생략)을 주로 사용하기로 한다.

5) 이임하, 『여성, 전쟁을 넘어 일어서다: 한국전쟁과 젠더』, 서해문집, 2004a, 132~135쪽; 이임하, 「한국전쟁과 여성성의 동원」, 『역사연구』 14, 2004b, 121~144쪽; 최을영, 「성매매 관련 신문기사에 대한 프레임 분석」, 전북대학교 신문방송학과 석사논문, 2007, 39~40쪽; 이나영, 앞의 논문, 2007, 16쪽.
6) 박정미, 「한국 성매매정책에 관한 연구: '묵인-관리 체제'의 변동과 성판매여성의 역사적 구성, 1945-2005년」, 서울대학교 사회학과 박사논문, 2011a, 99~105, 130~146, 214~214쪽. 그러나 그 이후에도 '위안부'가 정부 기록에서 완전히 삭제된 것은 아니다. 일례로 1984년 『보건사회백서』에도 '기지촌 위안부'라는 표현이 등장했다. 보건사회부, 『보건사회백서』, 1984, 66쪽.

2) 선행 연구 검토

페미니스트 관점에서 한국의 기지촌 성매매를 분석한 선구적 업적으로는 캐서린 문의 『동맹 속의 섹스』를 들 수 있다.[7] 캐서린 문은 1970년대 초 한국 정부가 실시한 기지촌 정화운동을 분석했다. 이 연구는 국제관계라는 상위 정치(high politics)와 기지촌 여성 및 미군의 섹슈얼리티라는 미시 영역 사이의 관계를 탐색함으로써, 군사주의 및 인종주의가 성차별주의와 어떻게 결합했는지 탁월하게 규명했다. 하지만 이 연구는 성병 검진을 비롯한 기지촌 여성에 대한 국가 통제가 닉슨 독트린 이후에야 비로소 본격화된 것이라고 주장함으로써, 해방 후 한국 성매매정책의 역사성 속에서 기지촌 정화운동의 위상을 제대로 평가하지 못했다.

반면 이임하는 미군 상대 성판매여성에 대한 격리와 성병 검진이 이미 한국전쟁을 기점으로 제도화되었음을 입증했다.[8] 이나영은 분석의 지평을 더욱 확장하여 해방 후부터 2000년대 초까지 기지촌의 형성과 변동을 분석했다.[9] 문승숙 역시 해방 후부터 기지촌 정화운동 직전인 1970년까지 기지촌 성매매정책의 역사를 고찰했다.[10] 정희진은 기지촌 여성의 저항과 쉼터 운동, 그리고 민족주의 운동 사이의 긴장을 분석했다.[11] 김현숙[12]과 이

---

[7] 캐서린 문, 이정주 역, 『동맹 속의 섹스』, 삼인, 2002.

[8] 이임하, 앞의 책, 2004a; 이임하, 앞의 논문, 2004b.

[9] Na Young Lee, "The Construction of U.S. Camptown Prostitution in South Korea: Trans/formation and Resistance," PhD Dissertation of Women's Studies at the University of Maryland, 2007.

[10] Seungsook Moon, "Regulating Desire, Managing the Empire: U.S. Military Prostitution in South Korea, 1945-1970," in Maria Höhn and Seungsook Moon, eds., *Over There: Living with the U.S. Military Empire from World War Two to the Present*, Durham and London: Duke University Press, 2010.

[11] 정희진, 앞의 논문, 1999.

[12] 김현숙, 「민족의 상징, "양공주"」, 최정무, 일레인 김 편, 박은미 역, 『위험한 여성: 젠더와 한국의 민족주의』, 삼인, 2001.

진경[13])은 기지촌 여성에 대한 문학적 재현 양식이 어떻게 변화했는지 추적했다.

이상의 연구들은 기지촌 여성 억압의 역사, 그러한 억압에 때로는 순응하고 때로는 저항한 여성들의 행위성, 사회적 상상과 기억에서 기지촌 여성이 차지한 위상을 해명함으로써, 이들에 대한 낙인에 균열을 일으켰다. 그럼에도 이상의 연구들은 중대한 한계를 공유한다. 바로 한국 정부가 어떤 '법적 구조'에 근거하여 기지촌 여성을 통제했는지 제대로 규명하지 못한 것이다.

대다수 연구자들이 1948년 「공창제도 등 폐지령」과 1961년 「윤락행위 등 방지법」 제정으로 성매매가 금지되었으나 이러한 법령들이 사문화했으며, 정부는 국가 안보와 외화 획득을 명분으로 기지촌을 격리하고 기지촌 여성에 대한 성병 검진을 실시했다고 주장했다.[14] 대표적으로 이나영은 이러한 기지촌 성매매정책의 특징을 '공식적 금지주의'와 '비공식적 규제주의'가 혼재한 '위선적 금지주의'라고 결론지었다.[15]

이상의 논의를 종합해보면, 기지촌 여성에 대한 통제는 성매매를 금지하는 법률의 효력이 완전히 정지된 상태에서, 미군의 지시나 한국 정부의 비공식적 결정에 의해, 다시 말해 아무런 '법적 기초' 없이 실시되었다는 것이다.

---

13) Jin-kyung Lee, *Service Economies: Militarism, Sex Work, and Migrant Labor in South Korea*, Minneapolis and London: University of Minnesota Press, 2010.

14) 캐서린 문, 앞의 책, 2002, 73~74쪽, 122~131쪽; 정희진, 앞의 논문, 1999, 306~309쪽; 이임하, 앞의 책, 2004a, 131~150, 237~242쪽; Seungsook Moon, 앞의 논문, 2010, pp.58~63.

15) 이나영, 앞의 논문, 2007, 40쪽. 그런데 미군 성매매정책에 관한 이러한 개념화는 오키나와의 사례를 분석한 박정미의 연구가 이미 시도한 것이다. "**공식적 금지**는 **비공식적 관리** 앞에서 무력했고 심지어 관리를 은폐하는 명분으로 이용되기도 했다. 이러한 **위선**은 오키나와를 비롯한 전후 미군 점령지에서 분명하게 드러났다."(박정미, 「미군 점령기 오키나와의 기지 성매매와 여성운동」, 『사회와 역사』, 제73집, 2007, 232쪽; 강조는 인용자). 그러나 오키나와에서도 관리정책을 뒷받침한 다양한 법적 구조가 존재했을 수 있으므로, "비공식적 관리"라는 규정은 정책의 심층을 충분히 탐색하지 않은 채 내린 성급한 결론이었을 가능성이 있다. 이에 관해 더욱 심도 있는 연구가 필요하다.

3) 이 논문의 문제 설정

그런데 여기서 몇 가지 의문이 제기된다. 성매매를 불법화하고 관련자들을 모두 처벌하는 금지정책(prohibition)은 진정 유명무실했을까? 기지촌 여성에 대한 등록과 성병 검진 및 치료를 강제한 관리정책(regulation)은 정말 '법적 기초 없이' 시행되었을까? 만약 관리정책이 법에 근거하여 시행되었다면, 그것의 구조와 성격은 어떠했을까? 그리고 이념적으로 상충하는 금지정책과 관리정책의 모순은 어떻게 봉합되었을까? 이 글은 바로 이러한 질문에 답하기 위한 시도다.

푸코는 인간의 생물학적 요소가 권력의 대상이 되는 현상을 현대 사회의 특징으로 제시하고, 이를 '생명정치(biopolitics)'로 개념화했다. 18세기 후반에 출현한 이처럼 새로운 형태의 권력 기술은 고전적 권력 형태인 '주권(sovereign power)', 그리고 17세기에 등장한 '규율(discipline)'과 구분된다. 주권이 "죽이거나 살도록 내버려두는" 권력, 곧 죽음을 주된 표적으로 삼는 생사여탈권인 반면, 생명정치는 "살리거나 죽도록 내버려두는", 다시 말해 생명을 적극적으로 관리하는 권력이다. 규율이 개인 육체에 적용된다면, 생명정치는 인간 무리, 곧 인구에 개입한다.[16] 주권은 금지에 기초한 형법, 규율은 형법 주변에서 발전한 감시, 격리, 교화 기술(범죄학, 의학, 심리학 등), 그리고 생명정치는 인구를 둘러싼 환경에서 발생하는 위험을 계산하고 조절하는 안전장치(통계, 예방접종, 인구학, 경제학, 각종 보험 등)에 의해 각각 실행된다.[17]

푸코는 주권, 규율, 생명정치가 순차적으로 등장했지만 뒤에 출현한 권력이 기존 권력을 완전히 대체하지 않으며 단지 삼자가 관계 맺는 방식이

---

[16] Michel Foucault, *"Society Must Be Defended": Lectures at the Collège de France, 1975-76*, New York: Picador, 2003, pp. 239~243.

[17] 미셸 푸코, 『안전, 영토, 인구』, 오트르망 역, 난장, 2011, 17~191쪽.

달라질 뿐임을 강조했다.[18] 그러나 푸코는 삼자가 구체적으로 어떻게 관계 맺는지는 자세히 분석하지 않았다. 실제로 푸코의 후기 연구에서 주권과 규율에 관한 논의는 생명정치에 가려 소실되었다.

이에 아감벤은 푸코의 생명정치 개념을 수용하면서도, 푸코가 '생명정치 모델'과 '법·제도적 모델'(주권)의 교차점을 충분히 분석하지 않았다고 비판했다. 아감벤은 생명정치적 신체를 생산하는 것이야말로 주권의 본성이라고 주장하고, 주권이 극도로 확장된 상태, 곧 법과 폭력이 식별 불가능한 문턱(threshold)을 '예외상태'로 개념화했다.[19]

'예외상태'란 본래 전쟁과 같은 군사적 위기에 처했을 때 정부가 선포하는 계엄 상태를 일컫은 용어였다. 하지만 근대에 이르러 '예외상태'는 그것이 애초에 묶여 있었던 전시 상황으로부터 점차 해방되는 동시에 점점 더 국내의 소요와 질서 붕괴에 대처하기 위한 치안 유지용 비상조치를 의미하게 되었다. 곧 실제적(군사적) 계엄 상태에서 가상적(정치적) 계엄 상태로 이행이 발생한 것이다. 후자는 프랑스 혁명기부터 시작되어 20세기 양차 세계전쟁을 거치며 일반화되었다.

'예외상태가 상이한 권력 형태들(입법, 행정, 사법)이 구분되지 않은 원초적 상태로 회귀하는 것을 의미한다면, 행정 권력의 입법 공간으로의 확대, 곧 의회에 배타적으로 부여되어야 하는 입법권이 행정 권력에 위임되는 경향은 현대 국가에서 공통적으로 관찰되는 현상이다. 그 결과, 의회의 입법권은 침식되고, 입법부에 의한 법률(law)과 행정부에 의한 명령(regulation)의 위계는 교란된다.[20]

아감벤은 '예외상태'를 가장 극단적으로 구현한 현대적 장치로서 수용소에 주목했다. 그는 수용소에서 발생한 사건들이 대체로 법적인 범죄 개념

---

18) 위의 책, 26~27쪽; Stephen J. Collier, "Topologies of Power: Foucault's Analysis of Political Government beyond 'Governmentality'," *Culture & Society* 26(6), 2009, pp.79~80.
19) 조르조 아감벤, 박진우 역, 『호모 사케르: 주권 권력과 벌거벗은 생명』, 새물결, 2008, 155~182쪽.
20) 조르조 아감벤, 김항 역, 『예외상태』, 새물결, 2009, 18~65쪽.

을 초월하기 때문에 그것을 가능케 했던 법적·정치적 구조에 관한 분석이 제대로 이루어지지 않았음을 지적했다. 따라서 필요한 것은 수용소에 대한 도덕적 비판이 아니라 수용소 수감자에게 행해진 일들이 "더 이상 위법이 아닌 것처럼(그러니까 사실상 모든 것이 정말로 가능해지게) 만든 **법적 절차와 권력 장치들**을 주의 깊게 탐구"하는 일이다.[21]

'생명정치'와 '예외상태'에 관한 논의는 한국의 기지촌 성매매정책을 이해하는 데 유용한 통찰을 제공한다. 결론부터 말하자면, 기지촌 성매매정책의 핵심, 곧 국가 권력의 가혹하고도 집요한 표적은 기지촌 여성의 육체, 특히 성병이라는 생명현상이었다. 기지촌 여성을 감금하여 치료하거나 교화한 성병관리소와 부녀보호지도소, 나아가 기지촌 자체가 법과 폭력이 뒤엉킨 '예외상태'의 공간이었다.

이 글의 연구 방법은 문헌 자료에 입각한 역사적 접근이다. 기지촌 성매매와 관련된 법률과 그것을 뒷받침하는 법규명령,[22] 행정규칙,[23] 지방정부의 조례는 국가법령정보센터 홈페이지와 국가기록원을 통해 검색했다. 관련 정부 문서와 통계, 잡지, 기지촌 여성의 회고록, 각종 자료집은 국가기록원, 국회도서관, 국립중앙도서관, 서울대도서관을 비롯한 전국 대학도서관 및 관련 시민운동단체를 통해 입수했다. 신문자료는 네이버 뉴스라이브러리에서 '미군기지', '기지촌', '위안부', '양공주', '윤락', '매춘', '매음', '성병' 등의 키워드로 검색했다.

---

21) 조르조 아감벤, 앞의 책, 2008, 315~323쪽. 강조는 인용자.
22) 법규명령은 대통령령, 총리령, 부령의 위계로 구성된다. 대통령령을 시행령으로, 부령을 시행규칙으로 지칭하기도 한다.
23) 행정규칙은 훈령, 예규, 고시 등으로 이루어졌다. 「훈령·예규 등의 발령 및 관리에 관한 규정」(대통령훈령 제248호, 2009년 4월 23일 제정)은 훈령·예규·고시를 "그 명칭에 관계없이 법령의 시행 또는 행정사무 처리 등과 관련하여 발령하는 규정·규칙·지시·지침·통첩 등을 포함"한다고 밝혔다(제2조).

3. 한국 기지촌 성매매정책의 역사

1) 전사(前史): 해방 후부터 한국전쟁까지

제2차 세계전쟁의 종식과 더불어 한반도 이남을 점령한 7만 7천여 명의 미군은 한국 정부가 수립된 직후인 1949년 군사고문단 500명을 남기고 철수했다. 한국전쟁은 미군이 다시 한반도를 점령한 계기로, 전쟁 직후 그 수는 32만 5천여 명에 달했다. 이후 미군은 철수를 거듭하여 1960년 5만 6천여 명에서 1990년 3만 7천여 명으로 축소했다.

절대다수가 남성인 미군의 주둔은 한국 사회와 미군 당국 모두에게 심각한 성적 불안을 야기했다. 실제로 해방 직후부터 미군 상대 성매매가 범람했고, 미군에 의한 강간 사건도 빈발했다.[24] 이에 미군정은 미군과 한국 여성 사이에 일종의 완충장치로서 성매매를 묵인하고, 식민지 시기 공창제 유제를 활용하여 성판매여성을 등록·검진했다. 그러나 종전과 해방으로 인한 혼란 속에서 관리정책을 엄격하게 실시하는 것은 무척 어려운 일이었다.

뿐만 아니라 해방과 더불어 대표적 식민 잔재로 여겨졌던 공창제를 폐지하는 운동이 전개되었고 그 결실로 1947년 「공창제도 등 폐지령」이 제정됨으로써 성매매가 전면 금지되었다(이하 「공창제폐지령」). 그럼에도 정부는 성을 팔 우려가 있는 접객여성에 대한 성병 검진을 유지했으나, 그 실적은 미미했다.[25]

한국전쟁은 성매매에 대한 국가 통제가 다시금 체계화된 결정적 계기였다. 한국전쟁기 육군은 육군 전용 '특수위안대'를 직접 설치·운영했다.[26] 정부는 연합

---

[24] 이임하, 「미군의 동아시아 주둔과 섹슈얼리티」, 성균관대학교 동아시아 유교문화권 교육연구단 편, 『동아시아와 근대, 여성의 발견』, 청어람, 2004c.

[25] 박정미, 「식민지 성매매제도의 단절과 연속: '묵인─관리 체제'의 변형과 재생산」, 『페미니즘연구』, 11(2), 2011c.

[26] 金貴玉, 앞의 논문, 2004; 김귀옥, 「일본 식민주의가 한국전쟁기 한국군 위안부 제도에 미친 영향과 과제」, 『사회와 역사』, 제103집, 2014.

군 위안소 설치·운영에도 개입했다. 곧, 보건부가 주둔군의 요청에 따라 민간업자를 선정·허가하여 위안소를 설치토록 하고, 위안소 운영과 위안부 검진에 관한 세부지침을 마련했던 것이다. 위안부에 대한 검진은 1주 2회로 이루어졌다.[27]

정부는 위안부를 비롯한 모든 형태의 접객여성에 대한 성병 검진을 강화했다. 그 결과, 해방 직후 급감했던 성병 검진 연인원(총 성병 검진 횟수)은 전선이 교착되고 국군 및 연합군 위안소가 본격 개설된 1951년을 기점으로 급증하여 종전 무렵에는 약 40만 건에 달했다. 이는 한국전쟁기 성병 통제가 공창제가 시행되던 식민지 시기의 수준을 회복했음을 의미한다(〈그림 1〉). 그러나 정부통계는 검진 '연인원'만 기록하고 '실인원'은 누락했기 때문에, 성병 검진 대상이었던 여성들이 몇 명이었는지는 알 수 없다.

〈그림 1〉 성병 검진 연인원, 1921~1953년

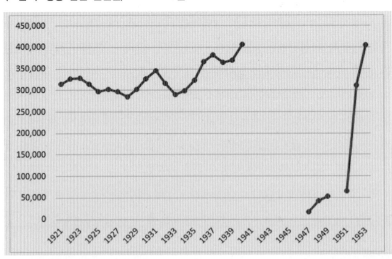

※ 자료: 朝鮮總督府, 『朝鮮總督府統計年報』, 「健康診斷」, 「娼妓藝妓及酌婦健康診斷」, 1923~44년
※ 보건사회부, 『보건사회통계연보』, 1958년, 132~133쪽.

27) 박정미, 「한국전쟁기 성매매정책에 관한 연구: '위안소'와 '위안부'를 중심으로」, 『한국여성학』, 27(2), 2011b.

당시 군인을 비롯한 정부 관료의 상당수가 식민국가의 하수인이었음을 감안하면, 제2차 세계전쟁 종식 5년 만에 발발한 한국전쟁에서 일본 제국주의의 유제인 위안소가 부활했다는 사실은 그리 이상한 일이 아니다.[28] 그러나 1948년에 이미 공창제가 폐지되고 성매매가 불법화된 상황에서, 군대가 성매매 시설을 직접 설치·운영하거나 정부가 이에 개입하는 것은 명백한 불법이었다. 정부 역시 이를 분명하게 인식하고 있었다. 이는 정부가 국군위안소와 연합군위안소를 각각 "국가시책에 역행하는 모순된 활동"이자,[29] "의법적 공무사업이 안이[아니]"이라고[30] 인정한 대목에서 분명히 드러난다.

따라서 정부는 전후에도 전시와 같은 방식으로 불법을 자행하는 것이 불가능하다고 판단했다. 육군이 1954년까지 "공창 폐지의 조류에 순명"한다는 명분으로 "군의 명의로 접객영업을 하고 있는 영업장"을 폐쇄한 것은 이 때문이다.[31] 반면 국군위안소와 달리 설치·운영의 주체가 민간이었던 연합군위안소는 전후 미군 전용 클럽과 댄스홀의 형태로 계승되었다. 이와 함께 정부가 미군 상대 접객(성매매) 업소의 설치와 운영 기준을 마련하고 접객업자와 접객여성을 허가·통제하는 한국전쟁기 성매매정책은 전후에도 지속되었다.

2) '묵인-관리 체제'의 확립, 1953~1960년

휴전과 더불어 미군 주둔이 장기화되자 미군기지 주변에 기지촌이 형성되기 시작했다. 전쟁으로 생계가 막연해진 수많은 여성들이 그곳에서 미군을 상대로 성을 팔았다. 한 신문기사는 1955년 현재 전체 성판매여성 수가 약 11만 명이고, 그중 외국인을 상대하는 여성이 약 6만 명이라고 보도했

---

28) 김귀옥, 앞의 논문, 2014.
29) 육군본부, 『六·二五 事變 後方戰士: 人事篇』, 풍문사, 1956, 148쪽.
30) 보건부, 「淸掃 및 接客營業 衛生事務 取扱要領 追加指示에 關한 件」(保防 第一七二六號), 『위생관계 예규철』, 1951.
31) 육군본부, 앞의 책, 1956, 148~149쪽.

다.[32] 하지만 이것은 어디까지나 언론의 추정치이므로, 실제 기지촌 여성의 규모는 알 수 없다.

정부는 미군의 안전한 쾌락을 보장하기 위해 기지촌 여성에 대한 체계적 관리를 고심했다. 일례로 1955년 9월 2일에 열린 국무회의에서 이승만 대통령은 "밀매음을 단속하는 방안으로 특정지역을 설정하고, 동 지역에는 공개 외인용 댄싱홀을 허가"할 것을 직접 명령하기도 했다.[33]

특히 1957년 7월 1일 유엔군 사령부가 도쿄에서 서울로 이전하자, 미군 상대 성매매의 관리와 통제는 긴급 현안이 되었다. 7월 6일 보건사회부·내무부·법무부 장관은 "외국군을 상대로 하는 매춘여성(속칭 위안부)"을 일정 지역에 집결시키는 방안에 합의했다. 7월 29일 열린 차관회의에서는 집결지 격리 문제와 위안부의 성병 및 혼혈아 대책 문제가 집중 논의되었다.[34] 이렇듯 기지촌 성매매는 당시 정부의 핵심 의제 중 하나였다.

아울러 정부는 성병 검진을 위한 법적 근거도 마련했다. 1954년 2월 제정된 「전염병예방법」은 1957년 2월부터 시행되었다. 법률은 "성병에 감염되어 그 전염을 매개할 상당한 우려가 있다고 인정한 자"는 성병 검진을 받아야 한다고 규정했다(제8조제2항). 같은 시기 시행된 「전염병예방법시행령」은 성병 검진 대상과 주기를 "접객부" 2주 1회, "댄사 및 여급" 1주 1회, "위안부 또는 매음 행위를 하는 자" 1주 2회로 각각 명기했다(제4조). 결국 정부의 정기 성병 검진의 대상은 이미 성을 팔고 있거나 성을 팔 우려가 있는 여성이었던 것이다.

「전염병예방법시행령」은 위안부가 누구인지 정의하지 않았다. 하지만 당시 신문기사는 미군 상대 성판매여성을 '위안부'로 내국인 상대 여성을 '창녀'로 지칭했고, 이는 정부 문서 역시 마찬가지다.[35] 따라서 한국전쟁기

---

32) 『한국일보』, 1956년 4월 29일, 이임하, 앞의 책, 2004a, 135쪽에서 재인용.

33) 총무처, 「제53회 국무회의록」, 『국무회의록(제18회~88회)』, 1955, 811쪽.

34) 총무처, 「UN군 사령부 이동에 수반하는 성병관리 문제」, 『차관회의록』, 1957, 592쪽.

국군과 연합군 상대 성판매여성을 모두 가리켰던 위안부라는 용어는 전후 미군 상대 여성으로 그 범위가 축소되었다.

이렇듯 「전염병예방법」의 성병 검진 대상에는 기지촌 여성뿐만 아니라 내국인 상대 성판매여성도 포함되었다. 성판매여성들은 성병진료소 또는 보건소에 등록되어 검진을 받았다. 진료소 개설과 검진, 치료는 미국의 압도적인 원조 덕분에 가능했다.[36] 미국 정부가 성병 통제를 적극적으로 지원한 것은 미군의 안전을 우선적으로 고려한 결과라고 추측할 수 있다. 성병진료소 109개소 중 33개소가 미군기지가 집중된 경기도에 설립되었다는 사실은 이러한 가설을 뒷받침한다.[37]

보건사회부는 검진 실적을 통계로 작성했는데, 성병 검진 연인원만 기록했을 뿐 검진 실인원이 몇 명이었는지, 그중 '위안부'와 '창녀'가 각각 몇 명인지는 명시하지 않았다. 다만 지역별 검진 연인원은 집계되었으므로, 이를 통해 정부 성병정책에서 기지촌이 차지한 위상을 추정해 볼 수 있다.

경기도는 기지촌을 제외하면 대부분 농촌지역으로 내국인 상대 성시장이 거의 발달하지 않았으므로, 경기도의 성병 검진 실적은 기지촌의 근사치라 할 수 있다.[38] 1956~1957년 총 성병 검진 횟수 약 43만~49만 건 중

---

35) 총무처, 위의 글, 1957; 대검찰청, 『범죄분석』, 1963년 12월호, 181쪽; 보건사회부, 『보건사회백서』, 1964, 76쪽; 보건사회부, 앞의 책, 1984, 66쪽.

36) 1959년 정부가 성병관리 사업비로 책정한 예산은 2백92만5천 환이었다. 반면 미국 국무성 산하 국제협조처(ICA)가 지원한 성병사업비는 3만 달러였다. 당시 환율로 환산하면 미국의 원조는 한국 정부 사업비의 5배에 달한다. 1957년을 기점으로 미국의 원조가 줄어들었음에도 불구하고, "ICA 자금에 있어서는 별로 변동이 없었"다는 사실로 미루어보아, 성병 통제에 관한 미국 정부의 관심이 지대했음을 알 수 있다. 보건사회부, 『성병연보』, 1960, 4쪽.

37) 보건사회부, 위의 책, 1960, 26~27쪽.

38) 한국전쟁 이후 휴전선 이남의 서부인 경기도와 서울은 미군이, 동부인 강원도는 국군이 담당하는 분담이 이루어졌고, 이러한 구도는 현재까지 크게 달라지지 않았다. 2004년 녹색연합과 미군기지반환운동연대가 조사한 바에 따르면, 당시 94개의 미군기지 중 65%에 해당하는 60개의 미군기지가 경기도와 서울, 인천에 집중되었다(정영신, 「동아시아의 안보분업구조와 반(反)기지운동에 관한 연구」, 서울대학교 사회학과 박사논문, 2012, 69쪽). 경기도 이외에는 원주, 대구, 부산, 군산, 광주에 일부 미군기지가 존재해왔다.

경기도는 약 22만~26만 건(51~54%)에 달했다. 이렇듯 전체 미군 수가 한국 성인 남성 인구의 1%에 미달했음에도 미군을 상대하는 여성에 대한 성병 검진 실적이 전체의 과반수를 차지했다. 이를 통해, 전후 정부 성병 통제정책의 초점이 기지촌에 맞춰져 있었음을 알 수 있다.

그런데 당시에는 「공창제폐지령」이 시행중이었으므로, 성매매는 여전히 불법이었다. 그럼에도 정부는 미군 상대 성매매를 당연한 것으로 간주하고, 성판매여성에 대한 검진을 통해 성병 예방에 주력했다. 그렇다면 전시처럼 노골적인 불법이 자행되기 어려운 상황에서, 상충하는 금지정책과 관리정책은 어떻게 동시에 시행될 수 있었을까?

정부는 기발한 방법을 고안했다. 바로 관리정책에 관한 구체적 내용을 '법률'인 「전염병예방법」이 아니라 '법규명령'인 「전염병예방법시행령」에 명시한 것이다. 따라서 법률 수준에서만 볼 때 「전염병예방법」은 「공창제폐지령」과 충돌하지 않는다. 「전염병예방법」은 수많은 전염병 중 하나로 성병을 언급했을 뿐이므로, 시행령을 자세히 검토하지 않는 한 성매매 관련 법률이라고 파악하기조차 쉽지 않기 때문이다.[39]

지금까지 기지촌에 관한 연구들이 성병 검진의 법적 기초를 파악하지 못한 것은, 바로 이와 같은 성매매정책의 복잡한 법적 구조와 무관치 않다. 한 마디로 관리정책은 '비공식적'이지 않았다. 그것은 복잡한 법령 체계에 근거하여 '공식적'으로 이루어졌다.

박정미는 정부가 성매매를 합법화하고 성판매여성을 등록·검진하는 정책을 '공인—관리 체제(authorization-regulation regime)'로, 성매매를 불법화

---

[39] 미군정기인 1947년 일부 과도입법의원들은 「공창제폐지령」의 후속 대책으로 성을 팔 우려가 있는 접객여성(접객부, 예기, 작부, 여급)에 대한 성병 검진을 실시하는 법률안을 제안했다. 하지만 이러한 시도는 「공창제폐지령」의 정신에 위배된다는 대다수 의원들의 반대로 실패했다(박정미, 앞의 논문, 2011c, 221~222쪽). 정부가 국회의 의결을 거쳐야 하는 법률에 관리정책을 노골적으로 드러내는 내용을 적시할 경우 유사한 위험을 무릅써야 했을 것이다. 관리정책이 법률이 아니라 법규명령, 행정규칙, 지방조례의 형태를 취한 것은 바로 이 때문이라고 볼 수 있다.

(금지)하는 법률이 존재함에도 정부가 사실상 성매매를 묵인하고 성판매여성을 등록·검진하는 정책을 '묵인—관리 체제(toleration-regulation regime)'로 각각 개념화한 바 있다.[40] 이에 따르면, 한국의 기지촌 성매매정책은 '묵인—관리 체제'의 전형적 사례라 하겠다.

3) '묵인—관리 체제'의 전성기, 1961~1995년

'묵인—관리 체제'는 박정희 정부 시기에 더욱 체계화되었다. 「공창제폐지령」을 대체한 「윤락행위 등 방지법」이 제정되었고(이하 「윤락방지법」), 성매매가 묵인된 '특정지역'이 선포되었으며, 성병에 감염된 기지촌 여성을 강제수용·치료하는 '성병관리소'가 설치되었기 때문이다.

1961년 11월 제정·시행된 「윤락방지법」은 「공창제폐지령」의 '매춘'을 '윤락(淪落)'으로 대체했다. 그러나 두 용어 모두 성을 '파는' 행위를 가리켰다는 점에서는 차이가 없었다. 다만 「윤락방지법」은 「공창제폐지령」보다 금지 및 처벌에 관한 사항을 훨씬 자세하게 규정했고, 후자에는 없었던 부녀보호시설에 관한 내용을 추가했다. 곧 법률은 "윤락행위의 상습이 있는 자"와 "환경 또는 성행으로 보아 윤락행위를 하게 될 현저한 우려가 있는 여자"를 "요보호여자"로 통칭하고, 직업보도를 명분으로 이들을 격리수용하는 보호지도소를 설치토록 규정했던 것이다.[41]

이에 따라 1961년 서울을 시작으로 1970년까지 전국에 부녀보호지도소 31개소가 설립되었고, 그중 22개소가 1990년대 중반까지 유지되었다.[42] 경

---

40) 박정미, 앞의 논문, 2011a; 2011c; Jeong-Mi Park, "Paradoxes of gendering strategy in prostitution policy: A 'Toleration-Regulation Regime' in South Korea, 1961-1979," *Women's Studies International Forum* 37, 2013.

41) Jeong-Mi Park, 앞의 논문.

42) 보건사회부, 『부녀행정40년사』, 1987, 115쪽; 보건사회부, 『보건사회통계연보』, 1994, 211쪽.

찰 단속에 검거된 기지촌 여성 중 일부는 다른 요보호여자들과 함께 이러한 시설에 수용되었다.

그런데 정부는 금지정책인 「윤락방지법」이 시행된 이듬해 곧바로, 성매매를 묵인하고 관리하는 '특정지역' 104개소를 전국에 설정하고, 그중 61개소를 경기도에 할당했다.[43] 1963년 대검찰청 자료에 따르면, 당시 전국 특정지역에 등록된 '창녀'가 7,199명, '위안부'가 13,947명이고 '위안부'의 약 75%가 경기도에 거주했다.[44]

뿐만 아니라 정부는 특정지역이 공식 선포되기 전에 아마 미군 접객업소의 설치와 운영 기준을 마련했다. 1961년 5월부터 12월까지 보건사회부와 경기도가 교환한 일련의 공문에 따르면, 당시 "유엔군용 간이특수음식점"은 보건사회부가 마련한 설치 기준을 충족한 업소에 한하여 보건사회부 장관의 승인을 얻어 설치되었다.

이에 경기도는 보건사회부장관 사전승인제를 폐지하고 업소 허가 권한을 경기도에 이관할 것을 요구했다. 영업 희망자가 증가될 것으로 예상되는 상황에서 민원서류를 신속하게 처리할 필요가 있다는 것이 그 이유였다. 경기도는 이미 허가받은 미군 상대 접객업소 수가 195개소인 반면, 필요한 업소 수는 289개소라고 추정했다. 다시 말해, 미군 수요에 부합하기 위해서는 94개 업소가 신설되어야 하고, 이를 위해 효율적인 행정절차가 필요하다는 것이다.[45] 보건사회부는 이러한 건의를 받아들여 업소 허가 권한을 지방정부에 부여했다.[46]

이와 같은 과정을 거쳐 1962년 보건사회부 예규 「간이특수음식점 영업

---

43) 보건사회부, 앞의 책, 1987, 111~112쪽.

44) 대검찰청, 앞의 책, 1963, 181쪽.

45) 경기도, 「유엔군 간이특수음식점 영업허가 사무취급 세부기준 수립(9월 14일)」, 경기도 환경보건국 보건위생과, 『예규철(2-1), 생산년도(1961~1961)』, 1961.

46) 보건사회부, 「유엔군용 간이특수음식점 영업위생 협정 사무취급 요령 일부 개정(12월 15일)」, 경기도 환경보건국 보건위생과, 『예규철(2-1), 생산년도(1961~1961)』, 1961.

214   식민주의, 전쟁, 군 '위안부'

위생행정사무 취급요령」이 최종 확정되었다. 예규는 업소를 미군기지 반경 2km 이내에 설치하고, 업소 출입은 미군으로 제한하도록 규정했다. 예규는 또한 접대부의 성병 검진을 비롯하여 위생에 관한 세부기준을 제시했다.[47]

간이특수음식점은 미군 전용 시설이었고 정부가 설치와 운영에 개입했다는 점에서, 한국전쟁기 연합군 위안소와 유사했다. 그런데 한국전쟁기 보건부는 연합군 위안소가 "의법적 공무사업이 안이[아니]라는 것"을 인정한 반면, 이 예규에는 그러한 내용을 찾아볼 수 없다. 정부는 아마도 이러한 업소와 성매매의 관련성을 은폐하기 위해, 위안소나 위안부 대신 '간이특수음식점'과 '접대부'라는 모호한 명칭을 사용한 듯 보인다. 그러나 예규가 명시한 접대부의 성병 검진 주기가 1주 2회라는 점에서, 예규의 접대부가 「전염병예방법시행령」의 위안부와 동일한 범주임을 알 수 있다.

이 시기에도 기지촌 여성에 대한 성병 검진은 「전염병예방법」에 근거하여 실시되었다. 다만 1978년 「전염병예방법」의 하위명령으로 새롭게 제정된 「성병검진규칙」에 따라, 기지촌 여성에 대한 성병 검진 주기는 1주 2회에서 1주 1회로 조정되었다. 아울러 정부는 1962년 「식품위생법」과 동 시행규칙을 제정·시행하여 '유흥접객부'가 지방정부에 등록하는 절차를 명시하고, 이들로 하여금 성병 검진 결과를 기록한 보건증을 항시 휴대하도록 규정했다. '특수음식점'에 소속된 기지촌 여성 역시 「보건사회부공고」에 의해 보건증 발부 대상으로 포함되었다.[48] 이로써 정부가 성병 검진 기피자를 색출하고 단속하는 일이 더욱 용이해졌다.

다양한 공식통계를 종합해 볼 때, 1960년대부터 1980년대 중반까지 정부에 등록된 기지촌 여성 수가 1만여 명이었고, 그 후 지속적으로 감소하여

---

47) 경기도, 「외국인 주둔지역에 대한 유엔군용 간이특수음식점 영업허가 사무의 내부위임 (1월 15일)」, 경기도 환경보건국 보건위생과. 『예규철(2-1), 생산년도(1961~1961)』, 1962.
48) 새움터, 『미군 위안부 역사: 2014년 자료집』, 2014, 273~279쪽.

1990년대 중반 4천여 명에 이르렀음을 알 수 있다.[49] 다만 이러한 수치는 등록된 여성에 한정된 것이므로, 실제 기지촌 여성은 훨씬 더 많았을 것이다. 총 성병 검진 횟수 역시 유사한 패턴을 보여준다.

〈그림 2〉 성병 검진 연인원, 1961~1984년

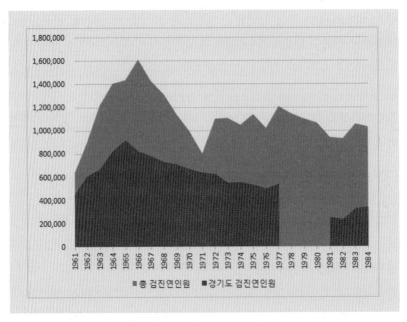

※ 자료: 보건사회부, 『보건사회통계연보』, 1962~1975년; 보건사회부, 『보건사회』, 1981~1983 년; 보건사회부, 『보건사회백서』, 1984~1985년; 경기도, 『경기통계연보』, 1971~1978년.
※ 1978~1980년 『경기통계연보』의 성병 검진 연인원 통계는 누락됨.

---

[49] 『경기통계연보』는 1968년부터 경기도의 성병 검진 대상자를 기록했는데, 1967년~1980 년까지 성병 검진 대상자 수는 평균적으로 약 1만1천 명으로 크게 변화가 없다. 청와대 정무제2수석실이 생산한 것으로 추정되는 「기지촌정화대책」 문서는 1977년 4월 현재 전국에 기지촌을 62개소, 기지촌 "윤락여성"을 9,935명으로 집계했다(정무제2, 1977). 이후 『보건사회통계연보』는 '특수업태부(waitresses and dancers of foreign amusement restaurant[s])' 통계를 기록했는데, 그 수는 1985년 11,456명에서 1990년 6,007명, 1995년 4,240명으로 감소했다. 그러나 이는 등록된 여성의 수이므로, 실제 기지촌 여성은 더 많았을 것이다.

〈그림 2〉는 1961년부터 1984년까지 전국 및 경기도의 성병 검진 연인원을 나타낸 것이다. 이를 통해 1960년대부터 1970년대 중반까지 전체 성병 검진 실적 중 기지촌 여성이 차지하는 비중이 절반 이상이었으며, 1960년대 말~70년대 초에는 크게 증가했다가 1980년대부터는 감소했다고 추정할 수 있다. 1980년대에는 내국인 상대 성매매가 크게 팽창했고, 특히 1985년부터는 역시「전염병예방법」의 하위법령인「위생분야종사자 등의 건강진단규칙」(이하「위생규칙」)이 시행되어 내국인 상대 접객여성이 성병 검진 대상자로 대거 등록되었으므로 생략했다.[50]「위생규칙」시행 이후에도 기지촌 여성 대한 성병 검진 주기는 1주 1회로 변함이 없었다.

이 시기 기지촌 성매매정책에서 발생한 가장 중요한 변화는, 정부가 성병의 검진뿐만 아니라 치료 역시 강제했다는 사실이다. 1965년부터 성병 감염자를 강제 수용하여 치료하는 '성병관리소'가 지방정부 조례를 통해 설립되기 시작했다. 필자가 국가기록원 소장 자료를 통해 확인한 성병관리소 조례는 모두 기지촌에서 제정되었다.[51] 최초로 제정된「파주군 성병관리소 조례」제3조는 시설의 기능을 "관내 유엔군 주둔지역의 특수업태부들 중 성병 보균자를 격리수용하여 완치시킴과 동시에 그들에 대하여 보건 및 소양교육을 실시"하는 것으로 명시했다.[52] 이 조항은 다른 지방 조례에서

---

50) 등록관리 대상자 수는 1984년 68,793명에서 1985년 145,802명으로 2배 이상 증가했다. 성병 검진 연인원 역시 1,032,354명에서 1,915,919명으로 2배가량 증가했다. 이렇듯 내국인 상대 성판매여성이 주요 성병 검진 대상으로 편입된 결정적 계기는 1986년과 1988년에 열린 서울아시안게임과 서울올림픽이었다. 이에 관한 자세한 논의는 박정미,「발전과 섹스: 한국 정부의 성매매관광정책, 1955~1988년,『한국사회학』, 48(1), 2014 참조.
51) 성병관리소 설치 지방과 시기는 다음과 같다. 파주군(1965.3.5), 포천군(1965.3.8), 고양군(1965.3.9), 의정부시(1965.4.16), 양주군(1965.5.28), 평택군(1968.12.30), 송탄시(1981.7.1), 동두천시(1981.7.1). 송탄시와 동두천시는 1981년 각각 평택군과 양주군에서 분리하여 시로 승격함으로써 기존의 성병관리소 조례가 개정된 것이다.
52) 파주군,「파주군 성병관리소 설치조례(3월 5일)」, 1965, 229쪽.

도 대동소이하다. 이로써 성병에 감염된 기지촌 여성은 완치될 때까지 성병관리소에 수용되었다.

〈표 1〉 경기도 성병환자 수용 상황, 1965~1970년

243. 성 병 환 자 수 용 상 황 (1970.12월말현재)

항 목	총		수		계		W. B. C.	
	실인원	연인원	실인원	연인원	실인원	연인원	실인원	연인원
1965	4,985	24,382	3,435	15,423	659	4,549	839	4,364
1966	8,165	59,823	7,188	35,199	872	4,576	3,891	20,048
1967	9,312	45,828	4,344	23,325	799	4,354	3,669	18,149
1968	11,131	54,330	5,499	27,965	933	5,486	4,699	20,878
1969	8,315	42,013	4,384	25,237	744	3,750	3,187	13,026
1970	9,566	45,200	7,657	35,729	475	4,453	1,434	4,018
	3,137	12,913	2,257	10,571	57	578	823	1,764
	731	3,585	285	1,780	20	337	426	1,468
	1,367	7,803	1,177	6,633	119	889	71	281
	487	2,123	480	2,045	7	78	-	-
	1,735	8,850	1,513	7,353	193	1,301	29	196
	2,109	9,926	1,945	8,347	79	1,270	85	309

자료 : 보건과

※ 자료: 경기도, 『경기통계연보』(1971년), 252쪽.

『경기통계연보』는 1965년부터 1970년까지 성병관리소 수용 인원을 기록했는데, 1970년 통계는 〈표 1〉과 같다. 이를 통해 성병관리소가 설치된 곳이 조례가 제정된 곳과 일치했음을 확인할 수 있다.[53] 매년 수용자의 실인원이 약 1만 명, 연인원이 약 5만 명이었으므로, 여성 1명이 1년에 평균 5회 정도 수용되었다고 추정할 수 있다. 『경기통계연보』는 이후부터 관련

---

[53] 인천의 성병관리소 조례는 국가기록원에서 확인할 수 없었다. 그러나 1966년 『신동아』에 실린 기사는 인천의 성병관리소에 관해서 다음과 같이 언급했다. "검진은 1주일에 2회씩(화·금) 부평지역 6개 성병진료소에서 받는데 (…) 낙검자(落檢者)는 제인원(濟仁院)에 수용되는 신세가 된다." 정중화, 「富平: 特輯 韓國과 美國, 美軍部隊周邊」, 『신동아』, 1966년 9월호, 290쪽.

통계를 제시하지 않았다. 그러나 전직 기지촌 여성들의 증언과 관련 지방 정부 자료에 따르면, 성병관리소의 운영은 1990년대 초까지 별다른 변화 없이 유지되었다.[54]

이렇듯 한국전쟁 직후부터 성매매정책에서 중심적 위상을 차지했던 기지촌은 내국인 상대 성매매가 급속하게 팽창한 1980년대부터 점차 주변화되었다. 그럼에도 박정희 정부 시기 완성된 '묶인－관리 체제'의 구조, 곧 구역화(특정지역), 검진·수용·치료 시설(성병진료소, 부녀보호지도소, 성병관리소), 그리고 그것을 뒷받침한 법적 위계(법률－명령－규칙－조례)는 1990년대 초까지 유지되었다.[55] 이것이 바로 약 40년 동안 기지촌 여성에 대한 정부의 억압적 통제를 가능케 했던 "법적 절차와 권력 장치들"의 개요다.

4. '예외상태'로서 기지촌 성매매정책: 냉전과 주권의 역설

이렇듯 기지촌 여성에 대한 국가 통제는 한국전쟁이라는 '예외상태'를 계기로 체계화되었다. 그런데 휴전과 더불어 '예외상태'도 막을 내린 것

---

[54] "90년대도 마찬가지지. 보건소에 수용소가 있어요. 거기서 이제 나올 때 재검진해가지고, 균이 없으면 나올 수 있는 거고, 있으면 또 다시 수용해야 하고 못나오고[90년대 초, 의정부]. 90년대 초까지만 해도 소요산에 있었어요. 몽키하우스가. 같은 클럽에 있던 애가 그 소요산에서 일주일 동안 있다가 나오기도 했어요[90년대 초, 동두천]"(새움터,『기지촌여성 문제 해결을 위한 대안모색 토론회』, 2008, 24쪽). 파주군 성병관리소 역시 1992년까지 성병치료 기록이 남아있다(파주군,『파주군지』하권, 1995, 724쪽).

[55] 기지촌 여성에 관련된 기타 법령으로 단속에 걸린 여성의 재판에 관한 「즉결심판에 관한 절차법」, 성병관리소 설치에 관한 「보건소법」, 기지촌 여성의 교양교육에 관한 「관광사업진흥법」, 그리고 에이즈 검진에 관한 「후천성면역결핍증예방법」과 관련 명령과 규칙이 있다. 그러나 이 논문에서는 논의의 효율성을 위해 핵심 법령만을 다루었다.

은 아니다. 그것은 오히려 '상례(常例, rule)'가 되었다. 이 절에서는 앞서 개괄한 법적 절차와 권력 장치들이 구체적으로 어떻게 운용되었는지 검토한다.

기지촌 여성에 대한 성병 검진의 목적은 감염자를 색출하고 치료하여 미군이 안전하게 성교할 수 있도록 보장하는 것이었다. 이미 살펴본 것처럼 기지촌 여성의 성병 검진 주기는 한국전쟁기부터 1978년까지는 1주 2회, 이후에는 1주 1회였다. 이처럼 높은 빈도의 검진은 여성들의 영업에 방해가 되었을 뿐만 아니라, 그 방식 역시 생식기 검사였으므로 이를 모욕적으로 여겨 기피하는 여성들이 많았다. 그렇다면 정부는 기지촌 여성에게 어떻게 검진을 강제할 수 있었을까? 아래 보건사회부의 기록은 그 단서를 보여준다.

> 사업경비의 제약에서 **성병관리의 주요 목표를 성병 전파의 매개원인 각종형태의 매음부에 국한**시키게 된 것인데 이들에 대한 건강관리가 강인조치(强引措置)를 수반케 하지 않고서는 도저히 건실하게 시행되기 어려울 만큼 그들의 성병에 대한 관심이 희박하여 **경찰관서나 또는 헌병의 협조에 의한 강제연행의 수단을 부수(附隨)**시켜왔다.[56]

> 윤락여성들은 자의 또는 단속적발에 의하여 각 관할진료소에 등록시키고 (⋯) 등록되지 않은 대상자 또는 등록되어도 치료를 기피하거나 건강증을 소지하지 않은 자는 **경찰의 협조하에 단속하고 있다**.[57]

이렇듯 검진을 강제하기 위해서는 경찰 단속이 필수적이었다. 그런데 「전염병예방법」과 동 시행령은 기지촌 여성을 비롯한 접객여성들이 성병 검진을 받도록 규정했을 뿐, 검진을 받지 않았을 때 가하는 행정조치

---

56) 보건사회부, 앞의 책, 1960, 2쪽. 강조는 인용자.
57) 보건사회부, 앞의 책, 1964, 76쪽. 강조는 인용자.

나 처벌은 명시하지 않았다. 따라서 성병 검진 기피자를 경찰이 단속할 법적 근거는 없었다. 성병 검진 기피자는 1969년 보건사회부가 제정한 「성병검진규정」을 통해 사후적으로 처벌 대상에 포함되었다.[58] 따라서 검진 기피자에 대한 경찰 단속은 1960년대 말까지 법적 공백 속에서 시행되었다.

관리정책에서 발생한 이러한 공백은 그것이 메워지기 전까지 한동안 관리정책과 상충하는 금지정책을 통해 보완되었다. 아래 신문기사는 「전염병예방법」의 성병 검진 기피자에 대한 처벌 조항이 없을 당시, 경찰이 「윤락방지법」을 활용하여 성병 검진 기피자를 처벌했음을 보여준다.

> 18일 파주경찰서는 파주군 천현면 웅담 3리 이미자 양 등 28명의 위안부를 윤락행위방지법 위반혐의로 적발 치재에 회부했다. 이 양 등은 1주일 전부터 검진을 받지 않고 윤락행위를 하고 있었다.[59]

이 신문기사에서 기지촌 여성들은 "윤락행위"를 했다는 사실 자체가 아니라 "검진을 받지 않고" 윤락행위를 했기 때문에 즉결재판을 받았다. 성매매가 금지된 상황에서 경찰이 기지촌 여성을 단속하는 것은 이상한 일이 아니었다. 비록 그 목적이 성매매 금지가 아니라 성병 통제였지만 말이다.

---

58) 1957년에 시행된 「전염병예방법」 제8조(건강진단)는 "성병에 감염되어 그 전염을 매개할 상당한 우려가 있다고 인정한 자는 주무부장관의 정하는 바에 의하여 성병에 관한 **건강진단을** 받아야 한다"고 규정했다. 이를 부연한 것, 곧 "주무부장관의 정하는 바"가 같은 시기 시행된 「전염병예방법시행령」 제4조(성병 검진 대상자 범주)다. 그런데 「전염병예방법」은 제9조(강제적 건강진단) 위반 시에만 벌금 또는 과료를 부과하도록 규정했으므로(제55조제6호), 제8조에 해당하는 성병 검진의 기피자는 처벌 대상이 아니었다. 성병 검진이 강제적 건강진단의 범주로 편입된 것은 1969년 「전염병예방법」의 시행규칙으로서 「성병검진규정」(보건사회부령)이 제정된 이후다. 「성병검진규정」 제1조는 "이 영은 전염병예방법 **제9조(**곧 강제적 건강진단의 규정에 의한 성병에 관한 건강진단에 관한 사항을 규정함을 목적으로 한다"고 밝혔다(강조 및 부연은 인용자).
59) 『경향신문』, 1967년 4월 19일.

1960년대 동두천에서 성을 팔았던 김연자 씨의 증언은 기지촌 여성들이
「윤락방지법」 위반으로 연행되어 즉결심판을 받았을 뿐만 아니라, 성병관
리소에 수용되기도 했음을 보여준다.

> 그 때야 알 리 없었다. "대한민국은 윤락 행위가 법으로 금지되어 있는 나라"라
> 는 사실을 말이다. 몇 해 뒤에 그 사실을 알고 무척 놀랐다. 정부가 금지해놓고
> 도 여자들에게 성병 검진을 받게 하고, 성병이 있는 여성은 '윤락을 하지 못하게
> 한다는 것은 앞뒤가 맞지 않는 일이 아닌가. (…) "재수 더럽게 없다. 보지가
> 내 보진 줄 알았는데 나라 보지냐." 나도 즉결재판을 받고 유치장에 갇힌 적이
> 있었다. 임균이나 다른 병이 있다고 판정되면 곧바로 동두천과 의정부 사이 주
> 내라는 산 속 마을에 있는 수용소로 보내졌다.[60]

또한 1969년 이후 「전염병예방법」과 동 시행규칙에 성병 검진 기피자에
대한 처벌 조항이 마련되었다 할지라도, 검진 기피자에 대한 강제연행이
과연 적법했는지 의문이다. 성병 검진 기피자에 대한 경찰, 보건소 관계자,
미군의 합동단속은 영장 없이 이루어졌으며, 기지촌 여성들 사이에 '토벌'
이라 불릴 정도로 폭력적이었다.[61]

> 내가 검진패스를 안 하고 막 도망댕겼었거덩. 토벌 나온다고 하면 감찰들이 다
> 갈쳐줘. 자기네 족속들 안 잡아가게. 야, 토벌 나온대, 오늘 클럽에 나가지 마!
> 야, 집토벌도 한대, 이러면 (언니들이) 다 숨지. (포주집)안방에 가서 앉아 있고,
> 안방 장롱에 들어가 있구, 다 숨어. 왜냐하면 그 '언덕 위에 하얀 집' 거기 가기
> 싫고, 그리구 끌려가면은 경찰서로 간다구. 경찰서로 가면 2박 3일 유치장에 살

---

60) 김연자, 앞의 책, 2005, 105~106쪽.
61) 전경옥·박선애·정기은, 「기지촌여성 윤점균」, 『한국여성인물사 2: 한국여성근현대사
    2, 1945~1980년』, 숙명여자대학교출판부, 2005, 140~141쪽; 새움터, 앞의 책, 2008, 23
    쪽; 신은주·김현희, 「경기도 기지촌여성노인 실태조사」, 『경기도 기지촌여성노인 실태
    조사 정책토론회』, 햇살사회복지회, 2008, 57쪽; 서옥자, 「집단상담보고서」, 햇살사회복
    지회, 『기지촌여성노인들의 기억으로 말하기』, 2008, 91쪽.

고 있어야 돼. 그러다 인제 재판받는 날 가서 재판받고, 벌금 내는 사람은 벌금 내구, (낙검자수용소) 글루 가구, 벌금 안 내는 사람은 2박 3일 (유치장에서) 그 냥 살구 (낙검자수용소) 글로 넘어가구. 이런 식인거지, (성병 걸린 게) 죄도 아닌데. (경찰서에서) 이거, 이거, (지장) 다 찍어야 되구, 옘병! 아니, 뭐 큰 죄를 졌어? 내 몸에 병이 있다는데, 왜 이거 까만 걸로 이거 손도장을 찍고 다 해야 되는데?62)

위에서 인용한 증언에서 확인할 수 있듯이, 연행된 여성들 중 성병에 감염되지 않은 사람은 벌금을 내고 풀려나거나 유치장에 구금되었지만, 감염자는 성병관리소에 수용되었다.

성병관리소 수용의 또 다른 경로는 정기검진이었다. 아래 신문기사는 경찰 단속이 동반되지 않는 수용 역시 무척 억압적이었음을 보여준다.

보균자로 가려진 여자들은 진료소에 보내져 관내 성병관리소에 강제수용, 평균 4~5일식 주사 또는 약물치료를 실시한 후 감염 우려가 없다고 판단돼야 비로소 직장에 복귀토록 한다. 성병관리소에 수용된 보균자들에게는 식사와 잠자리를 무료제공하고 있으나 불편한 점도 많아 툭하면 탈출 소동이 벌어진다. 한 여인은 이름만 성병관리소이지 정신병동이나 구치소와 다름없다고 말했다. 건물은 온통 철책에 가리워져 병이 나을 때까지는 꼼짝달싹도 못하도록 감시를 받아야 한다고 했다. (…) 병동시설은 (…) 제대로 불을 피우지 않아 수용자들은 추위에 떨기일쑤라는 것이고 (…) 낙검자들은 또 시간여유나 개인사정을 전혀 고려하지 않고 전격적으로 수용하는 강제성을 배제해줄 것도 바라고 있었다. 소지품 준비도 없이 맨손으로 수용되는 바람에 내의를 갈아입을 수도, 가족에게 알릴 수도 없어 골탕을 먹는다는 것이다.63)

이렇듯 성병관리소는 교도소와 마찬가지로 기본권이 제약되는 곳이었

62) 김정자, 『미군 위안부 기지촌의 숨겨진 진실』. 김현선 편, 새움터 기획, 한울 아카데미, 2013, 244~245쪽.
63) 『동아일보』, 1978년 3월 13일.

다. 그런데 이와 같은 성병관리소의 법적 근거가 모호했다. 앞서 살펴본 것처럼 성병관리소는 미군 기지가 주둔한 경기도의 지방조례에 의해 설치되었다. 「전염병예방법」 1963년 개정을 통해 성병 감염자를 격리수용할 수 있다는 조항을 추가했지만, 수용 대상을 명시한 「전염병예방법시행규칙」은 1977년 8월에야 비로소 제정되었다.[64] 따라서 1977년 8월 이전까지 성병관리소는 지방조례에 근거하여 설치되었을 뿐 법적 근거를 결여했다.

성병관리소 직제가 법적 근거를 확보했다 하더라도, 성병관리소에 기지촌 여성들을 강제수용하는 것이 적법했다고 보기는 어렵다. 1977년 「전염병예방법시행규칙」은 성병 감염자 중 일정한 요건을 충족할 경우, 곧 "자가 치료를 함으로써 타인에게 전염시킬 우려"가 있거나 "부랑·걸식 등으로 타인에게 전염시킬 우려"가 있는 자에 한해 격리수용을 명시했다(제16조). 따라서 성병 감염 사실만으로 성병관리소에 수용하는 것은 부당했다. 또한 강제수용은 실질적으로 구금의 일종임에도 불구하고, 경찰과 보건소 관계자, 심지어 미군의 재량에 의해 이루어졌다.

아울러 성병관리소에서 행해진 강제치료는 심각한 부작용과 고통을 동반했고, 심지어 죽음을 초래하기도 했다.

> 걸루 끌려가면 거기서 인제 놔주지, 주사를. 페니실린 맞고 죽는 사람도 있구, 부작용이 나서. (주사를 맞고 나면) 걸음을 못 걸어. 이 다리가 끊어져나가는 것 같애. 그걸 이틀에 한 번씩 맞춰줘. (…) 맞았는데 한두 시간 됐어. 우린 두 시간 됐으니까 괜찮겠지……. 아니! 변소칸에 가가지고 변소에서 쭈그리고 앉아서 죽은 사람도 있었는데? 그러니까 그것만 맞는다 하면 덜덜 떨었지. 그걸

---

64) 「전염병예방법」은 1963년 개정을 통해 성병 감염자를 격리수용할 수 있는 조항을 추가했는데, 그 내용은 다음과 같다. "제3종 전염병[결핵, 한센병, 성병]환자 중 **주무부령으로 정하는 자**는 격리 수용되어 치료를 받아야 한다"(제29조제2항. 강조는 인용자). 그러나 격리 수용 및 치료의 대상을 명시한 "주무부령", 곧 보건사회부령인 「전염병예방법시행규칙」은 1977년에야 비로소 제정되었다.

누가 가지고 오냐. 미군들이 가지고 와, 부대에서. 그거 맞는 거지.[65]

페니실린의 부작용에 관한 당시 의료계의 의견은 다음 신문기사를 통해서 확인할 수 있다.

> 페니실린의 '아나필락시(쇼크)'에 의한 인명피해가 '아미노피린'의 부작용에 의한 인명피해보다 비교가 안 될 정도로 많음에도 불구하고 아직도 이 페니실린을 상용하고 있는 이유는 아마도 다른 의약품에 있어서 볼 수 없는 우수한 항미생물 작용 때문일 것이고(…)"[66]

페니실린으로 인한 사고가 속출하자, 의사들 사이에서 페니실린 사용을 기피하는 현상이 나타났다. 그러자 1978년 보건사회부는 법무부에 "국가 성병관리 사업의 중요성을 감안하여" 의사가 사전에 페니실린 과민성 반응 검사를 실시한 경우 사고가 발생해도 의사를 면책해줄 것을 요청하는 공문을 보냈다.[67] 이에 법무부는 의사가 반응검사와 더불어 "필요한 응급조치를 다한다면 면책될 수 있을 것으로 사료"된다고 답신함으로써, 사고 의사에 대한 면책을 약속했다.[68] 이로써 기지촌 여성에 대한 페니실린 남용의 가능성은 더욱 높아졌다. 이는 정부가 기지촌 여성의 건강이나 생명보다 성병 통제를 더욱 중요하게 여겼음을 입증한다.

그러나 경찰 단속이 언제나 일관된 것은 아니었다. 경찰에 검거된 여성들 중 일부는 성병관리소가 아니라 부녀보호지도소에 수용되었기 때문이다.[69] 앞서 살펴본 것처럼, 부녀보호지도소는 「윤락방지법」에 의해 "요보

---

65) 김정자, 앞의 책, 2013, 246쪽.
66) 『동아일보』, 1967년 4월 5일.
67) 보건사회부, 「페니실린 과민성 쇼크 사고처리에 대한 협조요청"(2월 8일)」, 법무부 법무실 법무심의관, 『법령자문(1-1)(2-2)』, 1978, 299쪽.
68) 법무부, 「페니실린 과민성 쇼크 사고처리에 대한 협조 요청(3월 4일)」, 법무부 검찰국 검찰제2과, 『수사지휘(1)(3-2)』, 1978, 423쪽.

호여자"의 직업 보도를 명분으로 설립되었고, 지역에 따라 그 명칭이 조금씩 달랐다. 기지촌 여성들은 경기여자기술학원, 파주여자기술양성원, 양주군여자기술학원 등에 주로 수용되었다.[70]

그런데 「윤락방지법」은 보호지도소 관계자가 요보호여자의 실정에 따라 필요하다고 인정할 때에는 임시로 수용보호를 행하도록 했을 뿐(제7조 제2항 제4호), 수용절차와 기간을 명시하지 않았다. 이에 따라 여성들은 자신의 의지와 상관없이 시설 직원의 자의적 판단에 따라 기한 없이 수용될 수도 있었다.

이와 같은 한국 정부의 기지촌 성매매정책은 앞에서 살펴본 아감벤의 '예외상태' 모델에 부합한다. 정부는 관리정책에 관한 세부사항을 법률인 「전염병예방법」이 아니라, 법규명령과 시행규칙, 지방조례에 명시함으로써, 금지정책 법률인 「공창제폐지령」 및 「윤락방지법」과의 충돌을 회피했다. 그리고 정책을 집행하는 과정에서 금지정책은 관리정책에 의해 무력화되거나 관리정책을 보완했다. 다시 말해, 국회의 승인 없이 행정부가 독자적으로

---

69) "17일 밤 동두천 경찰은 김△△ 씨 등 30여 명을 윤락행위방지법 위반 혐의로 무더기 검거하고 17명을 부녀보호소에 보냈는데, 이는 경찰이 윤락여성 선도책을 마련해주는 조치였다고"(『경향신문』, 1967년 2월 18일). 1980년대 초 동두천여자기술학원을 연구한 김승구 역시, 수용자의 대다수가 기지촌 여성이었음을 지적한다. 소수의 자진 입소자를 제외하면 수용자 대부분은 시청 사회과 부녀계와 시 정화위원회의 단속에 의해 입소했다(김승구, 「기지촌여성의 재활을 위한 종교적 수련에 관한 일 연구: 동두천여자기술학원을 중심으로」, 연세대학교 교육대학원 석사논문, 1982, 47쪽). 이를 통해 기지촌 여성에 대한 단속 주체가 경찰만이 아니었음을 확인할 수 있다.

70) 1962년 국립부녀보호소를 인수한 경기도는 1966년 경기여자기술학원으로 개칭했고, 1983년부터 대한예수교장로회 자선사업재단에 위탁 운영되어왔다(『한겨레신문』, 1995년 8월 22일; 『경향신문』, 1995년 8월 22일). 파주여자기술양성원은 1963년 설립되었는데(파주군, 앞의 책, 1995, 709쪽), 언제까지 운영되었는지는 확인하지 못했다. 다만 1981년 기독교대한감리회 여선교회전국연합회가 1981년 이곳에서 선교한 기록이 있다(기독교대한감리회 여선교회전국연합회 홈페이지). 1971년 설립된 양주여자기술학원은 1981년 양주군이 동두천시로 승격되면서 동두천여자기술학원으로 개칭되었다가(양주군, 「양주군 조례, 규칙의 개정 및 폐지 공포 통지」, 경기도 양주군 광적면, 『기획관계예규』, 1981, 72쪽), 1993년 경기여자기술학원으로 통합되었다(『한겨레신문』, 1995년 8월 22일).

제정할 수 있는 다양한 명령, 규칙, 조례(관리정책)는 반드시 국회를 통과해야 하는 법률(금지정책)을 압도했다.

뿐만 아니라 금지정책과 관리정책은 「헌법」을 유예·부정했다. 대한민국 헌법은 국민의 자유와 권리를 필요한 경우에 한해 '법률로써' 제한하도록 규정했고, 법률로써 기본권을 제한하는 경우에도 자유와 권리의 본질적인 내용을 침해할 수 없도록 명시했다(1948년 헌법 제28조. 현행 헌법 제37조). 아울러 헌법은 '법률에 의하지 않고는' 체포 및 구금을 받지 않아야 하며, 체포 및 구금 시에는 법관의 영장이 발부되어야 하고, 체포 및 구금 후에는 변호인의 조력을 받고 그 심사를 법원에 청구할 수 있는 권리를 명시했다(1948년 헌법 제9조. 현행 헌법 제12조).

따라서 성병 기피자에 대한 강제연행과 성병 감염자에 대한 강제수용 및 치료는 이와 같은 헌법 조항에 정면 배치되었다. 부녀보호지도소 수용 역시 법관에 의한 재판을 받지 않은 채 이루어졌고 수용기간이 특정되지 않았다는 점에서, 헌법에 보장된 법관에 의해 재판을 받을 권리, 적법 절차 및 절대적 부정기형 금지 원칙에 위반되었다.[71]

따라서 이러한 상황에서는 "법의 위반과 법의 집행을 구별하는 것이 불가능"하다.[72] 기지촌 여성을 단속·검진·수용·치료하는 것은 법(「윤락방지법」·「전염병예방법」과 그것의 하위법령 및 조례)을 집행하는 것임과 동시에 법(「윤락방지법」과 「헌법」)을 위반하는 것이었기 때문이다. 기지촌 성매매정책에서 나타난 법 위계의 교란, 곧 법규명령·행정규칙·지방조례(관리정책)가 법률(금지정책)을 압도하고, 금지정책과 관리정책이 다시 헌법을 부정하는 상황은 〈그림 3〉과 같이 표현할 수 있다.

---

71) 박정미, 앞의 논문, 2011a, 314~317, 323~331쪽.
72) 아감벤, 앞의 책, 2008, 134쪽.

〈그림 3〉기지촌 성매매정책에서 법 위계의 교란

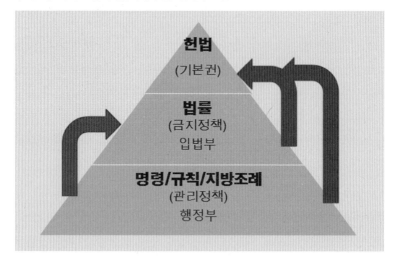

법과 폭력이 뒤엉킨 '예외상태'로서 기지촌 성매매정책의 특징을 가장 압축적으로 보여주는 용어는 '토벌'이다. 기지촌 여성에 대한 성병 통제는 일종의 "사회에 대한 전쟁"으로서,[73] 그 과정에서 여성들은 페니실린 쇼크와 성병관리소 탈출 등으로 인해 목숨을 잃기도 했다. 미국 정부와 미군 역시 토벌, 검진 및 치료 약품 제공, 감염자 수용치료를 위한 성병관리소 개설 등의 형태로 한국 정부를 후견했다.[74]

반면 한국 정부는 미군의 폭력으로부터 기지촌 여성의 생명은 보호하지 않았다. 1967년 「한미주둔군지위협정(SOFA)」[75]이 시행되기 전까지 한국

---

73) 강성현, 「한국의 국가 형성기 '예외상태 상례'의 법적 구조: 국가보안법(1948 · 1949 · 1950)과 계엄법(1949)을 중심으로」, 『사회와 역사』 94, 2012, 90쪽.

74) 캐서린 문; 앞의 책, 2002; Na Young Lee, 앞의 논문, 2006; Seungsook Moon, 앞의 논문, 2010; 박정미, 앞의 논문, 2011a; 김연자, 앞의 책, 2005; 김정자, 앞의 책, 2013; 새움터, 앞의 책, 2014.

75) 정식 명칭은 「대한민국과 미합중국 간의 상호방위조약 제4조에 의한 시설과 구역 및 대한민국에서의 합중국 군대의 지위에 관한 협정」이다.

정부는 원천적으로 미군 범죄에 대한 수사, 재판, 처벌 권한을 행사할 수 없었다.[76] SOFA가 시행된 후에도 한국 정부는 여러 제약 조항으로 인해 그러한 권한을 제대로 행사하지 못했다. 이것은 미군과 가장 가까운 민간인인 기지촌 여성이 극단적 폭력에 노출되는 상황을 초래했다.[77]

여기서 기지촌 여성에게 행사된 국가 주권의 역설적 측면을 확인할 수 있다. 한국 정부의 주권은 기지촌 여성의 '질병'을 통제하는 데에는 강력했지만, 그들의 '목숨'을 보호하는 데에는 허약했다. 그것은 또한 기지촌 여성에 대해서는 강력했지만 미국(미군)에 대해서는 허약했다. 오히려 한국의 주권은 미국에 대해서 허약했기 때문에, 기지촌 여성에게 강력한 권력을 행사했다고도 볼 수 있다. 성병 통제의 목적이 미군의 쾌락과 안전을 보장하는 것이었기 때문이다. 결국 예외상태의 공간으로서 기지촌은 미국이 주도하는 냉전 질서에 포획된 한국의 국가 주권이 처한 역설을 상징한다.

앞서 살펴본 바와 같이, 푸코는 인간의 생명이 권력의 대상이 되는 생명정치의 특징을 "살리거나 죽도록 내버려두는" 권력, 곧 생명을 적극적으로 관리하는 권력이라고 설명한 바 있다. 한국 정부의 기지촌 성매매정책, 다시 말해 성병이라는 '위험'에 대한 국가의 적극적인 개입은 기지촌 여성들을 '안전한' 육체로 재생산했다는 점에서, "살리는" 권력, 곧 생명정치의 면모를 지니고 있다.

하지만 동시에 현대 유럽을 모델로 도출된 이 명제는 한국의 기지촌 여성에게 절반만 맞다. 국가는 기지촌 여성의 생명현상의 일부인 성병에만 편집중적인 열정을 쏟았을 뿐, 여성의 목숨이나 건강, 삶의 질은 제대로 책임지지 않았기 때문이다. 따라서 한국 기지촌 정책을 설명하기 위해 푸코의

---

76) 남기정, 「한미지위협정 체결의 정치과정」, 심지연·김일영 편, 『한미동맹 50년: 법적 쟁점과 미래의 전망』, 백산서당, 2004, 109~116면.

77) 오연호, 『더 이상 우리를 슬프게 하지 말라』, 백산서당, 1999; 주한미군 범죄근절 운동본부, 『아메리카 군대를 기소한다: 주한미군 범죄근절 운동본부 15년』, 2008.

명제는 다음과 같이 재정식화할 수 있다. 한국의 주권은 기지촌 여성을 "**미군을 위해** 살리거나 **미군에 의해** 죽도록 내버려두는" 권력이었던 것이다.

기지촌 여성은 아감벤의 이론에도 도전을 제기한다. 아감벤 역시 프랑스 혁명 이후 유럽과 미국의 경험에 입각하여 주권과 예외상태를 이론화함으로써, 제2차 세계대전 이후 독립한 신생 국가에서 예외상태가 어떻게 구현되는지는 제대로 규명하지 않았다. 한국 기지촌 성매매정책의 사례는 제3세계에서 자국민에게 절대적인 주권이, 실은 냉전이라는 국제질서에 종속된 결과일 가능성을 시사한다.

또한 아감벤은 예외상태에 종속된 인간을 '벌거벗은 생명' 또는 '호모 사케르(homo sacer)'라고 명명하고, 법질서의 주변부에 있던 벌거벗은 생명의 공간이 서서히 정치 공간과 일치하는 것을 근대 정치의 특징으로 묘사했다.[78] 곧 '벌거벗은 생명'은 모든 인간의 보편적 조건이라는 것이다. 그러나 버틀러는 이와 같은 일반적 주장은 권력이 종족과 인종에 따라 어떻게 차별적으로 작동하는지 보여주지 못한다고 비판했다.[79] 이러한 비판은 타당하다. 누구나 벌거벗은 생명이 될 수 있지만, 그 가능성이 모두에게 동일한 것은 아니기 때문이다.

예외상태로서 기지촌 성매매정책 역시 마찬가지다. 기지촌 여성이 한국의 성적 위계에서 최하위를 차지하지 않았다면, 다시 말해 기지촌이라는 국가공동체의 변경에서 민족적/성적 질서를 교란하는 위반자로 간주되지 않았다면, 이 여성들에게 행해진 가혹한 국가 통제는 정당화되기 어려웠을 것이기 때문이다. 따라서 한국의 기지촌은 아감벤이 현대 정치의 일반적 특징으로 묘사한 예외상태가 그야말로 '벌거벗은' 형태로 구현된 공간 중 하나였던 것이다.

---

78) 아감벤, 앞의 책, 2008, 46쪽.

79) Judith Butler, *Precarious Life: The Powers of Mourning and Violence*, Verso, 2004, pp. 67~68.

5. 결론

이 글은 한반도에서 냉전의 전성기인 한국전쟁 직후부터 1990년대 중반까지 한국 기지촌 성매매정책의 법적 구조를 탐색하는 것을 목적으로 삼았다. 연구 결과, 정책의 핵심이 기지촌 여성에 대한 성병 통제임을 확인했다. 정부는 기지촌 여성을 국가에 등록하고 정기적인 성병 검진을 실시했으며 성병 감염자를 성병관리소에 격리수용하여 치료했다. 이러한 정책은 일차적으로 「전염병예방법」의 법규명령과 행정규칙, 그리고 지방정부에 의한 성병관리소 조례에 기초하여 이루어졌고, 「식품위생법」의 법규명령 및 행정규칙에 의해 보완되었다.

동시에 정부가 금지정책을 결코 폐기하지 않았다는 사실 역시 주목해야한다. 이는 일차적으로 탈식민화라는 시대적 요청과 관련이 있다. "일정(日政) 이래의 악습을 배제하"는 것을 목적으로 제정된 「공창제폐지령」의 금지정책을 정부가 정면 부정할 경우, 일본 식민주의의 정수(精髓)로 간주되었던 공창제로 회귀한다는 비판을 무릅써야 했을 것이기 때문이다. 한국전쟁 당시 정부가 국군과 연합군 상대 '위안소'를 설치·운영하면서도 "국가시책에 역행하는 모순된 활동"이자 "의법적 공무사업이 안이[아니]"라는 것을 의식할 수밖에 없었다는 사실은 「공창제폐지령」의 대의명분을 기각하기 어려웠음을 입증한다. 쿠데타 직후 군사정부가 「공창제폐지령」을 계승하여 더욱 세밀한 금지정책인 「윤락방지법」을 제정한 것 역시, 같은 맥락에서 이해할 수 있다.

그러나 현실에서 금지정책은 그것의 목적인 성매매의 근절이 아니라 성병 통제와 성판매여성의 단속 및 격리를 위해 시행되었다. 「전염병예방법」과 그것의 하위법령에 성병 검진 기피자에 대한 처벌 및 강제수용 조항이 제대로 갖춰지지 않았을 때에도, 경찰은 「윤락방지법」에 근거하여 기피자를 색출하고 처벌하고 검진하고 수용할 수 있었다. 성매매가 불법화되어 있는 상황에서 경찰이 기지촌 여성을 단속하는 것은 이상한 일이 아니었기 때문이다.

따라서 기지촌에서 「윤락방지법」이 사문화했다는 선행 연구들의 평가는 정정되어야 한다. 한 마디로 「윤락방지법」은 죽은 법이 아니었다. 국가는 「윤락방지법」의 채찍을 버리지 않았다. 다만 그것이 "윤락행위를 방지"한다는 목적을 위해 일관되게 시행되지 않았고 성병 통제라는 더욱 '긴급한' 요구에 종속되었을 뿐이다.

이렇듯 기지촌 성매매정책의 핵심이 기지촌 여성의 육체, 특히 성병이라는 생명현상에 대한 적극적인 개입이었다는 점에서 '생명정치'로 명명할 수 있다. 기지촌 정책은 헌법-법률-명령-규칙-조례로 구성된 법 위계가 교란되고 법의 집행과 위반을 구별하기 불가능했다는 점에서, 아감벤의 예외상태 모델에 부합한다. 동시에 이 연구는 동아시아 냉전 질서하에서 주권, 젠더, 섹슈얼리티 사이의 관계를 해명함으로써 푸코와 아감벤의 서구 중심주의와 성 맹목을 비판하는 함의를 지닌다.

"전체적으로 약 15개소의 클럽, 그리고 1개 업소에 보통 1~2명이 남아 있으며 몇 년 전부터는 새로 유입되는 여성들이 거의 없다."[80] 1995년에 출판된 『파주군지』가 묘사한 기지촌이다. 이렇듯 한국의 경제성장과 달리 약세의 결과, 1990년대 초부터 기지촌은 급격히 쇠락했다. 1996년부터 외국 여성들이 연예인 비자를 통해 한국에 입국할 수 있도록 관련 규제가 대폭 완화되었고, 그 결과 한국 여성의 공백을 필리핀과 러시아 여성들이 채우기 시작했다.[81]

또한 1996년에는 「윤락방지법」이 제정 35년 만에 최초로 개정되어 부녀보호지도소 수용과 관련된 독소조항들이 대거 삭제, 보완되었다. 부녀보호

---

80) 파주군, 앞의 책, 1995, 777쪽.
81) 문화관광부·국제이주기구, 『2006 외국인 연예인 도입 실태조사 및 정책비교연구』, 2006, 40~41, 64~66쪽.

지도소의 기능은 법 개정 이전에 이미 상당히 퇴화했다. 서울특별시립여자기술원은 수용자의 헌법소원과 행정소송으로 1994년에 폐쇄되었고, 경기여자기술학원은 1995년 감금생활을 견디지 못한 입소자의 방화로 37명이 숨지는 사건이 발생하여 폐쇄되었다.[82]

같은 시기 성병관리소 역시 폐쇄되기 시작했다. 동두천시는 1996년, 파주시는 1999년, 의정부시는 2001년 각각 성병관리소 폐지 조례를 공포했다.[83] 다른 지방조례는 확인하지 못했지만, 아마도 1990년대 중후반 대다수 성병관리소가 유명무실해졌으리라 추정된다.

이렇듯 1990년대 중후반부터 기지촌의 인구 구성과 성매매정책은 크게 변화했다. 1990년대 후반부터 전개된 기지촌 성매매정책의 법적 구조에 대한 검토는 이후 과제로 남겨두기로 한다. 아울러 이 논문이 기지촌 성매매정책의 특징으로 제시한 생명정치와 예외상태가 내국인 성판매여성에게는 어떻게 차별적으로 작동했는지 해명하는 것 역시 중요한 연구 과제다.

---

[82] 『한겨레신문』, 1995년 8월 22일; 박인화, 『여성복지시설의 실태와 가출청소년 문제: 경기여자기술학원 방화참사를 중심으로』, 국회도서관 입법조사분석실, 1995.

[83] 길윤형, 「쇠창살 아래 웅크린 성병관리소」, 『한겨레21』, 제695호, 2008, 26쪽; 파주시법무행정자료관 홈페이지; 의정부시의회 회의록 홈페이지.

【참고문헌】

강성현, 「한국의 국가 형성기 '예외상태 상례'의 법적 구조: 국가보안법(1948 · 1949 · 1950)과 계엄법(1949)을 중심으로」, 『사회와 역사』 94, 2012.

경기도, 『경기통계연보』, 1961~1978.

경기도, 「유엔군 간이특수음식점 영업허가 사무취급 세부기준 수립(9월 14일)」, 경기도 환경보건국 보건위생과, 『예규철(2-1), 생산년도(1961~1961)』(국가기록원 관리번호 BA0864577), 1961.

경기도, 「외국인주둔지역에대한유엔군용간이특수음식점영업허가사무의내부위임(1월 15일)」, 경기도 환경보건국 보건위생과, 『예규철(2-1), 생산년도(1961~1961)』 (국가기록원 관리번호 BA0864577), 1962.

고양군, 「고양군 성병관리소 설치 조례(3월 9일)」(국가기록원 관리번호 BA0175583), 1965.

길윤형, 「쇠창살 아래 웅크린 성병관리소」, 『한겨레21』, 제695호, 2008.

김귀옥, 「일본식민주의가 한국전쟁기 한국군 위안부 제도에 미친 영향과 과제」, 『사회와 역사』 103, 2014.

김승구, 「기지촌 여성의 재활을 위한 종교적 수련에 관한 일 연구: 동두천여자기술학원을 중심으로」, 연세대학교 교육대학원 석사논문, 1982.

김연자, 『아메리카 타운 왕언니, 죽기 오분 전까지 악을 쓰다: 김연자 자전 에세이』, 삼인, 2005.

김정자, 『미군 위안부 기지촌의 숨겨진 진실』, 김현선 편, 새움터 기획, 한울 아카데미, 2013.

김현숙, 「민족의 상징, 「양공주」」, 최정무, 일레인 김 편, 박은미 역, 『위험한 여성: 젠더와 한국의 민족주의』, 삼인, 2001.

남기정, 「한미지위협정 체결의 정치과정」, 심지연 · 김일영 편, 『한미동맹 50년: 법적 쟁점과 미래의 전망』, 백산서당, 2004.

대검찰청, 『범죄분석』, 1963년 12월호.

문화관광부 · 국제이주기구, 『2006 외국인 연예인 도입 실태조사 및 정책비교연구』, 2006.

미셸 푸코, 『안전, 영토, 인구』, 오트르망 역, 난장, 2011.

박인화, 「여성복지시설의 실태와 가출청소년 문제: 경기여자기술학원 방화참사를 중심으로」, 국회도서관 입법조사분석실, 1995.

박정미, 「미군 점령기 오키나와의 기지 성매매와 여성운동」, 『사회와 역사』, 제73집, 2007.

박정미, 「한국 성매매정책에 관한 연구: '묵인-관리 체제'의 변동과 성판매여성의 역사적 구성」, 서울대학교 사회학과 박사논문, 2011a.

박정미, 「한국전쟁기 성매매정책에 관한 연구: '위안소'와 '위안부'를 중심으로」, 『한국여성학』, 27(2), 2011b.

박정미, 「식민지 성매매제도의 단절과 연속: '묵인-관리 체제'의 변형과 재생산」, 『페미니즘연구』, 11(2), 2011c.

박정미, 「발전과 섹스: 한국 정부의 성매매관광정책, 1955~1988년」, 『한국사회학』, 48(1), 2014.

박정미, 「잊혀진 자들의 투쟁: 한국 성판매여성들의 저항의 역사」, 『역사비평』, 118, 2017.

법무부, 「페니실린 과민성 쇼크 사고처리에 대한 협조 요청」(3월 4일), 법무부 검찰국 검찰제2과, 『수사지휘(1)(3-2)』(국가기록원 관리번호 CA0030059), 1978.

보건부, 「淸掃 및 接客營業 衛生事務 取扱要領 追加指示에 關한 件」(保防 第一七二六號), 『위생관계 예규철』(국가기록원 소장, 관리번호 BA0127534), 1951.

보건사회부, 『보건사회통계연보』, 1958~1994.

보건사회부, 『성병연보』, 1960.

보건사회부, 「유엔군용 간이특수음식점 영업위생 협정 사무취급 요령 일부 개정」(12월 15일), 경기도 환경보건국 보건위생과, 『예규철(2-1), 생산년도(1961~1961)』(국가기록원 관리번호 BA0864577), 1961.

보건사회부, 『보건사회백서』, 1964, 1984~1985.

보건사회부, 「페니실린 과민성 쇼크 사고처리에 대한 협조요청」(2월 8일), 법무부 법무실 법무심의관, 『법령자문(1-1)(2-2)』(국가기록원 관리번호 CA0026967), 1978.

보건사회부, 『보건사회』, 1981~1983.

보건사회부, 『보건사회백서』, 1984.

보건사회부, 『부녀행정 40년사』, 1987.

보건사회부, 『보건사회통계연보』, 1994.

보건복지부, 『보건복지통계연보』, 1995~1996.

새움터, 『기지촌여성문제 해결을 위한 대안모색 토론회』(서울여성플라자 아트컬리지 5), 2008.

새움터, 『미군 위안부 역사: 2014년 자료집』, 2014.

서옥자, 「집단상담보고서」, 햇살사회복지회, 『기지촌 여성노인들의 기억으로 말하기』, 2008.

신은주·김현희, 「경기도 기지촌 여성노인 실태조사」, 『경기도 기지촌 여성노인 실태조사 정책토론회』, 햇살사회복지회, 2008.

양주군, 「양주군 성병관리소 설치조례(5월 28일)」(국가기록원 관리번호 BA0172135), 1965.

양주군, 「양주군 조례, 규칙의 개정 및 폐지 공포 통지」, 경기도 양주군 광적면, 『기획관계예규』(국가기록원 관리번호 BA0172638), 1981.

오연호, 『더 이상 우리를 슬프게 하지말라』, 백산서당, 1990.

육군본부, 『六·二五 事變 後方戰士: 人事篇』, 풍문사, 1956.

의정부시, 「의정부시 성병관리소 설치조례(4월 16일)」(국가기록원 관리번호 BA0175657), 1965.

이나영, 「기지촌의 공고화 과정에 관한 연구(1950~60): 국가, 성별화된 민족주의, 여성의 저항」, 『한국여성학』, 23(4), 2007.

이임하, 『여성, 전쟁을 넘어 일어서다: 한국전쟁과 젠더』, 서해문집, 2004a.

이임하, 「한국전쟁과 여성성의 동원」, 『역사연구』 14, 2004b.

이임하, 「미군의 동아시아 주둔과 섹슈얼리티」, 성균관대학교 동아시아 유교문화권 교육 연구단 편, 『동아시아와 근대, 여성의 발견』, 청어람, 2004c.

전경옥·박선애·정기은, 「기지촌여성 윤점균」, 『한국여성인물사 2: 한국여성근현대사 2, 1945~1980년』, 숙명여자대학교출판부, 2005.

정무 제2, 「기지촌정화대책」, 행정자치부 자치지원국 자치제도과, 『지방공무원 정원 승인 3, 1977~1977』(국가기록원 관리번호 BA0840404), 1977.

정영신, 「동아시아의 안보분업구조와 반(反)기지운동에 관한 연구」, 서울대학교 사회학과 박사논문, 2012.

정중화, 「富平: 特輯 韓國과 美國, 美軍部隊周邊」, 『신동아』 9월호, 1966.

정희진, 「죽어야 사는 여성들의 인권: 한국 기지촌여성운동사, 1986~98」, 한국여성의
　　전화연합 편, 『한국여성인권운동사』, 한울 아카데미, 1999.

조르조 아감벤, 『호모 사케르: 주권 권력과 벌거벗은 생명』, 박진우 역, 새물결, 2008.

조르조 아감벤, 『예외상태』, 김항 역, 새물결, 2009.

주한미군범죄근절운동본부, 『아메리카 군대를 기소한다: 주한미군범죄근절운동본부
　　15년』, 2008.

총무처, 「제53회 국무회의록」, 『국무회의록(제18회~88회)』(국가기록원 관리번호
　　BG0000062), 1955.

총무처, 「UN군 사령부 이동에 수반하는 성병관리문제」, 『차관회의록』(국가기록원 관
　　리번호 BA0085311), 1957.

최을영, 「성매매 관련 신문기사에 대한 프레임 분석」, 전북대학교 신문방송학과 석사
　　논문, 2007.

캐서린 문, 이정주 역, 『동맹 속의 섹스』, 삼인, 2002.

파주군, 「파주군성병관리소 설치조례(3월 5일)」(국가기록원 관리번호 BA0175569), 1965.

파주군, 『파주군지』 하권, 1995.

평택군, 「평택군 성병관리소 설치조례(12월 30일)」(국가기록원 관리번호 BA0049021),
　　1968.

포천군, 「포천군 성병관리소 설치조례 제정공포(3월 8일)」(국가기록원 관리번호
　　BA0172213), 1965.

행정자치부 자치지원국 자치제도과, 「법제상성병관리소설치근거」, 『2직할시 10개시
　　설치 기타자료, 1981~1981』(국가기록원 관리번호 BA0840577), 1981.

Agamben, Georgio, *State of Exception*, Chicago and London: The University of
　　Chicago Press, 2005.

Butler, Judith, *Precarious Life: The Powers of Mourning and Violence*, Verso, 2004.

Collier, Stephen J, "Topologies of Power: Foucault's Analysis of Political Government
　　beyond 'Governmentality'," *Culture & Society* 26(6), 2009.

Foucault, Michel, *"Society Must Be Defended": Lectures at the Collège de France, 1975-76*,
　　New York: Picador, 2003.

Moon, Seungsook, "Regulating Desire, Managing the Empire: U.S. Military Prostitution
　　in South Korea, 1945-1970," pp.39~77, in Maria Höhn and Seungsook Moon,

eds., *Over There: Living with the U,S, Military Empire from World War Two to the Present*, Durham and London: Duke University Press, 2010.

Lee, Jin-kyung, *Service Economies: Militarism, Sex Work, and Migrant Labor in South Korea*, Minneapolis and London: University of Minnesota Press, 2010.

Lee, Na Young, "The Construction of U,S, Camptown Prostitution in South Korea: Trans/formation and Resistance," PhD Dissertation of Women's Studies at the University of Maryland, 2006.

Park, Jeong-Mi, "Paradoxes of gendering strategy in prostitution policy: A 'Toleration-Regulation Regime' in South Korea, 1961-1979」, *Women's Studies International Forum* 37, 2013.

金貴玉, 「朝鮮戰爭と女性——軍慰安婦と軍慰安所を中心に」, 徐勝 編, 『東アジアの命令と國家テロリズム』, お茶の水書房, 2004.

朝鮮總督府, 『朝鮮總督府統計年報』, 1923~1944.

3부

군위안부 문제의
새로운 양상

일본에서의 요시미(吉見)재판과 지원운동

가토 게이키(加藤圭木)

1. 들어가면서

이 글은 일본군 '위안부' 문제를 둘러싸고 제소된 요시미(吉見) 재판과 그 지원운동에 대해서 논한 것이다.

2013년 5월, 일본 외국 특파원 협회에서 전(前) 중의원 의원 사쿠라우치 후미키(桜内文城) 씨는 일본군 '위안부' 연구에 있어서 중요한 성과를 이루어 온 츄오(中央)대학 요시미 요시아키(吉見義明) 교수의 연구에 대해서 '날조'라고 발언했다. 이 발언을 간과할 수 없다고 여긴 요시미 교수가 사쿠라우치 씨를 명예 훼손으로 고소했다. 이 재판은 요시미 재판이라고 불리고 있다.

이 재판은 직접적으로는 '위안부' 문제 연구자인 요시미 교수의 명예를 손상시킨 사쿠라우치 씨 발언의 위법성을 묻는 것이다. 하지만, 이 재판의 의미는 여기에서 끝나지 않는다. 요시미 교수의 연구는 일본군 '위안부' 연구에서 가장 중요한 성과라고도 할 수 있다. 만약, 요시미 교수의 연구가 날조라고 한다면 일본군 '위안부' 제도라는 사실이 날조가 될지도 모른다.

일본 사회에서는 일부 정치인이나 미디어에 의해 일본군 '위안부' 제도의 실태를 왜곡하거나 정당화시키는 주장이 있어 왔다. 사쿠라우치 발언은 이러한 흐름 속에서 자리 잡게 된 것이다. 사쿠라우치 씨와 같은, 일본의 가해 행위를 부인하는 발언을 결코 용납하지 않고, 진정한 의미로서 일본군 '위안부' 피해자의 존엄의 회복을 실현하기 위해 이 재판을 시작하게 된 것이다. 또한 법정에서는 일본군 '위안부' 제도가 성노예제도라고 하는 요시미 교수의 연구 성과에 대한 논의가 전개되었다. 요시미 재판은 일본군 '위안부' 제도의 실태를 법정이라는 장소에서 밝힌다는 점에서도 중요한 의미를 갖는다.

필자는 요시미 재판의 지원 단체인 'YOSHIMI 재판 함께 액션(YOSHIMI 裁判いっしょにアクション)'의 사무국장으로서 요시미 재판을 지원하는 운동을 전개해 왔다. 이 글은 이러한 입장에서 본 요시미 재판의 보고서다.

2. 요시미 재판이란 무엇인가?

요시미 교수는 1946년 야마구치현에서 태어나 도쿄대학 문학부 국사학과를 졸업한 후 대학원에 진학했고, 그 후 1976년부터는 츄오(中央)대학에서 근무하고 있다. 요시미 교수는 일본 근현대사를 전공한 역사학자로, 일본군 '위안부' 문제뿐만 아니라 일본군의 독가스전, 일본 민중의 전쟁 체험이나 미군 점령 체험 등을 테마로 연구해 왔다.

요시미 교수가 일본군 '위안부' 문제를 연구하게 된 계기는 1991년 김학순 할머니의 커밍아웃으로 인해 일본군 '위안부' 문제가 주목받게 되면서부터였다. '위안부' 문제에 대해서 역사 연구자의 입장에서 밝히고자 요시미 교수는 당시의 방위청(防衛庁) 방위연구소 도서관에서 조사한 결과, 1991년 말 경에 '위안부'의 모집, '위안부'의 설치 · 관리에 일본군이 깊게 관여하고 있었다는 자료를 처음으로 발견했다. 그리고 이것을 1992년 1월 11일 자 아사히신문이 보도함으로써 일본군 '위안부' 문제가 대대적으로 주목받는 계기가 되었다.

그 후, 요시미 교수는 일본군 '위안부' 문제에 관한 연구를 계속해서, 『종군위안부 자료집(從軍慰安婦資料集)』(大月書店, 1992년)을 편집·감수하였고, 특히 『종군위안부(從軍慰安婦)』(岩波新書, 1995年)로 연구 성과를 완성했다. 이 책은 요시미 교수의 연구 성과에 입각해서 일반인을 위해 읽기 쉬운 체제로 집필한 것으로, 일본 사회에서 많은 독자들이 찾고 있다. 또 이 책은 영어 등으로도 번역되어 전 세계에서 많은 독자들의 지지를 얻고 있다.[1)]

재판에 이르기까지의 경위를 정리해 보자. 이 재판의 발단에는 전 오사카 시장인 하시모토 도오루(橋下徹)의 '위안부' 문제에 관한 문제 발언이 있다. 먼저, 하시모토 씨는 2012년 8월 24일의 기자회견에서 일본군 '위안부' 문제를 언급하며, "요시미 씨라는 분이었나요? 그분이 강제연행이 사실이라는 부분까지는 인정할 수 없다고 하는 발언을 하셨다고…"라고 발언했다. 하시모토 씨는 일본군 '위안부' 강제연행을 부정함과 동시에 그 근거로 요시미 교수의 이름을 언급한 것이다. 요시미 교수는 일본군 '위안부'의 강제연행이 없었다는 주장을 한 적이 없으므로 사실을 오인한 것이다. 요시미 교수의 이름을 언급하고, '위안부' 피해를 왜곡하는 것은 요시미 교수로서는 간과할 수 없는 것이었다. 그래서 요시미 교수는 하시모토 씨에 대해, 발언의 철회와 사죄를 요구했다.[2)]

그럼에도 불구하고, 하시모토 씨의 문제 발언은 점점 도를 지나치게 되

[1)] 요시미 재판 원고 변호단 '소장(訴状)' 2013년 7월 26일, 1~2쪽, yoisshon.net에서 열람 가능. 2014년 7월 19일 릿쿄(立教) 대학에서 개최된 강연.

[2)] 요시미 요시아키 '하시모토 토루 시장에 대한 공개 질문장' 2013년 6월 4일 http://space. geocities.jp/japanwarres/center/hodo/hodo51.pdf, 2016년 3월 12일에 열람한 자료.

었다. 다음 해인 2013년 5월 13일, 하시모토 씨는 "위안부가 필요했던 것은 누구라도 안다"고 발언했다. 이 발언에 대해서는 국내외에서 강한 비판이 있었다. 그래서 하시모토 씨는 특별히 해외에서의 반향에 대한 변명으로 5월 27일에 외국 특파원 협회에서 기자회견을 열었다. 여기에 동석했던 사쿠라우치 씨가 요시미 교수에 대해 명예훼손 발언을 했던 것인데, 그 경위를 상세하게 짚고 가겠다.

기자회견의 모두 발언에서 사회자(당시 외국 특파원 협회 회장)가 하시모토 씨를 소개하면서, "약 1년 전, 하시모토 도오루는 일본 제국군이 전쟁 중에 여성들을 강제적으로 성노예제(sexual slavery) 안으로 밀어 넣었다는 증거를 제시하도록 한국에 요구했습니다"라고 설명했다. 또 사회자는 "위안부에 관한 역사가인 요시미 요시아키처럼 전쟁에 관해서 공정하게 다룬 다수의 일본 역사 서적이 있습니다"라고 요시미 교수의 서적을 언급했다. 이 소개를 시작으로 하시모토 씨는 25분 정도 강연했다. 하시모토 씨의 강연 후, 사회자가 질의응답을 하려고 할 때, 사쿠라우치 씨는 다음과 같은 발언을 했다.[3]

> 한 가지만, 좀 전의 처음 사회자의 소개에 대해서 잠깐 코멘트 하겠습니다.
> 하시모토 시장을 소개하는 코멘트 중에서, 사회자는 'sex slavery'라는 단어를 사용했습니다. 이것은 일본 정부로서는 강제성이 없다는 점, 그 증거가 없다는 점을 말하고 있는 것이므로, 이런 단어를 소개할 때 사용하는 것은 부당한 것 아닌가라고 생각합니다.
> 그리고 역사학 서적이라고 요시미 씨라는 분의 책을 소개했습니다만, 이것은 이미 날조된 것이라는 것이 여러 증거를 통해 분명히 밝혀졌습니다.[4]

---

3) 원고소송대리인 '준비서면(3)' 3쪽, yoisshon.net에서 열람 가능.
4) 원고 소송 대리인 '최종준비서면' 2015년 10월 8일 자, YOSHIMI 재판 함께 액션(편), 『日本軍「慰安婦」制度はなぜ性奴隷制度といえるのかPartⅢ』, 2015년 10월, 6쪽.

당시, 사쿠라우치 씨는 하시모토 씨가 대표를 맡은 '일본유신회(日本維新の会)'에 소속되어 있었다. 사쿠라우치 씨는 왜 기자회견에 동석하고 이러한 발언을 했을까? 사쿠라우치 씨에 의하면, 하시모토 씨의 기자회견에서 특히 해외미디어가 보도할 때, '위안부'를 'sex slaves(성노예)'로 번역할 가능성이 있다고 해서, 그것을 체크하는 역할을 맡았다고 한다. 즉, 영어를 '별로 잘하지 못 하'는 하시모토 씨를 서포트하고, "sex slaves라는 식으로 외국 미디어에서 어떤 질문이 나온다든지, 혹은 그런 표현이 있었을 때는 제(桜内 씨)가 거기서 제지한다"라는 역할을 분담하고 있었다고 한다.[5]

사쿠라우치 씨의 발언 요지는 요시미 교수 책에 대해 "날조인 것이 여러 증거를 통해 밝혀졌다"고 말한 점이다. 연구자에게 있어서 자신의 저작이 날조라고 언급된 것은 최대급의 굴욕이고, 가령 정말로 날조했다면 대학교수직을 쫓겨날지도 모르는 것임은 말할 것도 없고 연구자 생명을 잃을지도 모를 정도의 중대한 사태이다.

이에 대해서 요시미 교수는 사죄와 발언 철회를 요구했지만, 사쿠라우치 씨는 이에 응하지 않았다. 그래서 부득이하게 2013년 7월 26일, 요시미 교수는 소송을 시작했다. 청구 내용은 손해배상 1,200만 엔을 지불할 것과 사죄 광고를 신문 각지에 게재하는 것 등이다.

제소한 직후부터 요시미 교수의 재판을 지원하는 움직임이 시작되었고, 필자도 함께 하는 몇 번의 회합을 가지게 됐다. 그리고 '요시미 재판을 지원하는 모임 준비회'를 만들고, 당면한 운동을 진행하기로 했다. 제1회 구두변론(2013년 10월 7일), 제2회 구두변론(12월 11일)은 준비회 주최로 지원 활동을 했다. 구체적인 내용으로는 재판 후의 보고집회를 주최하는 것 등이었다. 지원 조직이 본격적으로 발족된 것은 2014년 1월 11일이었다. 한국 YMCA 9층 국제홀에서 'YOSHIMI 재판 함께 액션(YOSHIMI裁判いっ

---

5) 사무라우치 씨의 본인 심문 때의 발언, '조서(調書)' YOSHIMI 재판 함께 액션(편), 『桜内文城被告 · 秦郁彦証人陳述批判』 2016년 1월에 수록.

しょにアクション)'의 발족 집회가 개최되었고, 국제홀에는 170명이 모여 회장을 꽉 채웠다.

'YOSHIMI 재판 함께 액션(YOSHIMI裁判いっしょにアクション)'이라는 명칭이 약간은 특이하다. 보통 때 같으면 '요시미 재판을 지원하는 모임'이라고 이름을 붙일 것이다. 왜 이런 명칭으로 했는가 하면, '지원하다'라는 단어에는 그 운동에 참가하는 사람들의 주체성이 반드시 표현되었다고는 할 수는 없다고 생각했기 때문이다. '지원자'와 '지원받는 요시미 교수'라는 관계성만으로 보면, 어디까지나 주체는 요시미 교수만 되어 버린다.

이 운동은 물론 직접적으로는 요시미 교수의 명예 회복을 목표로 하는 것이지만, 앞에서도 언급했듯이 이 재판은 일본 사회의 '위안부'에 대한 인식을 다시 묻고, '위안부' 문제의 진정한 해결을 목표로 하는 성격을 가지고 있다. 그리고 무엇보다도 중요한 것은 이러한 과제를 풀어야 할 주체는 요시미 교수 한 사람이 아니라, 일본 사회에서 살고 있는 한 사람 한 사람일 것이다. 그렇기 때문에 '지원하는 모임'이 아니라, '함께 액션'함으로써 한 사람 한 사람이 주체적으로 운동에 참가해 가는 자세를 명확하게 하는 명칭으로 한 것이다.

'YOSHIMI 재판 함께 액션'의 공동 대표는 히토쓰바시(一橋) 대학의 요시다 유타카(吉田裕) 교수와 양징자(梁澄子) 씨(일본군 '위안부' 문제 해결 전국 네트워크 공동대표)이다. 요시다 교수는 아시아 태평양 전쟁의 역사와 일본인의 역사 인식 문제에 관해 다수의 연구 성과를 발표해 온 일본 근현대사 연구자이다. 양징자 씨는 일본군 '위안부' 문제를 둘러싼 운동에 오랜 기간 동안 몸을 담고 있으며, 특히 재일동포 '위안부' 피해자인 송신도 씨의 재판도 지원하는 것으로 알려졌다.[6] 두 명의 공동대표가 상징하고 있는 것처럼, 이 운동은 역사 연구자와 일본군 '위안부'에 관한 시민운동가들이 협

---

6) 재일 '위안부' 재판을 지원하는 모임(편저), 『オレの心は負けてない—在日朝鮮人「慰安婦」宋神道のたたかい』, 樹花舍, 2007 참조.

동해서 짊어지고 있는 것이 특징이라고 할 수 있다. 또한 사무국장을 맡고 있는 내 입장은 한국 근대사 연구자로서 재판을 돕는 것이다.

'YOSHIMI 재판 함께 액션'은 연회비 2000엔을 내면 입회할 수 있고, 회원은 일본 전국에 있다. 활동 내용은 기본적으로 구두변론의 방청과 그 후에 열리는 보고집회의 주최, 더 나아가서는 회보나 메일매거진의 발행 등이다. 또, 구두변론에는 매 번 요시미 교수의 지원자가 100명 정도가 모인다. 그 정도로 이 재판에 대한 관심은 높다고 할 수 있었다.

3. 성노예 제도의 초점화(焦点化)

2013년 여름부터 재판이 시작되었다. 당초 피고인 사쿠라우치 씨 측은 전술한 문제 발언 "**이것**(강조는 편집자)은 이미 날조라는 것이 여러 증거를 통해 밝혀져 있습니다" 중에서 '**이것**'(강조는 편집자)은 요시미 교수의 책을 가리키는 것이 아니라, '위안부 성노예설'을 가리키는 것으로, 명예훼손은 성립하지 않는다고 주장하고 있다. 일본어의 통상적인 해석으로 봐서, 발언 중의 '이것'이 요시미 교수의 책을 가리키는 것은 당연한 것이다. '위안부 성노예설'을 가리킨다 등으로 주장하는 것은 전혀 논리적이지 않다.

그런데, 재판이 시작되고 1년 정도 지났을 때, 일본군 '위안부' 문제를 둘러싸고 우파에 의한 비난이 고양되었다. 2014년 8월에 아사히신문은 '위안부' 문제의 검증기사를 게재하고 제주도에서 '위안부' 연행에 가담했다라고 하는 요시다 세이지(吉田清治) 씨의 증언을 보도한 것이 사실이 아니라고 정정했다. 이것을 계기로 일본 사회에서는 일본군 '위안부' 제도의 사실을 부정하는 공격이 거세졌다.

그러나 요시다 증언에 대해서는 그 이전부터 신빙성이 의심되어 왔고, 실제로 요시미 교수 자신도 자신의 연구에서 요시다의 증언을 전혀 사용하지 않았다. 일본군 '위안부' 제도의 역사는 요시다 증언이 사실이 아니라고 하더라도 전혀 동요할 일이 없다. 그럼에도 불구하고 일본 사회에서는 아사히신문의 정정을 계기로 해서, 마치 '위안부' 문제 그 자체가 날조였던 것 같이, 우파에서는 캠페인을 벌이기 시작했다.

그러한 가운데, 사쿠라우치 씨 측의 주장에도 변화가 보이기 시작했다. 아사히신문의 보도로부터 한 달이 지난 2014년 9월 8일에 있었던 제5회 구두변론에서 사쿠라우치 씨 측은 지금까지 주장에 덧붙여, "위안부 성노예설은 날조"이고, "설령 피고의 본건의 발언이 피고의 의도는 어떻든지 간에, 객관적으로는 원고 (吉見 교수)의 저서에 언급했던 것으로 해석된다고 해도, 원고의 저서 중에서 위안부는 성노예라고 단정하고 있는 부분은 날조다"라는 주장을 시작했다. 즉, '이것'은 요시미 교수의 책을 가리키는 것이 아니라, '위안부 성노예설'을 가리킨다는 주장을 철회하지 않았으나, 만약 '이것'이 요시미 교수의 책을 가리킨다고 판단한 경우에도 처음부터 '위안부 성노예설'은 날조이고, 따라서 요시미 교수의 저서 중에서 '위안부'는 성노예라고 서술한 부분은 날조라는 예비적인 주장을 하기에 이르게 된 것이다.

사쿠라우치 씨 측이 말한 "원고의 저서 중에서 위안부는 성노예라고 단정하는 부분"이라고 하는 것은 어느 부분을 가리키고 있는 것인가? 이것은 요시미 교수의 저작인 『종군위안부(從軍慰安婦)』(岩波新書, 1995年) 가운데, 일본군 '위안부'에 대해서, "일본군의 관리하에서 무권리 상태인 채로 일정한 기간 동안 구속되어 장병에게 성적인 봉사를 어쩔 수 없이 해야만 했던 여성들이었고, '군용 성노예'라고 말할 수밖에 없는 경우에 몰린 사람들이다"라고 서술한 부분을 가리키고 있다고 생각한다. 이 부분은 '위안부' 제도의 본질을 서술한 부분이고, 요시미 교수 연구의 결론의 하나라고 말해도 좋을 것이다. 사쿠라우치 씨는 말하자면 요시미 교수의 책 안에서 가장 중요한 주장을 특정해서 그 부분을 날조라고 하기 시작한 것이다.

사쿠라우치 씨 측은, 이 제5회 구두변론 중에 아사히신문의 문제에 관련시켜 다음과 같은 주장을 했다. 즉, '위안부' 문제는, 일본의 관헌(官憲)에 의한 강제연행이 행해졌다는 것이 전제이고, 아사히신문의 정정 기사에서 이것은 무너졌다. 따라서 '위안부' 문제의 근본, 요시미 교수 측의 주장의 근거는 흔들리고 있다는 것이다. 더욱이 제5회 구두변론에서는 아사히신문의 정정기사로 활기를 띤 우파 사람들이 방청하러 온 것 같았고, 방청석의 많은 사람들이 우파 측에 의해서 채워져 버렸다. 우파 측으로 보이는 사람들은 "(요시미는) 정말로 수치스럽다"라든지 "일본 국민에 대한 명예훼손이다!", "요시미는 도망치고 있다!" 등의 야유를 계속해서 보냈다. 이렇게 일본군 '위안부' 제도 전체가 날조됐던 것 같은 분위기가 만들어지고, 이런 가운데에서 사쿠라우치 씨는 '위안부' 제도가 성노예 제도라고 보는 의식 그 자체를 날조라고 공격하기 시작한 것이다.

처음 '위안부' 제도를 성노예 제도라고 인식한 것은 국제사회의 상식이다. 국제법률가위원회의 보고서(1994년), 쿠마라스와미(Coomaraswamy) 보고서(1996년), 맥두걸(McDougall) 보고서(1998년), 국제앰네스티(Amnesty International) 보고서(2005년) 등이 일본군 '위안부' 제도는 성노예 제도라고 지적하고 있다.[7] '위안부' 제도를 성노예 제도라고 보는 것을 날조라고는 도저히 말할 수 없다.

요시미 재판은, 처음부터 하시모토 도오루 오사카 시장에 의한 '위안부' 문제에 대한 왜곡 발언, 그리고 그와 관련해서 일어난 사쿠라우치 발언에 대항하는 것을 목적으로 시작한 것인데, 일본 사회의 '위안부' 문제에 대한 비난이 높아지는 가운데 이러한 풍조에 대항한다는 의미도 갖게 되기에 이르렀다.

---

[7] 원고 변호단 '최종준비서면' 2015년 10월 5일, 51쪽, YOSHIMI 재판 함께 액션 편저, 『日本軍「慰安婦」制度はなぜ性奴隷制度といえるのかPartⅢ』에 수록.

4. 성노예 제도라는 인식을 깊어지게 하다

요시미 재판에서는 사쿠라우치 씨 측의 주장의 변화를 받아들여, 일본군 '위안부' 제도가 왜 성노예 제도라고 할 수 있는지에 대해서 그 근거를 철저하게 논하게 되었다. 이것은 주로 세 가지 방향에서 논하고 있다.

첫째로 요시미 교수 자신이 지금까지 '위안부' 제도의 실태에 관한 연구 성과를 새롭게 정리해서 법정에서 제시해 갔다. 우선, 요시미 교수는 성노예제의 요건으로서 '위안부' 제도에 '네 가지의 자유'가 없었다는 점을 들고 있다. '네 가지의 자유'라는 것은 '군인을 상대로 하는 것을 거부할 자유', '외출의 자유', '폐업의 자유', '거주의 자유'를 말하는데, '위안부' 제도에는 이러한 자유가 없었다. 요시미 교수는 이러한 것을 여러 자료를 통해서 실증한데다가 그 근거를 두고, 성노예 제도라고 서술한 것이었다.[8]

둘째로 국제법의 입장에서이다. 이에 대해서는 국제법 학자인 가나가와(神奈川) 대학의 아베 고키(阿部浩己) 교수의 의견서를 받았다. 아베 교수에 의하면, 노예제의 정의는 1926년의 노예제 조약에서 확립된 것이라고 한다. 이에 의하면 "노예제라는 것은 소유권을 동반하는 권한의 어떤 것, 또는 모든 권한을 행사당하는 사람의 지위 또는 상태를 말한다"라고 되어 있다. 법률 용어라서 난해하지만, "지위"는 법적 노예제를 말하고, "상태"라는 것은 사실상 노예제를 의미한다는 것이다. 그리고 "소유권을 동반하는 권한"의 행사라는 것은, 사람의 자유 또는 자율성을 중대한 방법으로 박탈하는 것이라는 것이다.

아베 교수는 일본군 '위안부' 제도는 당시의 국제법인 노예제 조약의 노

---

8) 상세한 것은 다음을 참조 바람. 요시미『日本軍「慰安婦」制度とは何か』岩波書店, 2011.

예의 요건에 들어맞는 것이라고 했다.[9] 전술한 것과 같이 90년대 이후, 국제사회에서 '위안부' 제도를 성노예 제도로 간주하는 보고서가 발표되었는데, 일본군 '위안부' 제도는 그 당시에도 이미 국제법상의 노예제였다고 간주할 수 있다는 것이 아베 교수의 견해이다. 아베 교수의 의견서를 통해서 '위안부' 제도가 성노예 제도인 근거는 보다 명확해졌다고 할 수 있겠다.

셋째로 일본의 공창제도에 관한 연구의 입장에서이다. 일본사 연구자인 릿쿄(立敎) 대학의 오노자와 아카네(小野沢あかね) 교수에게 의견서를 받았다. 오노자와 교수의 주장은 다음과 같다. 전쟁 전 일본 국내의 공창제도는 인신매매와 자유를 구속하는, 사실상 노예제도라고 하는 공론이 상당히 확산되어 있었다. 당시 창기(娼妓) 등이 노예제도에 놓여져 있었다고 한다면 '위안부'의 경우는 한층 더 그렇다고 말할 수 있다는 것이 오노자와 교수의 연구 성과이다.[10]

이렇게 세 가지 관점에서 '위안부' 제도가 성노예 제도라고 할 수 있는 근거가 법정에서 제시되었다. 물론 90년대 요시미 교수의 연구에서 이미 '위안부' 제도가 성노예 제도라고 할 수 있는 근거는 충분히 제시되었지만, 이 재판에서 의견서 제출 등을 통해서 논의가 더욱 정밀화한 것을 특필해야 할 것이다.

이상으로 요시미 재판에서 일본군 '위안부' 제도가 성노예 제도라고 할 수 있는 근거가 한층 더 명확하게 제시되기에 이르렀다. 이것을 이어받아 지원단체인 'YOSHIMI 재판 함께 액션'은 일본 사회에 이를 확대해 가는 활동을 전개했다. 이러한 활동을 통해서 일본 사회의 일본군 '위안부' 인식을

---

9) 아베 고키, 「国際法における性奴隷制度と 「慰安婦」制度」, 『戦争責任研究』 2015년 여름호; 요시미 요시아키, 「真の解決に逆行する日韓 「合意」」, 『世界』 2016년 3월호; YOSHIMI 재판 함께 액션(편), 『日本軍「慰安婦」制度はなぜ性奴隷制度といえるのか』 2014년 1월.

10) 오노자와 아카네, 「性奴隷制をめぐって」, 『戦争責任研究』 2015년 여름호; 요시미, 「真の解決に逆行する日韓「合意」」, 『世界』, 2016년 3월호.

변화시키고 '위안부' 문제의 진정한 해결을 목표로 함과 동시에, 재판을 이 기자는 의도에서였다.

그 첫 번째로 『일본군 '위안부' 제도는 왜 성노예 제도라고 할 수 있는 가?(日本軍「慰安婦」制度はなぜ性奴隷制度といえるのか)』(파트1~4)를 주제로 한 팸플릿을 발행했다. 여기에는 요시미 교수 자신이 법원에 제출한 진술서와 전술한 아베, 오노자와 두 교수의 의견서를 실었다. 이것들은 일본군 '위안부' 연구의 최신 성과라고 해도 과언이 아닌 것이고 이것을 시민과 연구자에게 보급하는 활동을 했다.

두 번째는 심포지엄을 개최했다. 먼저 2014년 11월에 도쿄의 히토쓰바시(一橋) 대학의 대학축제(学園祭)에서 "일본군 '위안부' 제도는 왜 성노예 제도라고 할 수 있는가?"를 테마로 해서 요시미, 아베 두 교수의 강연회를 개최했다. 회장에는 200명 이상의 사람들이 모여서 더 이상 들어갈 수 없을 정도였다. 다음 해인 2015년 11월에도 같은 장소인 히토쓰바시(一橋) 대학의 대학축제(学園祭)에서 "일본군 '위안부' 문제와 어떻게 대면할 것인가? - 역사수정주의에 대해 반론"을 표제로 삼고, 'YOSHIMI 재판 함께 액션'의 공동대표인 히토쓰바시 대학의 요시다 유타카 교수가 "'위안부' 문제와 일본인의 역사 인식"을 주제로 한 '전후 70년 수상 담화'를 비판함과 동시에, 오노자와 아카네 교수, 요시미 교수가 '위안부' 문제의 역사 왜곡을 비판하는 강연을 했다. 전년도와 마찬가지로 회장에는 사람들로 가득 찼다.

'위안부' 문제를 둘러싼 시민운동에서 성노예 제도라는 인식을 정착시키려는 방침을 전면에 내세웠던 계획은 지금까지는 그렇게까지 많다고는 할 수 없었다. 다만 일본군 '위안부' 피해에 대한 인식을 심화시키는 데에는 상당히 중요한 활동이었다고 생각하고 있다.

5. 역사학회의 움직임

요시미 재판에 대해서는 일본 역사학회가 전면적으로 지원하는 자세를 명확하게 취했다는 사실도 중요하다. 앞에서 서술한 것처럼 요시다 교수와 필자 등의 역사 연구자들이 'YOSHIMI 재판 함께 액션' 활동을 직접적으로 책임지고 있는데 이 외에도 학회 차원의 활동도 활발하게 진행하고 있다.

먼저, 일본의 역사학회는 최근 몇 년 아베 정권하에서 격해지는 배외주의적인 동향에 대해 고조된 위기감을 표명하는 한편, '위안부' 문제에 관해서도 사회적인 발언을 하고 있다는 것에 대해 소개해 두고 싶다. 우선 2015년 5월 25일에 전술한 아사히신문의 정정기사를 계기로 '위안부' 문제에 관한 부당한 언동이 정치인이나 미디어 내에서 거세지고 있는 것을 문제 삼았다. 이에 따라 일본 역사학협회 · 역사학연구회 · 역사과학협의회 · 일본사연구회 · 역사 교육자협의회를 필두로 역사학 관계 16단체는 "위안부' 문제에 관한 일본 역사학회 · 역사 교육자단체 성명'을 발표했다.[11]

이 성명은 중요하게는 세 가지를 주장하고 있다. 첫 번째로 '위안부'의 강제연행 부정의 언설을 비판하고 있다. 특히 요시다 세이지 증언이 사실이 아니라고 해도 강제연행의 사실은 변하지 않는다는 것이다. 두 번째로 '위안부'가 "성노예로서 필설로는 다할 수 없는 폭력을 당했다"는 사실을 인정해야 한다고 말하고 있다. 성노예라는 인식은, 일본 내 역사학회의 공통인식이라는 것이 여기에 나타나 있다. 이 점은 요시미 재판의 논점이기도한 만큼 중요하다. 세 번째로 '위안부' 문제를 둘러싼 아사히신문 전(元) 기자를 향한 우파의 공격에 대해 비판하고 있다.

그리고, 요시미 재판에 관해서도 일본의 역사학회는 성명을 발표하고 있다. 요시미 재판의 판결이 임박했던 2015년 12월부터 2016년 1월에 걸쳐서

---

11) 다음을 참고 바람. http://rekiken.jp/appeals/appeal20150525.html

역사학연구회, 역사과학협의회, 도쿄 역사과학연구회는 요시미 재판에서
공정한 판결이 나오도록 요구하는 결의와 성명을 다음과 같이 발표했다.

① 역사학연구회 위원회, '요시미 요시아키 씨의 명예훼손에 관한 재판의 공정
한 판결을 요구하는 결의(吉見義明氏の名誉毀損に関わる裁判の公正な
判決を求める決議)' http://rekiken.jp/appeals/appeal20 151211.html
② 역사과학협의회, '요시미 재판에 공정한 판결을 요구하는 긴급 성명(吉見裁判
への公正な判決を求める緊急声明)'
http://www.maroon. dti.ne.jp/rekikakyo/yosimisaiban20151228.pdf
③ 도쿄 역사과학연구회, '요시미 요시아키 씨의 판결에 관해 공정한 판결을 요
구합니다(吉見義明氏の裁判につき, 公正な判決を求めます)'
http://www.torekiken.org/trk/blog/oshirase/ 20160108.html[12]

이렇게 요시미 교수의 재판 운동은 많은 학자와 연구자가 버팀목이 되
고 있는 것이다.

6. 공정한 판결을 요구하는 결의

2015년 10월의 제9회 구두변론에서 요시미 재판은 심리(審理)를 종결하
고 남은 것은 판결을 기다리는 것뿐이었다. 그래서 2015년 12월 7일부터
'YOSHIMI 재판 함께 액션'에서는 '법원에 대해 공정한 판결을 요구하는 국
제 서명'을 시작했다. 주로 웹사이트에서 서명을 모았는데 2016년 1월 11일
까지 전 '위안부' 피해자를 포함한 1,421분이 서명을 해 주셨다. 이를 도쿄
지방재판소에 제출했다. 국제 서명의 전문은 아래와 같다. 또, 국제 서명은
영어, 한국어, 중국어, 독일어로 번역되었다.

12) 편집자 주: 2016년 7월 22일 현재 지워진 주소임.

공정한 판결을 요구하는 국제 서명

도쿄 지방재판소 민사 제33부 합의 1 E계 귀중

요시미 요시아키 교수(中央大學校)가 사쿠라우치 후미키 당시 일본유신회 중의
원 의원을 명예훼손으로 제소한 재판(헤세이 25년(와) 제19679호 손해배상 등
청구사건)이 2016년 1월 20일, 판결을 맞이하게 되었습니다. 이를 앞두고, 우리
일본 시민, 그리고 세계 시민은 법원이 공정하고 정의로운 판결을 내도록 간절
히 요청합니다.

원고 요시미 요시아키 씨는 면밀한 자료조사와 증언 청취 등에 의해 일본군 '위
안부' 문제의 실태 해명에 누구보다 크게 공헌하였으며, 세계에 일본의 양심을
과시해 왔습니다. 또 일본군 '위안부' 피해자들에게는 묻혀진 진실을 밝혀주는
희망의 빛으로서의 역할을 해 오셨습니다. 그런데 피고는 이 원고의 저서를 '날
조'라고 발언하고, 또 본 법정에서는 원고가 "위안부는 성노예라고 단정한 부분
은 날조"라고도 말했습니다.

연구자의 연구 업적을 날조라 공언하고, 더욱이 그 업적의 결론이라고도 할 수
있는 명제를 날조라고 지적하는 행위는 연구자에 대한 중대한 명예훼손일 뿐만
아니라 연구자의 사회적 존재 자체를 부정하는 폭력입니다.

일본군 '위안부' 문제와 관련한 연구자로서 국제적으로도 명망 높은 원고의 바로
그 업적을 '날조'라고 단정한 피고에 대해서 일본의 사법이 어떤 판단을 내릴지
전 세계 시민들도 주목하고 있습니다.

법원이 역사와 세계에 부끄럽지 않은 판결을 내도록 진심으로 요청합니다.

7. 부당 판결 당일

2016년 1월 20일 드디어 도쿄 지방재판소의 판결이 나왔다. 결과는 부당
판결 즉, 요시미 교수가 패소했다. 판결의 내용을 분석하기 전에 당일의
모습을 기록해 두고자 한다.

당일은 14시 반 쯤부터 도쿄 지방재판소 앞에서 'YOSHIMI 재판 함께 액

션'의 사무국 멤버들이 선전 활동을 시작했다. 요시미 재판의 개요, 판결 전후의 흐름을 설명함과 동시에 전단지를 나누어 주는 활동을 전개했다. 15시에는 요시미 요시아키 씨, 변호단, YOSHIMI 재판 함께 액션 사무국 멤버가 "요시미 요시아키 교수의 명예 회복을 요구한다"라는 현수막을 들고 도쿄 지방재판소를 향해 행진했다. 15시 10분부터 추첨을 통해 약 100명분의 방청권을 받을 수 있기 때문에, 약 150명이 법원 앞에 줄을 섰다. 대부분이 원고의 지원자였던 것 같다.

그리고 15시 반, 빈자리가 없이 꽉 찬 법정에서 판사가 판결의 요지를 읽어 내려갔다. "주문(主文) 원고의 청구를 기각한다." 방청석은 조용해지고, 판사의 목소리에 귀를 기울였다. 폐정 직후 사쿠라우치 씨 측의 지원자인 것 같은 사람이 짧은 박수를 쳤지만, 동조하는 사람 하나 없었다.

방청권 추첨에 떨어진 수십 명의 요시미 교수 지원자들은 법원 앞에서 판결을 기다리고 있었다. 판결 직후, 요시미 교수 측의 변호사가 "부당 판결"이라는 글씨가 쓰인 깃발을 들고 법원 앞에서 기다린 지원자들에게 결과를 알렸다. 이를 보고 전원이 "부당판결을 인정하게 않겠다"는 취지로 목소리를 맞춰 구호를 외쳤다.

17시, 법원 내의 사법기자클럽에서 원고 측의 기자회견이 개최되었다. 변호단의 오모리 노리코(大森典子) 변호사, 가와카미 시로(川上詩朗) 변호사, 와타나베 하루미(渡辺春己) 변호사가 판결을 비판했다. 더욱이 요시미 교수는 연구자에 대한 중대한 명예훼손이 인정받지 못했다는 것에 대해서 강한 분노를 느낀다고 말했다. 또한 요시다 교수는 "판결은 역사학계에 대한 전면적인 도전이다"라고 분노를 담아 말했다.

18시, 보고집회가 츄오(中央)대학 스루가다이(駿河台) 기념관에서 개최되었다. 사무국장인 필자가 판결 결과를 보고하고, 그 부당성을 지적함과 동시에, 요시미 교수의 명예 회복과 '위안부' 문제의 진정한 해결을 위해서 운동을 계속해 나갈 것을 표명했다. 다음으로 요시미 교수는 판결을 비판하면서 덧붙여 "이번에 패소했다는 것은 재판을 계속하라는 하늘의 뜻일지도 모른다"고 했다. 그리고 이 재판을 통해서 아베 교수와 오노자와 교수가 의견서를 제출해 준 것 등, 일본군 '위안부' 제도가 성노예 제도였다는 것이 지금까지 이상으로 명확해졌다고 하며, 큰 성과가 있었다고 지적했다. 그 후 변호단을 통해 부당판결에 대한 해설이 이어지고 공동대표인 요시다 교수, 양징자 씨가 인사를 했다.

8. 판결 내용과 부당성

전술한 것처럼, 도쿄 지방재판소가 내린 판결은 요시미 교수의 청구를 기각하는 부당판결이었다. 그럼, 어떻게 해서 법원은 사쿠라우치 씨 측을 이기도록 하게 한 것일까? 판결은 사쿠라우치의 외국 특파원 협회에서의 발언 중 "날조"가 의미하는 것이, "실수이다" "부적당하다" "논리의 비약이 있다"는 정도의 취지라는 인식을 내보였다. 그리고 이러한 의견 또는 논평을 표명하는 것으로는 위법성이 없으므로 피고는 면책되었다고 했다.

"날조"라는 것은 "사실이 아닌 것을 사실인 것처럼 꾸며내는 것"이라는 의미의 단어인데, 이것을 "실수이다" "부적당하다" "논리의 비약이 있다"라는 취지로 인식하고 있다는 것은 매우 억지이며, 도저히 성립이 안 되는 해석이다. 그리고 이렇게 왜곡된 "날조"에 대한 해석을 전제로 해서 피고 발언의 위법성이 인정되지 않는다는 것이다.

솔직히 말해서 지리멸렬한 판결이다. 법원의 진의를 알 길은 없지만 요시미 교수의 청구를 기각한다는 결론을 먼저 세우고, 그것을 정당화 시키려는 '논리'를 만들어 낸 것이 아닌가라고 생각된다. 이 판결은 일본의 정치나 사회의 일부에 있는 '위안부' 제도에 대한 잘못된 인식에 영합했다고도 할 수 있는 매우 큰 문제다.

이 판결은 역사 연구자의 실증에 입각한 연구 성과에 대해 날조라고 하는 발언을 방치했다는 점에서 국내외의 역사학계에 대한 전면적인 도전이라고도 할 수 있다. 그리고 '위안부' 피해 실태를 해명한 요시미 교수의 연구 성과에 대해 날조 발언을 용인한 판결이라는 것은 피해자의 존엄을 한층 더 모독한 것이다.

또, 이 판결에서는 '위안부' 제도가 성노예 제도인지 아닌지에 대해서는 어떤 판단도 나오지 않았다. 따라서 이 판결을 통해서 '위안부' 제도가 성노예 제도라는 것이 부정된 것은 아니라는 것이 된다. '위안부' 제도가 성노예 제도라는 것은 국제적 상식이고, 역사학계에서도 널리 공유되어 있는 것은 이 글을 통해 언급하고 있는 그대로이다.

판결에 대해서는 역사과학협의회가 판결에 항의하는 성명을 이미 발표했다. 또 앞으로 다른 학회에서도 항의 성명을 발표할 움직임이 있다고 한다.

9. 마치면서

요시미 재판의 지방법원 판결이 나오기 직전인 2015년 12월 말, 한일 정부는 '위안부' 문제에 대해서 "최종적이고 불가역적인 해결을 했다"고 발표했다. 그러나 이것은 일본군, 일본 정부의 '위안부' 제도에 대한 책임을 명확하게 인정한 것이라고는 할 수 없다. 또한 '피해자'를 제쳐놓고 국가 간에 일방적으로 이루어진 '합의'이며, 진정한 해결에 역행하는 것이다. 이런 가운데 내려진 요시미 재판에 대한 지방법원 판결은 일본의 법원까지도 일본군 '위안부' 제도의 사실을 왜곡하려고 하는 세력에 영합하고 있다는 것을 천하에 드러낸 것이라고 할 수 있을 것이다.

요시미 재판을 둘러싼 운동은 일본군 '위안부' 제도가 성노예 제도였다는 사실을 일본 사회에서 공통으로 인식해 가야할 것을 과제로 하고 있다는 점에서 중요한 의미를 가진 운동이다. 일본군 '위안부' 문제의 진정한 해결을 실현하기 위해서는 무엇보다도 피해자의 존엄성 회복을 도모하는 것이 중요하다. 이때 필요한 것은 일본군 '위안부' 제도의 본질이 성노예 제도라고 하는 점, 그리고 도를 지나친 폭력이었다는 사실을 명확하게 하고, 일본 정부에 그 책임을 인정하도록 하는 것이다.

한편 일본군 '위안부' 제도가 성노예 제도라는 인식이 이미 국제사회에서 공통적 인식이 되어 있다는 사실로 볼 때, 이러한 것을 운동의 과제로 삼을 수밖에 없는 점은 현재 일본 사회의 문제점을 단적으로 드러내는 것이라는 점을 지적하지 않을 수 없다.

요시미 재판은 2016년 1월 27일자로 항소했다. 이제 무대는 고등법원으로 옮겨간다. 일본군 '위안부' 문제에 있어서는 한일 '합의'에 의해서 더욱더 곤란한 상황이 현실로 나타날 것이다. 그러나 이것을 만회하기 위해서라도 고등법원에서 승리를 쟁취하는 것이 중요하다. 또 지금까지 이상으로 운동을 전개하고, 일본 사회에서 일본군 '위안부' 제도가 성노예 제도였다는 사실을 공통으로 인식시켜 나가고 싶다.

〈부기〉
2016년 12월 15일, 토쿄 고등재판소는 요시미 교수의 항소를 기각하는 부당 판결을 내렸다. 판결문은 사쿠라우치의 외국 특파원 협회에서의 발언 중 '이것은 이미 날조된 것이라는 것이 여러 증거를 통해 분명히 밝혀졌습니다'라고 하는 부분의 '이것'이라는 단어가 요시미 교수의 책을 가리키는지 분명하지 않다고 주장했다. 바로 최고재판소에 상고했다.

[번역: 손효진]

【참고문헌】

在日の慰安婦裁判を支える会,『オレの心は負けてない』, 樹花舎, 2007.

吉見義明,『日本軍「慰安婦」制度とは何か』, 岩波書店, 2011.

阿部浩己,「国際法における性奴隷制度と「慰安婦」制度」,『戦争責任研究』夏号, 2015.

小野沢あかね,「性奴隷制をめぐって」,『戦争責任研究』夏号, 2015.

吉見義明,「真の解決に逆行する日韓「合意」」,『世界』3月号, 2016.

http://rekiken.jp/appeals/appeal20150525.html(누리집)

08 | 한국의 미군 위안부와 기지촌 여성들의
집단 손해배상소송

김현선

1. 미군 위안부 집단 손해배상소송의 배경과 역사

1) '미군 위안부'로 불렸던 기지촌 여성들

1990년대 초, 나는 의정부시의 뺏벌 기지촌(현 의정부시 고산동 일대)에서 '위안부'라는 말을 처음 듣게 되었다. 당시 의정부시의 공무원들은 기지촌 여성들을 '위안부'로 부르고 있었다.

뺏벌 기지촌 입구에는 기지촌에서 가장 중요한 역할을 담당하고 있는 세 개의 기관이 나란히 자리 잡고 있었다. 그것은 파출소와 은행, 그리고 성병진료소였다. 파출소는 기지촌 내의 치안을 담당하는 기관이었지만 그들의 가장 중요한 임무는 기지촌 여성들을 포함한 국민의 인권보호가 아닌, 미군의 유흥에 안전을 보장하는 것으로 보였다.

가끔 전날 밤 벌어진 사소한 다툼에 휘말려 파출소로 연행된 기지촌 여성들을 신원보증하기 위해 파출소로 방문한 나에게 파출소의 순경들은 "여기는 미국 땅이라 우리들이 할 수 있는 게 없다. 우리나라가 힘이 없어서 그렇다. 억울해도 어쩔 수 없다"고 말할 정도였다. 은행은 기지촌 여성들이 벌어들이는 달러를 수집하는 창구였다. 1990년대 초의 기지촌은 그동안 내가 가지고 있었던 상식으로는 도저히 이해할 수 없는 곳이었다.

하지만 그중에서도 가장 이해할 수 없었던 것은 기지촌 입구에 가장 관공서다운 모습으로 서 있는 시멘트 건물의 성병진료소였다. 매주 2회, 화요일과 목요일이 되면 모든 기지촌 여성들은 성병진료소 앞에 줄을 서서 번호가 적힌 쪽지를 받았고, 그 쪽지에 적힌 순서대로 성병진료소로 들어갔다. 하지만 그렇게 성병진료소로 들어간 기지촌 여성들 중 일부는 진료를 받은 후에도 돌아오지 못하고 진료소 앞에 세워져있는 봉고차에 태워져 어디론가 끌려갔다.

도대체 그곳에서 어떤 일이 벌어지고 있는 것인지 정확하게 알고 싶었다. 나는 그곳에 들어가 보기로 결심하고 성병진료소에 살고 있었던 '유회장'과 가깝게 지내기 시작했다. '유회장'은 뺏벌 기지촌의 자매회장이었다. '유회장'은 성병진료소의 후문 바로 안쪽의 작은 방에서 살고 있었는데 나에게 방문이 허락된 곳은 '유회장'의 작은 방뿐이었다. '유회장'은 의정부시에서 매달 50만 원의 월급과 성병진료소 무상거주를 보장받고 있다고 나에게 말했다. 그녀는 기지촌 여성들을 관리하는 일을 맡고 있었는데 그녀의 가장 중요한 업무는 한 명도 빠짐없이 모든 기지촌 여성들이 성병 진료를 받도록 하는 것이었다. 이를 위해 '유회장'은 새로 유입된 기지촌 여성들을 파악하기 위해 수시로 기지촌을 순찰하곤 했다.

하루는 '유회장'이 심한 몸살에 걸렸다며 나에게 성병진료소의 청소를 부탁했다. 나는 '유회장' 대신 성병진료소를 청소하면서 처음으로 성병진료소 내부를 자세하게 살펴볼 수 있었다. 중앙현관 맞은 편 항상 굳게 잠겨있던 문을 열자 나의 예상대로 시멘트 바닥의 꽤 넓은 성병 진료실이 나타났다. 대걸레를 들고 그 방을 들어서는데 냉랭한 공기와 왠지 모를 공포로 소름이 끼쳤다. 잠시 주춤했던 나는 용기를 내 진료실로 들어갔다.

진료실 중앙에는 큰 침대가 하나 놓여 있었다. 철제로 만들어진 높은 침대였는데 침대 위쪽은 레자로 덮여져 있었다. 침대는 출입문 쪽 면이 안쪽으로 동그랗게 파여져 있었다. 침대 밑에는 양철 양동이가 놓여 있었고, 침대 옆으로는 큰 나무 책상 하나가 벽에 붙여져 있었다.

내가 성병 진료실을 청소하는 동안 유회장은 겨우 몸을 일으켜 부엌으로 가 기지촌 여성들이 '오리 주둥이'라고 부르는 검사 기구를 끓는 물에 집어넣었다. 이렇게 소독한 후, '오리 주둥이'를 양철 양동이에 넣었다. 준비가 끝나자 '유회장'은 현관 옆 사무실의 창구 안쪽에 앉아 진료소 앞에서 줄을 서 기다리고 있던 기지촌 여성들을 들어오게 하더니 성병 검진증을 받고 번호를 적은 쪽지를 나눠주었다. 대부분의 기지촌 여성들은 미군 전용 클럽의 마담이나 감시인들과 함께 집단으로 움직였고, 그들의 성병 검진증은 감시인들이 들고 있었다. 쪽지를 받은 기지촌 여성들은 또 다시 현관 앞에 줄을 서서 공무원들을 기다렸다.

나중에 기지촌 여성들에게 들으니, 쪽지를 받은 기지촌 여성들은 현관 앞에 줄을 서 있다가 자신의 번호가 불리면 진료실로 들어가 내가 본 침대에 누워 성병 검진을 받는다고 했다. 침대 한쪽의 큰 구멍은 의사가 '오리 주둥이'를 양동이에서 올리는 공간으로, 한 여성이 검사가 끝나면 양동이의 물에 재빨리 헹궈 바로 다음 여성을 검사한다고 했다. 나무 책상 위에는 검사 결과를 적을 서류와 배양검사 기구를 올려놓는다고 했다.

곧 공무원들이 봉고차를 타고 나타났고 의사와 간호사는 성병 진료실로, 나머지 공무원들은 '유회장'이 앉아 있는 사무실로 들어갔다. 내가 공무원들을 따라 사무실로 들어가자 공무원들은 약간 당황한 듯 했다. '유회장'이 눈치를 보며 사정을 설명하자 부녀복지계장은 불쾌한 표정을 지으면서 '유회장'에게 눈짓을 했다. 나는 서둘러 몇 가지 질문이 있다고 말했고 위생계장은 마지못해 앉으라고 의자를 내밀었다.

하지만 위생계장은 내 질문은 듣지도 않고 권위적인 말투로 나를 교육하기 시작했다. 그는 나에게 '위안부'라는 말을 아냐고 물었다. 그런 말을 처음 듣는다고 하자 그는 "윤락여성과 위안부는 다르다. 윤락여성은 사창가나 티켓다방에서 일하는 여자들이고, 위안부는 우리나라를 지켜주기 위해 한국에 와서 고생하고 있는 미군들을 상대하는 여자들이다. 위안부들이 없으면 어떻게 되겠나? 당장 미군들이 미국으로 돌아가겠다고 난리가 날 거고, 당신 같은 여학생들이 미군들에게 강간을 당할 수도 있다. 그러니까 우리는 위안부들에게 고마워해야 한다."

나는 성병진료소를 나오자마자 기지촌 여성들을 만나 공무원에게 들은 내용을 확인했다. 기지촌 여성들은 공무원들이 실제로 자신들을 '위안부'라고 부른다고 하면서, "우리가 미군들을 위로한다고 그렇게 부르는 건데, 그 말이 우린 불쾌하다"라고 설명해주었다. 그날 나는 정부가 기지촌 여성들에게 새로운 직업과 아파트를 약속했다는 말도 들었다. 어떤 기지촌 여성들은 그 말을 믿지 않는다고 했고, 어떤 기지촌 여성들은 "높은 사람들이 한 말이므로 그 약속을 믿는다"라고 말했다. 또 어떤 기지촌 여성들은 "그 약속을 지키게 하기 위해 너 같은 사람들이 기지촌 여성들을 지원해야 한다"라고 말하기도 했다. 의견은 조금씩 달랐지만 기지촌 여성들은 한결같이 자신들이 겪고 있는 빈곤과 질병이 국가의 책임임을 주장했다.

나는 솔직히 당황했고 혼란스러웠다. 기지촌을 조금만 벗어나면 "기지촌 여성들은 모두 자발적으로 기지촌 성매매를 선택했다. 성매매를 하면서 일하지 않고도 쉽게 돈을 벌고 있다"라고 낙인찍던 시대였다. 이들의 인권에는 아무도 관심이 없었고, 사회적 지원이 필요하다는 주장은 어디에서도 들을 수 없었다. 그런데 기지촌을 관리하는 공무원들은 기지촌 여성들에게 '애국자'라고 말하고 있었고, '새로운 직업'과 '아파트'까지 파격적인 지원을 약속하고 있었던 것이다.

1990년대 중반, 기지촌 여성들이 큰 충격을 받는 사건이 벌어졌다. 90년대 초까지는 '일본군 위안부'를 '정신대'로 호칭하고 있었는데 90년대 중반에 들어서면서 '정신대'를 '일본군 위안부'로 바꿔 부르게 된 것이다. 기지촌 여성들은 자신들과 마찬가지로 과거에 '위안부'로 불렸던 사람들이 있었다는 것을 알게 되었다. 뉴스에서 처음 '위안부'라는 말을 듣고 자신의 애기인 줄 알고 놀라서 뛰어온 기지촌 여성도 있었다. '위안부'의 역사가 기지촌에서 시작된 줄 알고 있었던 나도 정말 놀랐다. '위안부'의 역사는 일제강점기에 시작돼 한국 정부와 미군에 의해 지속되고 있었던 것이다.

'일본군 위안부'에 대한 사회적 관심이 높아지자 기지촌 여성들은 당연히 '미군 위안부' 문제에도 사회적 관심이 모아지고 결국 국가가 책임을 지게 될 것이라고 기대했다. 하지만 기지촌의 현실은 그렇지 않았다. 여전히 기지촌은 우리 사회에서 철저하게 고립된 채 '미군 위안부'들의 인권 실태는 숨겨졌다. 그 후 20여 년간 기지촌 여성들은 국가가 직접 관여해 위안부 제도를 형성하고 위안부를 관리했다는 측면에서 동일한 인권 문제를 서로 분리해 다른 잣대로 분석하고 평가하는 것을 경험해야 했다. 기지촌 여성들이 '미군 위안부' 문제를 제기할 때마다 '일본군 위안부' 피해자들의 명예를 훼손하고 그 운동을 방해한다는 억울한 소리까지 들어야 했다.

그러나 사회적 비난과 낙인에도 불구하고 기지촌 여성들은 자신이 겪은 피해를 드러내고 국가의 책임을 밝히는 활동을 멈추지 않았다. 기지촌 여성들의 허망한 죽음을 맞을 때마다 살아있는 동안 해결하지 못한다 하더라도 반드시 기록에 남겨 나중에 누군가는 이 문제를 밝힐 수 있게 해야 한다는, 살아남은 동료들의 의지는 더욱 더 커져만 갔다. 그리고 결국 2014년 6월 25일 기지촌 여성 122명은 국가의 책임을 밝혀달라고 법원에 소장을 접수했다.

이 글에서는 2014년 국가 상대 집단 손해배상소송(이하 손배소송)을 제기하기까지 기지촌 여성들의 투쟁을 주로 살펴보고, 현재 1심에 계류 중인 본 소송의 내용과 쟁점도 분석하고자 한다.[1]

---

[1] 이 글에서 기지촌 여성들의 문서와 증언기록에 사용하는 기호
- ( ): 증언에는 생략됐으나 맥락상 들어가는 말을 삽입함.
- [ ]: 기지촌 여성들이 사용하는 용어를 보충하거나 의미를 설명함.
- …: 말줄임.

2) 국가 상대 집단 손배소송에 이르기까지(2000년대 초반~중반)

'일본군 위안부' 문제를 해결하기 위한 시민운동이 활발해지면서 기지촌 여성들은 '일본군 위안부'에 관한 언론 보도에 큰 관심을 보였다. 이 여성들 중에는 일제강점기에는 '일본군 위안부'였다가 해방 후 '미군 위안부'가 되었던 여성들도 있었다. 이 여성들의 삶 속에서 '일본군 위안부'와 '미군 위안부'는 동일한 문제였을 뿐만 아니라 여성들을 통제하는 시스템마저 유사해 가끔 '일본군 위안부'일 때의 경험인지 '미군 위안부'일 때의 경험인지가 혼동될 정도였다. 당연히 기지촌 여성들은 '일본군 위안부'들처럼 국가를 상대로 책임을 묻고자 했다.

기지촌 여성들이 처음으로 집단적인 국가 상대 집단 손배소송(미군 위안부 집단소송)을 결의한 것은 2003년에 열린 '새움터 제주도 심포지엄'에서였다. 이 회의에 참석한 기지촌 여성들은 만장일치로 한국 정부와 미국 정부 모두 기지촌 여성들에게 사죄와 배상을 해야 한다고 주장했고 이를 위해 양국 정부에 손배소송을 제기하자고 결의했다. 그리고 회의 막바지 1차 손배소송을 제기할 원고들이 구성되었다.

당시 기지촌 여성들이 공동으로 작성한 발표문에는 손배소송의 목적이 다음과 같이 적혀 있다.

> 한국 정부는 수십 년 동안 기지촌 여성들을 이용해왔다. 미군들이 한국 여자들에게 어떻게 하는지 (정부와 한국 사회) 모두 알고 있었지만 모르는 척 했고, 오히려 우리들을 이용했다. 90년대 초까지 한 달에 한번 우리들을 모아놓고 '달러를 버는 애국자', '미군들에게 한국에 대한 좋은 인상을 심어주는 민간외교관'이라면서 더 열심히 포주들이 시키는 대로 하라고 했던 것은 무엇인가? 우리들을 달러벌이로, 미군들을 붙잡으려고, 이용한 거 아닌가? 그 사이에 우리들은 아무 것도 없이 몸만 망가지고 나이만 먹게 되었다. 우리들에게 당연히 보상해야 한다. 미국 정부도 미군들을 위해 한국 여성들을 이용했다. 이에 대해 보상해야 한다.(김현선 외, 2003: 60쪽)

그러나 기지촌 여성들의 결의에도 불구하고 '미군 위안부 집단소송'은
장기간 진행되지 못했다. 기지촌 여성들의 문제를 국가의 책임으로 인식하
지 않는 사회적 분위기 때문이었다. 2000년대 초, 한국 사회에는 '일본군
위안부'들의 다양한 경험이 아직 충분히 소개되지 않고 있었다. 또한 '일본
군 위안부'들은 모두 일본군이 총칼로 위협해 강제로 끌고 갔다는 인식이
당연했다. 국가권력에 의해 연행된 것이 아니기 때문에 기지촌 여성들의
문제는 '일본군 위안부'와는 완전히 다른 문제로 여겨졌다.

일부 '일본군 위안부'들마저 이런 주장을 적극적으로 하고 있다는 것을
언론 보도를 통해 접한 몇몇 기지촌 여성들은 "다른 사람들은 몰라도 일본
군 위안부 언니들은 우리들이 당한 일을 잘 알 텐데 왜 이렇게 말하는지
모르겠다"라며 분개했다. 기지촌 여성들은 '일본군 위안부'들이 전쟁 시 겪
었을 인권침해가 얼마나 혹독했을지 짐작하고도 남지만 국가와 군대가 직
접 형성하고 관리했다는 측면에서 서로 동일한 문제임을 끊임없이 강조했
다. 이 소식을 들은 나눔의 집 '일본군 위안부' 피해자 몇 분이 "일본군 위
안부와 기지촌 여성의 문제는 서로 다르다"라는 일부 '일본군 위안부'들의
발언을 기지촌 여성들에게 직접 사과하기 위해 새움터를 방문하기도 했다.

이런 사회적 분위기에 기지촌 여성들은 위축될 수밖에 없었다. 기지촌 여
성들은 국가를 상대로 손배소송을 제기하는 것을 보류한 채, 대신 성매매방
지법의 제정 활동에 적극 참여하였다. 기지촌 여성들이 성매매방지법에 걸
었던 기대는 한국 정부와 미 군대에 의해 관리돼온 기지촌을 성매매방지법
에 의한 성매매 집결지로 규정해 한미 양국 정부가 이 지역을 관리하는 것을
중단시키는 것이었다. 그리고 동시에 국가로 하여금 기지촌의 인신매매와
성매매를 방지하고 기지촌의 피해자들을 적극 구제하도록 하는 것이었다.

그러나 2004년 성매매방지법이 시행되었을 때, 한국 정부는 기지촌을 성
매매 집결지로 규정하는 것을 회피하였고 기지촌의 상황은 달라지지 않았
다. 기지촌 여성들은 여전히 인권 사각지대에 놓이게 되었고 그들의 삶에

기대했던 변화는 일어나지 않았다.

3) 미군 위안부 집단소송의 출발(2000년대 후반)

2000년대 후반, 성매매방지법의 시행에도 불구하고 기지촌의 상황이 바뀌지 않자 기지촌 여성들은 국가의 책임을 규명하지 않는 한 기지촌 여성들의 고통을 해결할 수 없다는 결론에 도달했다. 특히 고령의 기지촌 여성들이 연이어 사망하는 상황은 기지촌 여성들의 행동을 촉발했다. 사회적 비난과 낙인 때문에 소송을 보류했던 기지촌 여성들이 또 다시 국가를 상대로 한 손배소송을 고민하게 된 것이다.

본격적인 소송 준비는 2008년부터 시작되었다. 그 중심에는 2003년 손배소송을 결의한 기지촌 여성들을 주축으로 결성된 '기지촌 문제 해결을 위한 새움터 생존자 자문위원회(새움터 생존자위원회)'가 있었다. 그리고 국가 책임을 규명하기 위한 활동이 재개되었다. 증거자료를 수집하고 그동안 모아두었던 자료들을 분석하였으며, 기지촌 여성들의 증언을 모으기 시작했다. 이렇게 모은 자료를 가지고 기지촌 여성들은 2008년 11월에 토론회를 개최하고 뉴욕타임즈와 인터뷰를 하게 된다. 이때 기지촌 여성들은 다음과 같이 증언하였다.

> "우리가 (일본군 위안부들처럼) 일본으로 필리핀으로 안 끌려갔어도, 일본이 끝나고 미국이 들어오면서[해방 후 미군이 들어오면서] 우리 역시 국가의 부산물이고 희생자다. (기지촌을) 방치해둔 자들이 있고 (정부가 기지촌에서) 합법적으로 매매춘을 시켰기 때문에 또 거기서[기지촌에서] 우리가 성병진료소의 탈취[인권침해]를 당하고 죽어간 동료들 보상도 못 받고 결국은 오늘까지 역사가 이어지고 있고…"(새움터, 2008: 13쪽)

> "거진 한 달에 한 번씩 언니들 다 모여다 놓고 회의를 해요. 그러면 시청 직원들도 나오고 보건소 직원들도 나와요. 그 사람들은 엄연히 정부 돈을 먹는 사람들이니

까, 그 사람들은 (미군 위안부들을 정부에서 관리했다는 것을) 알고 있는 사실이니까. 정부에서 (사과하고 보상하고) 다 해줘야 된다는 거지"(새움터, 2008: 29쪽)

"(공무원들이) 밤낮 하는 소리가 그 소리지. 당신들은 달러를 획득하니까, 나라의 일꾼이고…"(새움터, 2008: 33쪽)

"그건 경찰서나 보건소나 나오는 분들이 가장 먼저 (말하는) 레파토리죠. 여러분 반갑습니다. 여러분들은 나라를 살리는 애국자고 절대 긍지를 가지고 살아라. 숨은 애국자다"(새움터, 2008: 33쪽)

토론회에서 증언을 마친 기지촌 여성들은 공동결의문을 발표하였다. 이 발표문에서 기지촌 여성들은 한미 양국 정부에 다음과 같은 조치를 요구하였고 이러한 요구가 받아들여질 때까지 국가의 범죄를 지속적으로 알리고 피해보상을 요구하는 법적 활동을 전개해 나갈 것을 분명히 했다.

더 이상 부끄러운 역사는 만들지 말아야 된다. 이제라도 한국 정부와 미국 정부는 잘못을 인정하고 우리들 앞에서 사과해야 한다. 그리고 잘못을 책임지고 문제 해결에 대한 대책을 마련해야 한다. 우리는 당당하게 (한국)정부에 요구한다.

1. 정부는 1970(년대)부터 80년대 말까지 기지촌 지역에서 기지촌 여성들에게 발생한 모든 일들을 인정하고 책임져야 한다.
2. 정부는 기지촌 문제에 대해 사죄하고 피해를 보상하기 위해 특별법을 만들어야 한다.
3. 미군 범죄에 대해 특별법을 만들어 기간과 상관없이 다시 조사하고 범죄자를 처벌해야 한다.
4. 정부는 기지촌 여성들에 대한 현실적인 지원 대책을 마련하여 기지촌 문제를 적극적으로 해결해야 한다.
5. 더 이상 이런 역사가 반복되지 않도록 국민 모두가 알 수 있게 교육해야 한다. 우리들의 일은 한국 정부만 책임이 있는 게 아니다. 미국 정부의 책임도 크다. 오늘 이 자리에서는 한국 정부에게 요구하고 있지만, 우리는 앞으로 미국 의회에도 가고 미국 대통령도 찾아가서 우리들의 요구를 밝힐 것이다.

우리나라가 가난하던 시절 우리들에게 외화를 많이 벌어들여야 잘 살 수 있다고 교육하더니 이제 나라가 어느 정도 살만하니까 우리를 역사 속에서 지워버리려고 하고 있다. 당시 그들은 나라가 잘 살면 우리를 책임질 것 같이 이야기했지만 현재 우리에게 이루어진 것은 아무 것도 없다. 더 이상 우리는 기다리지 않을 것이다. 이제 우리가 당당히 나설 것이다. 우리의 피해를 밝히고 우리의 요구가 받아들여질 때까지 열심히 싸울 것이다.(새움터, 2008: 53~54쪽)

2009년 12월에는, 73명의 기지촌 여성들이 실명으로 연명한 서한을 멜란 버비어 대사를 통해 오바마 대통령에게 전달하였다. 이 서한에서 기지촌 여성들은 미국의 책임을 주장하며 다음과 같이 호소하였다.

… 우리들은 1960년(대)부터 1990년대까지 미군 기지촌에서 성매매를 경험했던 여성들입니다. 우리들은 인신매매되어 기지촌에서 성매매를 강요당했고, 수십 년간의 이러한 경험은 우리들의 삶에 가난과 질병을 남겼습니다. 동료들이 질병과 자살, 범죄 등으로 인해 죽어가는 것을 수없이 지켜보면서, 결국 우리들은 큰 결심을 하게 되었습니다. 이제 우리들은 우리들이 겪었던 고통의 이유를 밝히고, 정당한 사죄와 보상을 받고자 합니다.
1960년대부터 80년대 말까지 한국과 미국, 양국 정부는 기지촌의 군대 성매매에 직접 개입하여 기지촌 여성들을 공식적으로 관리하고 억압했습니다. … 기지촌 여성들의 몸과 자유를 억압했으며, 함부로 우리들을 감금하고 강제로 치료했습니다. 이것은 명백한 국가 범죄였습니다. 이러한 모든 일들은 실제로 일어났던 역사이고, 그 고통은 명백하게 우리들의 몸과 마음에 지금까지 남아있습니다. …
이에 (오바마) 대통령께 다음과 같이 호소하는 바입니다.
첫째, 미국 정부와 미군 당국은 우리들에게 저지른 범죄에 대해 조사하고 관련 자료들을 공개하며 관련자들을 처벌해야 합니다.
둘째, 미국 정부와 미군 당국은 우리들에게 저지른 범죄에 대해 인정하고 사죄해야 합니다.
셋째, 미국 정부와 미군 당국은 우리들의 고통을 인정하고, 정당한 보상을 해야 합니다.

넷째, 다시는 이러한 고통의 역사가 반복되지 않도록 적절한 조치가 이루어져야
      합니다.

  그러나 이러한 활동에도 불구하고 한미 양국 정부는 아무런 반응도 보
이지 않았다. 뉴욕타임즈 외에는 이러한 활동을 보도하는 언론은 거의 없
었다. 기지촌 여성들은 이러한 결과에 크게 실망했지만 포기하지 않고 차
근차근 소송을 준비했다. 이렇게 기지촌 여성들의 분노는 커져갔고, 새움
터에는 소송을 위한 자료와 기지촌 여성들의 증언이 축적되고 있었다.

2. 미군 위안부 집단소송의 제기와 진행

1) 소송을 제기하기까지

  2012년 1월, 소송을 결의한 기지촌 여성들과 '새움터 생존자위원회'는 소
송의 목적과 방향에 대해 토론했고, 그 결과 다음과 같은 소송의 원칙을
결정한다.

  1. 기지촌 여성들은 '위안부'로 불리는 것을 결코 원치 않지만, 역사적 진실을
     밝히기 위해 국가가 공식문서에서 사용한 '미군 위안부'의 용어를 사용한다.
  2. 소송의 목적은 다음과 같다.
     첫째, '미군 위안부'의 역사를 명백히 밝힌다. 기지촌에서 국가권력과 폭력에 의
        해 '미군 위안부'들의 몸이 어떻게 노예화되었는지, 이러한 체험이 이후 한
        사람의 몸과 마음, 삶에 어떠한 고통을 안겨주었는지를 정확히 알려낸다.
     둘째, 피해자들의 명예를 회복한다.
     셋째, 책임자를 밝혀내고 처벌한다.
     넷째, 한미 양국 정부로부터 공식적인 사과와 배상을 받는다.

다섯째, 국가가 여성들을 군대의 위안부로 동원하는 일을 방지하고 이미 발
생한 피해자들을 지원하기 위한 특별법을 제정한다.
여섯째, 피해자들에 대한 사회적 지원을 확대한다.

국내에서 사용되는 용어인 '위안부'와 해외에서 사용되는 용어인 'comfort women'은 모두 일본에서 사용되는 '이안후(慰安婦)'를 그대로 옮긴 것이다. 용어의 사용은 가치판단을 내포하므로 기지촌 여성들을 비롯한 '군사적 성노예제의 피해자들'은 자신들을 '위안부'로 부르는 것을 반대했고, 최근에는 '위안부'보다 '성노예(sex slave, sexual slavery)'가 문제의 본질과 실태를 더 적절하게 표현하는 용어로서 사용되고 있다.(김현선, 2013, 24쪽)

그러나 소송에 참여할 것을 결의한 기지촌 여성들은 한국 정부에 의해 '위안소'와 '위안부'라는 용어가 법적으로 규정돼 공식적으로 사용되었다는 것을 알리는 게 중요하다고 판단하였고, 공식적으로 '미군 위안부'라는 명칭을 사용하기로 결정했다.

2012년 2월, 새움터는 '민주사회를 위한 변호사모임 여성인권위원회(민변 여성위)'에 미군 위안부 집단소송에 참여해 줄 것을 제안하였다. 그리고 2012년 5월에는 소송에 직접 참여할 기지촌 여성들을 중심으로 '새움터 기지촌 여성문제 해결을 위한 위원회(새움터 위원회)'를 결성하였다. 이 위원회는 2013년 6월, '미군 위안부'의 첫 번째 증언록 『미군 위안부 기지촌의 숨겨진 진실』을 발간하였고 2014년 3월, 국가 책임을 입증할 자료를 보아 분석한 『미군 위안부 역사』를 발간하였다.

2013년 6월, 민변 여성위는 "민변의 미군문제위원회(민변 미군위)가 기지촌 여성 인권연대와 함께 비슷한 소송을 준비하고 있었다"라고 전하면서 민변 미군위가 연대하고 있는 기지촌 여성 인권연대와의 공동집단소송을 새움터에 제안하였다. '새움터 위원회'와 소송 참여를 결의한 기지촌 여성들은 처음에는 다른 단체들과 공동으로 소송을 제기하는 것을 망설였다. 다른

단체들과의 입장 차이를 좁히면서 소송을 진행하는 것이 가능할지 비밀 보장이 가능할지 등이 걱정되었기 때문이다.

수차례 진행된 '새움터 생존자위원회'와 '새움터 위원회'의 회의에서 이 소송에 전국의 '미군 위안부'들이 최대한 많이 참여하는 것이 무엇보다 중요하다는 의견이 모아졌다. 이에 따라 새움터는 그동안 기지촌 여성들과 함께 활동해온 단체들과 연대해 공동으로 소송을 제기하기로 결정하였다. 2013년 11월, 새움터는 민변 여성위의 연대 제안을 받아들였고 이로써 소송은 본격적인 준비 과정에 들어가게 된다. 그리고 2014년 6월 25일, '미군 위안부'들의 역사적인 첫 국가 상대 집단 손배소송이 제기되었다. 이 소송에 참여한 '미군 위안부' 원고는 총 122명이었고 원고들을 지원하며 참여한 단체는 새움터와 두레방, 에코젠더, 햇살사회복지회였다.

한 원고는 자신의 진술서에서 소송을 제기한 이유를 다음과 같이 밝히고 있다.

> "기지촌에서 정말 많은 위안부들이 죽었습니다. 미군에 의해 살해되고 포주에 의해 살해되었습니다. 살아서는 헤어날 수가 없으니까 죽어서라도 헤어나 보려고 (칼로) 손목을 긋고 약을 먹고 연탄뚜껑을 열어 놓고 기찻길에 뛰어들어 자살하는 사람들도 많았습니다. … 저도 여러 번 자살을 시도했습니다. 죽지 못해 살아온 제 인생이 너무나 한에 맺힙니다.
> 저는 이제 육십(세)을 넘어 칠십(세)을 앞두고 있습니다. 하지만 한국 정부와 미국 정부, 미군, 포주에게 제 인생을 송두리째 다 뺏겨버리고 이제 제게 남은 것은 아무 것도 없습니다. 가진 것은 병든 몸 밖에 없습니다. 지난 세월을 생각하면 비참한 생각만 듭니다. …
> 저는 한국 정부와 미국 정부에 위안부들의 젊음을 이용당했다고 생각합니다. 반드시 한국 정부와 미국 정부로부터 사과와 보상을 받아야겠습니다. 한국 정부와 미국 정부는 우리 위안부들이 조용히 있어 주길 바라고 역사에 묻혀 버리길 바라는 것 같습니다. 하지만 저희는 그럴 수 없습니다. 그러기엔 저희들이 살아온 인생이 너무나 억울합니다. 평생 이용만 당하다가 결국 가난과 병으로 고통 받

고 죽어가는 우리 동료들이 너무나 불쌍합니다. 눈물로 호소합니다. 제발 저희
들의 억울함을 풀어주십시오."

2) 원고들의 주장

여기에서 분석하는 자료는 121명의 원고[2] 중 새움터의 자료 분석에 동
의한 48명이 제출한 피해 내용이다. 이 48명의 원고들은 새움터를 통해 본
소송에 참여하는 기지촌 여성들로서 현재 소송에 참여하고 있는 각 단체들
은 전체 원고들의 안전과 비밀 보장을 위해 타 단체가 제출한 원고들의 자
료에 접근하는 것이 엄격하게 제한돼 있다.

새움터 위원회는 소송을 준비하면서 48명의 원고들과 개별 면접을 진행
해 이들의 피해 경험을 기본조사표와 면접보고서로 작성하였다. 이 면접에
서 파악한 내용은 〈표 1〉과 같다.

〈표 1〉 피해조사 내용

피해조사 부문	조사 내용
기본적 내용	이름, 연령, 주소 및 연락처, 기지촌 유입 연령, 기지촌 유입 과정 등
기지촌 성매매의 피해 경험	피해 기지촌 지역, 성폭력, 구타, 감금, 성매매 강요, 화대 착취, 인신매매, 마약 투여, 강제 낙태 등
한국정부로부터의 피해 경험	자매회 등록, 자매회 회비 납부, 정기적 강제 성병 검진, 강제치료, 공무원에 의한 연행, 낙검자수용소 감금 및 강제치료, 수사기관 구금, 정부 애국교육, 공무원 유착 비리에 의한 피해 등
미군대로부터의 피해 경험	범죄 피해, 강제연행, 강제교육, 강제치료, 구금, 인신매매 등

---

[2] 122명의 원고가 소송을 제기한 이후 1명의 원고가 노환으로 사망하였고, 현재 원고는
총 121명이다.

(1) 원고의 일반적 특성

가. 기지촌 유입 연령과 과정

원고들의 기지촌 유입 연령은 15세부터 38세까지 분포돼 있고, 16~20세까지의 연령이 44%로 가장 많았다.

원고들의 기지촌 유입 과정은 인신매매(69%)가 가장 많았다. 인신매매의 방식으로는 사기나 구인광고로 유인한 후 인신매매한 경우(30%), 인신매매범의 납치나 유인(24%), 직업소개소의 인신매매(24%) 순이었다. 가족이나 친구에 의해 인신매매된 원고들도 있었다.

〈표 2〉 기지촌 유입 연령과 유입 과정(단위: %)

구 분			
기지촌 유입 연령		기지촌 유입 과정	
15세 이하	2		
16~20세	44	인신매매	69
21~25세	38	아는 사람 소개	29
26~30세	10	돈을 벌기 위해	2
31~35세	4		
36~40세	2		
계 100(명)		계 100(명)	

나. 피해를 경험한 기지촌

원고들이 피해를 경험한 기지촌은 전국에 걸쳐 총 32개 지역이다. 〈표 3〉에서도 알 수 있듯이 원고들의 피해 지역은 전국의 주요 기지촌을 총망라하고 있다. 원고들의 기억은 한국 기지촌의 살아있는 역사이다.

〈표 3〉 응답자들이 피해를 경험한 기지촌 목록

지역	기지촌		현재 상태(2014.6. 현재)
경기도	동두천시		
		보산리 기지촌	관광특구 지정
		턱걸이 기지촌	규모가 축소돼 잔존
	평택시		
		신장동 기지촌	관광특구 지정
		좌동 기지촌	미군기지 축소와 재개발로 소멸
		안정리 기지촌	미군기지 이전으로 확장중
	의정부시		
		뻣벌 기지촌	규모가 축소돼 잔존
		가능동 기지촌	규모가 축소돼 잔존
	파주시		
		용주골 기지촌	미군기지 철수로 소멸된 후 낙후
		선유리 기지촌	미군기지 철수로 소멸된 후 낙후
		법원리 기지촌	미군기지 철수 후 재개발로 소멸
		봉일천 기지촌	미군기지 철수로 소멸된 후 낙후
		운천 기지촌	미군기지 철수 후 재개발로 소멸
		장파리 기지촌	미군기지 철수로 소멸된 후 낙후
		영태리 기지촌	미군기지 철수로 소멸된 후 낙후
		금촌 기지촌	재개발로 소멸
		문산 기지촌	재개발로 소멸
	수원시		
		세류동 기지촌	미군기지 축소로 소멸된 후 낙후
	양주시		
		덕정리 기지촌	미군기지 축소와 재개발로 소멸
		주내 기지촌	미군기지 철수 후 재개발로 소멸
	포천시		
		운천리 기지촌	미군기지 철수로 소멸된 후 낙후
	광주시		
		하산곡리 기지촌	미군기지 철수로 소멸된 후 낙후
전라도	군산시		
		옥구 아메리칸타운	규모가 축소돼 잔존
		영화동 기지촌	미군기지 축소로 소멸된 후 낙후
대구광역시	동촌기지촌		미군기지 축소와 재개발로 소멸
	봉덕동 기지촌		규모가 축소돼 잔존
	이천동 기지촌		규모가 축소돼 잔존
서울특별시	이태원 기지촌		규모가 축소돼 잔존
경상도	왜관 기지촌		규모가 축소돼 잔존
인천광역시	부평 기지촌		미군기지 축소로 소멸된 후 낙후
대전광역시	장동 기지촌		미군기지 축소로 소멸된 후 낙후
충청도	대천 신흑리 기지촌		미군기지 철수 후 재개발로 소멸
강원도	원주시		
		태장동 기지촌	미군기지 철수 후 재개발로 소멸

(2) 기지촌 성매매의 피해 경험

기지촌에 어떠한 방식으로 유입되었든 원고들이 기지촌에서 겪은 인권침해는 참혹했다. 원고들은 기지촌에서 감금이나 성매매 강요, 마약 투여, 강제 낙태, 성폭력, 구타 등의 피해를 입었다고 호소했다. 당시 상황을 원고들은 다음과 같이 진술했다.

"몰래 도망치다가 골목 입구에서 포주들이 고용한 깡패에게 붙잡혔습니다. 깡패는 저를 골방에 가두더니 구타하기 시작했습니다. 방바닥에 쓰러진 저의 가슴과 옆구리 등을 사정없이 발로 짓이기고 걷어찼습니다. … 포주는 얻어맞는 저를 보며 한번만 더 도망치면 섬에 끌고 가 죽여 버린다고 협박하였고…"

"저는 매일 평균 5명의 미군을 상대해야 했고, 심한 날은 8명까지 미군을 상대해야 했습니다. … 화대는 클럽 포주와 포주집 포주에 의해 이자와 방값, 밥값 등의 명목으로 모두 착취당했고, 저는 돈 한 푼 받지 못했습니다."

"저는 매일 미군 훈련장에 끌려 다니며 … 한 번 올라가면 40분 정도 머물면서 평균 4명의 미군을 상대해야 했습니다. 40분이 지나면 근처 주막집에 내려와 잠깐 몸을 씻고 다시 올라갔습니다. 팬티는 입지 못한 채 치마만 입고 하루에 다섯 번 정도를 미군 훈련장으로 오르락내리락하며 20명의 미군에게 성매매를 강요당했습니다."

"(도망치다 잡혀서 집단으로 구타를 당한) 다음날, 아파서 누워있는 저한테 포주는 '안 아프게 하는 약이라면서 알약을 세 개 주었습니다. … 약물에 중독된 이후에야 그 약이 세코날이었다는 것을 알게 되었습니다."

"(인신매매된 다음 날) 포주가 저에게 술을 먹이더니 알약을 몇 개 줬습니다. 이 약이 뭐냐고 했더니 술 먹고 속 안 아픈 약이니까 먹으라고 했습니다. 저는 아무 의심 없이 그 알약을 먹었습니다. 그러고 나서 포주에 끌려 클럽으로 나갔고, 그날 … 미군에게 강간을 당했습니다. 약과 술에 취해 있었던 저는 그날 아무 저항도 할 수 없었습니다."

"임신을 하면 포주는 저를 그 (성병)진료소에 데려가 강제로 낙태수술을 받게 했습니다. 마취도 안 한 상태에서 강제로 낙태수술을 받던 기억은 너무나 끔찍해 지금까지도 저에게는 공포로 남아 있습니다."

"저는 단 하루도 쉬지 못하고 매일 포주가 시키는 대로 미군을 상대해야 했습니다. 생리를 하는 날도 미군을 받아야 했고, 낙태수술을 하고도 바로 그 다음날부터 미군을 받아야 했습니다. … 낙태수술을 받고나서 미군을 상대해야 하는 것은 너무도 고통스러웠습니다. 다리가 심하게 붓고 통증도 심했습니다. 한 번은 도저히 고통을 견딜 수가 없어서 성매매[성구매]를 하러온 미군에게 낙태 사실을 말하고 약을 사달라고 부탁한 적도 있습니다."

"(포주에게 속아 처음으로 클럽에 간 날) 클럽 지배인에게 강간을 당하고 말았습니다. … 포주들은 인신매매나 기망으로 처음 데리고 온 위안부들을 도망가지 못하게 만들기 위해 이런 방법[성폭력]을 쓰곤 했습니다."

(3) 한국 정부에 의한 피해 경험

원고들은 소장에서 국가가 기지촌을 형성해 관리함으로써 원고들에게 피해(손해)가 발생했다고 주장했다. 원고들이 주장하는 한국 정부에 의한 피해는 〈표 4〉와 같다.

〈표 4〉 한국 정부에 의한 피해경험 응답률(단위: %)

한국 정부에 의한 피해	
자매회등록	71
자매회 회비납부	69
정기적 강제 성병 검진	100
강제치료	88
공무원에 의한 연행	29
낙검자 수용소 감금 및 강제치료	79
수사기관 구금	6
공무원에 의한 애국교육	63
공무원 유착비리에 의한 피해	10

원고들의 진술서에는 한국 정부가 어떻게 '미군 위안부'를 관리했는지 상세히 기록돼 있다.

"(기지촌으로 인신매매된) 첫 날, 포주는 미군부대 정문 앞의 자매회관으로 저를 데려가 등록시키고 자매회원증을 만들게 했습니다. 당시 자매회관에는 자매회장 외에도 부회장과 총무 등의 직원이 몇 명 더 있었습니다. 자매회원증에는 제 사진이 부착돼 있고, 주민등록번호, 주소 등이 기록돼 있었습니다. 그리고 그 때부터 결국 포주의 빚으로 올라가는 (자매)회비를 매달 납부해야 했습니다. … 자매회원증은 기지촌에서 신분증과 마찬가지입니다. … 자매회의 주요 업무는 등록돼 있는 미군 위안부들이 성병 진료를 제대로 받도록 관리하고, 등록하지 않은 위안부들을 찾아내 등록하도록 하며 미군과 보건소 합동으로 위안부들을 토벌해 성병 검진을 받지 않는 위안부들을 낙검자 수용소에 수용시켜 강제치료를 받도록 하는 것이었습니다. … 자매회장은 박정희 대통령과 국회로부터 표창장도 많이 받았습니다."

"(자매회에서 자매회 회원증을 만든 후 클럽의) 지배인은 저를 보건소로 데리고 갔습니다. 보건소 직원은 자매회 회원증과 주민등록증을 확인하고 서류철에 기록을 한 뒤 (성병)검진증을 만들어 줬습니다. (성병)검진증에는 제 사진이 부착돼 있었고, 제 주민등록번호와 클럽명이 기재돼 있었으며, 검진 확인필이 날인돼 있었습니다."

"위안부들은 (미군 전용)클럽에 출근할 때면 성병 검진증을 (클럽)입구에 꽂고 자기의 번호표를 가슴에 부착해야 했습니다. … 번호표에는 클럽명과 숫자가 기입돼 있었고, 위안부들마다 고유의 번호가 정해져 있었습니다. 우리는 웨이트레스 넘버 원, 이런 식으로 이름이 아닌 숫자로 불렸습니다."

"성병에 걸린 미군이 클럽에 찾아와 성병을 옮았다고 컨택[3]을 해 미군 민사과와

---

[3] 컨택(contact)은 미군 성병 환자에게 성병을 감염시켰을 것으로 의심되는 사람을 의미하는 미군 사용어이다. 컨택으로 지목당한 기지촌 여성들은 연행돼 낙검자 수용소에서 강제치료를 받아야 했다(김현선, 2013, 180쪽).

보건소 직원에게 연행되거나 보건소의 단속에 걸리면, 또는 성병 검진에서 떨어지면, 그 자리에서 끌려가 낙검자 수용소에 수용돼 강제 치료를 받아야 했습니다. 그리고 그곳에 감금돼 미군이 제공하는 페니실린 강제 치료를 받았습니다. 페니실린(주사)를 맞고 사망하는 위안부도 있었고, 페니실린 부작용이 무서워 살려고 도망치다가 옥상에서 뛰어내려 죽은 위안부도 있었습니다."

"낙검자 수용소는 교도소나 마찬가지입니다. 입구를 철문으로 잠거 저희들을 시설 내에 감금했고, 방의 창문은 쇠창살로 막혀있었습니다."

"정부 (애국)교육은 보통 월 1회 진행되었는데, 미군의 성병 발생률이 증가하거나 컨택이 늘어나면 자동으로 교육 횟수도 늘어나 월 2회씩 받기도 했습니다. 교육이 있는 날이면 클럽 기도는 당시 교육이 열렸던 ○○클럽으로 클럽의 모든 위안부들을 데리고 갔습니다."

"(정부 애국교육에서) 경찰서장은 미군들과 싸우지 말고 잘 지내라고 했고, (성병)검진증 안 만들면 유치장에 붙잡혀오니까 (성병)검진증을 잘 만들고 성병 검진 잘 받으라는 협박을 했습니다. 군수와 관광협회장은 우리들보고 애국자라고 하면서 저희들에게 아파트와 공장을 지어줄 테니 노후는 걱정하지 말고 국가 발전을 위해 열심히 미군에게 서비스하고 열심히 달러를 벌라고 교육했습니다. … (군수는 군청 땅에) 2층 건물을 지어서 1층은 (위안부들이 일하는) 가발공장을 하고 2층은 나이 든 위안부들이 살 수 있는 집으로 쓰겠다고 했습니다. 아무 걱정 말고 오로지 미군에 대한 서비스만 신경 쓰라고 했습니다."

"명절이 되자 … 순경들이 포주집으로 찾아왔고 포주를 누님이라고 불렀습니다. 저는 그날 포주가 그 순경에게 술과 돈을 주는 것을 보고 … 경찰에게 도움을 받아 기지촌 지역을 탈출한다는 것은 불가능한 일이라 여겼습니다."

한국 정부를 상대로 한 소송이지만 원고들은 미 군대에 의한 피해에 대해서도 주장하고 있다. 원고들은 진술서에서 미 군대로부터 범죄 피해 및 강제연행, 강제교육, 강제치료, 구금, 인신매매 등의 피해를 입었다고 호소하고 있다.

> "기지촌을 순찰하는 미군 헌병들은 매일 클럽 입구에서 (성병)검진증을 확인하
> 고 저희가 걸고 있는 번호표로 저희와 대조하곤 했습니다. 성병에 걸린 미군이
> 지목한 위안부를 찾을 때에도 미군 헌병들은 클럽 입구의 (성병)검진증을 보고
> 해당 위안부를 찾아내 연행하곤 했습니다."

> "(정부 애국)교육은 우선 미군 의무중대에서 나온 군복 차림의 미군이 슬라이드
> 를 보여주면서 성병에 대해 설명했고 카투사가 이를 통역했습니다."

> "(군산의) 아메리칸타운 안에서는 미군 범죄가 많이 일어났습니다. 그러나 (미군
> 에 의한) 살해사건이 일어나도 아메리칸타운은 치외법권 지역이었고 한국 경찰
> 은 아무 것도 하지 않았습니다. 미군 범죄자들은 처벌받지 않았고, 대부분의 사
> 건들은 묻혀버렸습니다."

3) 재판 현황

2016년 3월 초 현재, 미군 위안부 집단소송은 서울 지방법원에 제1심 계
류 중이고 총 6회의 변론기일이 진행되었다.[4]

(1) 원고의 주장

원고 측이 주장하는 위법성은 국가가 직접 기지촌을 형성하고 관리하는

---

[4] 제1심 재판 일정
  - 2014.6.25.   서울지방법원에 소 제소(원고 122명)
  - 2014.12.19.   제1차 변론기일
  - 2015.1.30.   제2차 변론기일
  - 2015.5.29.   제3차 변론기일
  - 2015.7.23.   제4차 변론기일
  - 2015.9.11.   제5차 변론기일
  - 2016.1.22.   제6차 변론기일

행위를 했다는 것으로 국내 법령으로는 「윤락행위 등 방지법」과 「성매매 알선 등 행위의 처벌에 관한 법률」, 「경찰관 직무집행법」에 근거하고, 국제 법규로는 「인신매매협약」과 「여성에 대한 모든 형태의 차별 철폐에 관한 협약」, 「아동의 권리에 관한 협약」에 근거하고 있다.

국가는 성매매를 금지하는 국내 법령과 국제 법규를 위반해 미군의 위안 시설들을 직접 설치하고 기지촌을 특정지역으로 지정해 성매매를 합법화하였으며 국가예산으로 기지촌의 시설을 정비하고 발전시키는 등의 방법으로 기지촌을 형성하고 관리했다. 또한 미군 위안부들이 지역 재건부녀회와 자매회에 등록하도록 강요하고 정기적으로 성병 검진을 받도록 강제하였으며, 성병에 걸렸거나 의심되는 위안부들을 격리·감금해 미군이 제공한 약물로 치료하였다. 심지어 정기적인 '애국교육'에 참여할 것을 강요했고 교육에 참여한 공무원들은 미군 위안부들의 노후보장을 약속하며 성매매를 적극 권장하였다.

원고들은 이러한 국가의 불법행위로 인해 기지촌에서 심각한 인권침해를 경험해야 했고, 현재까지도 극심한 고통에 시달리고 있으므로 국가배상법에 의해 1인당 1천만 원의 손해배상을 할 것을 청구하였다.

(2) 피고의 주장

원고의 주장에 대해 피고는 기지촌 여성들에 대한 '위안부' 용어 사용 자체가 부적절하다고 주장하였다. 국가가 직접 기지촌을 형성하고 관리했다는 원고들의 주장에 대해서, 피고는 기지촌 여성들에 대한 관리는 법령에 따른 적법행위였으며 기지촌 성매매에 대한 국가 개입은 없었다고 주장한다. 또한 강제 성병 검진과 감금 등의 인권침해에 대해서는 이 업무가 중앙정부가 아닌 지방자치단체의 사무였기 때문에 국가의 책임이 아니라고 주장한다. 그리고 오래 전 사건으로 소멸시효가 완성되었다고 주장하고 있다. 현재 피고는 답변서를 제때 제출하지 않는 등 매우 소극적인 태도로 재판에 임하고 있다.(새움터 외, 2015: 73~84쪽)

3. 오늘도 법정으로 가는 미군 위안부들

전화벨이 울렸다. 평택의 한 기지촌 언니였다. 어디가 아프신가 걱정했더니 언니는 기쁜 소식이라며 밝은 목소리로 뉴스를 전한다. "현선아, 이번 재판엔 ㅇㅇ언니도 간대. 그 언니는 처음이잖아? 잘 됐지?" 기뻐하는 언니에게, "언니, 누가 들으면 우리가 소송에 이긴 줄 알겠다"라고 했더니 깔깔거리며 웃으신다.

3월 18일에 열리는 제7차 변론기일은 아직 한 달이나 남았다. 하지만 기지촌 여성들은 매일 다음 변론기일을 기다리며 서로를 챙기고 함께 가자고 용기를 북돋는다. 오랫동안 기다렸던 소송이기 때문일 것이다. 그런데 재판을 지켜보는 기지촌 여성들의 반응이 예사롭지 않다.

법정에 참석한 기지촌 여성들은 피고 측 변호사들의 한마디 한마디에 촉각을 세운 채 귀를 기울이곤 한다. 원고의 주장에 대해 피고가 어떤 주장을 펴는지에 가장 큰 관심이 있겠지만, 한편으로는 피고 측 변호사의 발언을 그동안 원고들의 인권을 침해하고 기망한 국가의 생각이고 태도라고 여기는 것 같다. 원고들은 피고 측 변호사의 말이 끝날 때마다 이제 와서 국가가 어떻게 저런 거짓말을 할 수 있냐며 분통을 터뜨리고 한숨을 내쉰다. 우는 분들도 있고 흥분해 뛰쳐나가는 분들도 있다.

첫 변론기일, 담당 판사는 법정을 둘러보며 눈을 휘둥그레 뜨는 것 같았다. 전국에서 모인 기지촌 여성들은 법정 방청석을 가득 채우고도 20여 명이 서서 판사를 쳐다보고 있었다. 피고 측 변호사가 변론을 할 때마다 방청석은 웅성거렸다. 판사는 조용히 할 것을 당부했지만 소용없었다. 기지촌 미군전용 클럽의 귀를 찢는 스피커 소리에 난청을 앓고 있는 기지촌 여성들에게 나지막한 판사의 말은 잘 들리지 않았다. 기지촌 여성들의 목소리는 점점 더 커졌다.

변론기일이 거듭될수록 조용히 하라는 담당판사의 말은 줄어들었다. 오히려 원고들의 건강과 심리적 상태를 고려해 법정을 더 넓은 곳으로 옮기고 법정 심리를 천천히 진행한다. 잔뜩 긴장한 기지촌 여성들은 이런 작은 배려에도 한없이 감동하고 고마워한다. 원고들에게는 피고 측 변호사뿐만 아니라 판사도 국가였다.

국가는 더 늦기 전에 미군 위안부 피해자들에게 진심으로 사죄하여야 한다. 미군 위안부의 진실을 알고 있을 저 많은 고위 공직자들 중에, 국가 공무원들 중에, 미군들 중에, 누구 한 사람이라도 이 법정에 나와 진실을 밝히고 진심으로 사죄하기를 바란다.

법원 근처에는 원고들의 아지트가 있다. 법정에 가기 전 만나 서로 용기를 북돋고 법정에서 나와 함께 의견을 나누는 장소이다. 의견을 나누고 헤어질 때면 기지촌 여성들이 잊지 않고 하는 말이 있다.

"1심에서 져도 2심 갈 거고, 2심에서 져도 대법원 갈 거고. 우리가 다 져도, 또 다른 언니들이 소송 할 거고. 미국에도 가서 소송 할 거고."

그렇게 오늘도 미군 위안부들은 법정으로 간다.

【참고문헌】

김현선,『미군 위안부 기지촌의 숨겨진 진실』, 한울아카데미, 2013.

김현선·서윤미·전수경,『우리들의 목소리로』, 새움터. 2003.

김현선·신영숙,『미군 위안부 역사』. 새움터 기지촌여성문제해결을 위한 위원회, 2014.

새움터,『기지촌의 숨겨진 진실: 한국과 미국 정부가 공동 관리한 기지촌』, 새움터, 2008.

새움터, 기지촌여성인권연대,『국가폭력과 여성인권: 미군 위안부의 숨겨진 진실』, 새움터, 2015.

4부

『제국의 위안부』의 비판적 독해와

역사적 진실을 찾아서

『제국의 위안부』에 대한 일본의 독해

朴裕河, 『帝国の慰安婦: 植民地支配と記憶の闘い』, 2014, 朝日新聞出版

아키바야시 코즈에(秋林こずえ)

2013년에 한국어판이 나온 후, 2014년의 일본어판 출판을 거쳐 일본에서는 이 책, 즉 『帝国の慰安婦─植民地支配と記憶の闘い』(이하 『제국의 위안부』)는 계속 화제의 책이다. 저자가 전에 쓴 『화해를 위하여(和解のために)』(2006년)는 오사라기 지로 논단상(大佛次郎論壇賞)을 수상할 만큼 높은 평가를 받았는가 하면 한편에서는 일본에서 종군 위안부(이하 위안부로 약칭) 문제 해결을 위해 노력해온 활동가나 연구자들로부터 그 주장 내용도 그렇거니와 사실관계에 있어서도 오류가 많다는 이유로 맹비판을 받고 있다.

이 책은 2015년, 이시바시탄잔 기념 와세다 저널리스트상[1]과 마이니치 신문 아시아태평양상[2]을 수상하여 소위 리버럴 지식인들로부터 높이 평가받는 한편, 위안부 제도의 피해자/생존자들과 함께 활동하는 활동가나 연구자들로부터는 신랄한 비판을 받고 있다.

위안부 제도가 벌써부터 널리 알려졌지만 그렇다고 해서 일본 국내에

---

[1] 石橋湛山記念早稲田ジャーナリスト賞.
[2] 毎日新聞アジア太平洋賞

정확하게 인식되어 있다고는 말할 수 없다. 현 시점에서 역사 교과서에도 전혀 서술이 되어 있지 않아서 위안부 제도에 대한 지식이 널리 정확하게 공유되어 있지 않다. 학교에서 배울 기회가 주어지지 않아서 젊은 세대는 위안부 제도에 대해서 제대로 배울 기회가 없다. 대학 강의에서 주제로 삼으면 많은 학생들은 "들어본 적은 있으나 자세히는 몰랐다"는 소감을 표시한다. 위안부 제도는 접근하기가 어려운 정치적인 문제라는 일반적인 인식을 얻고 있으며 또한 일본에선 한일 관계의 걸림돌이라고 보고 있다.

거기에다가 위안부 제도를 수업에서 거론하기조차 어려운 상황이다. 재일 한국인 연구자인 최진석 씨가 국립대학인 히로시마 대학(広島大学)에서 이 문제를 다룬 다큐멘터리 영화 "끝나지 않는 전쟁"(김동원 감독, 2008년)을 강의시간에 학생들에게 보였더니 한 학생이, 이 문제를 부정적으로 보도해온 산케이신문(産経新聞)에 수업에서 다루기에는 적절하지 않다라는 투서를 보냈다. 산케이신문이 이 투서를 신문지상에서 알리자 히로시마 대학에 많은 항의 전화가 걸려왔고 최진석 씨는 일본 사회에서 증가되어 있는 헤이트스피치의 표적이 되었다. 나아가서는 이 기사를 중요시한 여자 국회의원이 일본 문부과학성에게 국립대학의 교육 내용에 개입을 요청하는 사태까지 벌어졌던 것이다(최진석, 2015). 위안부 문제를 둘러싼 일본 사회의 현주소가 어디에 있느냐를 나타낸 사례라고 할 수 있겠다.

위안부 제도에 관해서는 일본 사회에서의 여성 차별과 민족/인종 차별 혹은 사회 차별이 복잡하게 얽힌 것이며 오랫동안 꾸준히 운동을 해왔으나 피해자/서바이버(survivor)[3]들에게 정의를 실현시켜주는 일은 아직 성취하지 못했다. 최근 사회와 정치 상황을 살펴보면, 오히려 정의의 실현이 멀어

---

[3] 옮긴이 주: 서바이버는 원래의 뜻은 살아남은 사람, 생존자. 구제된 사람을 가리키지만 이 원고에서 서평자가 서바이버란 말을 쓰는 것은 원래의 뜻을 다 포함한 데에다가 살아남은 것에 대한 경의와 기대를 그 말에 부여한 것으로 보인다. 그래서 아예 생존자라고 번역하지 않고 평자의 뜻을 살리려고 그대로 두었다.

지기만 하는 것 같다. 일본에서 시민권을 충분히 행사할 수 있는 입장으로
서 참으로 부끄럽고 안타깝기만 한다.

이 글은 저자가 새로 썼다는 일본어 판『제국의 위안부』에 대한 서평이
다.『제국의 위안부』에 대해서는 이미 많은 논의가 되고 있다. 적지 않은
서평이 나왔고 일본에서도 이 책을 둘러싸고 연구모임이 여러 차례 열렸
다. 그 평가는 전술한 바와 같이 높은 평가와 엄한 비판으로 양극단적으로
이루어지고 있다.

위안부 제도에 대해서는 1991년에 피해자인 김학순 씨가 세간에 피해를
호소함으로써 일본 정부가 공식적인 대응을 하게 되었고, 그로 인해 1993
년에는 미야자와 키이치(宮沢喜一) 내각의 고노 요헤이(河野洋平) 관방장
관 이름으로 소위 '고노 담화(河野談話)'가 발표되었으며 1995년에는 '여성
을 위한 아시아 평화 국민기금'(이하, 아시아여성기금)이 발족되었다.

이 책에도 쓰여 있듯이 공식적인 사죄나 보상을 하지 않았던 아시아 여
성기금은 그 평가나 관여를 둘러싸고 일본 국내의 위안부 제도 피해자 지
원운동과 여성운동을 심각하게 분열시켰다. 그 균열은 아직까지도 시민운
동이나 아카데미아에 남아있다. 역사 연구자들의 꾸준한 연구가 이어짐으
로써 위안부 제도 자체의 해명은 지난 20여 년 동안에 꽤 진전했으나 일본
국내에서는 이 문제를 둘러싼 정치적인 상황이 연구가 시작된 시기보다 나
빠지지 않았나 싶다.

이 책은 이러한 시기에 출판된 것이다. 먼저 이 책의 구성을 소개하겠
다. 아래 네 개의 부로 구성된다.

제1부 위안부란 누구인가: 국가의 신체 관리, 민간인의 가담
　　　강제연행이냐, 국민동원이냐
　　　「위안소」에서: 풍화되는 기억
　　　패전(1945년 8월) 직후: 조선인 위안부의 귀환

　　제1부 「위안부란 누구인가: 국가의 신체 관리, 민간인의 가담」에서는 제
1장의 「강제연행이냐, 국민동원이냐」에서 저자는 누가 '위안부'가 된 여성
들을 데리고 갔느냐, 강제적인 연행이냐 이동이냐, 또한 '소녀 20만 명'이라
고 하는 일반적 주장으로서의 '조선인 위안부' 상(像)을 비판적으로 논한다.
이어서 저자는 실제로 여성들을 데리고 간 장본인들은 조선인이 아니냐 하
는 주장을 한다. 제2장 「'위안소'에서: 풍화되는 기억」에서는 '위안부'가 된
여성들과 일본 병사와의 관계를 제국 안에서의 관계성, 즉 '조선인 위안부'
는 식민지 지배하에서 법적으로는 일본인으로 되어 있었고 그로 인하여 일
본 병사와는 "동지적 관계"(83쪽)[5]에 있었으며 또한 일본 병사에게 애정을
느낄 수도 있었다고 주장한다. 제3장 「패전직후: 조선인 위안부의 귀환」은

---

4) 편집자 주: 책의 목차는 일본판을 그대로 직역한 것임.
5) 편집자 주: 이 글에서(000쪽)으로 표기한 것은 박유하의 『제국의 위안부』 일어판의 쪽
　수임.

많은 조선인 위안부가 일본 패전 당시에 일본군에게 학살당했다고 한국인들이 믿어오던 것에 의문을 던진다. 한국 사회의 조선인 위안부에 대한 차별이 귀환을 어렵게 했다고 지적하는 것이다.

제2부 「'식민지'와 조선인 위안부」는 5개 장으로 이루어진다. 제1장 「한국의 위안부 이해」에선 한국의 '공적 기억'의 위안부 상(像)은 지원단체인 한국정신대대책협의회(이하, 정대협)이 만들어낸 "강제적으로 끌려간 소녀"이며 거기서는 조선인 업자의 관여가 누락되어 있다고 비판한다. 제2장 「기억의 투쟁—한국편」에선 덧붙여서 일본 대사관 앞에 설치된 '위안부 소녀상'을 다루면서 그것이 제1장의 한정적인 기억을 재생산하여 "민족의 딸"로서 존재할 역할이 떠맡기게 되었다고 한다. 제3장 「한국의 지원단체 운동을 생각하다」는 정대협을 비판적으로 고찰한다. 한국 사회에서 큰 힘을 갖게 된 정대협이 그 "법적 배상"이라는 요구를 내거는 것 등으로 의해 한일 정부의 교섭에까지 영향을 미치고 있다고 저자는 주장한다. 제4장 「한국헌법재판소의 판결을 읽다」에선 2011년에 한국 헌법재판소가 한국 정부가 일본 정부에 대해 위안부 제도 피해자의 배상 요구를 하지 않는 것은 위헌이라고 판단한 것에 대해 1965년의 한일 청구권협정에 이르는 과정을 검토하면서 헌법재판소가 정대협의 주장을 그대로 받아들인 판결을 내림으로써 한일 관계를 악화시켰다고 지적한다. 제5장의 「'세계의 생각'을 생각하다」에서는 종군 위안부 제도에 대해 처음으로 UN이 인권위원회를 통해서 작성했던 라디카 쿠마라스와미(Radhika Coomaraswamy) 특별보고관 보고(1996년), 이어서 맥두걸(McDougall) 특별보고관 보고(2000년), 그리고 미국 하원 결의(2007년) 등, 위안부 제도가 해외에서 어떻게 인식되어 왔는지를 돌이켜본다. 그래서 '한국의 지원단체'가 세계와 연대하는 운동을 전개함으로써 "〈운동의 생각〉이 〈세계의 기억〉"으로 되고, "세계의 편(=눈)"(210쪽)이 되었으나 거기서부터 "〈식민지〉문제"가 사라졌다고 비판한다.

제3부 「기억의 투쟁: 냉전 붕괴와 위안부 문제」에서는 제1장을 「부정자를 뒷받침하는 식민지의식」으로 위안부 제도를 부정하는 사람들의 핑계가 위안부를 창녀로 보니까 위안부가 된 것도 허용된다는 논리라고 지적한다. 그러므로 "군인에 의한 강제"는 없었으나 여성이 남성에게 물건 취급된 것이 강제성보다 문제가 되는 것이며 그것은 차별의식으로 가능했다고 박유하 씨는 말한다. 제2장 「1990년대 일본의 사죄와 보상을 생각하다」는 고노 담화와 아시아여성기금을 돌이켜보건데 이런 조치들이 일본 정부에 의한 실질적인 사죄와 보상이었다고 한다. 제3장 「다시 일본 정부에 기대하다」는 앞에서 말한 1990년대의 사죄와 보상은 미완이었다는 것을 인정하고서 1995년의 아시아여성기금 발족의 토대가 된 무라야마 토미이치(村山富市) 수상에 의한, 일본이 아시아에서 일으킨 전쟁이나 식민지 지배를 공식적으로 사죄한 '무라야마 담화'의 뜻을 일본이 완수할 필요성을 강조한다. 제4장 「지원자들의 가능성을 향하여」는 일본의 '지원자'를 특정한 비판이다. '지원자'들은 아시아여성기금을 완전히 부정하고 사죄와 보상보다 일본 사회의 개혁을 지향했고, 일본 정부만을 가해자로 한 지원자들의 운동이 위안부 문제의 해결을 멀리했다고 한다. 또 그런 운동으로 인하여 위안부들 자신이 당사자가 아닌 존재가 되어버렸다고 주장한다.

제4부 「제국과 냉전을 넘어서」에서는 제1장 「위안부와 국가」에서 자본이 위안부를 만들어 낸다고 하여, 위안부는 일본뿐만이 아니라 경제력을 갖추게 된 현대 한국은 물론 기지를 세계에서 펼치는 미국도 가지고 있다고 한다. 그런 의미에서 볼 때, 한국에 있는 미군의 위안부도 존재한다고 논한다. 이것은 아시아에서 냉전이 아직 계속되어 있으므로 말하자면 미국은 아시아에 대해서 '제국'이라고 할 수 있다고 한다. 이어서 제2장 「새로운 아시아를 위하여: 패전 70년 · 해방 70년」에서는 냉전 붕괴 후에 눈에 보이게 된 위안부 문제는 일본 국내에서의 우익(日本政府)과 좌익('지원자')의 대립이란 냉전 구조가 되고 그런 구조가 해결을 못하게 했다고 한다.

앞에서도 말했듯이 본서의 서평은 이미 몇 가지 나와 있고 이에 대한 합평회나 연구회는 일본에서도 한국에서도 열렸다. 평자는 거기서 나온 여러 시점을 망라해서 논하지는 않겠다. 본서의 핵심이 되는 논의는 '조선인 위안부'는 전쟁의 산물이 아니라 제국의 구조 속에서 위안부가 되었으며 시민운동 측에서는 여태까지 일본 정부의 책임만 물었지 조선인 업자의 책임은 묻지 않았다고 주장한 점이다. 또 위안부 제도의 피해자는 일본 병사와 "동지적 관계"에 있었다(83쪽)고 저자가 주장하였는데, 이로 인해 저자는 명예훼손으로 고소당했다. 이에 관해서는 이미 서평 이상의 논고(예를 들어 정영환, 2016년)가 있으니 참고 바란다.

평자의 문제의식은 위안부 제도의 피해자/서바이버가 정의를 요구해온 운동이 세계적으로 전개된 현재, 그런 운동을 박유하 씨가 어떻게 평가하느냐를 생각하고자 하는 데에 있다. 왜냐면 평자는 아시아를 중심으로 한 미군 주류 지역의 페미니스트 평화운동의 연대 속에서 활동하면서 동시에 그것을 연구해왔고 또 시민사회의 입장에서 무력분쟁하의 폭력 문제를 지구 규모로 해결하려고 해왔기 때문이다.

본고에서는 주로 ① 전시 성폭력과 국제사회 ② 미군 위안부와 식민지 지배라는 관점에서 본서를 서평하고자 한다.

1. 전시 성폭력과 국제사회

본서에서는 정대협과 그 지원자들에 대한 비판이 많은 부분을 차지한다. 위안부 문제가 해결되지 않는 배경에는 정대협과 그 지원자들의 운동에 문제가 있다는 것이다.

정대협에 대한 저자의 비판의 취지는 3가지이다. 첫째는 정대협이 피해자의 이미지를 소위 '소녀상'에 보이는 '소녀들', 혹은 '민족의 딸'로 고정시

컸다는 비판이다. 두 번째는 국제사회에 대한 호소에 대해서이다. 정대협이 일본 정부에 압력을 가하기 위해 구미 각국 정부나 국제적인 여성운동에 홍보를 할 때 위안부 제도를 보편적인 '전시 성폭력'으로 규정함으로써, 식민지 지배라는 조선인 위안부에만 있는 특징이 사라져버렸다는 것이다. 세 번째는 정대협과 '지원자'가 운동의 목적을 '일본사회의 개혁'으로 한 것이 오류였다고 주장한다.

여기서는 두 번째의 '전시 성폭력', 혹은 국제사회에서 '무력분쟁하의 성폭력(sexual violence in armed conflicts)'로 분류되는 폭력에 대해서 말하고 싶다.

앞에서 말했듯이 지금까지 계속되어온 시민운동이나 연구자들의 노력으로 축적된 위안부 제도에 관한 연구는 무력분쟁하 성폭력 분야의 국제적인 연구에 있어서도 가장 뛰어난 것이었다고 할 수 있다. 그러나 고노 담화나 무라야마 담화에서 일본 정부는 책임을 인정했지만, 그것을 먹칠하는 정치가들의 망언으로 일본 정부의 책임에 대한 인식을 제대로 평가할 수가 없게 되었다. 그러한 상황에서 피해자/서바이버가 요구해 온, 즉 일본 정부가 일본군의 책임을 인정하고 사죄하여 보상해야 한다는 요구를 실현하지는 못하고 있지만, 연구자들은 사죄와 보상을 요구하기 위해 연구해왔다. 긴 시간이 걸렸으나 체계적인 연구가 진전되고 있고 일본군에 의한 대규모 성노예제에 대해서는 어느 정도 진상을 해명했다고 할 수 있을 것이다.

무력분쟁하의 성폭력이 국제사회의 긴요한 과제로서 널리 인식된 것도 1990년대 초의 일이다. 동북아시아에서 위안부 제도에 대한 김학순 씨의 고발은 매우 중요한 일이었다. 1990년대 초에 냉전구조의 붕괴와 동시에 세계의 많은 지역에서 분쟁이 나타나기 시작했다. 르완다 내전이나 구 유고슬라비아 분쟁이 대표적이다.

이들 분쟁에 관한 보도에서 대규모적이고 조직적인 성폭력이 거론되었다. 그런 보도 자세에 문제가 없던 것은 아니지만 어쨌든 무력분쟁하의 성폭력 문제가 세계적으로 알려지게 되었다. 이런 배경에는 1970년대 후반부터 국제적인 여성운동의 확대로 여성의 권리 확립이나 성폭력에 대한 대응이 강해진 측면이 있다.

예를 들어 1979년에 채택된 여성의 권리장전(章典)이라고 불리는 여성차별철폐조약(Convention on the Elimination of All Discrimination Against Women) 이후 남녀평등과 함께 무력분쟁하의 여성에 대한 폭력을 비난하는 것과 동시에 그에 대한 처벌을 요구한 1993년의 비엔나 선언(Vienna Declaration)이 있고 또 1995년 UN 제4회 세계여성회의(UN 4th World Conference on Women)의 성과 문서(outcome document)인 '북경선언과 행동강령(Beijing Declaration and Platform for Action)'에서도 '무력분쟁과 여성(Armed conflict and women)'이 여성의 인권에 관한 중요한 영역의 하나로 인정되었던 것이다.

이러한 흐름과 함께 무력분쟁하의 성폭력이란 곧 인권 문제라는 공통인식이 국제사회에서 형성되었다. 그 위에 무력분쟁하의 성폭력을 막기 위해서는 '불처벌(impunity)'의 연쇄를 끊어야 할 필요가 있다는 것도 중요시되었다. 예를 들어 그것은 평화·안전보장정책에 젠더의 관점을 도입한다고 약속한 첫 UN안전보장이사회 결의인 1325호 「여성·평화·안전보장(Women, Peace and Security)」(2000년)에서도 확인된다. 저자가 '해결'을 가져오지 못한 요인의 하나라고 생각하는, 소위 정대협의 '책임자 처벌' 요구는 무력분쟁하의 성폭력을 근절하기 위해 필요한 방책이라는 것이 국제사회에서 다 같이 인식하고 있는 사항인 것이다.

박유하의 정대협과 '지원자'에 대한 견해의 밑바닥에는 위안부 제도에 대한 오해와 성폭력에 대한 인식 부족이 있지 않나 싶다. 무력분쟁하의 성폭력이 조직적인 인권 침해로 인식된 이래 위안부 제도는 성노예제이며 그러한 전략의 일환인 조직적인 성폭력이라고 국제사회에서는 인식되어 있다. 그것은 병사 개개인의 성욕 문제가 아니라 조직적인 정책이며 만들어진 제도의 문제이다. 그러니까 제도로서의 책임이 요구되는 것이다. 또한 강간이 상대를 지배하기 위한 수단이란 점도 중요하지만 저자는 아래와 같이 위안부 제도가 병사의 성욕 처리를 위해 필요한 제도라고 생각하는 것 같다.

> 병사에게는 주둔지와 전쟁에서의 생활은 제각기 고장에서 보내온 많은 '일상'을 잃게 된 생활이었다. 전쟁이란 그런 비일상의 세계이며 오래 지속된 〈비일상〉의 생활을 견디기 위해 일상적인 욕망을 충족시킬 필요가 있었다. 스킨십을 포함한 성적 욕망이 그런 일상임은 말할 나위도 없다. 같은 성욕의 처리라도 전쟁에서의 강간은 일상을 일탈한 행위라고 할 수 있다. '강간을 막기 위해' 위안소를 만드는 일은 병사의 일상까지 관리해야 할 군으로서는 오히려 자연스런 발상일 것이다. 말하자면 일상과 여성에서 격리되어 남성만으로 생활하게 될 군대 시스템이나 전쟁 자체가 이미 위안소를 필요로 하고 있다. '위안부'는 아이러니컬하게도 그런 구조적 문제를 잘 보여주는 명칭이겠다.(224쪽)

또 현대의 자본에 의한 영역 확대라는 제국주의가 위안부를 필요로 했다는 논의에 있어서도 위안부 제도를 다음과 같이 제시하고 있다.

> 현대국가는 노골적으로 영토 확장을 하려고 하지는 않지만, 자국의 국익을 위하여 힘이 닿는 영역을 넓히려는 욕망과 그러기 위한 활동은 여전히 계속한다. 그리고 그런 시도에 국민이 동원되고 외롭게 고국을 떠나가는 그들을 위해 자국 혹은 상대국의 여성들이 동원되기도 한다. 자국을 떠나 오랜 기간 일종의 격리 상태라는 일그러진 구조에 방치될 그들에게 위안부가 마련되는 것이다.(286쪽)

국제사회의 대응이 제도 자체를 문제시하며 무력분쟁하의 성폭력을 없애거나 막는 것을 지향해온 것을 감안할 때, 저자의 이런 이해로서는 책임을 지는 주체가 흐지부지 되지 않을까 우려된다.

2. 미군 '위안부'와 식민지 지배

한국의 위안부 제도 피해자 지원 운동이 식민지 지배의 시점을 결여했다는 저자의 주장이 내세우는 근거 가운데 하나가 미군에 의한 성폭력 문제, 기지촌 문제에 대한 대응이 없다는 점이다. 저자는 그렇게 관찰하지만, 그러한 문맥의 연장선에서 재한 미군기지 주변의 기지촌 성매매산업에서 일해오던 여성들, 즉 기지촌 여성의 문제까지 언급하고 있다. 그래서 기지촌 여성의 문제를 해결하지 않으려는 것은 모순이라고 지적한다. 저자가 비판하는 정대협의 운동처럼 기지촌을 지원하는 운동도 기지촌 여성 피해자를 '억압된 민족의 딸'이라는 식으로, 지원운동이 원하는 모델을 만들어 왔다고 지적한다(168쪽). 또 일본도 한국도 미군기지를 공식적으로 문제 삼지 않았다고 비판한다(291쪽).

기지촌 여성들에 대한 지원이 한국 사회에서 늦게 일어난 것은 사실이다. 기지촌에 관해 최초로 연구된 것은 한국계 미국인인 캐서린 문(Katharine Moon)에 의한 『동맹 속의 섹스(Sex among allies)』(1997)이지만 서울에서 성장했다는 캐서린 문이 연구서의 첫 부분에서 소개하는 대목은 기지촌 가까이에는 가지 말라고 어릴 적에 배웠다는 일화이다(캐서린 문, 1997). 그러나 그것은 한국 사회 전체의 문제이며 정대협이 그런 이유로 비판을 받아야 하는지는 의문이다.

기지촌을 지원하는 조직적인 운동은 1980년대에 시작되었다. 1986년에 발족한 두레방 등이 그것이다. 기타, 햇살이나 새움터 등에 의해 활동이 시작되었다. 물론 기지촌 여성을 지원하는 운동과 정대협의 운동이 처음부터 연결된 것은 아니었다. 그러나 양쪽 운동은 서서히 확고하게 연대를 맺게 되었다.

기지촌 여성들은 현재 한국 정부를 상대로 배상 청구를 하고 있다. 2014

년에 제소된 이 재판의 원고는 122명의 기지촌 여성들이며 주로 1960년대, 70년대에 기지촌에서 일한 한국인 여성들이다. 주한미군의 재편이나 고령화로 일할 수 없게 되었으나 사회보장도 없이 새로운 일자리도 찾을 수 없는 여성들이, 박정희 정권이 기지촌 성매매를 외교정책으로 편입시킨 것에 대해 국가를 상대로 배상 청구하는 재판이다. 이 재판을 지원하는 기지촌 여성 인권연대는 두레방 등 7단체로 조직되었으며 정대협도 당연히 거기에 속한다.

정대협이 보편적인 여성 인권이라는 시각과 군대에 의한 성폭력이라는 공통항(共通項)을 찾지 않았다면 이런 연대는 맺을 수 없었을 것이다. 그리고 그 연대를 명확하게 자각해서 현재의 운동에 관여하고 있는 것은 바로 위안부 제도 피해자/서바이버 자신들이다. 피해자/서바이버들은 2012년에 나비기금을 창설하고 현대의 무력분쟁하의 성폭력 피해자에 대한 지원도 하고 있다. 그 지원은 한국 국내뿐만이 아니라 콩고민주공화국에까지 미치고 있다. 그런 의미에서도 박유하의 이 책은 피해자/서바이버의 주체성에 대해서도 눈을 돌리고 있지 않다.

또한 위안부 제도 피해자 및 지원운동과 미군에 의한 성폭력 문제에 관한 운동의 연대는 한국 국내에서만 전개되는 것이 아니라 국제적인 연대로 전개되고 있다. 1980년대에 시작된 기지촌 여성들을 지원하는 운동과 국제적인 네트워크와의 연결도 같은 시기부터 시작했다.

예를 들어서 두레방 원장인 유영임은 미군 주류 지역의 페미니스트 운동가들과 함께 1989년에 미국의 스피킹 투어, Voices of Hope and Anger에 참가했으며 여기에는 오키나와에서 미군 성폭력 문제에 관한 운동을 진행해온 '기지·군대를 용서치 않고 행동하는 여자들의 모임(軍隊を許さない行動する女たちの会)'의 다카사토 스즈요(高里鈴代)도 참여하고 있다. 스피킹 투어는 미국의 퀘이커교(quacker)계의 평화단체인 미국 우애봉사회(American Friends Service Committee)가 주최하여 한국, 오키나와뿐만 아

니라 푸에르토리코 등의 여성들도 참가했다(다카사토 스즈요, 1996).

이와 같은 여성들의 연대는 1997년부터 활동하고 있는 '군사주의에 반대하는 국제 여성 네트워크(International Women's Network Against Militarism, 이하 IWNAM)'라는 국제 네트워크로 발전하였다. IWNAM는 주로 미군 주류 지역에서 활동하는 페미니스트 평화운동 단체의 네트워크이며 한국, 오키나와, 일본 본토, 필리핀, 미국 본토, 푸에르토리코, 하와이, 괌에서의 페미니스트들이 미군기지 문제를 탈군대사회와 탈식민지 지배의 시각에서 해결하려고 노력하고 있다. 한국에서는 기지촌 여성들을 지원해온 두레방이나 햇살 등의 시민단체와 '주한미군 범죄 근절운동본부', 'Women Making Peace' 등이 참가하고 있으나 이들은 정대협의 활동과도 연결된다. IWNAM에서는 이들 지역에서 미군 주둔의 역사를 돌이켜보고 그 식민지 지배를 문제 삼고 있는 것이다.

3. 전쟁 · 제국 · 식민지 지배?

이 책을 읽어나가는 데 하자가 있다면 논지(論旨)가 명확하지 못하다는 점을 들 수 있다. 용어나 개념이 명확한 정의 없이 쓰이고 있다. 예를 들어서 정대협의 '지원자'가 누구인지 마지막까지 읽어도 이해가 가지 않는다. 개념이 애매한 채로 논의가 되고 논리가 맞지 않은 부분도 적지 않다.

저자는 서문에서 "위안부 문제를 종전처럼 전쟁에 따른 문제가 아니라 '제국'의 문제로서 생각했다"고 하고, "위안부를 필요로 하는 것은 평소에는 가시화되지 않는 욕망—강자주의적인 '지배 욕망'이다. 그것은 국가 간에서도 남녀 간에서도 작동한다. 나타나는 형태는 균일하지는 않지만 그것을 나는 본서에서 '제국'이라고 부른다"고 말한다(10쪽). 이것은 책의 뿌리가 되는 개념인데 '제국'의 정의로서는 부족하지 않을까.

저자는 덧붙여서 전쟁은 제국이 식민지를 지배하기 위한 수단에 지나지 않으며, 정대협은 위안부 제도를 무력분쟁하의 성폭력으로서 즉 전쟁의 문제로 파악하고 있다고 비판한다(211쪽).

이러한 분석은 무력분쟁하의 성폭력에 대해 그간의 운동들이 축적해온 논의에 돌을 던질 가능성이 있는 견해이다. 물론 이를 통해 종전과 다른 토론이 벌어짐으로써 운동도 연구도 전진할 수 있을지도 모른다. 그러나 그러기 위해서는 제시되어 있는 논의를 정확하게 이해해야 한다. 본서에서는 이들 개념의 정의가 명확하지 못한 것이 오히려 걸림돌이 되고 있는 것이다.

위안부 제도에 관해서도, 또 전시 성폭력에 관해서도 그간 축적된 연구가 적지 않다. 그런데 본서는 선행 연구에 대한 검토를 거의 안했다는 결함이 있다. 위안부 문제 해결을 위해 기지를 없애는 세계를 구상해야 한다고 할 바에는 기지와 성매매의 관계나 식민지 지배관계에 대한 모든 논의를 토대로 해서 토론의 새로운 장을 열어야 하지 않을까?

기타, 다른 의문도 많이 있고 언급해야 할 부분도 남아있다. 그러나 저자가 무엇을 위안부 문제의 해결이라고 생각하는지 본서를 읽고도 알 수 없다는 점을 마지막으로 지적하면서 서평을 마치고자 한다.

[번역: 송연옥]

【참고문헌】

최진석(崔真碩), 『조선인은 당신에게 호소하고 있다: 헤이트 스피치를 넘어(朝鮮人は
　　あなたに呼びかけている: ヘイト・スピーチを超えて)』, 彩流社, 2014.

정영환(鄭栄桓), 『忘却のための 「和解」: 『帝国の慰安婦』と日本の責任』, 世織書房,
　　2016(한국어판; 『누구를 위한 화해인가: 제국의 위안부의 반역사성』, 임경화
　　옮김, 푸른 역사, 2016).

다카자토 스즈요(高里鈴代), 『오키나와의 여성들: 여성의 인권과 기지・군대(沖縄の
　　女たち 女性の人権と基地・軍隊)』, 明石書店, 1996.

Moon, Katharine, *Sex among allies: Military prostitution in U.S.-Korea relations* New
　　York: Columbia University Press, 1997(한국어판 『동맹속의 섹스』, 이정주 옮
　　김, 도서출판 삼인, 2002).

진실 없는 화해론, 『제국의 위안부』*를 비판하다**

박유하, 『제국의 위안부』, 2013, 뿌리와이파리

강성현

1. '박유하 사태'의 비판적 개입

2014년 6월 여름 『제국의 위안부』의 출판금지 가처분 신청 소송에 대한 언론 보도를 기억한다. 책의 주장에 대한 논란과 논쟁이 학술장에서 이루어지지 못하고 법정으로 간 상황을 보면서 뒤늦게 이 책에 주목했다. 그럼에도 이 책에서 전개된 주장들이 이후 어떤 사태로 발전하게 될지 전혀 예상하지 못했다. 자의적으로 해석하고 인용하는 근거 없는 가정에서 출발한 과도한 주장, 논리 비약, 무엇보다 한 단락, 심지어 한 문장 안에서 상호 모순되는 서술들이 책 곳곳에 있었다. 이 책의 밑바닥은 금방 드러나 곧

* 박유하, 『제국의 위안부: 식민지 지배와 기억의 투쟁』, 뿌리와이파리, 2013. 이 책은 2013년 한국어 1판, 2014년 일본어판, 2015년 한국어 2판(삭제판) 세 가지 판본이 있다. 이 글에서는 2013년 한국어 1판을 기본 텍스트로 서평한다.
** 2007년 정부(교육과학기술부)의 재원으로 한국연구재단의 지원을 받아 수행된 연구임 (NRF-2007-361-AM0005). 이 글은 『황해문화』 91호(2016년 여름호)에 「일본군 '위안부' 문제의 쟁점과 해결」로 게재된 글임. 이 글의 집필 과정에서 많은 도움을 준 서울대 인권센터 일본군 '위안부' 미국자료 조사팀과 성공회대 국제문화연구학과 냉전문화연구 수업의 석·박사과정생들에게 깊은 감사를 전한다.

잊혀질 것이라 생각했다.

사태는 예상과 다르게 흘러갔다. 2015년 초 문제적인 표현의 34곳에 대한 삭제 판결 소식이 들려왔다. 저자는 그 판결이 부당하다며 수정, 삭제를 받아들일 수 없다고 하더니, 그 해 여름 『제국의 위안부』삭제판을 출간했다. 대형서점에 여러 권 쌓여 있던 삭제판을 보았을 때의 느낌이 아직도 생생하다. "또 하나의 기억, 또 하나의 억압, 21세기의 금서!"가 크게 표지 하단에 박힌 삭제판의 진열은 마치 검열 권력/폭력에 의해 책 내용 일부가 삭제되어 누더기가 된 것처럼 항의하는 효과를 연출했다. 저자와 출판사의 의도가 가늠되었기에 불편했고, 2015년에 출판물로 가득한 대형서점에서 누더기가 된 책이 전시되어 있는 광경 자체가 그로테스크하게 느껴졌다.

2015년 7월에 개최되었던 '제국의 위안부 소송'에 대한 학술대회는 저자와 책을 둘러싼 논쟁이 진영 갈등으로 발전할 것을 예고했다. 이후 학술장과 법정, 한국과 일본, 오프라인과 온라인을 오가며 뜨겁게 달궈진 논쟁은 심각한 진영 갈등으로 격화되었다.

검찰의 기소가 이에 불을 질렀다. 11월 26일 일본에서, 12월 2일 한국에서 검찰 기소에 대한 항의와 '학문과 표현의 자유' 프레임으로 박유하 교수를 옹호하는 성명이 발표되었다. 이에 반해 이 사태의 본질은 '위안부' 문제에 대한 역사적 사실 왜곡과 '위안부 할머니'에 대한 명예훼손에 있다며 학문과 표현의 자유라는 관점으로만 접근하는 태도를 우려하는 비판 성명이 발표되었다. 그리고 곧바로 '위안부' 문제의 정의로운 해결을 위한 연구자·활동가의 연구회 창립으로 이어졌다. 이러한 대립 구도 때문에 책에 대한 서평들은 오직 진영 논리로만 인식되었고, 생산적 논의도 쉽지 않았다.

이러한 상황에서 책에 대한 비판적 서평을 포함하는 이 글이 어떤 의미가 있을까? 책의 기여와 한계를 밝히고 생산적인 논의를 이어갈 수 있도록 하는 것이 서평의 역할이겠지만, 나로서는 이 책의 기여가 무엇인지 도무지 찾기가 어렵다. 저자의 문제 제기와 주장에 최대한 집중해 그 근거들과 논리들을 하나하나 확인할수록, 이 책의 한계만 더욱 두드러져 보였다. 무엇보다 그 동안 저자가 보여준 반론의 방식과 내용은 비판적 서평에 대해 매우 적대적이었다. 특히 정영환 서평[1]에 대한 저자의 반론이 그러했다.

> "이 비판의 당위성 여부에 대해 말하기 전에 비판 자체에 유감을 표한다. 왜냐하면, 나는 현재 이 책의 저자로서 고발당한 상태이고, 그런 한 모든 비판은 집필자의 의사 여부를 떠나 직간접으로 고발에 가담하는 일이 되기 때문이다.
> 실제로, 2015년 8월에 제출된 원고 측 문서에는 정영환의 비판논지가 차용되어 있었다. 심지어 이재승의 서평도 통째로 근거자료로 제출되어 있었다. 가처분재판 기간 동안 법원에 제출된 원고 측 문서에는 윤명숙과 한혜인의 논지가 구체적으로 인용되어 있었다. …
> 나에 대한 비판에 참여한 학자/지식인들이 이러한 정황을 아는지 모르는지 나는 알지 못한다. 하지만 비판을 하고 싶다면 소송을 기각하라는 목소리가 먼저 있어야 하는 것 아닐까. 그것이야말로 '법정으로 보내진 학술서'에 대해 취해야 했던, '학자'로서의 할 일이 아니었을까."[2]

박유하 자신은 현재 '고발'당한 상태이므로 소송 기각 이전에는 비판을 삼가라는 주장이다. 나는 딱 이 대목만 보더라도 이 책에서 점철된 근거 없는 과도한 주장, 논리적 비약, 자의적 해석과 인용을 허용하는 저자의 성격이 드러난다고 느꼈다.

우선 검찰의 기소는 피해자('위안부' 할머니 9명)의 명예훼손에 대한 형사'고소'로 이루어진 것이었다. 즉 제3자가 아니라 피해자 및 그 법정대리인에 의한 고소로 성립한 것이다. 그런데 자신이 '고발'(고발은 고소와 달리 피해자가 아닌 제3자에 의한 것)당했다고 강조함으로써 이 책에 대한

---

1) 정영환, 「일본군 '위안부' 문제와 1965년 체제의 재심판: 박유하의 『제국의 위안부』 비판」, 『역사비평 111호』(여름호), 2015.
2) 박유하, 「일본군 위안부 문제와 1965년 체제: 정영환의 『제국의 위안부』 비판에 답한다」, 『역사비평 112호』(가을호), 2015, 463~464쪽.

고소의 주체와 내용, 성격 등의 맥락을 소거시키는 효과를 만들었다.

더구나 이 책에 대한 "모든 비판"에 대해 "직간접으로 고발에 가담하는 일"이라고 규정하고 있다. "집필자(서평자)의 의사 여부를 떠나"라는 단서가 있긴 하다. 그렇다. 비판적 서평의 제출자들은 검찰 기소를 위해 서평을 작성, 제출한 것이 아니다. 이 책에 흘러넘치는 과도한 주장의 빈약한 근거와 논리적 비약, 그것을 넘어서는 사실 왜곡을 비판하는 것이다. 망언에 가까운 주장들도 있는 이 '학술서'에 대해 연구자들이 각자의 관점으로 학술장에서 비판한 것이다. 이 비판이 법정에서 전문가의 견해로 차용된 것은 또 다른 문제이다. 저자가 호명한 비판자들은 누구보다도 사상과 학문의 자유, 표현과 언론의 자유의 문제에 민감하고 이를 적극 옹호할 사람들이다. 그들의 학문적 경력과 연구 이력을 보면 쉽게 확인될 일이 아닌가? 그럼에도 저자는 그들에게 "고발에 가담하"고 있다며 도리어 낙인하고 있다.

이렇게 말하면, 저자는 또 이 글에 대해서도 "오독과 독해로 가득한 것"이라고 말할지 모르겠다. 저자의 반론에 어김없이 나오는 표현이다. 책에 대한 오독과 곡해가 있으며, 결론이 앞서는 적대를 기반에 깔고 있기 때문에 그렇다고 덧붙일지도 모르겠다.

최근 『제국의 위안부』에 대한 비판적 독해와 검토가 여러 학술장에서 본격적으로 이루어지고 있다. 불과 일 년 전만 해도 몇몇 서평들을 중심으로 이루어졌던 비판적 검토가 이제는 구체적으로 해부되면서 진행되고 있다. 정영환의 『망각을 위한 '화해': '제국의 위안부'와 일본의 책임』(世織書房, 2016)을 필두로 한국과 일본에서 이 책을 비판하는 책들이 여러 권 발간되었다. 무엇보다 책의 비판에만 그치지 않고 한일 '리버럴'의 분화, '12·28 합의' 등에 대한 연구로 확장되는 것을 보니 학술장에서는 이미 '박유하 사태'가 '박유하 현상'으로 전화되고 있음을 절감한다. 이참에 일본군 '위안부' 문제에 대한 학제적이면서 다양하고 두터운 연구들이 나올 수 있는 학술 환경이 조성되길 기대해본다.

반면 걱정도 있다. 이 사태로 촉발된 일본군 '위안부' 문제에 대한 대중적 여론은 여전히 민족주의 문제로 수렴되는 듯하다. 이 책의 프레임 중하나인 민족주의 비판이 이 문제에 대해 더 민족주의로 대응하도록 유도하고 있다. 이 구도로 인해 학술장에서 애써 틔운 다양한 논의의 싹들이 운동과 여론의 기반으로 연결되지 못한 채 말라버릴 것 같은 예감을 지울 수없다. 이를 타개할 방법 중 하나는 학술장에서 다양한 시각과 접근이 양적으로 질적으로 넘쳐나는 것이다. 이 글은 이에 보태는 하나의 의견이 될것이다.

이 글은 『제국의 위안부』의 비판적 독해를 통해 일본군 '위안부' 문제의쟁점과 해결을 논의한다.

우선 이 책의 주장들을 확인하고, 그중에서도 '강제연행'의 의미와 주체, 자의적 자료 해석과 오류, 동지적 관계, 조선인 '위안부'의 귀환에 대한 저자의 논의 내용과 방법을 비판적으로 검토한다. 그리고 일본군 '위안부' 문제에 대해 저자가 상정하는 현실적 해결 방안을 비판적으로 검토한다. 결론적으로 이 문제를 현재화된 과거사(過去事) 문제로 위치시키고, 이 문제에 대한 대안적인 해결 방안을 모색할 것이다. 대안적 문제 해결의 제언을바탕에 깔고 이 책이 쟁점으로 삼은 논의들에 비판적으로 개입하는 것이이 글의 궁극적 목표다.

2. '제국의 위안부' 의미와 주장들

이 책의 제목이기도 한 '제국의 위안부'란 용어는 어떤 의미로, 무엇을주장하기 위해 쓴 것일까? 처음 이 책을 접했을 때 부제가 '식민지 지배와기억의 투쟁'이어서 조선인 '위안부' 문제를 전쟁 책임 뿐 아니라 식민지배 책임으로 물으면서 이에 대한 기억 투쟁의 역사를 재구성하는 책인가 생각했다. 그러면서 책 표지에 '제국의'와 '위안부' 사이에 있는 반쪽짜리 그림은 무엇일까 주목했다. 그러다가 책의 목차를 보고 내용을 읽어나가면서 저자의 의도와 이 용어의 의미를 정반대로 오해, 오판했음을 깨달았다.

박유하에 따르면, 이 용어는 전쟁의 문제에서 제국의 문제로 초점을 이동하고자 사용한 것이다. 두 가지 의미를 갖는다. 첫째는 제국이 확장하면서 동원된 피해자 여성을 의미하고, 둘째는 제국의 일원으로 동원된 식민지 여성을 의미한다. 차별 받는 '이등 국민'의 여성이었지만 의도치 않게 조선인 '위안부'가 가해자가 되었음을 부각시키고 있다. 이에 대해 저자는 불편한 대목이겠지만, 우리가 모르는 우리의 모습이라고 말한다.[3]

저자는 조선인 '위안부'를 일제의 침략전쟁에 협력한 '제국의 위안부'였다고 주장한다. 다시 말해 조선인 '위안부'는 한편으로 피해자지만, 다른 한편으로 일제와 일본 군대에 협력한 '동지'자 심지어 가해자의 모습[4]을 띠고 있다는 문제 제기를 하고 있다. 그리고 이 분열된 두 얼굴의 모습은 식민지배로 비롯된 모순이라고 논의한다(295). 조선인 '위안부'의 두 모습, 더 나아가 다양한 모습을 보지 못하게 하고 "'자발적으로 간 매춘부'라는 이미지를 우리가 부정해온 것"(296)이 정대협 등 한일 '위안부' 지원단체의 기억 투쟁과 욕망이었다는 것이다.

이런 맥락에서 책의 표지 중앙의 그림이 무엇을 의도하고 의미하는지 알 수 있다. "기모노를 입은 여인의 모습이 반만 나온다." 차별받았지만 일본 제국의 '일원'(310)이었던 조선인 여성을 기모노를 입고 있는 반쪽짜리 여성으로 표현한 것이다.

조선인 '위안부'를 기모노 입은 반쪽짜리 여성으로 재현했으니 저자가

---

3) 서어리 · 이재호, 「투사 소녀? 위안부 할머니도 욕망 가진 인간」, 『프레시안』 2014. 6. 30.
4) 저자는 조선인 '위안부'가 스스로 포주가 된 사례를 들지만, 이는 극단적인 예외 사례에 해당한다.

생각하는 조선인 '위안부'의 상은 정해져 있다. "피해자였지만 식민지인으로서의 협력자"(294)에서 "적의 여자"(311), 더 나아가 "'낭자군'으로 불리는 '준군인'"(294)으로 인식된다. 저자는 책 말미에서 싱가포르에서 BC급 전범으로 처벌받은 조선인 포로감시원이 일본인 가해자로 인식되고 기억된 사례를 들면서 "위안부라고 해서 예외일 수는 없다"(310)고 말한다.

본격적으로 책에서 논의되는 주장들을 하나하나 살펴보기에 앞서 개괄적으로 책의 구성과 내용들을 확인해보면 다음과 같다. 책은 크게 4부로 구성되어 있다. 목차 구성을 보니 논란을 일으키고 쟁점을 형성하는 것이 생산적이라고 이해한 것 같다.

제1부는 일본군 '위안부'의 '강제연행', 위안소에서의 상황, 귀환으로 이어지는 이야기에서 제기된 논란과 쟁점들을 검토하면서 주장을 매우 도발적으로, 동시에 조심스럽게 제출하고 있다.(논란과 쟁점의 내용은 나중에 하나하나 확인해보도록 하고, 우선 의도적인 것으로 보이는 저자의 서술 방법 가운데 하나를 지적하고 싶다. 한 단락 안에서, 심지어 한 문장 안에서도 반복되는 '물론', '그러나' 등의 접속어들이 있다. 이 접속어들이 계속되면서 상호모순적인 서술로 발전한다. 논란이 될 만한 주장을 숨기면서 서술하려다보니 발생한 문제로 보이며, 그래서 "조심스럽게 제출하고 있다"고 평했다.)

제2부는 조선인 '위안부' 이야기를 둘러싼 기억의 정치와 관련해 한일 지원단체의 활동과 주장을 매우 비판적으로 검토하고 있다. 아울러 조선인 '위안부' 문제와 식민지 인식에 대한 일본의 극단적인 부정론을 경계하도록 매우 완곡하게 촉구하고 있다.(그러나 그 결과는 부정론을 넘어서지 못한 채 역사수정주의의 덫에 걸려버린 것 같다.)

제3부에는 일본군 '위안부' 문제의 실체, 이 문제의 해결, 즉 사죄와 보상에 대한 저자의 생각과 제안이 담겨 있다. 특히 '여성을 위한 아시아평화국민기금'(이하 아시아여성기금)을 통한 일본의 사죄와 보상 방식을 긍정적으로 평가하면서 이를 거부한 (서울) 정대협과 일본의 (정치화된) 지원단

체, 한국 헌법재판소의 판결(2011. 8. 30)을 비판한다. 그러면서 일본 정부에게 '위안부' 문제 해결을 위해 새로운 조치를 기대하고 있다.(그러나 새로운 조치를 기대하고 심지어 호소하는 방식이 지극히 직업 외교관적인 방식이다. 차고 넘치는 사실들 속에서 결국 진실이 무엇인지를 확인하고 이에 바탕을 두어 촉구하거나 설득하는 방식이 아니라 하나를 떼어주고 하나를 받는 방식이다.)

제4부는 '위안부' 문제가 과거의 문제에 국한되는 것이 아니라 오늘의 문제, 즉 '미군기지'의 문제임을, 더 나아가 일본 천황제나 군국주의의 문제가 아니라 군대를 유지하고 전쟁을 수행하는 제국주의의 문제임을 설파하고 있다. 그래서 '위안부' 문제의 진정한 해결은 기지 문제 해결, 일본 제국주의에 앞서 시작된 서양 제국주의와 그들이 남긴 냉전 구조 및 사고를 넘어설 때 가능하다고 주장한다.(이렇게 해야 기지와 전쟁이 없는 평화로운 세상을 현실의 것으로 꿈꿀 수 있다는 말로 끝을 맺는다.)

책 속에서 논의되는 구체적인 내용과 저자의 주장은 무엇인가? 저자 말대로 세계의 상식과 기존 주장에 조금은 두렵게 이의제기를 해서인지(9) 상호 모순되는 서술 속에서 여러 주장들이 갈등적으로 전개되는 대목이 상당히 많다. 그 속에서 저자가 궁극적으로 드러내고자 하는 주장을 크게 정리해보면 다음과 같다.

1. 일본군에 의한 직접적인 조선인 '위안부'의 '강제연행'은 없다. 업자들이 군의 관여하에, 동네 사람들의 협력하에 조선인 여성들을 강제로 끌어왔다.
2. 조선인 '위안부'는 '준일본인'으로서 제국의 일원이었고, 군인들의 전쟁 수행을 돕는 관계였다. 조선인 '위안부'는 노예적이긴 했어도 일본군과 동지적인 관계를 맺고 있었다.
3. 조선인 '위안부'의 귀환 여부는 그녀들이 처했던 상황에 따라 다르겠지만, 대부분 돌아오지 못했다거나 돌아오지 못한 이유가 학살당했기 때문이라는 이야기는 사실이 아니다.

4. 조선인 '위안부' 문제와 관련해 일본군의 구조적인 죄는 있지만 국가범죄가 아니며, 따라서 이에 대해 도의적 책임은 물을 수 있지만 법적 책임은 요구할 수 없다.

5. 아시아여성기금을 통한 일본(정부)의 사죄와 보상은 1965년 한일청구권협정과 강제연행 증거의 문서 부재를 고려할 때 현실주의적 해결책이었다. 그러나 성공 가능성이 희박한 운동을 20년 동안이나 계속해온 한일 지원자/단체의 기금에 대한 이해 부족과 반대, 그리고 이로 인한 '위안부' 안의 분열이 이 문제의 해결을 어렵게 했다.

6. 이 상황에서 2011년 일본대사관 앞 소녀상 건립이 계기가 되어 일본에서는 부정론자들의 반발이 가속화되었고, 이 문제에 대한 '선량한' 일본인들의 자포자기적 무관심과 맞물려 혐한류 주장과 통하는 감정이 일본 사회에서 표면화되고 있다.

3. 쟁점들

1) '강제연행'의 의미와 주체

"군이나 경관에 의한 '강제연행' 증언을 그대로 받아들인다고 해도 극소수"(291~292)라는 단서 조항을 둔 채 저자는 일본군에 의한 직접적인 조선인 '위안부'의 '강제연행'은 없다고 주장한다. 이 주장은 일본 아베 정부의 공식 입장과 정확히 부합한다. "(일본)군이나 관헌에 의한 강제연행은 그 어떤 문서에서도 확인되지 않았다"는 것이다.

여기서 '강제연행'이란 무엇을 의미하는가? 야마구치현 노무보국회 시모노세키 지부의 동원부장이었던 요시다 세이지(吉田清治)의 증언[5]에서처럼 물리력(총칼)을 동원한 '여자(노예)사냥'만을 의미하는가? 분명한 것은 요

---

[5] 요시다 세이지, 『나의 전쟁범죄, 조선인 강제연행』, 1983.

시다 증언이 한일 언론에 대서특필되고 이에 부합하는 '위안부'의 증언이 선별 소개되면서 초창기에는 '강제연행'하면 일본군, 경찰, 관헌 등이 조선인 여성의 머리채를 잡아 끌어가는 이미지가 지배적으로 투영되었던 것은 사실이다.

그러나 '위안부' 연구가 진행될수록 초점은 '강제연행'에서 '강제성'으로 이동해갔다. 즉 물리력, 협박, 강요 등 직접적인 폭력 사용과 같은 협의의 강제성 뿐 아니라 법, 제도, 시스템 등의 권력을 활용한 법적·사회적 강제 같은 광의의 강제성에 대한 관심도 증대되고 있다.

이와 관련해 박유하를 옹호하는 소설가 장정일은 "총칼에 의한 협의의 강제성과 식민 지배의 필연성이 낳은 광의의 강제성을 엄밀하게 구분"해 식민지 조선에서 "협의의 강제성은 일반적이지 않았다"고 논의한다. 그리고 중국과 남방 전선 등의 점령 공간에는 협의의 강제성을, 법과 행정력이 지배했던 식민지 공간에는 광의의 강제성을 짝지우면서 이 두 공간의 강제성이 "엄밀하게 구분"되어야 한다고 말한다.[6]

그러나 버마 미치나와 같은 점령(통치)의 공간에도 총칼이 아닌 법과 행정력, 그리고 일상이 존재하는 것처럼, 식민지 공간에도 법과 행정력, 일상 뿐 아니라 총칼이 존재한다. 예컨대 조선인 '위안부'가 강제동원되었던 식민지 조선은 문화적 헤게모니에 의한 통치가 이루어지던 시기가 아니었다. 최소 일본 육군 2개 사단이 상주해 식민지 '강점' 상태를 지탱했고, 전 사회적인 전시 강제동원이 이루어졌다. 전선과 구분되는 후방 공간이 아니라 전선에 연동되는 전시 동원사회였다.

이런 공간에서 가난한 젊은 조선인 여성과 '소녀'를 끌어가는 데 법과 행정력만 주목하고 '총칼'(물리력)은 거의 작용하지 않았을 것이라는 단정은 어떤 근거에서 나오는 것인가? 예컨대 언니와 함께 산에서 나물을 캐다가

---

6) 장정일, 「장정일의 독서일기: 일본군 '위안부' 문제와 한겨레」, 『한겨레』, 2016.1.14.

머리채를 끌어가 트럭에 탔고, 배에 태워져 제3국으로 끌려갔으며, 저항하면 구타당했던 '꽃할머니'의 증언은 거짓인가? 직업소개령, 국가총동원시스템 등과 같은 법, 제도, 시스템의 권력에 의한 광의의 강제성이 작동했다고 해서 직접적 폭력 사용과 같은 협의의 강제성이 작동하지 않았을 것이라는 단정은 전시 식민지 공간을 일면적으로 이해하는 무지를 드러낼 뿐이다. 양현아의 말대로 "협의와 광의의 강제성은 서로 유기적으로 연결되어 있다. 색깔을 구분할 수 없는 무지개처럼, 광의의 강제성이 있는 곳에 협의의 강제성이 불필요할 수는 있어도 없을 수는 없는 일이다."[7]

이런 맥락에서 박유하의 관련 논의들을 살펴보자. 그녀의 강제성 용법은 다음의 '구조적 강제성'과 '현실적 강제성'에서 확인할 수 있다.

> "위안부에 대한 '강제성'을 묻는다면, 눈에 보이지 않는 식민주의와 국가와 가부장제의 강제성을 무엇보다 먼저 물어야 한다. 하지만 동시에, 그런 구조의 실천과 유지에 가담한 이들의 강제성도 함께 추구되어야 한다. … 이제까지 … 업자들의 '범죄'를 물은 적은 한 번도 없었다. … 업자들은 어디까지나 조선총독부와 일본군의 지시에 따른 수동적인 존재로 그려지고 있다. 하지만 위안부들의 불행을 만든 주체가 일본군(구조적 강제성의 주체)뿐 아니라 그녀들을 보낸 사람이나 학대한 사람들이기도 한 이상, 그런 그들의 죄나 범죄를 묻지 않을 수 없는 일이다. 위안부 문제를 제대로 보려면 구조적인 강제성과 현실적인 강제성의 주체가 각각 누구였는지를 보아야 한다."(26~27)

저자는 구조적 강제성으로 "눈에 보이지 않는 식민주의와 국가와 가부장제의 강제성"을 지목하고 있고,[8] "그런 구조의 실천과 유지에 가담한" 현실적 강제성을 논의한다. 일본군, 조선총독부로부터 업자로 시선을 돌리는

---

7) 양현아, 「'협의의 강제성' 부인이 지엽적인 문제인가?」, 『한겨레』 2016.2.3.
8) "남성우월주의적 가부장제와 국가주의"(33)나 "일본 국가의 강제성"(111) 등의 표현도 구조적 강제성을 의미하는 것이다.

서술이다. 문제는 이러한 방식의 강제성 논의가 일본군 및 국가의 죄와 책임을 식민주의, 가부장주의, 국가주의로 한데 묶으면서 구조적 강제성의 주체로 형해화시키고, 업자들이야말로 현실적 강제성의 주체였다고 부각시키고 있다는 점이다.

저자의 논리 전개를 조금 더 따라가 보자. 저자는 일본군이 "'위안부'라는 존재를 발상하고 모집한 것은 사실"이지만, "타지에 군대를 주둔시키고 오랫동안 전쟁을 벌임으로써 거대한 수요를 만들어냈다는 점"에 대한 죄와 책임, 그리고 "군에서의 그런 수요 증가가 사기나 유괴까지 횡행하게" 되어 '위안부'들이 끌려오게 된 일본 국가의 "묵인"에 대한 죄와 책임이 "크다"고만 말한다(25). 일본군과 국가의 구조적 강제성에 대한 죄와 책임을 서술하는 이 대목의 진짜 의도는 무엇일까?

> "구체적으로 그 시스템을 만들고 이용한 것은 '일본군'이지만, 직접적인 책임은 그런 시스템을 묵인한 국가에 있다. 그러나 국가가 군대를 위한 성노동을 당연시한 것은 사실이지만, 당시에 법적으로 금지되어 있지 않았던 이상 그것에 대해 '법적인 책임'을 묻는 것은 어려운 일이다. 또 강제연행과 강제노동 자체를 국가와 군이 지시하지 않은 이상 강제연행에 대한 법적 책임을 일본 국가에 있다고는 말하기 어려운 일이다. 다시 말해 위안부들에게 행해진 폭행이나 강제적인 무상노동에 관한 피해는 1차적으로는 업자와 군인 개인의 문제로 물을 수밖에 없다.
> 그렇다고 한다면, 그런 개인이 거의 세상을 떠났거나 찾기 어려워진 이상 '범죄'로서 책임을 물을 대상은 이미 없다고 해야 한다. 대신, 구조적 강제성을 만든 책임 주체로서, 일본 국가가 그런 개인들의 '범죄'에 대한 책임과 함께 위안부들의 불행을 만든 구조적인 '죄'에 대해서 책임을 질 수는 있다."(191)

> "그 시스템이 비인륜적이라고 해서 곧바로 그것을 '범죄'로 규정할 수 있는 것은 아니다. 그런 일을 방지하기 위해 법을 만들고 시스템 자체를 바꾸었을 때 우리는 비로소 정해진 규칙에 반하는 행위를 '범죄'라고 말한다. 위안부를 대상으로

한 강간이나 폭력이 공식적으로 금지되고 있었으나, '국가'가 그 범죄를 저질렀다고 말하기 어려운 상황이다. 다시 말해 국가로서의 '발상'과 기획에 대해 책임을 물을 수는 있지만, 위안부의 고통이 물리적으로는 업주나 군인에 의한 것인 이상 군인들의 이용을 '국가범죄'로 규정짓는 것은 무리가 있다. 군인들의 강간이나 폭행은 국가가 묵인한 부분이 있지만 공식적으로는 처벌되었던 것이 사실인 이상, 어디까지나 개인적인 범죄로 다루어야 할 사안이다. 무엇보다 일본은 '군의 강제성'을 인정하는 식으로 '범죄'로 인정하지는 않았지만, '도의적 책임'을 졌고 그건 '죄'로 인정했다는 것이 된다."(217)

일본군과 국가의 구조적 강제성에 대한 죄와 책임은 형사상 범죄와 법적 책임이 아니며, 따라서 법적 책임으로서의 의무적 배상을 질 필요가 없다는 것이다. 이런 인식은 결국 일본의 '도의적 책임'과 '배상 아닌 보상'[9]을 주장하는 논리로 이어진다.

대신 저자는 업자, 즉 중개업자나 포주들이 조선인 여성들을 '위안부'로 강제로 끌고 갔으며, 이에 대해서 형사상 범죄와 법적 책임을 물을 수 있다고 주장한다.(그 업자들은 이제 죽고 없다.) 사실 강제연행의 주체로 업자들을 지목한 것은 저자만의 주장은 아니다. 여러 실증적 연구들이 이미 업자들의 역할을 논의한 바 있으며, 일본군의 '국가범죄' 말단의 하수인으로 업자의 역할을 국한한다. 여성들을 끌고 갔던 업자들의 행위는 일본군의 요청 또는 지시와 경찰 및 행정기관의 협력 내지 방조 속에서 이루어진 것이기 때문이다.[10]

이와 달리 저자는 손과 발이 되었던 업자들의 행위만을 현실적 강제성으로 포착해 범죄화하고, 그 머리에 해당하는 일본군과 국가의 역할을 구조적 강제성으로 형해화시켜 '범죄가 아닌 그냥 죄', '법적 책임이 아닌 도

---

9) 배상은 국가가 잘못한 상태에 대한 책임을 의미하지만, 보상은 국가가 잘못하지 않더라도 손해를 입힌 사실에 대해 책임을 지는 것이다.

10) 대표적으로 윤명숙 연구를 들 수 있다. 윤명숙, 최민순 역, 『조선인 군위안부와 일본군 위안소 제도』, 이학사, 2015.

의적 책임'만을 지게하고 있다. 이러니 "위안소를 기획하고 관리한 일제의 큰 불법에는 눈감고, 말단의 실행 행위에 가담한 업자의 작은 불법에만 매달린다"[11]는 비판이 강하게 제기되는 것 아닌가? 저자의 논리라면 예컨대 제노사이드와 대량학살을 기획하고 지시한 국가권력은 면죄되고, 이 지시를 실행한 말단의 학살 가해자들만 처벌되어야 할 것이다.

또한 흥미로운 부분은 저자가 고노 담화를 비판적으로 독해한 대목이다. 여기에서는 '간접적 강제성'과 '직접적 강제성'이 잠깐 등장한다. "조선반도가 일본의 통치하에 있었고 요청을 한 주체가 '군'이니 그 과정에서 벌어진 일의 간접적 강제성에 대해서도 총체적 책임을 지겠다고 한 것이 고노 담화"(175)라고 서술한다. 뿐만 아니라 "관헌 등이 직접 이에 가담하였다는 사례는 정신대 모집의 경우를 착각한 것이거나 개인적인 예외행동으로 보아야"(175)한다고 주장한다.

이 또한 고노 담화문에 대한 자의적 해석과 과도한 주장이다. 고노 담화는 "위안소의 설치, 관리, 위안부의 이송과 관련해 구일본군이 직접적 또는 간접적으로 이에 관여"했으며, "위안부의 모집에 관해서는 군의 요청을 받은 업자가 주로 이를 담당했지만, 그 경우에도 감언, 강압에 의하는 등 본인들의 의사에 반하여 모집된 사례가 많고, 나아가 관헌 등이 직접 이에 가담한 경우도 있었다"고 분명히 하고 있다.

어디 이뿐인가? 저자가 조선인 '위안부' 강제연행에서 '우리 안의 협력자들'을 논의하는 부분이 있다. 저자는 사죄해야 할 주체로 일본군 '위안부'로 동원된 조선인 여성 주변의 이웃들까지 상정한다. "마을의 어느 집에 대상이 될 만한 가난한 처녀가 있는지를 알고 부모나 본인을 설득할 수 있는 이들은 순사나 중간업자가 아닌 마을 내부 사람일 수밖에 없다"(39)는 것이다. 그리고 저자는 "면장이건, 읍장이건 … 누군가는 구조적으로 국가정책

---

11) 김창록, 「국가책임 이해 못하는 '뒤틀린 법 논리'」, 『한겨레』 2016. 2. 19.

에 대한 '협력자'가 될 수밖에 없었다"(41)며, 특히 이들이 '우리' '조선인'이 었음을 강조하며, 그것이 식민지의 모순이라고 말한다.

협력, 부역, 자발의 문제를 식민지성과 결부해 논의하는 것은 충분히 가능하다. 그러나 식민통치 말단 행정기구의 '장'인 '면장'의 개입에 대해, 다시 말해 조선총독부의 개입에 대해, 도대체 이것이 왜 "불운하게 면장을 맡게 된" '조선인'의 협력 문제로 해석되면서 부각되는지 그 저의가 정말 의심스럽다.

지금까지의 논의를 종합해보면, 그 저의를 어림짐작해볼 수는 있다. 저자는 조선인 '위안부'의 강제연행과 관련해 업자의 범죄와 법적 책임을 가장 강하게 추궁했으며, 일본군과 국가의 강제성에 대해서는 그냥 '죄와 도의적 책임'을 묻는 수준으로 형해화시켰다. 그리고 업자들의 강제연행 행위에 대한 동네의 조선인 협력자에게도 그 죄를 물음으로써 이를 식민지적 모순과 분열로 포착했는데, 그 수준이 일본군과 국가의 강제성과 비슷한 것으로 보이도록 배치했다. 이런 배치, 구도에서는 '조선인' 업자의 범죄와 법적 책임이 가장 주요하게 부각된다. 저자가 그토록 조선인 업자의 책임만을 일관되게 여기저기에서 주장하고 다녔던 이유가 바로 여기에 있을 것이다.

2) 자의적 자료 해석과 오류

이 책의 참고자료와 문헌은 대개 문학작품들과 구술 증언집이다. 드물게 1차 사료를 활용하는 경우에도 대부분 기존 2차 연구에서 재인용하면서 저자가 재해석한 자료들이다. 그 가운데 저자가 직접 확인한 공문서 자료가 있다. 그 자료는 바로 "1938년 3월 4일자의 '북지 방면군 및 중지 파견군 총참모장에게 보내는 「군 위안소 종업부의 모집 등에 관한 건」 〈사진 1〉"(26)이다.12) 이 자료는 방위청 소장 자료로, 아시아여성국민기금이 발간한 『정부조사 '종군위안부' 관계 자료집성』 2권의 첫 번째 자료이기도 하다. 다시 말해 일본군 '위안부' 연구자라면 가장 먼저 접하게 되는 자료라 할 수 있다. 그래서 이 자료만큼 자료의 생산 맥락, 특히 그 앞뒤로 생산된 여러 자료와의 관계 속에서 심도 있게 분석된 것도 드물 것이다. 저자 역시 이 자료를 자신의 주장의 핵심 근거 자료로 삼는다. 그러나 그 내용은 기존의 분석과 정반대이며, 아래와 같이 거의 독창적으로(?) 해석한다.

> "군이 직접 업자에게 위안부 모집을 의뢰한 경우는 적지 않았을 것으로 보인다. 그러나 사기나 유인까지 해가면서 마구잡이로 끌어오라고 지시했다는 증거는 아직 나타나지 않았다. 오히려 그렇게 마구잡이로 모집하는 것을 금지한 자료라면 존재한다. 그 자료는 설령 강제로 끌어간 군인이 있다고 해도 그것이 공적으로 허용된 것은 아니었다는 사실을 보여주는 것이기도 하다."(25)

저자는 이 통첩의 내용을 "군 위안소 종업부를 모집하는 인물을 군이 통제하여 주도적절하게 선정하는 등 모집 과정에서 군의 '위신'을 해치거나 사회문제를 일으키지 않도록 하라"(26)고 했다고 서술했다. 이렇게 해서 "일본 군부가 업자에게 여러 편의를 주었지만, 사기와 협잡은 공식적으로 금지했기 때문에 조선인 '위안부'는 일본군의 지휘하에 사기 협잡으로 강제 연행된 것이 아니"라는 주장이 탄생했다.[13]

이렇게 주장하니 이 통첩의 내용을 구체적으로 분석하지 않을 수 없다. 이를 위해 이 통첩을 누가 기안 작성했고, 누구에게 어떤 의도로 무엇을 전달하고자 했는지 검토해야 하는데, 이를 더 심도 있게 하려면 그 앞의 통첩들(특히 1937년 12월에서 1938년 2월 사이의 통첩들)과의 연관 속에서

---

12) 저자는 이 자료를 아시아여성국민기금 자료집 2권에서 확인했을 것으로 보이는데, 유감스럽게도 이 책에서 이 자료의 출처에 대한 인용은 없고, 참고문헌에서도 밝히지 않았다. 저자가 드물게 직접 활용하는 공문서 자료이고, 저자 주장의 핵심적 근거가 되는 자료인데, 왜 인용에는 이토록 성의가 없는지 모르겠다.

13) 박유하, 「위안부 강제연행, 박유하 교수의 반론」, 『한겨레』, 2016.2.5.

파악되어야 한다.

이 시기는 '난징대학살'이 일어난 직후이다. 이 사건으로 일본 군부가 군 위안소 설치 확대에 나선 것은 이미 연구된 바다. 1937년 12월 21일 상하이 일본총영사관 경찰서가 나가사키현 미즈가미(水上) 경찰서장에게 보낸 「황군 장병을 위한 위안부녀 도래에 관한 편의제공 방법 의뢰의 건」은 이런 맥락에서 이해해야 한다. 상하이 육군특무기관, 헌병대, 일본 총영사관의 합의 아래 "장병의 위안을 위해 전선 각지에 설치한다는 결정이 났으며" 이에 따라 군의 의뢰를 받고 '가업부녀(작부)'를 모집하기 위해 일본과 조선에 업자들이 파견되었다는 내용이다. 이 건은 나가사키와 오사카에만 전해졌다. 그러나 야마가타현, 군마현, 아카야마현 등에는 전해지지 않았고, 업자들과 하청업자들이 단속되어 해당 현 지사와 경찰의 경계와 의심을 받았다. 아카야마현 경찰의 경우 이 사건을 업자들에 의한 부녀자 유괴 및 인신매매로 보고 수사하기도 했는데, 결국 군의 의뢰에 의한 것이었음을 확인하고 업자들을 석방했다.

이 상황에서 내무성과 육군성이 교통정리에 나선 것이 바로 1938년 2월 23일자 내무성 경보국이 각 청부현 장관 앞으로 대책을 통고한 「지나 도항 부녀의 취급에 관한 건」[14]과 3월 4일자 육군성이 북지방면군 및 중지파견군 앞으로 시달한 「군 위안소 종업부의 모집 등에 관한 건」이었다.

앞의 내무성 통첩은 각지의 혼란스러운 단속 상황을 정비하고자 했던 것으로, 주요 내용은 모집 대상을 만 21세 이상의 '매춘' 경험자로 제한하고 군의 의뢰를 받은 업자가 아닌 자의 모집 행위, 인신매매, 약취, 유괴에 대한 단속을 강화하도록 했다. 이와 관련해 윤명숙은 "엄중히 단속"하라는 지시이기는 하지만, 이 조건이 충족시키는 범위에서는 군 위안부의 모집을 허가하는 것이어서 내무성, 더 나아가 일본 정부가 군 위안소 제도에 가담

---

14) 여성을 위한 아시아평화국민기금 편, 『정부조사 '종군위안부' 관계 자료집성 1』, 1997, 69~75쪽.

하고 있는 것으로 평가한다.[15]

   이러한 흐름에서 육군성의 통첩을 분석할 필요가 있다. 이 통첩은 육군성 병무국 병무과가 기안을 작성했고, 이마무라 히토시(병무국장)를 거쳐 육군 차관 우메지 요시지로가 결재했다. 내용을 보면, 일본군은 군부의 명의를 이용한 모집업자의 유괴와 비슷한 모집 방법으로 군의 위신이 무너지고 사회 문제로 번졌던 상황에 대한 원인으로 업자를 잘못 선정하고 모집을 제대로 감독·통제하지 못해서라고 판단하고 있다. 그래서 그 대책으로 육군성 병무국은 북지 방면군과 중지 파견군에게 치밀하고 적절하게 모집업자를 선정하고 모집 업무를 철저히 통제하도록 지시하고 있다. 또한 모집업자는 모집 지역의 헌병 및 경찰 당국과 밀접하게 협력하여 군 위안부를 모집하도록 지시하고 있다. 그래서 윤명숙은 이 통첩으로 모집업자의 선정부터 모집에 이르는 업무를 군이 감독·통제하는 체제가 완성되었고 각 모집 지역의 경찰도 군 위안부의 모집에 조직적으로 관여하게 되었다고 평가한다.[16]

   이렇게 볼 때 이 통첩을 저자처럼 일본군이 사기, 유인, 협잡을 공식적으로 금지했고, 그래서 일본군에게 강제연행에 대한 법적 책임이 없다고 주장하기 위해 활용하는 것은 자료가 전해주는 진실을 찾아내려는 것이 아니라 저자가 의도하고 구성한 결과의 도구로 동원하는 것 아닐까?

   "대부분의 위안소가 일본군의 직간접적인 관리하에 있었던 것으로 보이지만, '종군 위안부'란 인솔자인 '종군업자'가 만든 존재라는 것"을 보여주기 위해 저자가 활용하는 또 하나의 자료가 있다. 이번에는 미군이 생산한 자료로, 「일본 전쟁포로 심문보고 49호」(Japanese Prisoner of War Interrogation Report No.49, 이하 심문보고 49호)[17]인데, 이번에는 아사히신문사 주필로

---

15) 윤명숙, 앞의 책, 2015. 119쪽.

16) 위의 책, 102~103쪽.

17) 여성을 위한 아시아평화국민기금 편, 『정부조사 '종군위안부' 관계 자료집성 5』, 1998, 203~209쪽.

유명한 후나바시 요이치(2004) 책에서의 '재인용'이다. 그런데 후나바시도 자료 원문을 요약 번역했다. 따라서 박유하의 '재인용'은 엄밀히 「심문보고 49호」의 '재인용'이라 할 수 없으며, 이 요약된 문장만으로 자료 원문의 뉘앙스를 완전히 파악하는 것은 어렵다.

「심문보고 49호」는 인도-버마전구 방면 미 육군 배속 심리전팀의 알렉스 요리치(일본계 미국인) 중사가 1944년 8월 20일~9월 10일 동안 인도의 레도 수용동에 수용되어 있던 조선인 위안부 20명을 심문한 결과를 보고서로 작성해 10월 1일 미국 전쟁정보국(OWI)에 제출한 것이다. 당시 심리전팀에는 알렉스 요리치 말고 칼 요네다, 크리스 이시이, 클락 가와카미 등 일본계가 통역 · 번역병으로 배속되었다.

이들이 작성한 보고서는 이들이 '일본계'(그것도 미국에서 태어나 일본에서 성장해 기본 교육을 받았다가 미국으로 떠난 이력을 가짐)라는 것과 함께 개인적 성향이 상당히 반영되었고, 그 결과 편향된 인식이 있다. 그럼에도 일본군 '위안부' 관계 미국 자료 가운데 매우 가치 있는 자료로 평가되는데, '조선인' 위안부의 징모와 이송, 위안소 운영 실태와 '위안부'가 처한 상황, 일본군에 의해 버려지고 연합군의 포로가 된 상황의 전 과정을 비교적 상세히 보고하고 있기 때문이다.

이런 자료를 이 책이 어떻게 활용했는지 검토해 보자. 저자는 자료의 일부를 발췌해 수치스러워하는 일본군과 따뜻하고 부하를 생각하는 일본군을 부각시키고 있다. "'짐승 같은 일본군'이라는 이미지에 사로잡혀 있는 한 그들에게 '수치심'이 있었다는 것을 상상하기란 쉬운 일이 아니"라는 주장을 끌어내고 있다. 그리고 마루야마 대좌에 대비되는 "미즈가미 소좌"[18]의 사례를 소개하면서 일본군의 다양한 면모를 주장한다(69).

저자가 발췌한 부분은 「심문보고 49호」의 "일본군에 대한 반응"이라는

---

18) 계급에 대한 번역 오류로, 소좌가 아니라 소장이다.

항목에 있다. 심문자의 주요 관심은 적 정보이다. 심문자는 일본군 부대의 지휘관 및 주요 장교들에 대한 정보 수집을 일차 목표로 심문한다. 그러다 보니 조선인 '위안부'들은 자신의 위안소(교에이 위안소)가 배속된 18사단 114연대(마루야마 부대)의 연대장인 마루야마 대좌에 대해 집중적으로 말했다. 이는 보고서 작성자인 알렉스 요리치가 참조했던 원자료 가운데 하나인 「SEATIC 심문회보 2호」(SEATIC Interrogation Bulletin No.2, 이하 심문회보 2호)[19]를 보면 확인할 수 있다. 마루야마 대좌는 악명 높았고, 술주정뱅이였으며, 색정이었다. 결국에는 부하와 '위안부'들을 버리고 달아났던 마루야마 대좌의 평판이 좋을 리 만무했다.

심문에서 114연대 일본군 포로들과 '위안부'들은 그런 마루야마 대좌 대신 미치나 방어전을 지원하러 온 56사단장 미즈가미 소장을 추켜세웠다. 사실 '위안부'들은 교에이 위안소를 이용한 적이 없던 미즈가미 소장을 잘 알 수 없었을 것이다. 위안소를 이용했던 장교와 병사들의 미즈가미 평판이 '위안부'들에게 전달된 것으로 보인다.

이런 맥락을 고려할 때 저자가 책에서 마루야마 대신 미즈가미를 부각시키면서 다양한 일본군이 있었다고 주장하는 것은 문제가 있다. 모든 일본군이 짐승은 아니지만, 관계 자료들이 명백히 말하듯이 위안소를 끼고 살았던 마루야마 대좌는 '짐승 같은' 놈이었다.

그리고 더욱 큰 문제는 다양한 일본군이 있으므로 '짐승 같은 일본군'이라는 이미지에서 벗어나자고 주장하는 것이 저자의 궁극적 목표가 아니라는 점이다. 수치심을 느끼며 위안부를 연민하는 일본군 이미지에 대한 저자의 역강조는 일본군이 업자의 과도한 착취로부터 위안부들을 보호했으며, "위안소의 '올바른 경영'을 지향했다"(72)는 주장으로 이어진다. "위안부를 억압한 일본 군인은 그렇게 때로 업자로부터 위안부를 '해방'한 주체이

---

19) 미국 NARA, RG 165, Entry 177, Box 915.

기도 했다"(77)는 저자의 주장은 이런 맥락에서 나온 것이다.

다음으로 "위안부들을 전쟁터로 데리고 다니며 군에 제공했던 주체는 업자들이었다"(83~84)는 주장을 위한 근거 자료로 「심문보고 49호」 자료를 활용하는 대목을 검토해 보자.

박유하가 책에 발문한 내용은 이 자료의 (조선인 '위안부'의) "징모"와 "성격"에 서술된 내용을 요약한 것이다. 「심문보고 49호」 "징모" 항목의 핵심 내용은 업자가 사기와 유인책으로 조선인 여성들을 징모했고, 버마 랑군을 거쳐 미치나(미트키나)로 데려 갔다는 것이다. 그리고 이들의 일부는 '직업 여성'이지만, 대다수는 무지하고 교육받지 못한 일반 여성이었다. 저자가 재인용한 요약 발문에 오류도 있다. 책에서는 1942년 8월 20일 랑군에 도착한 조선인 여성들이 '300명' 가깝다고 했는데, 자료 원문에는 '800명'으로 되어 있다.

더 흥미로운 것은 저자가 "'20명의 조선인 위안부와 민간인 일본인 부부'를 심문한 내용이라는 이 보고서도 '업자'들의 개입과 사기 사실을 보여준다"라는 표현을 쓰고 있다는 점이다. 그런데 「심문보고 49호」는 20명의 조선인 '위안부'를 심문한 보고서이지 이들을 버마로 데리고 갔던 민간인 일본인 부부(업자)에 대한 심문 보고서가 아니다. 그럼에도 이런 표현이 나오게 된 이유는 무엇일까? 단순한 착각이었을까? 그렇지 않다. 실제 이 업자(남편)를 심문한 보고서가 별도로 존재한다.

그것이 바로 「심문회보 2호」다. 이 자료는 동남아번역심문센터(SEATIC) 요원들이 심문한 자료로 조선인 '위안부'의 징모와 위안소 운영 실태, '위안부'들이 버려지는 상황과 관련해 중요한 정보들을 담고 있다. 「심문회보 2호」에 따르면, 업자들은 조선군사령부로부터 의뢰를 받았고, '허가권'을 받았으며, '위안부'의 수송, 배급, 의료 등의 모든 지원을 제공받을 수 있는 서한을 받았다. 다시 말해 이 자료는 일본군이 주체가 되어 업자들을 징모 말단에서 활용한 명백한 '인신매매'였음을 보여준다.[20]

3) 동지적 관계?

　권력/폭력의 문제를 둘러싸고 가해와 피해를 이원적으로 대립하는 것으로 사고하지 않고 그 둘 간의 연속성을 심층적으로 분석하고 이해하고자 하는 학문적 시도들이 있다. 가해/피해의 연속성은 또 다른 축에서 자발/강제의 중층성과 함께 사고될 필요가 있다. 필자 또한 제주 4·3사건 때 학살의 광풍에서 살아남았던 제주도 청년들이 해병대에 입대해 육지에서 학살의 가해자들의 일원이 된 사례를 분석했을 때, 또는 오키나와의 강제적 '집단자결'의 피해가 오키나와인 재향군인들의 중국 대륙에서의 가해자 경험으로부터 귀결된 것이었음을 확인했을 때 가해/피해의 연속성, 자발/강제의 중층성을 주의 깊게 생각해보았다.

　그러나 일본군과 조선인 '위안부'가 동지적 관계였다는 박유하의 문제의식은 이와 같이 특정 피해 경험이 어떻게 가해 행위로 작용하는지, 반대로 특정 가해 경험이 어떻게 피해를 산출시키는지의 연속 메커니즘을 주목하는 것과 상관이 없다. 저자는 그냥 식민 지배로 비롯된 모순("일본 제국 안에서 '두 번째 일본인'의 지위를 누릴 수 있었다는 것", 90)으로 인해 조선인 '위안부'(식민지인 '위안부')는 한쪽은 피해자, 다른 한쪽은 가해자의 분열된 두 얼굴의 모습을 갖고 있다고 전제한다. 그리고 책 곳곳에서 '협력자', '적의 여자', '애국 처녀', '낭자군', 그리고 가장 많게는 '동지'라는 용어를 '가해자'의 연장선상에서 사용하고 있다.

---

20) 이와 관련해 길윤형 기자의 글에 대한 박유하의 비논리적인 반론이 떠오른다. 길 기자는 일본군 '위안부' 강제연행의 상당수가 일본 육군이 주체가 된 전형적 인신매매의 모습을 띠었다고 논의한 것에 대해 박유하는 '인신매매'가 맞다고 긍정하는 듯하면서도 사실은 군인에 의한 물리적 강제연행이 아니라 업자들의 인신매매였고, 이에 대해 군부가 여러 편의를 준 것은 사실이지만, '사기와 협잡'은 공식적으로 금지했다는 식으로 반론한다. 이런 의도적 물타기식 반론에 넌더리가 날 지경이다. 길윤형, 「'위안부', 일본 육군이 주체가 된 전형적 인신매매였다」, 『한겨레』, 2016.1.22; 박유하, 「'위안부' 강제연행, 박유하 교수의 반론」, 『한겨레』, 2016.2.6.

저자는 한 언론사와의 인터뷰에서 왜 동지라는 단어를 썼는지 이유를 밝힌 바 있다. "일본군과의 관계가 다른 나라의 위안부와는 다르다는 것을 말하고 싶었기 때문"[21]이라는 것이다. 다시 말해 조선인과 대만인 '위안부'는 중국이나 남방 등 점령지 '위안부'와 다르다고 주장하는 것이다. 식민지인 '위안부'와 점령지인 '위안부'의 피해 실태의 차이가 있다는 주장이라면 관련 연구들이 있으니 문제가 될 것도 없고 새롭지도 않다. 문제는 식민지인과 점령지인의 근본적 차이에 대한 강조가 조선인·대만인이 '준일본인'으로 '제국의 일원'이었다는 주장으로 귀결되는 것이다(60). 이렇게 조선인 '위안부'가 일본인 '위안부'와 '일본 제국의 위안부'였던 이상 기본적인 관계가 같다는 주장이 탄생한다(62).

저자는 이렇게 말했다. "제가 동지라고 한 건 일본 입장에서 적의 여자와 우리 쪽 여자라는 차이를 드러내기 위해서, 그러니까 여러 층위의 위안부들을 구별하기 위해서라고 쓴 거라고 이해해주셔야 한다."[22] 과연 그렇게 했는가? 저자는 일본군의 위안부 인식을 그대로 받아들이면서 조선인 '위안부'의 입장도 이 인식과 같은 것으로 단정하고 있다. 예컨대 저자가 센다의 책에서 인용한 "그녀들은 주둔부대의 일원"이었고, "군인들은 그녀들을 소중하게 다루었"으며, "평화로운 풍경 … 주둔지에서의 군인과 위안부 관계는 어디든 이런 게 아니었나 합니다"라고 말한 일본군 소위의 회고를 다음과 같이 해석한다.

> "'주둔부대의 일원'이자 '부인 같은 느낌'이었다는 위안부들. 사실 이것이 조선인 위안부에게 요구된 역할이었다. … 전쟁터에서의 강간의 대상이 된 '적의 여자'와 위안부는 군과의 관계에서 근본적으로 다른 존재였다. 가족과 떨어져 전방에 나가 있는 군인들을 '부인'처럼 신체적 정신적으로 위무하고 사기를 북돋는 역

---

21) 서어리·이재호, 앞의 기사, 2014.6.30.
22) 위의 기사.

할, 그것이 위안부들의 원래 역할"이었다. 위안부들이 군인들과 휴일의 '평화로운' 한때를 보낼 수 있었던 것은 그런 구조가 있었기 때문이다."(57)

이 회고는 일본군의 것이다. 다시 말해 "휴일의 '평화로운' 한때를 보낼 수 있었"다고 느낀 것은 조선인 '위안부'가 아니라 이 장면을 되새김질하며 회고한 일본군 소위가 느낀 것이다. 그럼에도 불구하고 저자는 이 회고에서 묘사되는 "주둔지에서의 군인과 위안부 관계"를 뒷받침하기 위해 증언집 『강제로 끌려간 조선인 군위안부들』에 나오는 말들을 탈맥락적으로 선별 착취하는 방식으로 배치하고 있다. "증언의 고유성이 경시되고 있"고, "이런 글쓰기 방식은 '증언'의 아픔에 귀 기울이는 행위와 정반대로 '증언'의 찬탈행위가 아닐까"라고 꼬집는 정영환의 비판이 절절하게 다가온다.[23]

이에 대해 저자는 "물론 '조선인 일본군'이 그랬듯이, '애국'의 대상이 조선이 아닌 '일본'이었다는 점에서 '조선인 위안부'들은 일본군 위안부와 똑같이 취급할 수는 없다"(62)고 분명히 썼다고 반론할 지도 모르겠다. 실제 『제국의 위안부』(삭제판, 제2판) 서문에서도 저자는 1판에서 "물론 그것은 남성과 국가의 여성 착취를 은폐하는 수사에 불과했"(137)음을 썼다고 반론했다.

이러한 반론 방식은 매우 기만적이고 본의를 숨기고 있다. 공통적으로 등장하는 "물론"이라는 접속사는 이 책에서 매우 빈번하게 나타나는데, 대개 저자가 하고 싶은 주장을 숨기거나 완곡하게 표현하기 위해 사용되는 장치다.

> "<u>물론 '조선인 일본군'이 그랬듯이, '애국'의 대상이 조선이 아닌 '일본'이었다는 점에서 '조선인 위안부'들은 일본군 위안부와 똑같이 취급할 수는 없다.</u> 그러나 동시에, 그런 딜레마를 잊고 눈앞에 주어진 '거짓 애국'과 '위안'에 몰두하는 것은 그녀들에게 하나의 선택일 수 있었다는 사실을 무시할 수는 없다. 혹은 어리면 어릴수록 일본인 의식이 강했을 터이니 딜레마로는 생각하지 않았던 이들이 훨씬 많았을 수도 있다."(62)

---

23) 정영환, 앞의 글, 2015, 475~476쪽.

"일본인, 조선인, 대만인 '위안부'의 경우 '노예'적이긴 했어도 기본적으로 군인과 '동지'적인 관계를 맺고 있었다. 다시 말해 같은 '제국 일본'의 여성으로서 군인을 '위안'하는 것이 그들에게 부여된 공적인 역할이었다. 그들의 성의 제공은 기본적으로 일본 제국에 대한 '애국'의 의미를 지니고 있었다. 물론 그것은, 남성과 국가의 여성 착취를 은폐하는 수사에 불과했지만, '일본' 군인만을 위안부의 가해자로 특수화하는 일은 그런 부분을 보지 못하게 만든다."(137)

이 책 제2장 1절의 제목이 "일본군과 조선인 위안부: 지옥 속의 평화, 군수품으로서의 동지"인데, 비판자들이 "왜 둘의 관계가 '평화'고 '동지'냐" 라고 비판하면, 저자가 "난 분명 '지옥'이고 '군수품'이라고 말했다"라고 반론하는 꼴이다. 중요한 것은 일본군의 인식과 이해가 아니라 조선인 '위안부'의 인식과 이해일 것이다. 현재는 물론 그 당시에 조선인 '위안부'들이 과연 어떻게 인식했을까? 객관은 분명 '지옥'이고 '군수품'인데, 일본군이 아닌 조선인 '위안부'들의 주관에도 '평화'와 '동지'라는 단어가 조금이라도 자리할 수 있었을까? 만약 저자가 그렇다고 생각하고 이를 확인하고자 했다면, 이 책에서 보여준 '방법'은 실패했다.

마지막으로 이와 관련해 조선인 '위안부' 배봉기의 증언에 대한 해석을 둘러싼 작은 논쟁을 살펴보자.[24] 김규항은 배봉기를 취재한 한겨레 기사 (2015년 8월 8일자)[25]를 인용해 다음과 같이 썼다.

"그(배봉기)는 위안부였음을 털어놓을 때 '유군가 마케타노가 구야시이샤'(일본군이 져서 분하다)라고 거듭 말하곤 했다. 할머니는 일본군이 져서 세상이 변했다는 것은 알고 있었지만, 그게 '조국 해방'을 뜻하는지는 이해하지 못했다. 말하자면 그는 '자발적'으로 위안부가 되었고, 민족의식이 없었으며, 자신이

24) 김규항, 「더러운 여자는 없다」, 『경향신문』, 2016.2.1; 이나영, 「지겹다, 위선적 '진보' 지식인의 자기변명」, 『경향신문』, 2016.2.3.
25) 길윤형, 「커버스토리 위안부 최초 증언, 고 배봉기 할머니: 일본군이 져 분하다던 할머니가 일왕의 사죄를 말했다」, 『한겨레』, 2015.8.8.

일본군과 '동지적 관계'에 있다고 생각했다."

"일본군이 져서 분하다"는 말은 배봉기가 김수섭 · 김현옥씨 부부에게 자주 했다는 말이다. 두 번째 문장은 길윤형 기자의 글이다. 마지막 문장, "말하자면" 이후는 김규항의 해석이다. 이 패치워크 방식의 서술은 발화자의 의도를 탈맥락화하고 있다. 적어도 이 기사를 작성한 길윤형의 의도는 깡그리 무시되고 있다. 기사 제목이 시사하듯이, 길윤형은 1975년 이후 김씨 부부를 만날 때마다 "일본군이 져서 분하다"는 말을 자주 했던 배봉기가 1989년 1월 히로히토 일왕이 숨졌다는 텔레비전 뉴스를 보았을 때 "왜 사죄도 안하고 죽었냐"고 말했다는 사실에 주목했다. 이러한 변화에 대해 길윤형은 "자신에게 일어난 불행을 모두 자신의 탓으로 돌리고 있었"던 배할머니가 나중에는 "자신에게 닥친 불행의 원인에 대해 나름의 견해를 갖게 됐음을 짐작하게 한다"고 썼다. 제법 시간차를 두고 상반되게 표현된 배봉기 말의 의미에 대한 길윤형의 해석을 엿볼 수 있다.

그런데 김규항은 이와 아무런 상관없이 배봉기의 말을 첫 번째 문장에, 길윤형의 글을 두 번째 문장에 배치한 다음, 배봉기는 "민족의식이 없었으며, 일본군과 동지적 관계에 있다고 (배봉기가) 생각했다"고 단정했다. 더욱이 그 앞에 서술된 "'자발적'으로 위안부가 되었다"는 말은 업자에 의한 배봉기의 징모(徵募)를 지극히 일차원적으로 이해한 것이다.

오키나와 전쟁 당시 '가마'(동굴)에서 일본군과 재향군인 출신 지도집단은 주민들에게 '집단자결'을 강제했다. 여기에서 살아남은 주민들은 일본군을 '유우군(友軍)'으로 생각했던 예전의 생각들을 스스로 어리석었다고 말한다. 주민들은 일본군이 미군의 잔학성을 선전하면서 '함께 살고 함께 죽자(共生共死)' '살아서 잡히는 모욕을 받을 수 없다. 죽어서 죄과의 오명을 씻어버린다'(전진훈)를 지속적으로 강제했다고 한다. 그것이 '집단자결'로 귀결되었던 것이다. 이런 맥락에서 보면 배 할머니가 "일본군이 져서 분하다"고 했다는 말은 "일본군이 이겨야 자신도 살 수 있었으니 그렇게 생각했던 것 같다"는 김씨 부부의 해석이 더 설득력이 커 보인다. 그러나 김규항은 그냥 '동지적 관계'라고 정리해버렸다.

조선인 '위안부'들이 '피해자'이다. 그들은 '군수품'으로 일본군과 업자에 의해 각 전장으로 보급(이동)되었다. 그들은 일본군이 설치한 위안소에서 '지옥'을 겪었다. 이렇게 피해자, 군수품, 지옥으로 서술되어 상상되는 이미지가 너무 균질적이고 단순하다고 생각되는가? 그렇다면 비균질적으로, 그리고 여러 층으로 피해자, 군수품, 지옥이라는 이미지의 다면성, 다층성을 재구성해 보길 바란다. 분명한 것은 박유하가 피해자, 군수품, 지옥이라는 용어를 가해자, 동지, 평화로 단순하게 대체해버렸다는 것이다.

4) 조선인 '위안부'의 귀환?

박유하는 '패전 이후'에 조선인 '위안부'들이 귀환하지 못했던 이유로 일본군에 의한 학살을 드는 것이 잘못된 것임을 주장한다. 이를 위해 저자는 조선인 '위안부'들이 각각 처한 상황에 주목해야 한다고 논의한다.

저자는 우선 공간적으로 만주·중국 전선과 남방 전선을 구분한다. 그러면서 만주·중국 전선에서는 '위안부'의 죽음이 없었던 것처럼 논의한다. 업자들의 발 빠른 도주와 방치를 문제 삼으면서 한 위안부의 증언을 배치해 "일본군 '높은 사람'이 이들을('위안부'들)을 학살하거나 방치한 것이 아니라 부대에서 기차를 태워보냈다"(97)고 강조한다. 심지어 '위안부' 체험보다 소련군의 강간 공포로 인한 귀환 체험이 더 잊고 싶은 것이었다는 증언을 부각시키는 배치를 한다(95).

저자는 남방 전선에서 더 많은 '위안부'들이 죽음으로 동원되었음을 인정한다(100). 그런데 그 죽음의 이유가 일본군에 의한 학살보다 대개 연합군의 폭격에 의한 것이었다고 주장한다(101). 또는 '위안부' 일부가 "자신을 '일본인'으로 믿었던 일부 조선인 일본군처럼 자결을 택했을 수도 있다"고 말한다. 저자는 "그런 의미에서 '위안부의 죽음'으로 알려진 사진은 폭격에 의한 것이거나 '일본인 위안부'일 가능성이 높다"고 단정한다. 그리고 조선인 '위안부'들이 점령지에서 '준일본인', '제국의 일원'으로 인식되었기 때문에 패전 직후 일본인 민간인의 어려운 처지와 같았을 것으로 논의한다(98~99). "일본군이 패전 직후 조선인 '위안부'를 무조건 사살했다는 이야기를 보편적인 상황으로 보기는 어렵다"고 주장하기 위한 증언 배치와 논리들이다(102).

저자는 조선인 '위안부'가 처한 각각의 상황을 개별화시키는 반면, 일본군에 의해 '버려졌다'는 것의 의미를 퇴색시키고 있다. 주지하듯이, 일본군은 아시아와 태평양 전역에 부대가 주둔했던 거의 모든 곳에 조선인 '위안부'들을 조직적·체계적으로 '끌어갔다'. 그러나 전쟁 막바지에 사태가 여의치 않자, 그리고 전쟁이 끝나자 이들을 '버렸다'. 조선인 '위안부' 귀환의 문제는 바로 일본군에 의해 버려졌던 상황으로부터 출발해야 한다.

이른바 '버려짐'의 문제는 두 가지의 차원에서 생각해 볼 수 있다. 하나는 죽음이다. 버려진 것은 단지 방치를 의미하는 것이 아니었다. 필리핀, 버마, 네덜란드령 동인도, 남태평양의 섬들에서 연합군과의 전투 막바지에 '위안부'들을 밀림까지 끌고 들어갔고, 최악의 상황에서 말 그대로 버리고 떠났던 것(도망가라고 했든, 스스로 살아남으라고 했든)은 사실상 죽음으로의 동원이다. 독충, 말라리아, 기아, 심지어 연합군의 폭격과 쌍방의 전투 등은 '위안부'들의 생존을 위협하기에 충분했다. 이를 경험하고도 살아남은 자들의 목소리가 증언으로 남아 있지만, 그렇다고 이를 경험한 모든 사람들이 생존한 것은 아니다. 죽은 자는 말이 없다.

다른 하나는 '잔류'이다. 조선인 '위안부'들은 일본군에게 패전 사실을 듣지 못했거나 정조 관념, 식민지배하에서의 빈곤과 착취의 기억 때문에 귀향, 귀환을 포기하기도 했다. 무엇보다 지리도 모르고 말이 통하지 않던 지역에 버려진 '위안부'들은 자력으로 귀국할 수 없었다. 사기와 유인으로 오키나와에 와서 '위안부'가 되었던 배봉기도 패전 이후에는 귀환을 위한 집결 수용소 중 하나였던 이시카와 수용소에 있었지만, 고향으로 돌아갈 수 없었다. 그래서 잔류했다. 이국땅에서 살다 죽은 이름 없는 배봉기들이 아시아 각지에 많았을 것으로 추정된다. 그리고 잔류했던 조선인 '위안부'들 중에는 인도네시아 독립투쟁, 대만 '2·28사건'처럼 각 국가, 지역 현대사의 격동에 휘말려 죽은 사례도 상당했을 것이다.

죽음과 잔류, 그 무엇이 되었든 그것이 조선인 '위안부'의 자발적 선택의 결과로 이해되어서는 곤란하다. '위안부' 개인의 특정한 선택을 강제한 구조를 보지 않으면 안 된다. 다시 말해 강제된 구조적 행위의 결과가 결국 죽음으로의 동원을 벗어나지 못했거나 잔류해 사는 것이다. 잔류도 험난한 삶을 의미했고, 심지어 결국 죽음으로 귀결되었다. 조선인 '위안부'들이 버려졌던 문제, 이것이 귀환의 또 다른 이면이다. 조직적·체계적으로 먼 이국땅에 '끌어간 것' 못지않게 '버린 것'도 국가범죄로 인식할 수 있어야 한다.

일본군이 패전 상황을 이유로 방기했던 조선인 '위안부'의 귀국은 결국 연합군에 의해 이루어졌다. 그리고 중경 임시정부와 조선인 단체[26] 등이 지원했다. 일본의 점령 지역을 수복하거나 재점령한 연합군(태국을 제외한 동남아 지역은 영국군, 중국과 북위 16도 이북의 인도차이나는 중국 국민당군, 만주는 소련, 나머지 지역은 미군)은 귀환을 위한 수용소로의 이동과 수용시설 관리를 맡았고, 귀국 수송은 미군과 영국군이 맡았다.[27]

끌려간 규모와 마찬가지로 귀국한 조선인 '위안부'의 규모를 가늠할

[26] 이 단체들 가운데 한국부녀공제회처럼 업자들이 조직한 단체들도 있다는 것이 역사의 아이러니이지 싶다.

[27] 이 단락의 정리는 황선익의 연구에 힘입은 바 크다. 황선익, 「아시아·태평양전쟁 종결 후 상해지역 일본군 '위안부'의 수용과 귀환: 수용인원 명부·귀국인원 명부를 중심으로」, 『국내외 일본군 '위안부' 명부 자료 분석을 위한 국제학술교류회』(2015.11.27, 한국여성인권진흥원).

수 있는 통계자료는 발굴되지 않았다. 분명한 것은 집결 수용소에 있던 모든 조선인 '위안부'들이 귀국선을 타지는 않았다는 점이다. 귀국했더라도 고향으로 돌아가지 못한 채 대도시나 타지로 향한 경우가 많았다. 따라서 온 곳으로 되돌아가는 말 그대로의 '귀환'은 그리 많지 않았을 것으로 보인다.

마지막으로 일본군에 의한 조선인 '위안부' 학살을 다소 신빙성 없는 것으로 치부하고, 이런 의미에서 '위안부의 죽음'을 포착한 사진 역시 폭격에 의한 것이거나 '일본인 위안부'일 가능성이 높다는 저자의 주장을 검토해보자. 저자가 정확히 어떤 사진을 말하는 것인지 확인할 수 없지만, '위안부 학살'과 관련해 사진 몇 장이 있다. 그중 하나를 보자.

SC 212090 (1944.9.15. 사진병 프랭크 맨워랜 촬영), USA NARA RG 111 소장)

이 사진은 미군 사진병 맨워랜(Frank Manwarren)이 1944년 9월 15일 촬영한 것으로, 운남성 등충(등월) 인근 내봉산 포대진지의 한 참호로 보인다. 사진 설명에는 "매장을 하러 온 중국군이 참호를 메운 여성들을 바라보고 있는데, 이들 대부분은 등충에서 살해된 조선인 여성들"이라고 되어 있다.

이른바 '원장(援蔣)루트'에 위치한 등충과 송산에서 중국군 운남원정군(Y군)과 일본군 56사단 수비대가 전투를 시작한 것은 6월이었다. 9월 7일에는 송산이, 9월 14일에는 등충이 함락되었는데, 이 최전선에 조선인 '위안부'들이 일본군 수비대와 함께 있었다. 포탄과 총탄이 빗발치는 상황에서 조선인 '위안부'들은 등충성과 참호에서 간호와 '사기 유지'를 위해 병사들을 '위안'하도록 강제당했다.

이와 관련해 아사노 토요미(浅野豊美)는 일본군 56사단이 암호 해독으로 중국군의 대규모 공격 정보를 사전에 알아내고 방어전략을 세웠음에도 불구하고 조선인 '위안부'들을 일본군과 공생공사하도록 한 것에 대해 비판한 바 있다.[28] 이렇게 볼 때 참호를 메운 조선인 '위안부'들의 죽음과 관련해 일본군에게 직접적 책임이 없다고 말할 수 있을까? 인근에 있던 송산수비대에서 극적으로 탈출한 박영심처럼 죽음을 무릅쓴 적극적 탈출 행위를 감행했던 '위안부'의 일부만이 결과적으로 살아남을 수 있었다.[29]

맨워랜이 촬영한 다른 사진이 있다.

---

[28] 아시아여성기금 내 위안부 관련 자료위원회는 1999년에 『위안부 문제 조사보고서』를 발간했다. 아사노의 글, 「운남·버마 최전선에서의 위안부들: 죽은 자는 말한다」도 이 조사보고에 포함되어 있다. 최근 아사노 교수는 『제국의 위안부』의 '옹호파'로 활동 중이다.

[29] 송산에서 10명, 등충에서 13명, 총 23명이 생존해 미중연합군의 포로가 되었다.

SC 212091 (1944.9.15. 사진병 프랭크 맨워랜 촬영, USA NARA RG 111 소장)

이 사진에는 일본군과 함께 여성들의 시체가 널부러져 있다. 사진 속 여성들의 시체는 조선인 '위안부'임을 증거하는 미중 연합군의 공문서가 있다.

1944년 9월 15일 연합군이 작성한 작전일지(G-3 Daily Diary)에 따르면, 등충이 함락되기 직전 9월 13일 밤 일본군은 성 안에서 조선인 '위안부' 30명을 총살했다. 송산과 등충에서의 일본군에 의한 조선인 '위안부' 학살 기록은 당시 중국 국민당 기관지 소탕보(1994.9.18)와 중앙일보(1944.10.16)에서도 기사화된 바 있지만, 미군의 공식 기록인 작전일지에 기록된 것은 극히 드문 일이다. 한국인 '위안부 할머니' 강일출은 '불태워지는 처녀들'이라는 그림을 통해 어떤 목소리를 들려주려 했을까? 저자는 이에 귀 기울일

준비가 되어 있지 않아 보인다.

4. 해결

1) '국가범죄가 아닌 죄'에 대한 사죄와 보상?

일본군 '위안부' 문제 해결의 모색은 이 문제를 어떻게 정의하는가에서 시작될 수밖에 없다. 이 문제는 '현재화된 과거사(過去事)'이기 때문에 과거사 문제의 차원과 현재화된 문제의 차원을 함께 살펴볼 필요가 있다. 과거사 문제의 차원은 결국 일본군 '위안부' 문제의 역사적·구조적·사법적 진상 규명의 문제이다. 현재화된 문제의 차원은 이러한 진상 규명이 이루어지지 못해서 생기는 문제, 더 나아가 진상 규명을 바탕으로 취해지는 형사적/민사적, 국제적(국가 간)/국내적, 국가적/사회적 후속 조치들이 진행되지 못해서 생기는 문제이다.

박유하가 상정하는 이 문제의 역사적·구조적 진상 내용은 앞서 세세히 살펴보았다. 일본군 '위안부'에 대한 폭력은 업자와 군인 개인의 문제이고, 이들에게만 법적 책임을 물을 수 있을 뿐인데, 그들 대부분이 사망한 이상 책임을 물을 대상이 없다는 것이다. 이와 달리 일본군과 국가는 위안소 제도를 발상하고 설치하기는 했지만, 군인이 총칼로 끌어왔다는 의미에서의 '강제연행'은 없었으며, 오히려 일본군은 업자들의 인신매매형 징모를 금지하려 했고, 위안소의 운영과 패전 후 '위안부'의 귀환에 있어서도 일본군이 직접 폭력을 행사한 사례가 드물다는 것이다. 그래서 저자는 일본군과 국가에게는 구조적인 죄에 대한 (도의적) 책임만 물을 수 있다고 강변한다.

이와 같은 인식과 논리에서 보면, 진상 규명에서 가장 기본적인 피해 실태 조사는 할 필요가 없게 된다. 대부분 사망했을 것이고, 설령 아직 생존한 일본군 '위안부'가 있더라도 개인적으로 이를 입증해야 할 것이기 때문이다. 가해 구조에 대한 진상 규명도 필요 없게 된다. 끌려가서 버려지기까지의 전 과정에서 '위안부'들에게 자행된 폭력은 업자와 군인 개인의 것이라고 이미 결론을 내렸기 때문이다. 일본군과 국가에 대해서는 '관여'를 언급하는 수준에서 사실상 면죄부를 주었다. 피해자만 일부 있고, 가해자는 없는 현 상황을 반영하고 있다.

역사적 진상 규명도 마찬가지이다. 일제 침략전쟁의 가해와 일본군 '위안부' 동원의 피해는 표리일체를 이루는 것이지만, 저자는 '위안부 문제'와 '(아시아) 태평양전쟁에 대한 일본의 인식을 묻는 문제'를 분리시키고, '위안부'들에 대한 일본의 사죄와 보상만 하면 된다고 주장한다(172~173). 패전 직후에 이루어지지 못했지만, 현재 생존해 있는 일본군 '위안부' 피해자에 대한 일본의 사죄와 보상, 이것이 바로 저자가 말하는 '위안부 문제'의 해결이다. 다시 말해 일본 무라야마 내각이 설립한 아시아여성기금을 통해 생존한 '위안부'에게 '쓰구나이'(저자는 '위로금'이 아닌 '속죄금'이라 주장)와 무라야마 총리의 편지를 제공하는 것이 일본의 사죄와 보상이고, 이 문제의 해결인 것이다.

과거사 문제의 해결 방법 중 진상 규명 없이 금전적 보상으로 정리하는 것은 가장 낮은 수준의 해결이다. 한국전쟁기 '거창 사건'의 해결이 이런 식으로 이루어졌다. 신원면 주민의 학살만 피해 '양민'으로 인정되었고, 동일한 사건으로 학살된 인근 지역 주민들은 인정되지 않았다. 진상 규명이 아닌 정치적 신원(伸寃)에 바탕을 둔 것이었기 때문이다. 그리고 배상이 아닌 '보상'이었다는 점도 주목해야 한다. 다시 말해 신원면 주민의 학살 피해는 한국군의 국가범죄가 아니라 일부 군인(11사단 9연대 3대대)이 우발적으로 야기한 것이며, 이에 대해 법적인 책임이 없는 국가가 도의적으로 국민의 피해를 보상해준다는 논리였다.

일본군 '위안부'에 대한 아시아여성기금의 보상과 이를 통한 사죄도 '진상 규명 없는 보상' 모델과 별반 다르지 않다. 당시 일본 정부(사회당 무라야마 내각)는 '위안부' 문제 해결을 위한 국회 입법을 포기하고 재단법인 아시아여성기금을 설립해 문제 해결을 시도했다. 저자는 1965년 한일기본조약으로 이 문제가 이미 해결되었다는 입장을 갖고 있는 일본 정부가, 그것도 자민당 의원이 사회당의 3배가 되는 국회 지형에서 국회 입법이 불가능했기 때문에, 아시아여성기금을 통해 문제 해결을 꾀한 것이 최선이었다고 옹호한다. 그러나 저자가 옹호하는 아시아여성기금이라는 방법은 무라야마 내각이 당시 상황에서 내놓을 수 있는 최선이었을지 몰라도, 궁극적으로 '위안부' 문제 해결의 최선이 될 수 없다.

일본군 '위안부'들은, 더 나아가 한일 지원단체 및 국제 인권단체와 스스로 이 문제에 대해 역사 정의 수립 차원에서 당사자라고 생각하는 사람들은 아시아여성기금을 통한 보상 모델을 비판하고 거부할 수 있다. 그리고 그 해결 모델로 보상 모델이 아닌 '역사적 진상 규명' 모델이나 '진실-화해' 모델, 더 근본적으로 '진실-정의' 모델을 주장하고 요구할 수 있다.[30] 문제 해결은 앞으로 이 문제의 재발과 반복을 막기 위해, 정치적·외교적 '스탠스'에서가 아니라, 역사 정의 수립의 차원에서 고려되고 이루어질 수 있어야 한다.

그러나 저자는 아시아여성기금을 통한 보상과 사죄를 몇 십 명의 '위안부'와 (서울 정대협 등의) 지원단체가 방해했고, 일본 국내의 좌/우 진영 대립도 이에 한몫 했다고 인식한다. 더 나아가 한국인 '위안부'의 주체성과 지원단체의 역할을 음모론적으로 폄하하고 이를 한국 사회의 피해자 욕망과 연결시킨다.

"'위안부 문제' 해결운동은 어느새 해결 자체보다도 일본 정부를 압박하는 '한국

---

[30] 각각의 과거사 해결 모델에 대해서는 강성현, 「과거사와 세월호 참사 진상규명을 둘러싼 쟁점과 평가」, 『역사비평』 109호 참조.

의 힘'을 확인하는 싸움이 되고 있다. 성공 가능성이 희박한 '운동'을 20년 동안
이나 계속하면서 병들고 나이든 위안부들에게 '한국의 자존심'을 대표하게 하는
것은 과연 '당사자'의 뜻을 존중한 일이었을까. 그녀들을 노구에 채찍질하며 길
거리에 나서는 '투사'로 만든 것은 너무 가혹한 일이 아니었을까. 이미 한 번
국가의 보호를 받지 못하고 원치 않는 길을 가야만 했던 그들에게, 그런 식으로
'올바른' 민족의 딸이 되기를 요구하는 것은 또 하나의 '민족'의 억압이 아니었
을까.
한 개인으로서의 '위안부'의 또 다른 기억이 억압되고 봉쇄되어온 이유도 거기에
있다. 일본 군인과 '연애'도 하고 '위안'을 '애국'하는 일로 생각하기도 했던 위안
부들의 기억이 은폐된 이유는 그녀들이 언제까지고 일본에 대해 한국이 '피해민
족'임을 증명해주는 이로 존재해주어야 했기 때문이다. … 그녀들은 마치 해방
이후의 삶을 건너뛰기라도 한 것처럼, 언제까지고 '15살의 소녀 피해자'이거나
'싸우는 투사 할머니'로 머물러 있어야 했다. … 오로지 일본이라는 국가에 대한
원한만을 되살리기를 그녀들에게 요구하는 것이다. 20여 년간 이어진 '위안부
문제'란, 지원단체를 비롯한 한국 사회의 그런 욕망과 기대가 우선시되면서 '당
사자'들의 '지금, 이곳'에서의 고통은 잊혀진 문제이기도 하다."(189~190)

　　근거 없는 과도한 주장, 논리 비약, 왜곡이 버무려진 음모론적 상상으로
가득한 글이다. 저자는 '진상 규명 없는 보상' 모델을 해결이라고 보지 않
는 한국인 '위안부'와 지원단체의 운동을 한국 사회의 반일 민족주의 욕망
에만 부응하고 조종되는 것으로 서술하고 있다. '역사적 진상 규명과 정의
수립' 모델을 지향하는 해결 운동을 두고 비현실적이라고 조롱하는 것에
그치지 않고 "한국의 힘(또는 자존심)을 확인"하기 위해 일본 정부를 압박
하는 싸움으로 매도하고 있다. 일본 정부의 공식 사과를 요구하는 한국인
'위안부 할머니'는 지원단체 또는 한국 사회에 의해 '소녀' 또는 '투사 할머
니'로 반일 도구화되었다는 주장을 굽히지 않고 있다.
　　왜 이리 심사가 뒤틀려 있을까. 나도 저자를 내재적으로 접근해보니 서
울 정대협과 나눔의 집 누군가에 대한 적대가 글 곳곳에서 느껴진다고 말

하면, 수준 낮은 음모론적 상상이라고 치부할 수 있을까?

분명한 것은 '위안부 할머니'의 주체성은 부인되지 말아야 한다. '소녀'로 끌려가 타지에 내버려졌고, 우여곡절 끝에 귀환한 한국인 '위안부'들은 오랫동안 숨죽인 채 목소리를 내지 못했다. '화냥년'의 처지가 그러했듯, 정조 관념이 강하게 지배했던 한국 사회에서 피해자들은 '민족의 수치'로 낙인찍혔다.

그렇게 억압당했던 '위안부'들이 할머니가 되어 공개 증언에 나설 수 있었던 것은 이 목소리를 들을 수 있는 귀를 가진 '우리'가 구성되었기 때문이다. 김학순의 증언 때만 해도 당사자와 지원자 단체를 협박하고 모욕하는 목소리가 넘쳐났다. 동시에 1990년대부터 전개된 반성폭력 운동 등 여성운동의 힘겨운 싸움과 같이 하면서 점차 '위안부 할머니'들의 목소리에도 힘이 실리기 시작했다.[31]

저자는 '위안부 할머니'들이 지원단체 및 한국 사회의 욕망과 기대에 조종되어 전형적인 피해 증언을 하고 있다는 혐의를 강하게 투영하고 있다. '소녀'와 '투사 할머니' 재현도 그 결과라는 것이다. 그러나 만남과 경험을 통해 주체는 재구성되며, 생각과 입장도 변경된다. '위안부 할머니' 역시 자신들의 목소리를 경청하고 그 경험을 다르게 의미화할 수 있는 또 다른 여러 피해자 및 지원자들(운동가, 연구자 등)을 만나면서 스스로를 변화시키고 재구성한다.

일본군 '위안부' 동원이라는 자기에게 일어난 불행이 자기 탓 또는 박복한 운명 탓이 아니라 '히로히토'와 일본군의 잘못이며 이에 대해 일본 정부가 사과해야 한다는 것을 자각한 것은 '위안부 할머니'의 주체성으로 인정되어야 하지 않을까?

2011년 8월 30일 한국 헌법재판소의 판결과 그 해 12월 14일 서울의 일

---

[31] 이나영, 앞의 기사, 2016.2.3.

본대사관 앞에 '위안부' 소녀상(평화의 소녀상)을 건립한 것은 '위안부' 할머니'들의 주체성이 반영된 결과다. 지금까지 해결되지 못한 채 유예된 '위안부' 문제의 근본적 해결을 위해 노구를 이끌고 무려 1,000회나 나선 결과다. 그러나 저자는 이를 두고 '위안부' 문제를 더 해결하기 어렵게 만들었다고 평가한다. 소녀상으로 인해 부정론자들의 반발이 더욱 극심해졌고, 심지어 '혐한류' 주장과 통하는 감정도 형성되었다는 것이다. 참으로 본말이 전도된 자의적 해석과 주장이 아닐 수 없다.

하야시에 따르면, 요미우리와 산케이(보수우익 성향)가 아사히와 마이니치(리버럴 성향)보다 일본군 '위안부' 문제를 주요 기사로 다룬 빈도수가 컸던 해는 2007년과 2013년 이후였다.[32] 2007년 3월 아베 총리는 군과 관헌에 의한 강제연행을 직접 증거하는 자료는 없다며 강제연행을 부인하는 각의 결정을 발표했다. 후폭풍은 거셌다. 그해 7월 미 하원의 '위안부' 결의안이 통과되었고, 한국을 비롯한 여러 국가에서 반발하는 성명들이 연이어 터져 나왔다.

그러나 일본 국내 언론은 상반된 분위기로 흘러갔다. 1990년대 이래 처음으로 보수우익 성향의 언론이 일본군 '위안부' 문제를 가장 적극적으로 기사화했는데, 리버럴 성향의 수와 비슷할 정도였다. 대부분의 보수우익 성향 기사들은 아베 정부를 옹호했다. 2013년 이후에는 오히려 보수우익 언론이 리버럴 성향의 언론을 공격하기 위해 더 적극적으로 '위안부' 문제를 다루었다. 2014년 아사히신문의 요시다 세이지 증언 철회 소동이 결정적이었다. 아베 정부는 '고노 담화'를 흠집 내기 위해 검증하겠다고 나섰다. 보수우익 언론은 이를 편향적으로 호도하거나 심지어 왜곡하는 기사를 양

---

32) Kaori, Hayashi, "Never having to say I am sorry?! - Asahi's comfort women reporting scandal and Abe administartion,"(2015. 10. 16., Seoul National University Asia Center). 하야시 가오리 교수는 2014년 아사히신문의 요시다 세이지 증언 보도와 그것의 취소를 검증한 제3자위원회의 멤버였다.

산했다. 이런 상황에서 한국은 2011년 헌재의 판결을 이행하기 위해 2014
년 4월 일본과 국장급 외교 채널을 열었던 것이다.

이렇게 볼 때 '위안부' 소녀상의 건립이 부정론자들의 반발을 더욱 가속
화시켰고, 심지어 "'선량'한 일본인들까지 자포자기적 무관심과 혐한으로
몰았다"(203)는 저자의 주장은 오도된 문제 진단이라고 판단된다. 저자 자
신과 저자를 옹호하고 있는 주변 사람들의 생각과 반응에 갇힌 진단으로
보인다.

소녀상 건립이 문제가 아니라 2007년부터 두드러지는 일본 사회의 우경
화가 문제다. 두 차례에 걸친 아베의 집권과 이의 장기화, 그리고 정부와
보수우익 언론이 유착해서 벌이는 대국민 심리전 등은 분명 부정론 또는
역사수정주의의 온상으로 작용하고 있다. 운동장이 인위적으로 너무 심하
게 기울어지면, 이에 대한 반발이 있을 수도 있다. 일본 시민사회에 이를
기대해 볼 수 있지 않을까?

아직은 난망해 보인다. 이렇게 된 데에는 이 책도 한 몫 했다고 생각한
다. 저자의 의도인지는 모르겠지만, 결과적으로 이 책은 그 동안 일본군
'위안부' 문제 해결을 위해 일본 정부에 비판적으로 촉구해왔던 일부 리버
럴의 태도 변경을 야기했다.

2016년 3월 28일 도쿄대 고마바 캠퍼스에서 개최된 〈제국의 위안부 토
론회〉는 이를 극명하게 보여준다. 이 책의 '옹호파'들은 '비판파'들과의 토
론에서 학술적인 토론을 하지 못하고 정대협 등 '지원운동'에 대한 적대적
속내를 드러냈다.[33] 그 이전에 서경식, 정영환 등 재일 조선인 연구자들에
대해서도 불편한 속내를 드러낸 적이 있었는데, 정대협, 소녀상, 재일 조선
인 연구자들을 관통하는 민족주의 정서 때문인 듯하다. 여기에 '이 정도 했
으면 할 만큼 하지 않았나' 라는 감정이 더해지면서 '옹호파'들은 자포자기

---

33) 츠치다 오사무, 「'학문의 자유' 방패 삼는 건 우익에 손 빌려주는 꼴」, 『한겨레』, 2016.
4.22.

적 무관심과 혐한으로 돌아섰다는 선량한 일본인 범주에 스스로를 포함시키는 것으로 보인다. 그래도 최근 재일 조선인들을 '종북'과 연결시키려는 일부 시선은 위험하기 짝이 없다.

그러나 모두가 그런 것은 아니며, 그래서 기대를 완전히 저버릴 수 없다. 모토하시 데쓰야 교수는 "이 책은 실증연구라는 점에서 많은 문제를 안고 있음에도 일본에선 상을 받는 등 공적으로 너무 과한 평가를 받았다. 나는 이 책을 대상으로 민사·형사재판을 하는 것은 적절하지 않다고 생각해 (지난해 11월) 일본 학자 54명이 참여한 '항의성명'에 참여했다. 그러나 오늘 서명한 것을 반성한다. 성명에 '이 책에 의해 전 위안부 분들의 영예가 상처를 받았다고 생각할 수 없다'는 한 부분이 있기 때문이다"고 말했다 한다.[34] 아시아여성기금의 든든한 후원자였던 와다 하루키도 이와 비슷한 문제의식에서 이 책을 비판적으로 보고 옹호파와도 거리를 유지하고 있다.[35]

2) 어떻게 해결할 것인가

과거사의 대면과 응답에서 핵심은 진상 규명이다. 진상 규명은 사전적 의미로 보면 거짓 없이 사실을 밝혀내는 것이다. 그런데 그렇게 간단치가 않다. 진상 규명은 사실의 발견과 발굴에 바탕을 두고 있지만, 이를 어떻게 구성하는가에 따라 그 내용과 성격이 달라질 수 있다. 여기에서 '무엇을 목적으로 과거사를 진상 규명하는가'라는 질문이 자연스럽게 이어진다.

우선적으로 생각해볼 수 있는 것은 진상 규명의 목적이 처벌인 경우다. 이때의 진상은 (형사)사법적 진실이며, 피해 사실과 함께 가해 주체(개인과 조직·집단범죄)와 행위의 규명이 주된 내용이 될 것이다. 즉 사법적 진상

---

34) 위의 기사
35) 길윤형, 「와다 하루키 "지금 중요한 것은 할머니들의 마음"」, 『한겨레』, 2015.12.5.

규명은 처벌을 통한 법적 정의 수립을 추구하는 것이다.[36]

그러나 사법적 진상 규명 모델에서는 형사처벌 할 수 없는 '가해 구조'의 규명이 난망하다. 수사-기소-재판으로 이어지는 형사사법은 개별 '가해 행위'의 책임을 밝혀내는 것에 한정되어 있다. 처벌되지 않는 영역, 예컨대 불법은 아니지만 관습·관행의 문제까지 파헤쳐 가해를 근절하고 반복되지 않도록 하기 위해 반드시 규명되어야 할 역사와 구조가 있는 것이다. 다시 말해 법적 진실로 결코 회수되지 않는 역사적·구조적 진실이 있다. 그리고 역사적·구조적 진상 규명은 그 자체로 역사적·사회적 정의 수립을 추구한다.[37]

일본군 '위안부' 문제라는 현재화된 과거사를 대면하고 응답하려 할 때 추구할 수 있는 진상 규명의 기본 방향과 방법은 무엇일까?

기본 방향으로 사법적 진상 규명을 목표로 하는 것은 현실 제약이 너무 크고, 그 효과도 크지 않다고 본다. 무엇보다 비록 상징적 '퍼포먼스'이기는 했지만, 이미 한일 시민사회는 2000년 일본군 '성노예' 여성국제전범법정에서 '천황'을 비롯한 가해 책임자들을 전범으로 조사, 기소하고, 유죄 판결을 내렸다. 일본군 위안소 제도의 기획과 설치, '위안부'의 '강제연행'과 노예적 상태 등에 대해 책임 있는 일본 군부와 정부의 '국가범죄'로 규정했고, 사죄와 배상을 요구했다.

주지하듯이, '종전 후' 연합군이 주도한 BC급 전범재판[38]에서는 일본군 '위안부' 관계 케이스가 일부 기소, 처벌되었지만, 모두 점령지 (현지 및 백

---

36) 이하 내가 제안하는 진상 규명의 기본 방향과 방법과 관련해 졸고의 논의를 참조했다. 강성현, 「과거사와 세월호 참사 진상규명을 둘러싼 쟁점과 평가」, 『역사비평』 109호, 2014.

37) 위의 글, 66쪽.

38) 괌, 네덜란드령 동인도의 바타비아, 버마에서의 BC급 재판 등이 이에 해당된다. BC급은 통례의 전쟁범죄와 비인도적 전쟁범죄에 대한 처벌을 의미하는 범주이지 결코 A급보다 '가벼운' 전쟁범죄로 이해되어서는 안 된다.

인) 여성을 '강제 위안(forced prostitution)'[39])에 동원한 것에 대한 처벌이었다. 반면 조선인 '위안부' 케이스에 대한 재판은 없었는데, 이는 당시 조선에서 BC급 전범재판이 열리지 않았던 것과 관련이 있다.[40]) 이렇게 볼 때 2000년 여성국제전범법정은 남과 북 조선인 '위안부'에 대한 첫 재판이었다. 이 판결은 사법적 효력이 없는 것이었지만, 상징적·선언적 의미는 충분했다고 본다.

가해자에 대한 실효성 없는 법적 처벌보다 일본 정부로 하여금 국가범죄임을 공식 인정하게 하고, 이에 근거해 법적 책임으로서 배상과 사죄를 하게 하기 위해 기본 방향은 역사적·구조적 진상 규명에 무게를 싣는 것은 어떨까? 남아공형 진실-화해 모델처럼 '가해자 처벌'을 국가범죄에 대한 공식 인정 및 진심 어린 사과와 배상으로 교환하는 상상력은 불가능할까? 2014년 도쿄에서 개최된 제12차 일본군 '위안부' 문제 해결을 위한 아시아 연대회의에서 채택한 '일본 정부를 향한 제언'이 그랬던 것으로 보인다.

역사적·구조적 진상 규명의 첫 출발은 제대로 된 피해 실태 조사다. 그동안 신고주의에 입각해 일부 피해자들의 피해 사실은 접수 받았지만, 아직까지 단 한 번도 한일 정부가 나서 정부 이름으로 종합적인 피해 실태를 조사한 적은 없다.[41]) 그리고 일본군 '위안부' 문제에 대한 기본 원칙을 정치·외교가 아닌 역사와 재발 방지의 시야에서 근본적으로, '불가역적으로' 세워야 한다.

그 다음이 자료 조사다. 일본이 소장한 관계 자료에 대한 조사는 물론

---

39) 당시 연합군은 '慰安婦'를 'prostitutes', '慰安所'를 'army brothel'로 번역했다.
40) 38선 이북인 소련 지대(zone)와 이남인 미군 지대에서 전범재판은 개최되지 않았다. 38선 이북의 일본 관동군 전범에 대한 재판은 소련 하바로프스크에서, 이남의 일본 조선군 전범에 대한 재판은 일본 요코하마에서 BC급 전범재판으로 진행되었다. 요코하마 재판은 경성과 인천에 수용되었던 연합군 포로에 대한 학대 범죄와 관련해서만 전범재판으로 진행되었다.
41) 한국 정부기구로 강제동원 진상규명위원회가 잠깐 아주 제한적으로 조사하고 몇 권의 결과 조사보고서를 간행한 바 있지만, 이 또한 종합적인 피해 실태 조사라 할 수 없다.

미국, 영국, 호주, 네덜란드, 프랑스, 러시아 등 당시 연합국 국가들과 중국 및 대만과 태국(아시아태평양전쟁 시기 중립국이면서 친일 정부 수립) 등이 소장한 자료에 대한 조사, 그리고 한국 국가기록원이 소장하고 있는 조선총독부 관계 자료를 더욱 꼼꼼하게 조사해야 한다.

현재까지 공개된 일본 소장 관계 자료들은 대부분 미국 등 연합국에 의해 노획, 압수되었다가 반환받은 자료이며, 이 자료들에 대한 사본과 번역본(전체본/선별본)이 마이크로필름·마이크로피쉬, 문서 형태로 각국의 자료기관에 소장되어 있다. 대만, 태국 등 아시아 국가들의 자료기관에서도 새로운 자료들이 발굴될 가능성이 크며, 중국은 관계 자료의 새로운 보고(寶庫)가 될 것으로 기대된다. 한국의 국가기록원 또한 일부 연구자들에 의해 한두 차례 조사된 바 있지만, 충분한 시간과 인력을 가지고 조사할 경우 더 큰 성과가 있을 것으로 기대된다.

한국에 한정해 말한다면, 정부의 기본 입장을 담은 '위안부 백서'를 한 번도 공식 발간한 바 없고, 일본군 '위안부' 관계 '정본 자료집'도 간행한 바 없다. 예컨대 여성가족부의 경우 2000년대 초반부터 관계 조사 용역을 간헐적으로 발주했지만, 현재 완료된 것으로만 보면 그 결과는 대부분 조사 보고서의 형태이며, 그조차도 대중적 접근성이 상당히 떨어진다. 동북아역사재단이 일본 연구자 및 지원단체의 연구 활동 성과를 한국에 소개하고 있는 정도가 눈에 띈다.

그러나 2015년 한일 간 '12·28 합의'는 한국에서 애써 틔웠던 싹들을 잘라 버리고 있다. 처음으로 공식 간행을 예정하고 있던 '위안부 백서'가 중단되었고, '일본군 위안부 국외자료 조사' 사업이 계약 직전에 아직은 말할 수 없는 이유로 좌초되었다. 일본군 '위안부' 관계 자료의 세계기록문화유산 등재 사업의 운명도 별반 다르지 않았다. 언젠가 '이제는 말할 수 있다'가 가능한 날이 오지 않을까?

진상 규명의 기본 방향이 역사적·구조적 진상 규명으로 합의될 수 있다면, 이를 추진하기 위한 방법은 '투 트랙'으로 진행해 볼 수 있다.

우선 '국가와 법 중심의 진상 규명'이다. 그런데 일본군 '위안부' 문제는 일국의 문제가 아니라 한국과 일본 간, 더 나아가 아시아 피해 국가들과 일본 간의 문제이다. 따라서 이 국가들 간에 진상 규명 추진이 합의되더라도 이는 역사보다 정치와 외교의 문제에서 다뤄지기 쉽다. 진상 규명 활동을 위한 재원 마련과 진상 규명 기구(위원회 형태의 국가간 조직일 수도 있고, 유엔의 관계 기구 내 조직일 수도 있다)의 위상, 독립성, 조사 권한, 활동 기간 등의 쟁점에서 정치와 외교 스탠스에서의 접근이 두드러져 결국 나눠먹기식 구성과 애매모호한 위상, 명목적 독립성과 미흡한 조사 권한, 짧은 활동 기간으로 귀결될 수도 있다.

사실들은 차고 넘치지만, 진실의 전모는 단번에 드러나지 않는 법이다. 과거에도 그랬듯, 지금도 진실이 드러나는 것에 저항하는 자들이 있다. 그들은 각 국가의 기득권 세력이기에 그 저항은 더욱 강력하다. 국가와 법 중심의 진상 규명을 넘어서는 상상력이 절실히 필요하다.

그래서 제안하는 것이 '피해자와 사회 중심의 진상 규명'이며, 이 둘을 투 트랙으로 진행하는 것을 상상해본다. 전시 국가폭력에 대한 진상 규명과 정의 수립 원칙과 관련해 최근의 세계적인 추세는 '피해자 중심성'이다.

예컨대 '분쟁 후(post-conflict) 정의에 관한 시카고 원칙'도 분쟁 후 정의(또는 이행기 정의)를 수립하는 과정에서 더 적극적인 피해자 중심의 접근을 강조한다. 진실위원회 구성에서 피해자·유족의 의견을 적극적으로 반영하도록 하고 있다(원칙 2). 또한 정의에 대한 접근권에도 당사자로서 참여 기회를 제공하도록 하고 있다(원칙 3). 진실과 정의의 성공적 실현에 피해자·가족의 참여가 중요하게 작용한다는 것을 천명한 것이다.[42]

김학순 증언 이후 일본군 '위안부' 피해자는 진실과 정의를 추구하는 운

---

42) 강성현, 앞의 글, 2014, 79쪽.

동에서 주인공이었다. 그렇기에 국가와 법 중심의 진상 규명이 위원회 구성과 조사 개시라는 법적·행정적이 제도 절차로 접어든다고 하더라도 '위안부' 피해자들은 단순 민원인 당사자로 대상화되지 않을 것이다. 국가의 제도화된 진상 규명의 바깥에서 각계 연구자 및 지원단체와 함께 시민사회의 조사기구를 구성하여 '사회 중심의 진상 규명'의 구심점이 될 수 있으리라 기대한다.

이 진상 규명의 목적은 역사적 정의 수립과 전시 여성 인권이 유린당하는 사태의 재발 방지에 있다. 이를 위해서도 국가범죄에 대한 피해자 및 사회 중심의 접근을 성공적으로 안착시킬 필요가 있다. 국가와 법 중심의 진상 규명만으로는 결코 회수할 수 없는 진상 규명의 영역을 한일·아시아 시민사회가 확보하는 것, 이를 본격적으로 논의하고 실천하기 위한 '아시아 만민공동회'를 발전시키는 것, 이것이 아시아연대회의가 지향해야 할 과제가 아닌가 한다.

4. '12·28 합의'의 파기를 시작으로

2015년 12월 28일 한일 외교부 장관은 일본군 '위안부' 문제를 최종적이고 불가역적으로 해결했다고 선언했다. 한일기본조약 50주년으로 이에 대한 비판적 학술행사가 연이었던 해의 대미 장식을 정부가 한일조약 재판(再版)으로 마무리한 것이다.

김창록은 '12·28 합의'가 "미국 및 일본 정부의 전략적 필요와 한국 정부의 동조라는 현실적 배경 아래, 1965년 한일조약의 방식으로 애매하게 얼버무리는 시도"이며 합의의 내용을 볼 때 '고노 담화'와 '무라야마 총리의 사과 편지'보다도 퇴행된 해결이라고 평가했는데, 이에 전적으로 동의한다.

사실과 책임의 인정이라는 점에서는 고노 담화보다 후퇴한 무라야마 총리의 사과 편지 수준이고, 재단 설립과 활동 재원 10억 엔에 대한 일본 정부의 출연금도 아시아여성기금 때처럼 배상금이 아닌 도의적 책임에 따른 인도적 지원금 수준인데 반해, 아베가 기시다 외상의 입을 빌린 '대독 사과'라는 점, '불가역적'이라는 표현이 일본 정부가 아닌 한국 정부에게 비난·비판 자제로 작용한다는 점, 고노 담화와 무라야마 사과 편지에서 언급된 진상 규명과 역사 교육이 완전히 배제되었다는 점은 심각한 수준의 퇴행이다.

게다가 한국 정부는 "일본 정부가 주한 일본대사관 앞의 소녀상에 대해 공간의 안녕·위엄의 유지라는 관점에서 우려하고 있는 점을 인지하고, 한국 정부로서도 가능한 대응 방향에 대해 관련 단체와의 협의 등을 통해 적절히 해결되도록 노력하겠다는 약속까지 해주었다.[43]

이 합의도 기본적으로 아시아여성기금 방식처럼 진상 규명 없는 보상 모델에 입각해 있다. 이것이 왜 이 문제에 대한 해결이 되지 않는지 앞서 충분히 논의했으므로 반복하지 않겠다.

진상 규명에서 출발하지 않는 과거사 '처리'는 일시적 봉합에 그칠 뿐 다시 문제화되고 더 큰 갈등으로 나타날 것이다. 종전과 냉전이 교차되는 시기에 미국이 아시아·태평양에서 봉합했던 방식이 탈냉전기에 다시 균열되어 나타났던 것이 아닌가? 신냉전의 조성과 한미일 삼각동맹을 위해 일본군 '위안부' 관계 과거사를 '12·28 합의' 방식으로 졸속 처리해서는 결코 안 된다.

이 합의에 대해 박유하가 긍정적으로 반응한 것은 어쩌면 예상 가능한 것이었다. "정부 간 합의만으로 충분하지 않"으며 "국민 간 합의를 위한 논의를 시작할 필요가 있다"는 단서를 달긴 했지만, 기본적으로 "일본이 사죄와 보상적 의미를 공식적으로 표명했다는 점에서 의의가 있다"고 평가한

43) 김창록, 「법의 관점에서 본 '2015 한일 외교장관 합의'」, 〈일본군 '위안부' 연구회 설립총회 및 기념 심포지움〉(2016.1.29, 서울대 법학전문대학원).

다.[44) 정반대의 위치에서 서경식과 요시미 요시아키는 이 합의가 백지철회되어야 한다고 주장한다.[45)

그리고 그 중간에 와다 하루키가 있다. 이 합의에 비판적이기는 하지만 백지 철회가 아닌 이 합의를 개조·개선하는 방향으로 갈 수밖에 없다고 응답한다.[46) 일본의 현실 인식을 통해 개인적인 고뇌를 고백하는 와다의 입장이 십분 이해되지만, 그럼에도 서 있는 위치가 다르기 때문에 동의할 수는 없다. 역사적·구조적 진상 규명을 기본 방향으로 삼고 국가와 법 중심의 진상 규명과 피해자와 사회 중심의 진상 규명을 투 트랙으로 진행시키는 것은 '12·28 합의'의 파기가 우선 전제되어야 하기 때문이다.

44) 박유하, 앞의 기사, 2016.2.5.
45) 서경식, 「초심은 어디 가고 왜 반동의 물결에 발을 담그십니까」, 『한겨레』 2016.3.11.
46) 와다 하루키, 「아베의 사죄 표명이 12.28 합의 백지철회보다 중요」, 『한겨레』 2016.3.25.

【참고문헌】

길윤형, 「'위안부', 일본육군이 주체가 된 전형적 인신매매였다」, 『한겨레』, 2016.1.22.

길윤형, 「와다 하루키 "지금 중요한 것은 할머니들의 마음"」, 『한겨레』 2015.12.5.

길윤형, 「커버스토리 위안부 최초 증언, 고 배봉기 할머니: 일본군이 져 분하다던 할
　　　머니가 일왕의 사죄를 말했다」, 『한겨레』 2015.8.8.

김규항, 「더러운 여자는 없다」, 『경향신문』 2016.2.1.

김창록, 「국가책임 이해 못하는 '뒤틀린 법 논리'」, 『한겨레』 2016.2.19.

박유하, 「위안부 강제연행, 박유하 교수의 반론」, 『한겨레』 2016.2.6.

서경식, 「초심은 어디 가고 왜 반동의 물결에 발을 담그십니까」, 『한겨레』 2016.3.11.

서어라·이재호, 「투사 소녀? 위안부 할머니도 욕망 가진 인간」, 『프레시안』 2014.6.30.

쓰치다 오사무, 「'학문의 자유' 방패 삼는 건 우익에 손 빌려주는 꼴」, 『한겨레』
　　　2016.4.22.

양현아, 「'협의의 강제성' 부인이 지엽적인 문제인가?」, 『한겨레』 2016.2.3.

와다 하루키, 「아베의 사죄 표명이 12·28 합의 백지철회보다 중요」, 『한겨레』
　　　2016.3.25.

이나영, 「지겹다, 위선적 '진보' 지식인의 자기변명」, 『경향신문』 2016.2.3.

장정일, 「장정일의 독서일기: 일본군 '위안부' 문제와 한겨레」, 「한겨레」 2016.1.14.

강성현, 「과거사와 세월호 참사 진상규명을 둘러싼 쟁점과 평가」, 『역사비평 109호』
　　　(겨울호), 2014.

김창록, 「법의 관점에서 본 '2015 한일 외교장관 합의'」, 〈일본군 '위안부' 연구회 설립
　　　총회 ·및 기념심포지움〉(2016.1.29., 서울대 법학전문대학원).

박유하, 「일본군 위안부 문제와 1965년체제: 정영환의 『제국의 위안부』 비판에 답한
　　　다」, 『역사비평 112호』(가을호), 2015.

박유하, 『제국의 위안부 - 식민지 지배와 기억의 투쟁』, 뿌리와이파리, 2013.

여성을 위한 아시아평화국민기금 편, 『정부조사 '종군위안부' 관계 자료집성 1』, 1997.

여성을 위한 아시아평화국민기금 편, 『정부조사 '종군위안부' 관계 자료집성 5』, 1998.

윤명숙, 최민순 역, 『조선인 군위안부와 일본군 위안소 제도』, 이학사, 2015.

정영환, 「일본군 '위안부' 문제와 1965년 체제의 재심판-박유하의 『제국의 위안부』 비
　　　판」, 『역사비평 111호』(여름호), 2015.

황선익, 「아시아·태평양전쟁 종결 후 상해지역 일본군 '위안부'의 수용과 귀환-수용
　　　인원명부·귀국인원명부를 중심으로」, 〈국내외 일본군 '위안부' 명부 자료
　　　분석을 위한 국제학술교류회〉(2015.11.27, 한국여성인권진흥원).

Kaori, Hayashi, "Never having to say I am sorry?! - Asahi's comfort women reporting
　　　scandal and Abe administartion,"(2015.10.16., Seoul National University Asia
　　　Center).

5부

역사갈등 해소를 위한 발걸음

11 한일 역사갈등을 어떻게 극복할 것인가?
일본군 '위안부' 문제의 현황과 과제

안자코 유카(庵逧由香)

1. 머리말

이 글에서는 현재 한일관계에서 최대 현안의 하나인 일본군 '위안부' 문제를, 한일 역사갈등 문제라는 틀 속에 자리매김함으로써 현황과 그 해결을 위한 과제를 살펴보고자 한다.

일본 정부는 '위안부' 문제에 대해 조사와 담화로 정부의 관여를 명확하게 인정했음에도 불구하고, 정부 외곽단체인 '여성을 위한 아시아평화국민기금(이하 국민기금)'에 의한 '국민모금'으로 국가배상을 얼버무려버렸고, 국가예산에 의한 지원 · 보상의 제도화까지도 이르지 못한 바 있다.

그 후 지난 2015년 12월 28일 일본과 한국 외상은 공동 기자회견을 열어 '위안부' 문제에 대한 양국 정부의 '합의'를 '발표'했다. 위안부 피해자와 지원단체는 물론 각계가 이 발표에 충격을 받았다. 이 '발표'에 대해 한국에서는 현재까지 많은 지원단체가 반대 성명을 발표했고, 일본에서도 중심적인 역할을 하던 지원자들은 이를 비판하고 있다. 이번 '발표'의 핵심적인 문제점은 무엇보다도 피해자와의 대화가 없었다는 것이다.

한편, 이에 관해 다양한 입장에서 찬성/ 반대 논의가 이루어지고 있으며, 1995년의 '국민기금' 설립 이래 대논쟁이 일어나고 있다. 그런 점에서 이 '발표'는 일본 정부의 대(對) 위안부 문제 정책에 있어서 하나의 전기점이 될 수 있으나 아직은 어떻게 진전될지 불투명하기 때문에, 이 글에서는 일단 검토 대상에서 제외했다.

일본군 '위안부' 문제는 근본적으로 해결되지 않았음에도 불구하고, 한일 간의 다양한 역사갈등 문제 중에서 비교적 '진전'되고 있는 문제라고 할 수 있다. 물론 '진전'이라고 해도 어디까지나 상대적인 것에 불과하다. 예를 들어 '위안부' 문제에서는 일본 정부가 본격적인 자료 조사와 자료 공개를 시행한 점, 각의 결정을 통해 정부 고관과 수상의 담화가 나왔다는 점, 국제적으로 주목을 받아 한일 이외의 외국에서도 활동이 활발하게 전개되고 있다는 점 등, 다른 여러 문제에서 볼 수 없는 대응이 실현되었다. 현재 일본의 우익 세력의 공격이 특히 '위안부' 문제에 집중되고 있는 것도 이러한 일정한 성과들에 대한 우익 세력의 위기감 때문이기도 하다.

이 글에서는 우선 일본 정부의 역사갈등 문제, 특히 전시 노동력 · 병력 동원 문제에 대한 견해 및 대응과 '위안부' 문제의 그것들을 비교 검토 하려고 한다. 그러므로 '위안부' 문제가 한일 역사갈등 문제 속에서 어떤 위치에 있는지 파악할 수 있으리라 생각한다. 또한 2014년 아사히신문 '때리기', 그리고 '위안부' 문제에 대한 현재 젊은 세대들의 인식 등 일본의 '위안부' 문제 인식에 관한 현황을 소개하고, 일본군 '위안부' 문제 해결을 위한 과제를 제시하는 실마리를 찾아보려 한다.

본론에 들어가기 전에 한일 역사갈등 문제(과거사 문제)의 전체 위상에 대해 언급하겠다. 한일의 역사갈등 문제(과거사 문제)는 일제의 조선 식민지 지배[1]와 침략전쟁을 위한 전시 동원에 의해 발생한 모든 문제를 가리킨

---

[1] 본고에서는 국가명으로서 1948년의 대한민국 성립 이후는 '한국', 그 이전은 역사적 용어로서 '조선'을 사용한다.

다.[2] 이 광범위하고 다양한 문제들을 필자는 아래와 같이 크게 두 가지로 분류하여 고찰하고자 한다.

첫째로, 식민지 지배와 전쟁 동원에 의해 생긴 피해와 그 보상 문제('전후 보상 문제')이다. 이는 다시 말해 구체적인 피해자가 존재하는 문제라고 할 수 있다. 예를 들어 일본군 '위안부' 문제, 강제동원(강제연행) 문제, 군사우편저금 반환 청구 문제, 사할린 잔류 한국인·조선인 문제, 한국 조선인 B, C급 전범 문제, 재한 피폭자 문제, 재일 한국·조선인 상이군인과 군속 문제, 한국·조선인 야스쿠니신사 합사 문제, 미불공탁금 문제 등이 있다.

둘째로, 식민지 지배에서 출발한 역사인식 문제이다. 구체적으로는, 식민지 지배의 평가를 둘러싼 문제(식민지지배 은혜론 등), 교과서 문제, 문화재 반환 문제, 공인의 야스쿠니 신사참배 문제 등이다. 이 문제들은 지금 헤이트스피치라고 불리는 극우적인 배외주의의 대두, 민족 차별 문제(한국·조선 차별, 재일 한국·조선인 차별), '위안부'와 강제연행에 대한 부정론 등과 연결되어 있으며, 현재까지 일본에 남아있는 식민주의의 문제라고도 할 수 있다.

물론 두 가지 문제는 서로 뗄 수 없는 것이며, 후자는 전자의 배경이라고 할 수 있는 문제이기도 하다. 한편으로 전자는 고령화된 피해자의 구제와 지원·보상이 최우선 되어야 할 문제이고, 후자는 양국의 평화와 우호관계를 구축하기 위해 교육·연구 등 장기적인 시야로 임해야하는 문제라는 점에서, 해결 방법의 탐구에는 이 두 가지를 나누어 생각해야 할 필요가 있을 것이다.

---

[2] 여기에서 말하는 '식민지지배에 의해 생긴 문제'에는, 식민지화과정의 일본제국주의의 침략, 그리고 거기서 기인하여 생긴 제 문제를 포함한다. 청일전쟁 이전부터 일본의 조선간섭과 군사진출이 시작되고 있었다. 예를 들면 한국에서는 1894년 갑오농민전쟁 때 일본에 의해 입은 피해의 보상문제가 제기되기도 했다. 문제는 '한국병합' 이후, 즉 식민지기 이후만이 아니다. 하지만 본고에서는 주로 '전쟁책임', '전후책임', '식민지지배책임'으로 이야기되어온 것들을 중심으로 고찰하고자 한다.

1. 강제동원 문제에 대한 전후 일본 정부의 견해와 대응

강제동원 문제는 장기간 '강제연행'이라는 용어로 널리 일반에게 알려져 왔다. 그러나 이 용어는 정의가 애매하기에 이에 대한 이해도 너무나 혼란스럽다는 문제점이 지적되면서, 몇 가지 이를 대체하는 용어와 용법이 제기되었다.[3] 근년에는 '강제연행'은 개인을 대상으로 하는 개별적인 동원 이미지를 주기 쉽기 때문에 보다 집단적·조직적인 문제를 나타내는 용어로서 '강제동원'이 널리 사용되고 있다.

조선의 전시 강제동원에 대해서는 많은 희생자가 현존함에도 불구하고 일본 정부는 지금까지 국가 책임을 인정하지 않았으며, 보상·배상은커녕 지원도 거의 하지 않았다. 강제노동에 따른 사망과 학대가 아무런 보상도 받지 않은 것은 물론, 일본에서 죽은 사람들의 유골의 발굴과 송환 문제, 미불금의 문제, 기업 책임 문제 등, 많은 문제들이 해결되지 않았다.

이 문제의 해결을 위해서 1960년대 후반 이후 현재에 이르기까지 다양한 노력과 운동들이 전개됐다. 일본 각지의 강제연행 유적지의 발굴이나 자료·증언의 수집 및 간행, 피해자 지원운동, 일본 정부를 상대로 한 다양한 전후 보상재판 등이 그것이다.[4] 특히 1990년대에는 강제동원 문제에 대한 전후 보상운동이 확대·고조되면서 일정한 성과도 이루어졌다. 또 한국에서는 2004년에 의원입법에 의해 진상규명위원회를 설치하고 피해 신청 접수와

---

3) 히다유이치(飛田雄一) 등은, 전체로서는 '전시동원'을 사용하면서, 구체적인 현상인 '동원의 폭력성'을 '강제연행'이라 하고 있다.(飛田雄一·金英達·高柳俊男·外村大, 1994, 「朝鮮人戰時動員に関する基礎研究」, 『青丘学術論集』(4), 268쪽). 또 김민영은, '강제연행'은 개별적인 개념이기 때문에, 보다 집단적 개념인 '전시노무동원'이라고하는 용어의 사용을 제기했다.(김민영, 1995, 『일제의 조선인노동력수탈연구』, 한울미디어, 서울, 23~24쪽). 한편 한국에서는 전시중의 강제적인 인적동원을 보다 포괄적으로 표현하는 용어로서 '강제동원'이 정착되어 있다.

4) 1960년대 이후 각지에서 강제연행의 발굴과 자료발행이 실시되고, 현재에는 소책자 등을 포함한 관련서적과 자료가 500권 이상이나 된다. 또 전후보상에 관한 재판도, 일본에서만 70건이 넘는 재판이 제기되고 있다.

조사에 나섰다. 한정적이지만 지원법도 시행되었다(2010년). 진상 규명의 기반이 되어야 할 제 연구도, 적지 않은 한계가 있으나 조금씩 진전했다.

조선인 강제동원의 구조에 대해 간단히 설명하겠다. 조선인 강제동원[5]을 가장 넓게 정의하면 '전시기에 조선인에 대해 실시된 노무동원·병력동원'[6]이라 할 수 있다. 이러한 강제동원의 범위와 종류는 매우 광범위한데 이를 정리한 것이 |자료 1|이다. 이들 분류는 크게 ① 동원 기간(임시적인 것인가, 상시적인 것인가) ② 동원 지역(어디에서 어디로 동원되었는가) ③ 동원 목적(무엇에 동원되었는가) ④ 동원 방법(어떠한 방법으로 동원되었는가)으로 나눠진다. 이 분류를 보면 강제동원의 구조와 전체상을 한 눈에 볼 수 있다.

특히 '동원 목적에 따른 분류'는 중요하다. 크게 군요원과 민간요원으로 나눌 수 있으나, 군요원은 병사(지원병, 징병에 의함) 또는 '군속'(군과 계약한 노동자)으로서 동원된 사람들이다. 군의 관리·통제를 받고 있던 '위안부'도 여기에 분류된다. 민간요원은 광산이나 군수공장 등 주로 민간의 군수기업에 동원된 노동자들이다.

이들 동원의 정책적 근거가 된 것은 민간요원의 경우는 '국가총동원계획'(이중에도 '노무(국민)동원계획')이고, 군요원의 경우는 군부가 작성한 군수동원계획이다.[7] 그러나 군요원 중 일부는 징용으로 동원되었기 때문

---

[5] 강제동원은 본래, 지역적으로는 조선만이 아닌 타이완과 만주 등 다른 식민지와 중국 등 점령지의 사람들도 대상으로 했다. 각국·지역의 일본과의 관계에 따라, 강제동원의 문제도 조금씩 위상이 다르다.

[6] '노무동원·병력동원'은 '전시 동원 피해'의 일부에 지나지 않는다. 인적동원 이외에도, 쌀과 면포, 귀금속의 공출 등의 물자동원, 강제저축과 애국국채 등의 자금동원도 본래는 '전시 동원 피해'에 포함되어야 할 것이지만, 이번에는 지면의 관계상, 인적동원으로 한정한다.

[7] 종래의 많은 연구는, '강제연행' '강제동원'의 법적 근거와 요건으로서, 국가총동원법을 드는 경우가 많다. 국가총동원법이 전시기의 물적·인적동원정책에 있어서 기간법이었다는 것은 틀림이 없다. 하지만 국가총동원법을 '강제동원'의 기준으로 할 경우, 종래 포함되어야할 범위가 불필요하게 한정될 가능성이 있다. 이에 비해 총동원계획책정의 법적 근거는 각의결정 및 칙령에 의하며, 대부분의 동원이 총동원계획에 의거하고 있다.

에, 양자는 경우에 따라 겹쳐지기도 한다. 모두 매년 책정되었으며, '국가 총동원계획'은 각의 결정을 거치고 군수동원계획은 군사기밀문서로서 책정되었다. 또한 군요원도 민간요원도 모두 기본적으로는 동원에 있어서 행정처리를 조선총독부가 했다. 행정처리를 담당했다는 것은 총독부가 법령과 규칙을 만들고 행정기관을 통해 동원 수속을 실시했다는 것이며, 이것은 일본의 국가 책임을 생각할 때 매우 중요한 점일 것이다.

강제동원의 인원수는 설이 많아서 정확한 숫자는 불명확하다. 참고로 일본 정부가 전후에 내부자료로 작성한 자료에서는(I자료 21), 1942년~44년의 3년에 걸쳐서 민간요원, 군요원을 포함하여 4,249,407명이라고 기록했다. 이 안에서 일본에 동원된 수는 1,068,828명이다. 이와 별도로 시민운동이 조사한 명부에 의하면 1939년~45년 사이의 사망자수는 7,750명이다. 물론 아직 전모가 밝혀진 것은 아니다. 많은 행방불명자가 존재하며, 상이자 등은 여기에 포함되어 있지 않다.[8]

다음으로 일본 정부가 이러한 강제동원에 대해 전후에 구체적으로 어떠한 견해를 가지고 왔는지, 어떠한 태도를 취하고 왔는지를 살펴보자. 우선 일본의 패전 직후를 보자.

1945년 8월 일본은 포츠담선언을 수락함으로써 조선의 영유를 포기했다. 이 때 일본 정부가 일본에 있던 조선인에 대해 가장 먼저 취한 정책은 노동자로서 동원한 조선인('조선인 집단이주 노무자'라고 불렀음)을 우선적으로 조선에 송환하는 것이었다.[9] 일본인과의 대립 등 조선인들이 치안을 어지럽힐 가능성이 있다고 본 것이었다. 따라서 일본 정부는 패전 직후인 8월 14일부터 일본에 있는 강제동원 조선인의 조사를 각 현에 지시하여 9

---

8) 竹內康人編著, 『戦時朝鮮人強制労働調査資料集 —連行先一覧・全国地図・死亡者名簿 —神戸学生青年センター出版部, 2007, 116쪽.

9) 자세한 것은 강만길・안자코유카, 「해방후 '강제동원' 노동자의 귀환정책과 실태」, 『아시아연구』, 第45巻2号(通巻108号), 67~106쪽, 2002년 6월.

월 1일에는 조선인 노동자의 송환 방침을 발표, 조선인 노동자를 우선적으로 송환시킨 것이다. 조선인 노동자는 1948년 4월까지 93만 7,323명이 한반도로 귀환했는데, 일본의 이 우선송환정책에 따라 이 중 약80%가 1945년 12월까지 귀환했다.

한일 정부 간에서 가장 일찍 조선인 노동자의 강제동원 문제가 제기된 것은 한일국교정상화를 위한 교섭 과정에서였다. 1951년 10월 예비회담부터 시작된 이른바 '한일교섭'은 일본의 대표가 식민지 지배를 긍정하는 발언을 하는 등 역사인식을 둘러싼 대립으로 난항을 거쳤으며, 14년 후인 1965년에 간신히 한일청구권협정 체결에 이르렀다. 한국 정부는 제1차교섭부터 노동력 동원 등 일제 식민지하에서의 전쟁 동원 피해액을 산정하고 보상을 요구했고, 이에 대해 일본 정부도 조사를 실시하고 있었다.[10]

그러나 최종적으로 한일청구권협정에서 식민지 지배 · 전쟁 피해의 진상규명 · 사죄 · 보상에 대해서는 명기되지 않았다. 구성 협정의 하나인 '재산 및 청구권에 관한 문제의 해결 및 경제협력에 관한 일본국과 대한민국과의 협정'(청구권 · 경제협력협정)의 제2조 1에서, 양국은 "양 체결국 및 그 국민 사이의 청구권에 관한 문제는 … 완전히 그리고 최종적으로 해결이 된다는 것을 확인한다"라고 했고, 최종적으로는 자금 공여에 의해 '해결'된 것으로 하였다. 그 이후 한일 간의 전후 보상에 관하여 일본 정부의 입장은 일관해서 "모든 청구는 법적으로 완전하고 최종적으로 해결됐다"는 것이었다.

마찬가지로 한일 교섭 과정에서 일본 정부가 제시한 강제동원 문제에 대한 견해는 현재에 이르기까지 정부의 공식견해가 되고 있다. 제6차회담에서 1962년 당시의 일본 측 대표였던 미야가와 신이치로(宮川 新一郎)는 '집단이주 한국인 노무자'의 보상금에 대해 다음과 같이 발언했다.

10) 상세한 것은, 太田修『日韓交涉－請求權問題の研究』クレイン, 2003년의 '제1장 대한민국수립전후의 배상문제'를 참조. 한국정부는 1949년에 작성한『대일배상요구조서』에서 전쟁에 의한 '인적피해'를 조사하고, 그 배상을 일본 정부에 요구했다.

"한국 측은 일본에 강제징용된 노무자에 대해 생존자, 사망자, 부상자 각각 일정의 보상을 청구하고 있으나, 일본 측으로서는 쇼와 14년(1939년)에서 쇼와 20년(1945년) 4월경까지 자유모집, 관알선, 마지막으로는 국민징용령에 의해 상당수의 조선인 노무자가 집단 이주된 사실은 인정하지만, 이들 노무자는 일본인으로서 내지(일본)에 건너와서 <u>내지인(일본인)과 동일하게 근로한 것으로, 이것에 대해 일본 측으로서 한국 측 요구와 같은 보상금을 지불할 법률적 근거는 없다.</u>"('한일 간 청구권 문제에 관한 미야가와 대표 발언요지', 1962년 3월, 밑줄은 글쓴이 주). 즉 조선인은 일본인으로서 동원된 것이기 때문에 조선인도 다른 일본인과 같이 전쟁 동원에 응할 의무를 감수해야만 했다고 보고 있는 것이다.

또한 같은 때에 미야가와는 군 동원에 대해서도 다음과 같이 설명했다. "조선인 군인군속에 대한 보상금에 관하여 한국 측은 한국인 구 군인군속에 대해 앞의 사항의 징용노무자의 경우와 같이 보상의 청구를 하고 있으나, 일본 측으로서는 이들 군인군속에 대한 보상금의 지불은 실정법상 극히 어렵다. … 군인군속에 대해 전상병자 전몰자 유족 등 지원법(戰傷病者戰没者遺族等援護法)의 제정 및 군인은급(軍人恩給)의 부활이 있었으나, <u>이에 근거한 원호 내지 은급 지급은 일본 국적 보유자에 한하기 때문에, 한국인 군인군속은 이것의 대상이 될 수 없는 것이다.</u>"('한일 간 청구권 문제에 관한 미야가와 대표 발언요지', 1962년 3월, 밑줄은 글쓴이 주)

이러한 인식은 1960년대 이후의 국회 답변에서도 관료가 반복하여 언급하고 있는 일본 정부의 공식견해이다.[11] 한국의 전후 보상에 관해서는 "모

---

11) 예를 들면, 2014년 5월 21일 일본의 국회중의원외무위원회에서도, 키시다 후미오(岸田文雄) 국무대신은 다음과 같이 발언했다. '한일의 사이입니다만, 재산, 청구권의 문제, 이것은 한일청구권·경제협력협정에 따라 완전하고 최종적으로 해결됐다는 것이 우리나라의 입장입니다. 그리고 한국정부도 우리나라와 똑같이 이 한일청구권·경제협력협정으로 해결되었다는 입장, 이것을 지금까지도 표명해 왔습니다. 그렇기 때문에 한일의 사이에 있는 구 민간인징용공문제, 이것은 어디까지나 한국정부 자신이 해결해야 할 문제라고 생각한다, 이것이 우리나라의 기본적인 입장입니다.'

든 청구는 법적으로 완전하고 최종적으로 해결했다"는 기본 자세를 고수하고 있으며, 전쟁 동원에 관한 피해는 당시 "일본 국민으로서 다른 일본인과 동등하게 부담하지 않으면 안 될 의무"이고, 어떠한 보상의 대상이 아니다, 라고 하는 견해를 전제로 깔고 있다. 이 공식견해는 '한일병합조약이 합법이며, 1910년부터 1945년(일본 정부는 정확하게는 1952년 샌프란시스코 강화조약 발효까지라고 인식하고 있다)까지 한반도는 일본의 영토이며 조선인은 일본 국적을 가지고 있던 일본인이었다, 라고 하는 견해에 근거한다.

환언하면 일본 정부가 병합조약을 '합법'으로 간주하는 한 식민지하·전시하의 강제동원 피해에 관해서도 일본국의 법률 아래에서 실시된 '합법이고 정당한' 것이었다는 것이 일본 정부의 공식견해인 것이다. 이러한 견해 아래 일본 정부는 당시의 일본의 국내법 또는 국제법에 위반하는 경우가 아니라면 보상의 대상이 될 수 없고, 또 보상 대상이 된다고 해도 한일 간에는 이미 한일청구권협정으로 청구권이 해결되었다고 하는 견해를 90년대까지 고수하여 왔던 것이다. 그러나 일본 정부는 '위안부' 문제에 부딪히면서 이러한 견해에 '예외'를 만들게 되었다.

2. 일본 정부의 '위안부' 문제에 대한 인식과의 비교

다음은 일본 정부의 일본군 '위안부' 문제에 대한 인식과 대응에 대해서 살펴보자. 주지하는 대로 1991년 8월에 김학순 할머니가 '위안부'였다는 것을 밝혔고, 1992년 1월에는 여기에 충격을 받은 요시미 교수가 관련 사료 발견을 발표했다. 마침 방한하고 있던 미야자와 기이치(宮沢喜一) 수상이 한국 정부로부터 요청받은 것도 있어서, 일본 정부가 조사를 시작했다. 일본 정부는 이어서 1992년 7월에는 제1차 조사결과를 발표, 1993년 8월에는 제2차 조사결과를 발표하는 것과 동시에 이른바 '고노(河野) 담화'를 발표했다. 그 후 1995년 8월에 무라야마(村山) 담화에서 '위안부'에 대해서 언급하여, 동년 '여성을 위한 아시아평화국민기금'(국민기금)을 발족했다.

이 중에서 '고노 담화'는 포괄적인 강제성을 인정하고 피해자에 대한 사죄의 말을 기재했다. 아베 정권하에서는 이를 부정하려고 하는 움직임도 있었지만, 각의 결정을 거쳐 현재도 정부의 공식견해가 되고 있다. 일본 정부는 이 담화 이전에는 "위안부는 민간업자가 데리고 다녔다", "정부 관계부서는 전혀 관련되지 않았다", "경위와 상황은 찾지 못했다"라고 국회에서 답변해왔다.[12] '고노 담화'는 이를 완전히 바꾸어서 일본군의 관여를 인정한 것이다.

따라서 여기에서는 '고노 담화'의 근거가 된 정부조사 제2차보고서의 내용을 조금 상세히 살펴보고자 한다. 이 보고서에는 '위안부' 문제에 관한 정부의 기본적 견해가 상세히 근거사료와 함께 쓰여 있으며, 그것이 공문서를 근거로 하고 있는 이상 정부가 간단히 부정할 수 없다고 생각하기 때문이다.

이 문서는 '이른바 종군 위안부 문제에 대하여'라는 제목으로 내각관방 내각외정심의실(內閣官房 內閣外政審議室)의 이름으로 1993년 8월 4일에 공표되었다.(I자료 31) 그 내용은 조사 결과뿐만 아니라 조사 대상과 방법

---

12) 1990년 참의원예산위원회에서 시미즈 츠타오(淸水傳雄) 정부위원(당시 노동자직업안정국장)은 '종군위안부라는 것에 대해서는 옛사람의 이야기 등으로 총합하여 들어보면, 역시 민간의 업자가 그런 분들을 군과 함께 데리고 다녔다라던가, 그러한 식인 상황과 같은 것이어서, 이러한 실태에 대해서 저희들로서는 조사하고 결과를 내는 것은, 솔직히 말씀드려 하기 어렵다고 생각하고 있습니다.'라고 답변했다. 또 1991년 4월 1일 참의원 예산위원회에서, 와카바야시(若林之矩) 정부위원(당시노동성직업안정국장)은, 이하와 같이 답변하고 있다. '그리고, 조선인종군위안부에 대한 조사…에 대해서는, 저희는, 당시의 후생성근로국에 근무를 하고 있던 자와 국민근로동원서에서 근무를 하고 있던 자부터 사정을 청취해본 적이 있습니다만, 당시 후생성근로국도 국민근로동원서도 조선인종군위안부에 대해서는 전혀 관여하지 않았다는 것이었습니다. 이에 따라, 노동성으로서는… 조선인종군위안부에 대해서 조사를 할 수 있도록 노력을 하겠습니다만, 그 경위 등은 상황을 전혀 찾지 못하고 단서가 없는 상황입니다. 이해 부탁드립니다.'

이 기재되었으며, 별지에서 근거가 된 사료의 일람도 첨부했다. 상세한 것은 I자료 3I을 참조 바란다. 아래는 주된 논점에 대한 일본 정부 주장의 요점을 정리한 것이다.

① 위안소 설치의 경위: '당시의 군 당국의 요청에 의한 것'이라는 내용을 명기했음.
② 위안소의 총 수: '추인(推認)하기에 충분한 자료가 없고 확정하는 것은 어렵다'고 하면서도 '광범위한 지역에 걸쳐 위안소가 설치되었으며, 수많은 위안부가 존재했다'고 인정함.
③ 위안소의 경영 및 관리: '다수는 민간업자에 의해 경영되고 있다'고 하면서도 '일부 지역에서는 구 일본군이 직접 위안소를 경영했으며', 민간업자가 경영하는 경우도 '구 일본군은 위안소의 설치나 관리에 직접 관여한' 것을 인정함. 또한 전선에서는 '상시 군의 관리 아래 두어서 군과 같이 행동하게 시켰으며, 자유도 없이 참혹한 생활을 강요당하고 있었다'고 함.
④ 위안부의 모집: '군 당국의 요청을 받은 경영자의 의뢰에 따라 알선업자들이 여기에 임한 경우가 많았으나, 이 경우도 … 업자들이 혹은 좋은 말로 속이거나 혹은 겁을 주는 등의 형태로 본인들의 의향에 반하여 모으는 경우가 많고, 또한 관헌 등이 직접 이에 가담하는 등의 사례도 볼 수 있다'라고 함.
⑤ '위안부'의 수송: 업자가 수송할 때에 구 일본군, 일본 정부에 의한 관여를 명확하게 인정하고 있다.

이처럼 명확하게 구 일본군 및 부분적으로는 일본 정부의 관여를 인정한 것이다. 이들 조사를 기반으로 정부는 같은 날 '위안부 관계 조사결과 발표에 관한 내각관방장관담화'(이른바 '고노 담화')에서, "그 출신지의 여하를 묻지 않고 이른바 종군 위안부로서 수많은 고통을 경험하고 심신에 걸쳐 치유하기 어려운 상처를 받은 모든 분들에게 진심으로 사죄와 반성의 마음을 드린다 … 이러한 문제를 영원히 기억하는 것에 그치지 않고, 같은 과오를 결코 되풀이하지 않겠다는 굳은 결의를 다시 표명한다"라고 공표하는데 이르렀다. 이듬해 1994년의 '전후 50년을 향한 무라야마 도미이치(村山富市) 내각 총리대신의 담화'에서도 같은 내용이 답습되었다.

일본 정부가 일변하여 이렇게 인정하게 된 배경으로서 피해자의 증언이나 한국 정부의 요청과 함께 '위안부' 및 '위안소'의 존재와 군·나라의 관여가 여러 국제조약에 위반했다는 점을 들 수 있다. 당시 일본도 비준하고 있었던 노예조약(1926), 강제노동조약(1930), '부녀매매금지 국제조약' 등에 대한 명확한 위반이었기 때문이다. 그리고 가장 결정적인 계기가 된 것은 일본군과 정부의 공문서에 의해 '위안소' 및 '위안부'의 존재가 증명되었고 이것들에 군이 직접 관련했다는 것이 밝혀졌기 때문이다. 정부에 있어 그것이 산하 조직이라고 해도 공적 기관이 생산한 공문서가 가진 의미는 그만큼 크다. 특히 '위안소' 운영 형태의 비인도적인 실태가 문서에 의해 밝혀진 영향은 적지 않을 것이다.

강제동원 피해자에 대한 일본 정부의 견해와 비교해서 주목하고 싶은 점이 몇 가지 있다. 정부는 '위안부' 문제에서 '위안부'들이 있었던 현장, 즉 '위안소'의 관리를 공적기관이 담당한 것을 인정했지만, '위안부' 동원 방법에 대해서는 주로 '업자'가 실행, 군은 그 과정에서 '관여'하고 있었다고 밖에 인정하지 않았다. 노동력 강제동원의 경우는 반대로 노동자 동원에 대해서는 많은 경우 군수산업 사업소의 요청에 의해 지방행정이 직접 동원했으나, 노동자가 일하는 현장은 대부분 사업소였으며 민간기업이 관리하고 있었다.

그러나 주목하고 싶은 것은 '위안부' 동원에 대해서는 민간업자가 실시했음에도 불구하고, 그것을 "좋은 말로 속이고, 혹은 겁을 주는 등의 형태로 본인들의 의향에 반하여 모집하는 경우가 다수"인 것을 인정했다는 점, 그리고 이러한 "본인들의 의향에 반하는"것을 대체로 "강제였다"라고 인정한 점이다. 일본 정부가 '위안부' 동원의 주된 주체를 '민간업자'라고 보고 있으면서도 이 정도의 '강제성'을 인정한다면, 지방행정이 주체가 된 노동력 동원에 대해서도 "본인들의 의향에 반하고 동원한" 경우 같은 '강제성'을 인정하지 않을 수 없다. 노동력 동원의 경우 동원이 '사기' 및 '공갈'에 의해 진행된 사실은 조선총독부 문서를 비롯하여 기업자료, 피해자의 증언 등, '위안부' 이상으로 많은 문서와 자료가 존재하고 있기 때문이다.

또한 '위안부' 피해에 대해서는 "인도적인 관점에서" 피해자들에 대한 인권 침해를 인정한 점이다. 그것은 일본 정부가 '위안소', '위안부' 제도가 국제조약을 위반하고 있었다고 인식하고 있는 것도 있지만, 그 피해가 강제성노동, 즉 일상적인 성폭력이었다고 하는 '위안부' 문제의 가장 핵심적인 성격에 의한 것도 크다고 생각한다.

일본 정부는 당시의 조선인을 "일본 국민으로서 다른 일본인과 동등한 의무를 진다"고 간주하는 입장을 바꾸지 않고 있지만, 그래도 정부가 출자한 '국민기금'과 같은 외곽단체를 창립하고 '지원 활동'을 시행한 이유로서 '인도적인 입장'을 강조하고 있다. 즉 '위안부'피해자를 지원하는 것에 법적인 근거는 없다라고 하는 입장은 변화하지 않았으나, '인도적으로' 처리한다는 것이다. 일본 정부로서는 꽤 큰 전환이었다고 말하지 않을 수 없다. 역으로 말하면 이것이 일본 정부가 '위안부' 문제에 대해서 국가에 의한 배상까지 들어갈 수 없는 이유이기도 하다.

일본 정부는 2000년이 되면서부터 강제동원 피해 중 재일 한국인 군인·군속에 대하여 똑같이 '인도적인 입장'으로서 구제조치를 취한 바 있다. 2000년 6월 7일에 제정된 '평화조약 국적 이탈자 등 전몰자 유족 등에 대한 조위금 등의 지급에 관한 법률'이 그것이다. 이것은 "인도적 정신에 기반하여 평화조약 국적 이탈자 등 전몰자 유족 등에 대한 조위금 등의 지급에 관해 필요한 사항을 정한"(제1조) 것이다.

즉 '평화조약 (일본)국적 이탈자' 즉 재일 한국·조선인 전 군인·군속 및 그 친족에 대해서 조위금 등을 지급한다는 것이다. 발효로부터 3년밖에 신청기간이 없는 매우 한정적인 것이었으나, 은급법의 '국적조항(일본 국적보유자만이 대상이 된다)'13)을 남긴 채 '인도적인 입장에서' 예외적인 특별조치를 취한 것이었다. '인도적인 입장에서'라고 하는 명목으로 예외조치가 가능했던 것은 '위안부' 피해자가 선례를 만들었기 때문일 것이다.

3. '위안부' 문제에 대한 최근 일본 국내의 반응

1)『아사히신문』 공격과 그 여파

2014년에 들어서『산케이신문』『요미우리신문』을 비롯한 우파언론들이『아사히신문』의 1990년대 초기 '위안부' 관련 기사를 둘러싸고 네거티브 캠페인을 전개하고 있다. 계기가 된 것은 2014년 2월에 이시하라 노부오(石原信雄) 전 관방장관이 국회 중의원 예산위원회에서 "일본 정부 및 일본군이 위안부를 강제로 모집한 것을 증명하는 자료는 없었다"고 진술했기 때문에, 아베 정권이 유식자로 하여금 '고노 담화 검증'을 실시한 것이었다. 그러나 검증 팀의 검증 보고 결과는 "(고노 담화의) 내용이 타당한 것으로 판단"하고 끝냈다(6월).

그런데 그 과정에서『아사히신문』의 '위안부' 보도에 대한 공격이 시작되었으며, 이에 대해 8월 초에『아사히신문』이 '위안부 문제를 생각한다'는 특집기사로 자기들의 '위안부' 보도를 검증했다. 그 결과 제주도에서 위안부를 강제연행 했다고 했던 요시다 세이지의 증언을 '허위'로 판단하여, 1990년대 초에 게재한 기사를 취소하고, '여자정신대'와 '위안부'를 혼돈한 것에 대해서도 사죄와 정정을 한 것이다. 이에 우파언론이 대대적인『아사히신문』비판과 원래부터 주장해온 '위안부는 없었다 설'로 캠페인을 벌였

---

13) 덧붙여, 한일 역사갈등문제 중에서 원폭피해자만이 원호법 속에 국적조항이 없었기 때문에, 유일하게 그 대상으로 구 식민지출신자(한국 · 대만)가 포함되어있다.

다.14) 또한 아베 수상도 "(아사히의) 오보 때문에 국제사회에서 일본의 명예가 훼손되었다"고 발언했다.15)

이 캠페인은 '위안부' 문제나 한일 역사갈등 문제에 대해 적극적으로 보도해온 『아사히신문』에 대한 비판에 그치지 않고, 요시다 증언이 '허위'였다는 판정을 근거로 "위안부의 강제연행은 없었다", "요시다 증언을 근거로 한 고노 담화도 허구이다", "위안부는 없었다" 등의 다양한 '위안부' 부정설들이 활기를 띠기 시작했다. '고노 담화 허구설'에 대해서는 아베 정권이 "고노 담화 등에 요시다 증언은 반영되지 않았다"는 정부답변서를 내는 정도였다.16)

기세를 탄 우파 세력의 『아사히신문』 때리기는 신문뿐만 아니라 당시 기사를 집필한 전 기자에 대한 개인 공격으로 발전했다. 당해 기자의 가족 사진까지 인터넷 상에 공개됐고, 그가 퇴직 후 시간강사로 근무하는 호쿠세이 학원대학에 대해 당해 강사 해고를 요구하면서 "아니면 학생을 해치겠다"는 등 대학당국을 협박하는 형사사건으로까지 갔다. 이러한 인권 침해를 반대하고, 대학 자치와 학문의 자유를 지키겠다는 입장에서 많은 교육자 및 지식인이 우려하는 소리를 내기 시작했다.

'위안부'와 관련해서 대학 교육에 대한 우익 세력의 공격은 작년부터 보다 직접적인 형태로 바뀌었다. 『산케이신문』은 히로시마대학(공립)과 도쿄의 모 공립대학에서 실시한 강의에서 '위안부' 문제 다큐멘터리를 사용한 것이 알려지자, "공적 교육에서 근거가 희박한 문제를 마치 진실처럼 가르

---

14) 각 신문에서의 연재기자나 관련 서적을 긴급 출판하는 등이다. 최근에 출판된 서적으로는 読売新聞取材班編著『慰安婦問題 世界の眼 日本の眼』, 中央公論新社, 2014년 11월; 産経新聞社, 『歴史戦 朝日新聞が世界にまいた「慰安婦」の嘘を討つ』, 産経新聞社, 2014년 10월 등.

15) 「慰安婦誤報で日本傷つけた 首相, 本社報道に対し」, 『朝日新聞』, 2014년 9월 12일자 기사.

16) 「吉田証言は反映されず 河野・村山談話政府答弁書を決定」, 『朝日新聞』, 2014년 10월 25일자 기사.

치지 말라"고 맹렬한 비판을 거듭하고 있다. 또한 아베 정권 아래서 기세가 오른 우익 세력이 각지에서 시민을 대상으로 '위안부는 없었다'는 순회 전시를 실시하는 등의 새로운 움직임도 있다.

수상 취임 이후 얼마 안 되는 사이에 '고노 담화' 수정(즉 '아베 담화' 작성)을 실시하는 것으로 여겨졌던 아베 정권이 취임 후 3년이 지났는데도 '고노 담화'를 부정하지 못한 것은 근린 제국이나 미국과의 외교관계, 그리고 '고노 담화'가 공문서라는 부정할 수 없는 근거에 의해 작성되었기 때문이다. '위안부' 문제의 근본적인 해결이라는 관점에서는 한계가 많은 '고노 담화'지만, 현재로서는 아베 정권으로 하여금 역대 정부의 '위안부' 문제에 대한 견해로 머무르게 하는 '마지막 제어장치'가 되어 버린 셈이다.

2) 일본 사회 속의 변화

그러나 한편으로 2000년대에 들어서 일본 사회에 한일관계와 관련해서 큰 변화가 일어났다. 1990년대에 '위안부' 문제나 강제동원 문제가 크게 주목을 받은 시기에 일본 사회에서 이것들의 해결을 방해하는 최대 문제는 일본인의 한국에 대한 '무관심'이었다. 역사갈등 문제뿐만 아니라 이웃나라인 한국 자체에 대해서도 관심이 없는 사람들이 대부분이었던 것이다. 그것이 2003년 이후 '한류'를 계기로 해서 한국의 대중문화가 대량으로 일본에 유통하게 된 것은, 일본 사회의 한국 인식에 큰 변화를 일으켰다.

예를 들어 TV에서 무료로 시청할 수 있는 연간 한류드라마 수는 2009년 194편, 2010년에 219편, 2011년에 267편, 2012년에 313편, 2013년에 292편이다. 현재 수적으로는 감소하고 있는 추세지만, 현재도 매일처럼 어느 시간대나 어느 채널에서도 한류드라마 방송을 볼 수 있다. 시내 어느 CD가게에 가도 반드시 'K-POP' 코너가 있으며, 서점 오락 코너에는 한국 관련 서적이 산적되어 있다. 이제 일본인에게 한국의 대중문화는 '일상'이 된 것이다. 한국드라마가 단 하나도 방영이 안 되고 한국가요도 전혀 알려지지 않았던 10년 전 상황에서 보면 격세의 감이 있다.

이러한 상황 속에서 'K-POP 세대'라고 불리는 '한류 2세'들이 증가하고 있다. 어려서부터 일상적으로 한국 대중문화에 접함으로써 최근의 젊은 세대 일본인의 한국 인식은 우리의 상상 이상으로 크게 변화했다. 예를 들어, 중학교, 고등학교 시절부터 K-POP 팬이 되고 독학으로 한국어를 배우고 인터넷이나 스마트폰을 통해서 한국인 친구를 만든다는 젊은이도 결코 적지 않다.

그러한 가운데 '일본이 뭔가 한국에서 비판 받고 있다', '그건 역사 문제인 것 같다'고 알게 되면서, 최근에는 한일의 역사 문제에 강한 관심을 보여주는 젊은 세대가 확실히 많아지고 있다. 정보를 보다 개인적으로 쉽게 얻을 수 있는 스마트폰이 정보 취득 수단의 주류가 되었다는 것도 이러한 상황에 박차를 가한 요인 중의 하나다. K-POP 팬은 여학생이 압도적으로 많은데, 그녀들이 가장 관심을 갖는 것이 역사갈등 문제 속에서도 '위안부' 문제이다.

|자료 4|는 필자가 최근 강의에서 '위안부' 문제에 대해서 설명하고 나서 종료 후에 학생들이 쓴 감상이다(강의 실시는 2014년 11월 20일). 이때 수강생은 50명 정도였는데, 대부분이 비슷한 감상을 썼으며, 부정적인 반응은 거의 없었다. 원래 '위안부' 문제는 그 심각성 때문에 학생들의 공감을 받기 쉬운 주제이기도 하지만, 그 전에는 '사실을 알게 되어서 충격을 받았다'는 감상이 대부분을 차지한 것에 비해, 이제는 해결의 필요성이나 일본의 역사인식 비판을 구체적으로 기술하는 학생이 대폭 늘었다.

한편으로 현재 언론이나 인터넷을 통해 확대하고 있는 '혐한'이라고 불리는 헤이트스피치적인 한국 정보의 영향을 받는 층도 확실히 존재한다. 이들은, 한일 역사갈등은 모두 '한국의 일본에 대한 트집'이며 '자학적 사관에 의한 역사 날조'라 하면서 집요하게 공격한다. 이들은 인터넷, SNS 등을 통해 그러한 정보를 입수하고, 정보에 대한 검증 없이 그대로 붙여넣기를

해서 정보를 더욱 확산시키고 있다. 역사갈등 문제에 대한 인식의 '양극 분해'가 진행되고 있는 것이다. 그러나 이것을 다른 각도에서 바라보면, 좋은 방향으로의 관심이든 '혐한'이든 간에, 모두 '역사갈등 문제'에 대한 관심을 크게 갖는 현상이 현재 일본에서 일어나고 있는 것으로 볼 수 있다.

4. 나아가며

이상과 같이 '위안부' 문제의 부각과 운동의 전개가 일본 정부의 한일 역사갈등에 대한 견해에 '예외'를 가져온 것은 틀림없다. '위안부' 운동이 가져온 이러한 작은 변화는 거기서 제시된 일본 정부의 논리를 강제동원 문제 전체에 적용하게 만드는 가능성을 보여주고 있다.

실제로 강제동원 문제에 관해서도 한일 시민의 활동으로 인한 성과가 누적되고 있는 상황이다. 시민운동 측이 ILO에 제소한 결과, ILO는 1999년에 강제동원이 '강제노동금지조약' 위반이라 규정했으며, 그 해결을 일본 정부에게 권고했다.

또한 2013년 11월 6일에는 부산 지방재판소 및 서울 지방재판소가 신일본철강(신니떼츠) 및 미쓰비시중공업에 대해 손해배상을 명령한 판결을 내린 것에 대해, 경제4단체(일본경제단체연합, 일본상공회의소, 경제동우회, 일한경제협회)가 '양호한 일한 경제관계의 유지 발전을 향하여'라는 공동성명을 발표했다.[17] 이는 사상 처음으로 강제동원 기업이 강제동원 문제에

---

[17] 그 주된 내용은 다음과 같다. "1965년의 일한 청구권협정에 인해 재산 및 청구권에 관한 문제는 완전 그리고 최종적으로 해결한 것을 기초로 해서 지금까지 일한 경제관계는 순조롭게 발전해 왔습니다. 이러한 속에서 한반도 출신 구 민간인 징용공 등에 관한 일본 기업에 대한 청구권 문제에 관해서는 앞으로 한국으로 투자나 비지니스를 추진하기 위해서 장해가 될 수도 있으며, 더구나 양국 간의 무역투자 관계가 줄어드는 등 양호한 양국 경제관계를 파손할 수도 있는 점에 깊이 우려합니다."

관해서 스스로 관심을 표명했고 그 입장을 밝힌 획기적인 것이었다. 일본에서도 한국을 본받아서 강제동원 피해자 지원법에 대한 구상도 시작하고 있다. 우선 피해자 구제나 미해결 문제 청산이라는 시각에서 보상의 제도화를 향해 일본 정부를 어떻게 유인해 갈 것인가가 큰 과제가 될 것이다.

또한 '한류'를 계기로 한 일본 시민의 한국 인식 변화에 따라, 10년 전과 전혀 다른 토대 위에서 한일 역사갈등 문제 해결 방안을 생각할 시기에 들어섰다. 이것은 일본 시민의 대(對) 한국 인식의 '양극분해'를 전제로 할 수밖에 없으나, 한편으로는 K-POP세대나 '혐한류'파나 양극 모두가 전에 없는 정도로 광범위하게 한일 역사갈등 문제에 대해 관심을 갖고 있다. 현재 일본에서는 '위안부' 문제를 둘러싸고 우파 세력과 진보 세력이 그 인식을 얼마나 넓게 전달할 수 있는지 뜨거운 싸움을 이어가고 있다.

그러나 최종적으로는 일본 정부의 두 가지의 견해, 즉 '한일청구권협정으로 해결했다'론과 '한일합방조약 합법론'의 극복이라는 과제로 돌아갈 수밖에 없다. 최근에 한국과 일본에서 활발하게 논의되고 있는 '식민지(지배) 책임론'처럼, 식민지 지배 자체를 전쟁범죄와 같이 국제법상 '인도에 대한 범죄'로서 정착하게 만들려고 하는 움직임이 세계적으로 확대되고 있다. 일본 정부가 오랫동안 유지하며 굳어버린 '견해'를 바꾸게 만드는 것은 매우 어려울 전망이지만, '위안부' 문제가 제시한 것처럼, 다양한 방향에서 실질적인 방향 전환을 추구하는 방책이라도 추진할 필요가 있다.

|자료 1| 조선인 강제동원의 분류[18]

동원 기간 (임시적이었는가 상시적이었는가)

(1) 임시요원(일시적, 임시적 동원) : 거주 지역 내 근로봉사 및 1년을 넘지 않는
    학도 동원, 근로보국대, 여자정신대 등
(2) 상시요원(1년 이상 구속되는 동원) : 국가총동원계획 상의 계획적 인원 이동 ·
    인원 배치의 일환

동원 영역 (어디에서 어디로 동원되었는가)

(1) 조선 내 동원(道내 동원 · 道외 동원)
(2) 조선에서 조선 밖으로 동원(일본, 사할린, 지시마열도, 태평양제도, 중국, 동남
    아시아 등)
(3) 일본에 이미 와 있는 조선인 동원(일본 안, 일본 밖)

동원 목적 (무슨 목적으로 동원되었는가)

(1) 군요원:
    ① 병사
        a. 처음부터 조선인 · 대만인을 배제하지 않은 경우(육군사관학교, 소년병
           등)
        b. 징병제 실시를 위한 과도적 제도(육해군 특별지원병, 학도지원병)
        c. 징병
    ② 준병사(군속의 병력 이용)   a.해군 설영대   b.포로감시원
    ③ 군속(군과 고용관계가 있을 경우)
    ④ 기타 a.종군간호부 b.군대위안부 c.통역 d.기타

---

18) 飛田雄一 · 金英達 · 高柳俊男 · 外村大, 「朝鮮人戦時動員に関する基礎研究」, 『青丘学
    術論文』 4, 1994년, 에서 제시된 분류에 일부 필자가 가필했음.

(2) 민간요원

　　① 할당모집 · 관알선에 의한 집단이입노동자

　　② 징용(신규징용 · 현역징용)에 의한 노동자

　　③ 근로보국대, 여자정신대 등

동원 방법(어떤 방법으로 동원되었는가)

(1) 군요원

　　① 응모 ② 지원 ③ 징병 ④ 징용

(2) 민간요원

　　① 자유응모(연고 등) ② 할당모집 ③ 관알선 ④ 지원 ⑤ 징용 ⑥ 국민근로
동원령

(3) 법적 강제력이 있는 경우(징병, 징용)와 법적 강제력이 없는 경우(기타)

|자료 2| 조선의 노무동원 수

		1942	1943	1944
조선 내	관 알선	49,030	58,924	76,617
	징용	90	648	19,655
	도내 동원	333,976	685,733	2,454,724
대 일본	관 알선	115,815	125,955	85,243
	징용	3,871	2,341	201,189
	군요원	300	2,350	3,000
기타	군요원	16,502	5,648	7,796
계		520,594	881,599	2,848,224

※ 비고: 1942년의 계는 합계수가 틀렸다(519,584이 맞는 숫자)

※ 출전: 『日本人の海外活動に関する歴史的調査 通巻第十冊 朝鮮編 第九分冊』, 72쪽.

|자료 3| 이른바 종군위안부 문제에 대하여

평성 5년(1993년) 8월 4일
내각관방내각외정심의실

1. 조사의 경위

이른바 종군위안부 문제에 대해서는 당사자들에 의한 우리나라에서의 소송의 제기, 우리나라 국회를 통한 논의 등을 통해서 내외의 주목을 모아왔다. 또한 이 문제는 작년 1월 미야자와(宮澤) 방한 시, 노태우 대통령(당시)과의 회담에서도 언급되고, 한국 측에서부터 실태 해명에 대해 강력한 요청을 받았다. 기타 다른 관계 제국, 지역으로부터도 본 문제에 대해 많은 관심이 표명되었다.

이러한 상황 아래, 정부는 1991년 12월부터 관계자료 조사를 진행하는 한편 전 군인 등 관계자들로부터 폭넓은 인터뷰 조사를 실시함과 동시에, 지난 7월 26일부터 30일까지의 5일간 한국 서울에서 태평양전쟁희생자유족회의 협력을 얻어 전 종군위안부였던 분들로부터 당시 상황을 상세히 청취하였다. 또한 조사과정에서 미국으로 담당관을 파견하여, 미국의 공문서에 관해서 조사한 이외에, 오키나와에서도 현지 조사를 실시하였다. 조사의 구체적 양태는 아래와 같으며, 조사결과 발견된 자료의 개요는 별첨과 같다.

조사 대상 기관 : 경찰청, 방위청, 법무성, 외무성, 문부성, 후생성, 노동성, 국립공문서관, 국립국회도서관, 미국국립공문서관

관계자로부터의 인터뷰 : 전 종군위안부, 전 군인, 전 조선총독부 관계자, 전 위안소경영자, 위안소 부근의 거주자, 역사연구가 등

참고로 한 국내외 문서 및 출판물 : 한국 정부가 작성한 조사보고서, 한국정신대문제대책협의회, 태평양전쟁희생자유족회 등 관계 단체가 작성한 전 위안부의 증언집 등. 또한 본국에는 본 문제에 대한 출판물이 많은데, 거의 모두를 섭렵하였다.

본 문제에 대해서 정부는 이미 작년 7월 6일, 그 때까지의 조사 결과에 대해 발표한 바가 있으나, 그 후의 조사도 참고로 해서 본 문제에 대해 정리한 것을 아래와 같이 발표하기로 하였다.

2. 이른바 종군위안부 문제의 실태에 대하여

상기 자료 조사 및 관계자로부터의 인터뷰 결과, 또한 참고로 한 각종 자료를 종합
적으로 분석 검토한 결과, 이하의 것들이 밝혀졌다.

(1) 위안소 설치의 경위

각지의 위안소 개설은 당시 군 당국의 요청에 의한 것이지만, 당시의 정부 부내
자료에 의하면 구 일본군 점령지역 내에서 일본 군인이 주민에 대한 강간 등의 불법
행위를 하고 그 결과 반일 감정이 양성되는 것을 방지할 필요성이 있었다는 것, 성병
등의 병에 의한 병력 저하를 방지할 필요가 있었다는 것, 방첩의 필요가 있었다는 것
들이 위안소 설치의 이유로 되어 있다.

(2) 위안소가 설치된 시기

1932년에 이른바 상해사변이 발발했을 경에 그 지역의 주둔부대를 위해 위안소가
설치되었다는 자료가 있으며, 그 시기 경부터 종전(終戰)까지 위안소가 존재한 것으로
보이는데, 그 규모, 지역적 범위는 전쟁 확대에 따라 확대되었다.

(3) 위안소가 존재했던 지역

이번 조사 결과 위안소의 존재를 확인할 수 있던 나라 또는 지역은, 일본, 중국,
필리핀, 인도네시아, 말라야(당시), 태국, 버마(당시), 뉴기니아(당시), 홍콩, 마카오
및 불령 인도지나(당시)이다.

(4) 위안부의 총 숫자

발견된 자료에 위안부 총 숫자를 제시하는 것은 없으며, 또한 이것을 추인할 만한
자료도 없으므로, 위안부 총 숫자를 확정하는 것은 어렵다. 그러나 위와 같이 장기적
으로 그리고 광범한 지역에 걸쳐서 위안소가 설치되었으며, 수많은 위안부가 존재한
것으로 인정된다.

(5) 위안부의 출신지

이번 조사 결과, 위안부의 출신지로서 확인할 수 있었던 나라 또는 지역은 일본,

한반도, 중국, 대만, 필리핀, 인도네시아 및 네덜란드이다. 또한 전쟁터에 이송된 위안부의 출신지로서는 일본인을 제외하면 한반도 출신이 많다.

(6) 위안소의 경영 및 관리

위안소의 상당수는 민간업자에 의해 경영되었으나, 일부 지역에서는 구 일본군이 직접 위안소를 경영한 경우도 있었다. 민간업자가 경영한 경우에도 구 일본군이 그 개설에 대해 허가를 해주었거나 위안소 시설을 정비하였거나 위안소의 이용 시간, 이용 요금이나 이용시의 주의사항 등을 정한 위안소 규정을 작성하는 등, 구 일본군은 위안소 설치나 관리에 직접적으로 관여하였다.

위안부의 관리에 대해서 구 일본군은 위안부나 위안소의 위생관리를 위해, 위안소 규정을 만들어서 이용자에 대해 피임구 사용을 의무로 하였거나 軍醫가 정기적으로 위안부 성병 등의 병을 검사하는 등의 조치를 취하였다. 위안부에 대해 외출 시간이나 장소를 한정하는 등 위안소 규정을 설치하여 관리한 데도 있었다. 하여튼 위안부들은 전지에서는 항상 군의 관리 아래 있어서 군과 같이 행동하게 되어 있었으며, 자유도 없고, 애처로운 생활을 강요당한 것이 분명하다.

(7) 위안부의 모집

위안부 모집에 대해서는 군 당국의 요청을 받은 경영자의 의뢰에 의해 알선업자들이 이를 담당한 경우가 많았는데, 그런 경우도 전쟁의 확대에 따라 그 인원 확보의 필요성이 높아지면서 그러한 상황 아래서 업자들이 혹은 감언을 부리고 혹은 공포를 주는 등의 형태로 본인들의 의향에 반해서 징집한 경우가 많았으며, 게다가 관헌 등이 직접 이에 가담한 경우도 볼 수 있었다.

(8) 위안부의 수송 등

위안부 수송에 관해서는 업자가 위안부 등의 부녀자를 선박 등으로 수송할 때, 구 일본군은 그들을 특별히 군속(軍屬)에 준한 취급을 하는 등 그 도항 신청에 대해 허가를 주었으며, 또한 일본 정부는 신분증명서 등의 발급 실시 등을 하였다. 또한 군의 선박이나 차량에 의해 전지(戰地)에 운반된 경우도 적지 않았다는 것 이외에, 패주라는 혼란한 상황 아래서 현지에 내버려둔 사례도 있었다.

|자료 4| '위안부' 문제 강의에 대한 학생의 감상(발췌 사례)

● 10대인 나보다도 어린 여자아이가 폭력을 당한 성노예가 되어, 도망가면 본보기로 죽임당하고, 정말로 잔혹하고 무섭다고 생각했습니다.

● 일본 비판을 하면 반일인사로 취급받는다고 하지만, 비판이 건설적인가 그렇지 않은가의 판단도 못하는 사람이 지금의 일본에 많다고 생각한다. 그런 사람이 최근 눈에 띄게 목소리가 큰 느낌이 들기 때문에 개인적으로 슬프다.

● 현재의 일본에는 지금까지 자학사관의 탈각을 위해서인지, 한국과 중국을 때리고, 일본을 미화하는 TV 방송이 많다. 이 중에 '위안부'라는 것도 없었던 것으로 되고 있고, 위안부는 있었다 등을 발언하면 집중 공격을 받게 된다. 지금 일본에는 표현의 자유가 없고, 위안부는 없었다라는 것이 암묵적으로 이해되고 있는 기분이다. 그러한 현재의 일본이 나는 무섭다.

● 이번에 DVD(강의 중에 정대협 제작 '잊으면 안 돼, 절대로…"를 감상)를 보고, 실제로 위안부로서 끌려간 사람들이 증언하고 있는 것은, 거의 강제연행이라고 할 수 있겠네요.

● 피해자가 고통을 숨기고 감추고 잊고 싶은 과거를 말하는 것은 매우 힘든 것으로, 그래서 일찍부터 정부가 문제를 외치지 않으면 안 되었는데, 한 사람의 고백자가 나오기까지 이루어지지 않았다는 데 분노를 느낍니다. DVD의 증언과 영상이 매우 충격이었습니다. 이 강의를 받아서 좋았습니다. 하지만, 이것은 알아야 하는 것이고, 고등학교 교육에서 더욱 위안부 문제를 제대로 가르쳐야 하지 않나 라고 느꼈습니다.

● 충격의 사실에 목소리가 나오지 않을 정도였다. 지나친 피해의 크기, 그리고 할머니들의 정신적인 고통, 같은 일본인으로서 부끄러운 것이라고 느꼈다. 일본군의 강제노동 문제와 위안부 문제가 지금도 이렇게 문제가 되고 있는 것은, 전후 일본 정부가 보상을 애매하게 해버렸기 때문인가 라고 생각했습니다.

● 저는 이 수업을 받기 전부터 '위안부'에 대해서 조사해왔습니다. 여러 책을 읽고, 위안부였던 분들의 다큐멘터리 영화 '나눔의 집'등도 봤습니다만, 어떻게 동원했는가 라고 한다면, 위안부의 대부분이 사기에 의한 수법으로 속아 끌려갔다라는 것이었습니다.

● 위안부 문제에 대해서, 큰 근거도 없이, '강제성은 없었다'라고 말해버리는 사람이 이 나라의 총리여서, 일본은 어떻게 되는 것인가, 매우 불안해졌다.

● 내 어머니는 위안부 문제가 뉴스 등에 나오면 '일본은 몇 번이나 사죄했는데 왜 끈질기게 몇 번이나 되풀이 하는가' 라고 말합니다. 나는 대학에 들어가 받은 수업에서 내가 배운 것을 이야기해도 납득해주지 않습니다. 어떻게 이야기하면 어머니와 같은 이런 사람이 그렇게 생각하지 않게 될지 알고 싶습니다.

【참고문헌】

庵逧由香,「朝鮮人強制動員における労務(国民)動員計画と地方行政」,『季刊戦争責任研究』70, 2010.

永原陽子編,『「植民地責任」論』, 青木書店, 2009.

外村大,『朝鮮人強制連行』(岩波新書1358), 岩波書店, 2012.

吉田裕,『現代歴史学と戦争責任』. 青木書店, 1997.

吉澤文寿,「第四章 日本の戦争責任論における植民地責任－朝鮮を事例として」(永原陽子編,『「植民地責任」論』収録).

吉澤文寿,『戦後日韓関係 国交正常化交渉をめぐって』, クレイン, 2005.

金承坧,「日韓の間の未解決課題を中心に見た植民地支配被害の原形」,『第7回強制動員真相究明全国研究集会資料集』2014年3月15日報告.

金廣烈,「韓国における戦時期朝鮮人強制動員の研究動向と課題」,「第6回強制動員真相究明全国研究集会」報告, 2013.3.

高橋哲哉.『戦後責任論』講談社, 1999.

山田昭次・古庄正・樋口雄一.『朝鮮人戦時労働動員』. 岩波書店, 2005.

産経新聞社,『歴史戦 朝日新聞が世界にまいた「慰安婦」の嘘を討つ』, 産経新聞社, 2014.10.

勝岡寛次,『「慰安婦」政府資料が証明する〈河野談話〉の虚構』明成社, 2014.8.

赤澤史朗,「戦後日本の戦争責任論の動向」,『立命館法学』6号(274号), 2000.

太田修,『日韓交渉－請求権問題の研究』, クレイン, 2003.

竹内康人,「日本での朝鮮人強制連行調査の現状と課題」,「第6回強制動員真相究明全国研究集会」報告, 2013.3.

竹内康人編著,「戦時朝鮮人強制労働調査の現状と課題」,『戦時朝鮮人強制労働調査資料集－連行先一覧・全国地図・死亡者名簿－』, 神戸学生・青年センター, 2007.

竹内康人編著,『戦時朝鮮人強制労働調査資料集－連行先一覧・全国地図・死亡者名簿－』, 神戸学生青年センター出版部, 2007.

竹内康人編著,『戦時朝鮮人強制労働調査資料集2－名簿・未払い金・動員数・遺骨・過去清算－』, 神戸学生青年センター出版部, 2012.

藤永壮,「「失われた20年」の「慰安婦」論争: 終わらない植民地主義」歴史学研究会・日本史研究会編,『「慰安婦」問題を/から考える-軍事性暴力と日常世界-』岩波書店, 2014年12月刊行予定.

読売新聞取材班編著,『慰安婦問題 世界の眼 日本の眼』中央公論新社, 2014.11.

日本軍,「慰安婦」問題Webサイト制作委員会編,『「慰安婦」・強制・性奴隷 あなたの疑問に答えます』お茶の水書房, 2014.

板垣竜太,「植民地支配責任を定立するために」, 岩崎稔ほか,『継続する植民地主義 ジェンダー/民族/人種/階級』, 青弓社, 2005.

板垣竜太,「脱冷戦と植民地支配責任の追及-続・植民地支配責任を定立するために」,『歴史と責任「慰安婦」問題と1990年代』, 青弓社, 2008.

飛田雄一・金英達・高柳俊男・外村大,「朝鮮人戦時動員に関する基礎研究」,『青丘学術論文』4, 1994.

姜成銀,『1905年韓国保護条約と植民地支配責任-歴史学と国際法学との対話』, 創史社, 2005.

강만길・안자코유카,「해방후 '강제동원' 노동자의 귀환정책과 실태」,『아시아연구』, 제45권 2호(통권 108호), 2002.6.

맺음말　거짓 화해를 극복하고 참된 상생의 역사를 향하여

김귀옥

　이번 책은 오래된 고민과 논의, 이해를 기반으로 하여 새로운 꿈을 추구하며 나왔다. 일본 패망·한반도 해방 70년이 되는 2015년 12월 28일의 한일 '합의' 발표를 보면서 실망과 허탈감이 드는 것은 어쩔 수 없었지만, 좌절하지는 않았다. 거슬러 올라가 그 50년이 되던 해에 나온 1995년의 '여성을 위한 아시아평화국민기금(이하 국민기금)' 발표에 이미 좌절했으나 다시 일어났기 때문이었는지도 모른다. 다시 말해 진정한 역사 반성을 모르는 기득권력이 제공하는 거짓 화해에 우리는 오히려 진실과 참된 역사를 추구해야 한다는 각오를 다졌기 때문이었는지도 모른다.

　누군가 거짓 화해와 거짓 꿈을 강요할 수는 있다. 그러나 그것이 진실이 될 수는 없음을 역사 속에서 깨닫기에 참된 화해와 진실된 역사의 꿈을 꿀 수밖에 없다. 최근 진실된 역사를 추구해야 한다는 결의를 더욱 더 다지게 된 데에는 박유하 식의 접근도 자극제가 되었음을 고백할 수밖에 없다. 그러기에 이 책에서는 사실을 찾아나가는 치열한 노력, 정확한 사실에 토대한 연구와 역사에 대한 냉철한 이해의 과정이 생략된 채, 자신의 관점과 욕망을 중심으로 왜곡된 역사를 만드는 결과를 낳은 한 문학 연구자의 기

획을 비판해야만 정의와 역사가 살 수 있다는 소박하면서도 치열한 희망을 담고 싶었다. 이러한 역사적 인식과 새로운 꿈에 대해 이 책에 참여한 한국과 일본의 모든 저자들은 공감하고 있다.

양심적인 일본인의 입장에서 박유하 식의 화해를 환영한다거나, 진실하다고 하거나, 학문적이라고 한다면, 그것은 부끄러운 일이 아닐까 싶다. 또한 한국인의 입장에서 일본군 위안부 피해자들에 의해 명예훼손으로 형사고소당한 박유하를 양심수인양 옹호하려 한다면, 그것은 용기가 아니라 만용이거나 몰역사적 인식이 아닐까 우려된다.

박유하 사태를 통하여 일본은 말할 것도 없고 한국에도 일본군 위안부 문제의 피로감 또는 과거사 문제의 피로감이 깔려 있음을 감지할 수 있다. 화해하자는 극소수의 주장 속에서는 지겹다, 불편하다, 자학적이다, 그만하면 됐다 등과 같은 냉소주의도 깔려 있을 수도 있다. 그래서 이 글의 저자인 필자나 윤명숙을 포함한 여러 연구자들이 박유하에게 토론회를 하자고 공개적으로 제안("〈제국의 위안부〉 사태, 공개 토론 하자"『프레시안』 2015.12.2)하여 제대로 학문적으로 논쟁하고 문제를 풀어나가려고 했다.

돌아보면 일본군 위안부 문제가 1991년 김학순 선생으로 인해 역사적 사실로 부각된 이래 오랫동안, 일본에서는 말할 것도 없고 한국에서도 이에 관한 학문적인 연구는 소수의 여성 연구자들에 의해 천착되어왔을 뿐이다. 2000년 여성국제전범법정이 도쿄에서 열리면서 남한과 북한, 일본, 중국 등의 여러 나라 여성들의 연대의식은 절정에 이르렀다. 그러나 그 이후의 연구는 주장에 비해 깊이가 있거나 폭 넓게 진행되지 못했다. 한국의 역사학계에서도 일본군 위안부 문제에 대한 깊이 있는 연구가 없지는 않았지만 드문 편이었다. 오히려 전문 연구자들의 연구보다는 한국정신대대책협의회를 중심으로 한 구술기록 자료집들의 생산이 중요했다.

그러다 보니 일제의 아시아/태평양전쟁과 관련하여 군위안부 제도나 문제점들에 대해 연구되었음에도 식민주의, 특히 일본의 식민주의와는 어떤 불가분의 관련이 있는지에 대해서는 충분히 연구되지 못했다. 어쩌면 그러한 점이 박유하와 같은 연구가 나오게 되는 배경이 되었을 수 있다는 자성의 목소리도 나직이 흘러나왔다.

식민주의에 대한 제대로 된 연구가 미진한 틈을 타서 등장한 '제국'의 위안부라는 개념의 창조에 그들은 환호하고 있는 듯하다. 일본의 여성과 한국을 비롯한 대만, 중국, 동아시아 여러 국가의 여성들 간 연대 속의 차이 문제 역시 식민주의와 전쟁을 빼놓고 이해하기는 어려웠다. 그러나 우리는 결코 우물 안 개구리식의 국가주의나 민족환원주의로 돌아가려 하지 않는다.

우리는 여전히 무엇이 진정한 화해인지에 대해 제대로 착근해야 하고, 진정한 화해의 밑바탕에 두어져야 할 진실 규명의 노력을 우선해야 한다. 잘못된 과거의 굴레를 벗어나고 싶다고 하더라도, 현재에도 여전히 작동하고 있는 오래된 과거의 시스템이나 문화를 그저 잊기만 하려 해서는 그 소망은 이루어지지 않는다. 그러한 망각의 유혹은 오히려 과거는 말할 것도 없고 현재조차 왜곡하게 된다. 우리 연구진은 일제 식민주의, 아시아/태평양전쟁 등에 토대를 두면서도 일본이 패망한 이래로 여전히 작동하고 있는 군위안부 제도 속에서 식민주의의 잔재와 고통을 읽어나가고 있다.

일본군 위안부 논의로 인해 유럽에서도 최근 군위안부 논의와 연구가 조용히 이루어지고 있다. 최근 정용숙 박사의 발표에서 밝혀졌듯이 제2차 세계대전 당시 독일 나치 정부는 프랑스 점령지에 독일 군대 전용 성매매 시설을 만들고 관리했다. 또한 친위대 대장 힘러(Heinrich Himmler, 1900~1945)는 강제수용소에 수감자용 성매매 시설을 만들어 운영했다고 한다.[1]

---

[1] 정용숙, 「전시 성폭력, 제2차 세계대전의 사례로 보다: 나치 강제 성매매의 실제와 그것이 다루어져 온 방식」, 한양대 비교역사문화연구소 주최, 『트랜스내셔널인문학 시민강좌: 전쟁과 여성인권』 발표문, 2016, 2쪽.

특히 프리모 레비의 회고록 『이것이 인간인가』에도 아우슈비츠 수용소 내의 유곽 묘사가 나온다. 그에 따르면 수용소 유곽은 나치 정부가 비밀리에 수용된 폴란드 여성들을 강제로 성매매 시켜 독일인들이 드나들 수 있도록 했다[2]고 증언하고 있다. 유럽의 군위안부에서도 발견되는 것은 전쟁과 군위안부의 기저에는 제국주의와 식민주의 문제가 작동하고 있다는 점이다.

예컨대 프랑스에 발견되는 군위안부는 독일 점령이라는 짧은 시간이지만 식민주의적 지배와 관련지어 볼 수밖에 없다. 또한 독일 포로수용소의 위안부 역시 지배와 강제에 의해 연행되어 온 여성들을 성노예화 했다는 점에서 식민주의적 지배를 빼놓고 언급할 수 없다. 나아가 이 글에서도 언급하고 있는 한국군 위안부나 오키나와 미군 위안부 문제 역시 광의의 식민주의적 지배 전략과 떼놓고 생각할 수 없는 것이다. 뿐만 아니라 한국군 위안부나 오키나와 미군 위안부는 일본군 위안부가 없었다면 존재하지 못했을 것이다. 여기에서 계속되는 식민주의가 발견된다.

식민주의에 대한 저항의식이 관제 민족주의나 제국주의적 민족주의 또는 국가주의로 환원될 수는 없다. 일본의 침략 지배가 한국이나 대만을 포함하여 동아시아에 광범위하게 이루어졌다는 점, 그리고 강제징용자와 군위안부로 강제동원되었던 수많은 국가의 여성들을 생각할 때, 관제 민족주의적 해법으로는 이 문제를 해결할 수 없다.

심지어 미국을 포함한 연합국의 승리로 태평양전쟁을 포함한 제2차 세계대전이 끝났지만, 자본주의 그 여성들을 제대로 해방시키지 못했다. 강제로 끌려 나갔던 일본군 위안부 조선인 여성들의 꿈은 귀향하는 것이었고, 귀향은 전쟁의 끝과 함께 식민 조국의 해방을 의미했다. 즉 민족해방의 꿈이 일본군 위안부 조선인 여성들의 해방으로 이어질 수밖에 없었을 것이

---

2) 프리모 레비, 『이것이 인간인가』, 서경식 옮김, 돌베개, 2007, 43쪽.

다. 이런 점에서 그들의 성노예 강제동원을 전쟁과 얽힌 식민주의와 분리시켜 사고한다는 것은 거의 불가능하다.

또한 페미니즘적 인식은 일본군 위안부 문제를 풀기 위한 중요한 관점이자 도구이지만, 제국과 비제국(식민)의 여성을 역사적으로, 분석적으로 이해하는 데에는 한계가 뚜렷했다. 즉 키쿠치 나츠노(菊地夏野)가 지적했듯이 우에노 치즈코 식의 페미니즘을 통한 민족주의 비판은 오히려 식민주의를 은폐할 우려가 내장되어 있어서, 군위안부 문제를 여성의 틀에서만 보게 된다면 일본인의 가해성을 지워버릴 수밖에 없고, 그러한 점을 박유하에게서 발견하게 된다. 이 점에 대해 우리 필진은 냉철하게 각성하고 있다.

우리가 진정한 화해를 원한다면 철저하고 제대로 된 과거사 청산을 해야 하고 진실 규명을 해야 한다. 진실 규명의 한 가운데 식민주의와 제국주의적 침략전쟁이 있다. 투명한 역사인식은 과거에서 끝나지 않는다. 앞으로도 식민주의와 침략전쟁을 꿈꾸는 자에 대한 경고이자, 동아시아인과 세계인의 미래에 그러한 식민과 전쟁이 다시는 재현이 되지 않기를 바라는 공포심을 넘은 '희망'이자 '기대'이다.

한편 피해자의 화해에 대해서도 말하고 싶다. 화해를 제대로 하려면 피해자는 피해의식과 해결책을 자각하고, 해결을 위한 끈질긴 노력을 해야 한다. 1965년, 한국과 일본 간에 화해를 할 기회가 있었다. 미국과 일본의 이해관계에 의해 벌어진 한일수교의 장에서 한국은 피해자로서의 지위를 제대로 누리지 못했고, 피해자의 역할조차 행하지 못한 채 손님으로 초대를 받은 격이었다. 박정희 정부는 피해국가로서의 역할을 할 준비를 하지도 않았고, 직접적인 피해자들에게 피해자로서의 권리와 배상을 제대로 알려주지도 않았다. 더군다나 피해자의 범위에는 일본군 위안부를 넣지도 못했을 뿐만 아니라 그러한 의식마저 없었다. 이래서는 제대로 화해할 수가 없다.

이런 점에서 이 책은 피해의 사실을 제대로 인지하고 피해자의 의식을 각성시키기 위한 문제의식도 분명히 하고 있다. 나아가 피해자 의식을 분명히 할 때, 피해를 반복하지 않기 위한 노력을 할 수 있고, 피해자가 가해자로 되는 악순환구조를 끊어낼 수 있다. 이 또한 우리 필자들이 바라는 세상에 관한 이야기이다.

마지막으로 이 책은 대표 저자인 송연옥 선생님의 정년퇴직을 기념하는 의미를 담아내려는 연대의식의 정신으로 기획되었다. 그는 1970년 22살 재일동포 청년으로 고국에 대한 희망과 열정을 안고 한국에 유학을 왔지만, 연이어 발발한 재일유학생 간첩단 조작사건들과 한국의 유신독재체제로 인하여 원하는 공부를 미처 마치지 못한 채 일본으로 돌아가야 했다. 긴 세월이 걸린 후인 1998년에서야 그는 "일제 식민지화와 공창제 도입"이라는 주제로 서울대학교 국사학과에서 석사학위를 끝낼 수 있었다.

그의 수십 년에 걸친 일본군 위안부 문제와의 정면 대결은 2000년 여성 국제전범법정을 치르고도 그치지 않았다. 그는 일본이나 한국이건 중국이건 사할린이건 일본군 위안소가 있었던 곳이라면 지나치지 않으려 했다. 2016년 3월말 정년퇴직을 하고 나서도 마찬가지이다. 그의 연구에 대한 집념과 실천, 여성과 인간, 한국에 대한 깊은 이해의 노력은 후배 연구자들에게 크나큰 귀감이 되지 않을 수 없다. 그의 노력과 집념이 있었기에 일본군 위안부 문제는 결코 국가에 의해서 억압되거나 지워지지 않는 사실이 되었다. 그러기에 송연옥 선생님과 이 책을 함께 만들 수 있다는 것은 크나큰 영광이 아닐 수 없다.

화해는 금기어가 아니라, 진정한 진실 규명과 사과를 기반으로 할 때 비로소 살아 움직인다. 심지어 가해와 피해, 제국과 식민, 적(타자)과 나의 관계에서도 진실 규명과 사과의 정신과 책임 있는 행위는 화해의 탑을 쌓는 첫걸음이 된다. 화해는 논어(論語)의 화이부동(和而不同) 정신에 기초한다. 즉 우리는 서로 생각은 달라도 화합할 수 있다.

신냉전의 기운이 짙어지는 이 시대, 평화와 상생을 이루어나가기 위해서는 진정한 화해와 용서, 화이부동의 정신이 더더욱 절실히 요구된다. 21세기 동아시아의 진정한 화해와 평화를 기원하고, 우리의 후세는 더 이상의 과거사에 발목 잡히지 않고, 자유롭고 평등하게 새로운 관계를 맺으며 소통하고, 평화로운 동아시아에서 삶을 누리기를 희망하면서 진실 규명의 과제를 이 책에 담으려고 했다.

**필자
소개**

■ **가토 게이키(加藤圭木)**

전공은 한국근대사이며, 현재 일본 히토츠바시(一橋)대학 사회학연구과 전임강사로
재직 중이다. 박사(사회학). 주요 논저로는『植民地期朝鮮の地域変容: 日本の大陸進
出と咸鏡北道』(吉川弘文館, 2017),「日露戦争下における朝鮮東北部の「軍政」」(『一橋
社会科学』8, 2016) 등이 있다.

■ **강성현**

성공회대학교 동아시아연구소 HK연구교수이며, 사회학(사회사, 법사회학, 정치사회
학)을 전공했다. 한국과 동아시아의 사상통제와 전향, 법과 폭력, 전쟁과 학살, 과거
청산, 점령과 군정, 일본군 '위안부' 문제에 깊은 관심을 가지고 연구하고 있다. 주요
논저로「전후 미국의 '점령형 신탁통치'의 성립과 냉전적 변형」(2016),「일본군 '위안
부' 문제의 쟁점과 해결」(2016),『문서와 사진, 증언으로 보는 일본군 '위안부' 이야기』
(2016, 공저),『한국전쟁 사진의 역사사회학』(2016, 공저),『한국현대생활문화사 1950
년대』(2016, 공저),『세월호 이후의 사회과학』(2016, 공저) 등이 있다.

■ 김귀옥

서울대학교 사회학과에서 학사, 석사, 박사학위를 취득하고 현재 한성대에서 사회학, 통일과 평화, 인권 등을 가르치고 있다. 구술생애사 방법을 통한 분단의 사회사, 현대사, 디아스포라 역사 쓰기에 관심을 가져왔다. 주요 저서로는 『월남인의 생활경험과 정체성』, 『구술사연구』, 『이산가족, 반공전사도 빨갱이도 아닌』, 『우리가 큰 바위얼굴이다』 등이 있다.

■ 김 영

재일조선인 2.5세 르포라이터로, 도쿄조선중고급학교를 나와 와코(和光)대학을 졸업한 후 민속학자 김양기 교수의 지도를 받아 재일 조선여성 1세의 인터뷰를 시작했다. 재일조선여성사 연구를 하다가 2000년부터 '위안부' 관련 조사 · 연구와 주로 한반도 북부지역의 위안소 · 유곽에 관한 연구를 시작하여 북한 현지 조사를 4차례 실시하였다. 주요 논저로는 『바다를 건넌 조선의 해녀들』(新宿書房, 1988), 『조선학교란 어떤 곳?』(社会評論社, 2001), 『군대와 성폭력』(現代史料出版, 2011), 「재일조선인 활동가 박정현과 그 주변」(『재일조선인사연구』 제27호, 1997), 「재일조선인 탄압으로 본 일본의 식민지주의와 군사화」(김부자, 나카노 도시오 편저, 『역사와 책임』, 青弓社, 2008) 등이 있다.

■ 김현선

전 새움터 대표이며, 서울에서 태어나 이화여자대학교 수학과와 성공회대학교 시민사회복지대학원을 졸업했다. 대학을 다닐 때 기지촌 여성들을 만났고, 함께 울고 웃고 토론하다보니 20년이 훌쩍 넘어 버렸다. 기지촌 여성들과 함께 증언을 모으고 소송에 참여하고 있으며, 기지촌 여성 최초의 증언록인 『미군 위안부 기지촌의 숨겨진 진실』을 엮었다. 4, 50대에 만났던 기지촌 여성들이 6, 70대가 되어버린 요즘, 하루의 대부분은 기지촌 여성들의 생계를 고민하고 병원에 동행하며 보내고 있다. 그리고 한 많은 삶을 끝내고 떠나시는 마지막 길만큼은 비참하지 않도록 최선을 다해 노력하고 있다.

■ 박정미

한양대학교 비교역사문화연구소 HK연구교수로이며, 서울대학교 여성연구소 객원 연구원과 기지촌여성인권연대의 회원이다. 서울대학교 사회학과와 동대학원을 졸업 했고, 2015년 9월부터 2016년 7월까지 미국 의회도서관 John W. Kluge Center에서 선임연구원(Kluge Fellow)으로 재직했다. 주요 논저로는 「금욕에서 예방으로: 2차 세 계전쟁기 미군의 성병통제, 생명권력과 젠더」(2017), 「잊혀진 자들의 투쟁: 한국 성판 매여성들의 저항의 역사」(2017), 「Paradoxes of gendering strategy in prostitution policies」(2013), 『'성(聖/性)'스러운 국민』(2017, 공저) 등이 있다.

■ 송연옥

일본 도쿄의 아오야마가쿠인(青山学院)대학의 명예 교수이며, 전공은 한국 근현대 여 성사이다. 일제강점기와 해방직후의 여성운동, 재일 한국인 여성생활사, 식민지 지배 와 sexuality 관리 정책에 관심을 두고 연구해왔다. 주요 저서로는 『脱帝国のフェミニ ズム』(有志舎, 2009), 『군대와 성폭력: 한반도의 20세기』(삼인, 2012) 등이 있다.

■ 아키바야시 코즈에(秋林こずえ)

도시샤(同志社)대학 글러벌스터디즈연구과 교수이며, 1915년에 설립된 세계에서 가 장 오래된 여성국제평화단체인 부인국제평화자유연맹(Women's International League for Peace and Freedom)의 국제회장이다. 미국 콜롬비아대학 교육학 대학원(Teachers College Columbia University)에서 교육학 박사학위 취득했고, 연구와 활동 주제는 군 대에 의한 성폭력, 젠더 시점에서 본 안전보장의 탈군사화, 페미니스트평화운동이다. 오키나와의 페미니스트평화운동 단체인 '기지/군대를 허용하지 않는 행동하는 여자 들의 모임'과 함께 활동하면서 연구하고 있다. 또한 오키나와, 한국, 필리핀, 괌, 하와 이, 푸에르토리코 등의 미군주류지역 페미니스트평화운동 네트워크에서도 활동 중이 다. 주요 논저로는 「법에 의한 인권침해와 폭력」(『오키나와에서부터 묻는 일본의 안 전보장』, 이와나미서점, 2015), 「군사주의와성폭력」(오키나와현 교육위원회, 『오키나 와현사 각론편 8 여성사』, 2016) 등이 있다.

■ 안자코 유카(庵逧由香)

리츠메이칸(立命館)대학 문학부 교수이며, 전공은 한국근대사 및 한일관계사이다. 강제동원진상규명네트워크 공동대표이며, 조선인강제노동피해자보상입법을 향한 일한공동행동 공동대표이다. 조선총동원체제 형성을 비롯해서 식민지 조선에서 일제가 어떻게 전쟁동원을 해 나갔는가를 연구하고 있다. 최근에는 일본 학생들에게 외국사인 한국사와 한일관계사, 특히 식민지의 역사를 어떻게 가르칠 것인가에 관심을 두고 있다. 주요 논저로는 「朝鮮の常設師団(19師団・20師団)と朝鮮社会」(坂本悠一 편, 『地域のなかの軍隊 7卷 植民地編 植民地と軍隊』, 요시카와코분칸, 2015), 「朝鮮における総動員体制の構造」(和田春樹 외 편, 『岩波講座東アジア近現代通史』 제6권, 이와나미서점, 2011) 등이 있다.

■ 윤명숙

히토츠바시(一橋大學)대학 대학원에서 사회학박사를 취득했으며, 전공은 일본근현대사, 일한관계사이다. 전 충남대학교 국가전략연구소 전임연구원이며, 현재는 진실과 화해를 위한 과거사 정리위원회 조사관으로 활동 중이다. 또한 조선사연구회와 한일민족문제학회 회원으로도 활동 중이다. 주요 논저로는 『조선인 군위안부와 일본군 위안소제도』(이학사, 2015), 「조선인군대위안부와 일본의 국가책임」(『한국독립운동사연구』 제11집, 1997), 『日本の軍隊慰安所制度と軍隊慰安婦』, 明石書店(2003), 「占領初期『在日沖縄人』社会の構造と実態1: 大阪」(『帝国日本の再編と二つの「在日」』, 明石書店, 2010) 등이 있다.

■ 키쿠치 나츠노(菊地夏野)

나고야(名古屋)시립대학 교수이며, 전공은 사회학 젠더/세큐스어리티 연구이다. 최근에는 신자유주의 이론과 젠더/세큐스어리티를 주제로 연구하고 있다. 주요 논저로는 『ポストコロニアリズムとジェンダー』(青弓社, 2010), 「国籍法を変えたフィリピン女性たちの身体性―ジェンダー・セクシュアリティとグローバリズム」(森千香子・エレン・ルバイ編, 『国境政策のパラドクス』, 勁草書房, 2014), 「『慰安婦』問題を覆うネオリベラル・ジェンダー秩序―『愛国女子』とポストフェミニズム」(国際基督教大学CGSジャーナル, 『ジェンダー&セクシュアリティ』 11号, 2016), 「モザイク化する差異と境界戦争とジェンダー/セクシュアリティ」(好井裕明・関礼子編, 『戦争社会学―理論・大衆社会・表象文化』, 明石書店, 2016) 등이 있다.